日本神話의 研究

책 이 름 / 日本神話의 研究

지 은 이 / 황 패 강

펴 낸 이 / 김 경 희

펴 낸 곳 / (주)지식산업사

등록번호 / 1-363

등록날짜 / 1969. 5. 8

초판 제 1 쇄 발행 / 1996. 3. 30

초판 제 2 쇄 발행 / 1996. 8. 25

주   소 / 서울 종로구 통의동 35-18

전   화 / (734)1978·1958 (735)1216 팩스(720)7900

책   값 / 12,000원

ISBN 89-423-4010-5   93210

＊이 책을 읽고 저자에게 문의하고자 하는 이는
 지식산업사 편집부로 연락바랍니다.

臣安萬侶言夫混元既凝氣象未效無名無為誰知其形然

乾坤初分叁神作造化之首陰陽斯開二靈為群品之祖

所以出入幽顯日月彰於洗目浮沈海水神祇呈於滌身故

素杳冥而因本教而識孕土產鴻之時元始綿邈頼先聖

而察生神立人之世悉知懸鏡吐珠而百王相續喫劔切蛇

以万神蕃息與議安河而平天下論小濱而清国土是以番

仁岐命初降于高千嶺神倭天皇経歴于秋津鴻化熊出

① 《古事記》最古寫本 국보로 眞福寺 大須文庫 소장. 사진은 太安萬侶의 〈序〉 부분. (1371년 賢瑜 筆寫)

② 奈良의 '大和 三山' 왼쪽부터 香久山, 畝傍山, 耳成山. 뒤편에 보이는 산은 왼쪽부터 金剛山, 葛城山. 앞의 三山은 해발고도 200미터도 안 되는 낮은 산이나 山形이 아름답다고 하여 《萬葉集》에 자주 歌詠이 보인다.(上)

③ 加佐登神社 三重縣鈴鹿市加佐登町 所在. 祭神은 日本武尊.(下左)

④ 不老水 武內宿彌의 집에 있다. 武內宿彌는 神功의 心腹으로 '新羅征伐'에 동참했다.(下右)

⑤ 眞福寺 眞言宗 智山派別格本山. 名古屋市 中區 大須 2 丁目 21-47 소재.《古事記》最古寫本 소장.

⑥ 皇大神宮 三重縣伊勢市
宇治館町字神館 所在. 祭神은
皇祖 天照大神.(中)
⑦ 五十鈴川 皇大神宮內
소재.(下)

⑧ **大安萬侶 墓誌** 길이 29cm, 폭 6cm, 두께 2mm 정도의 銅板에 새긴 墓誌銘은 "左京四條四坊從四位下勳五等太朝臣安萬侶以癸亥/年七月六日卒之 養老七年十二月十五日乙巳"(41字)로 판독되었다.(左)

⑨ **箸墓** 奈良縣櫻井市卷向 소재. 倭迹迹日百襲姬의 무덤이라고도 하는데, 이에 따른 夜來者說話가 전한다. 이 거대한 무덤은 '낮에 사람이 만들고, 밤에 神이 만들었다'고 한다.(上)

⑩ **大安萬侶墓** 奈良縣奈良市此瀨町 所在. 1979년 1월 20일 이곳에서 차밭을 일구던 竹西英夫(61세)가 발견하였다.(下)

⑪ **畝傍山** 奈良縣橿原市大久保町 소재. 해발고도 199미터로 '大和 三山' 가운데 가장 높고, 산형도 아름답다. 山麓에 橿原神宮과 神武天皇陵이 있다.(上)

⑫ **橿原神宮** 奈良縣橿原市久米町 소재. 祭神은 神武天皇 부부. (中)

⑬ **神武天皇陵** 奈良縣橿原市大久保町 소재.(下)

⑭ 比賣許曾神社 大阪市 東成區小橋南之町 3丁目 所在. 신라왕자 天之日矛의 아내 阿加流比賣神이 日本 難波에 건녀가 鎭座하였다고 전하는 神社.(上左)

⑮ 美保神社(島根縣 美保關町 소재)의 巫女 (上右)

⑯ 赤留比賣命神社 大阪市 平野區 平野梅ケ枝町1丁目 所在. 阿加流比賣神을 祭神으로 하고 있다. 속칭 三十步神社.(中)

⑰ 弓ヶ浜 '夜見(よみ)島'라고도 하는 海邊. 鳥取縣 所在. 저승(黃泉-よみ)에의 通路로 짐작되며, 또 '國引神話'와의 관련도 보인다.(下)

⑱ **大安萬侶 肖像** 小川瞳 筆. 발굴된 遺骨로 확인된 骨格에서 용모와 체격을 추정, 奈良時代의 從四位下의 朝服을 복원하여 그렸다고 한다. (上左)

⑲ **大神神社** 奈良縣櫻井市三輪 소재. 皇女倭迹迹日百襲姬를 아내로 삼았던 大物主神이 鎭座한 해발고도 467미터의 三輪山 자체를 神體로 삼은 神社다. 따로 本殿이 없다. (上右)

⑳ **美保神社** 島根縣 美保關町 소재. 高天原으로부터의 國讓交涉을 받아들이고, 海中의 靑柴垣에 隱居한 事代主命을 祭神으로 삼고, 해마다 4월 7일에 그를 기념하는 靑柴垣 神事를 행하고 있다. (中)

㉑ **出雲大社 拜殿** 島根縣簸川郡大社町杵築 소재. 出雲國의 主神인 大國主神을 祭神으로 하였다. 당초 그는 天孫 降臨에 앞서 國讓에 응하고 幽界로 물러났다. 그리하여 天孫과 상응하는 궁전에서 天穗日命의 제사를 받았다. 이 곧 出雲大社의 기원이다.

㉒ **八重垣神社** 島根縣松江市佐草町 소재. 素盞嗚尊이 八岐大蛇를 퇴치할 때 稻田姬命을 피난케 한 곳이라 전한다.

㉓ '**稻田姬命**'의 초상 八重垣神社 本殿 벽화의 여섯 神像 가운데 하나로, 893년 巨勢金岡이 그렸다.(左)

㉔ **男根石 2點** 八重垣神社 소장.(右)

㉕ **熊野大社 鑽火殿** 島根縣八束郡八雲村 소재. 出雲大社宮司가 社參하여 鑽火殿에서 燧臼에서 燧杵로 일으킨 淨火로 新穀의 神饌을 調理하여 神에게 드리고, 燧臼와 燧杵를 가지고 돌아가는 神事가 행해진다. 出雲國造의 相續에서 행하는 火繼式에서도 鑽火에 의하여 神火를 採火한다:

㉖ 高宮祭場 福岡縣宗像郡玄海町田島 宗像神社內 소재. 原初의 祭儀處.

㉗ 出雲大社 內拜殿

㉘ 燧臼와 燧杵 熊野大社 鑽火殿 소장.

㉙ **四皇子峰** 宮崎縣 臼杵郡高千穗町 소재. 鵜草葺不合命의 네 皇子가 태어난 곳이라고 하며, 그 넷째 皇子가 제1대 神武天皇이다. 이곳은 禁足地로 山頂에 石祠가 있다고 한다.

㉚ **韓國岳**에서 멀리 바라본 **高千穗峰** 鹿兒島縣姶良郡霧島町 소재. 天孫이 강림하였다는 '高千穗峰'을 이에 比定하기도 한다.

㉛ **天安河原** 宮崎縣臼杵郡高千穗町 소재. 高天原의 八百萬神들이 모여 天照大神을 天岩戶에서 이끌어 낼 대책을 의논했다는 물언덕.

㉜ **香椎宮** 福岡縣福岡市東區
香椎 소재. 仲哀天皇의 行宮. 그
는 神功에게 내린 神託을 불신
한 때문에 신의 노여움을 입어
이곳에서 죽었다.

㉝ **鵜戸神宮** 宮崎縣 日南市
日向灘 바닷가 소재. 海神의 딸
豊玉比賣命이 이곳 産室에서 鵜
葺草葺不合命을 낳고 놓고 돌아
갔다. 鵜草葺不合命의 네 아들
중에서 첫 人皇 神武가 나왔다.

㉞ **高天原 遙拜所** 宮崎縣臼杵郡高千穗町 소재. 이곳 高千穗에 강림한 天孫 瓊瓊杵尊이 神衆을 거느리고 천상계인
高天原을 遙拜했다고 하는 祭祀處다.

㉟ 皇大神宮(內宮) 正殿　三重縣 伊勢市 宇治館町　宇神館 소재.(上左)

㊱ 眞名井ノ瀧　宮崎縣 臼杵郡高千穗峽 소재.

㊲ 天岩戸 臼杵郡高千穗町 所在. 素盞嗚命의 亂動에 넌더리가 난 天照大神이 몸을 숨겼다고 하는 굴.(下)

㊳ **鹿島神宮** 茨城縣鹿島郡鹿島町 소재. 天孫 강림을 위해 出雲國의 大國主命에게서 國讓을 받아내고, 또 東國地方을 개척하여 日本 건국의 기초를 닦은 武甕槌命을 祭神으로 하고 있다.

㊴ **要石** 香取神宮內 所在. 香取大神이 浮動하는 땅을 진압할 목적으로 땅 속에 박은 돌로, 그 크기와 깊이를 알 수 없다고 한다. 鹿島神宮 경내에도 있다.

㊵ **香取神宮** 千葉縣佐原市香取 所在. 經津主神을 祭神으로 삼고 있다.

④ 靖國神社 東京都千代田區九段 所在. 1868년 '殉國者'에 대한 招魂祭를 계기로 東京招魂社가 창건되었는데, 1879년 靖國神社로 개칭하여 오늘에 이른다. 전사자를 중심으로 약 245만 명의 '殉難者'의 영혼을 제사하고 있다. 이 신사가 침략전쟁에서 수행한 부정적 기능에 대하여 내외의 비판이 있다. (下左)

④ 明治神宮 東京都澁谷區代々木外輪町 소재. 明治天皇 부부를 祭神으로 받들어, 1920년에 완성하였다. 戰火로 1945년에 燒失된 것을 1958년에 재건하였다. (下右)

④ 岩戸神樂 天岩戸에서 天照大神을 이끌어내는 手力男命의 춤 장면. (臼杵郡 高千穗 仰慕窟에서 ; 上)

序에 대신하여

1960년대에 저자는 文學 深層에 가라앉은 新大陸 — '原型'(ar-chetype)을 찾아 문학작품을 섭렵하다가, 숙명처럼 신화의 문을 두드렸다. 학부 4학년 때 쓴 첫 논문은 龍神의 아들 處容의 노래를 다룬 것이었고, 이어서 쓴 것이 金首露王의 誕降神話와 〈龜何歌〉를 다룬 논문이었다. 신화에 관한 본격적인 연구는 檀君과 朴赫居世를 다룬, 두 편의 논문에서였다. 특정한 민족신화의 사실을 문제삼던 저자는 어느덧 '神話＝Mythology' 본질에 관심이 기울어가고 있었다. 비록 신화가 민족적 外皮를 쓰고 나타났더라도 궁극적으로 인류의 이야기를 하고 있다는 생각이었다. 原型 논의에서 싹튼, 새로운 신화 인식이 固着化된 신화의 도그마를 止揚하고, 자리잡혀 갔다. 신화에 대한, 그릇된 사회적 신념이 얼마나 많은 사람을 집단적 狂氣의 제물이 되게 하였던가! 저자는 소년 시절에 이것을 보고, 몸으로 체험한 세대다. 나치 독일의, '피의 순결'을 호소하는 選民의 신화, 일본 제국의 '八紘一宇의 神話'는 한결같이 不可犯의 民族聖典으로서 절대화되고, 다른 어떤 이데올로기에도 우선하였다. 獨·日 두 민족은 20세기 前半을 虛構한 신화의 呪縛에 묶여 정신적으로 황폐한 시대를 살았고, 이웃한 민족들에게는 더할 수 없는 해악을 끼쳤다. 두 나라의 신화적 허구는 패전으로 어이없이 무너졌다. 그럼에도 20세기는 아직 또 다른 虛構한 신화의 呪縛을 溫存하는, 가혹한 시련의 시대로 남아 있다. 허구한 신화의 논리에 대하여 저자는 '인류가 공동으로 알고 기억할 근원적 사실'이야말로 '신화'가 전하는 메시지라고 주장한다. 신화가 전하는 '기억할 근원적 사실'이란, 후대에 길이 기념 재현될 典範的 事實이다. 민족의 우월을 지나치게 강조한 나머지 인류적인 共感을 얻는 데 실패한 '신화'는 '신화'의 허울을 쓴 '거짓 신화'다. 앞의 두 나라의 패전은 다름 아닌, '거짓 신화의 패배'이다. 신화는 흔히 알고 있듯이 '이야기'이다. 그러나 '이야기'인 것만은 아니다. 문화의 모든 분야에서 동기가 되고, 또 여러 가지 문화의 모습으로 나타나는 것이 신화다.

1978년 8월 저자는 日本神話 연구를 위하여 文敎部에서 國費 지원을 받아 근 2년간 일본에 체류할 기회를 가졌다. 東京에 있는 東洋文庫의 초청을 받아 외국인 연구원으로서 同 문고 所藏의 자료를 마음껏 섭렵할 수 있었다. 《古事記》와 《日本書紀》를 비롯한 일본신화의 原典格인 여러 문헌과 賀茂眞淵·本居宣長·新井白石·橘守部 등 일본 國學者의 저술 등을 두루 살펴볼 기회를 가졌다. 문헌 검토를 일단락 짓게 된 1979년의 11월, 문헌조사에서 얻은 지식을 확인하고, 또 그 과정에서 품게 된 의문과 궁금한 점을 풀기 위해 일본신화의 현장을 직접 답사하기로 하였다. 문헌에서 조사한 地名과 神名을 놓고 路程을 확정지었다. 두툼한 문헌조사 노트, 참고문건, 지도 등을 가방에 챙겨 넣고, 사진기와 녹음기를 메고 지고 여행길에 올랐다. 떠나기 전에 묵게 될 여관을 예약하고 떠나라는 충고도 있었으나, 답사의 성격상 예정한 일정이 지켜지리라는 보장은 거의 없었기 때문에 예약은 불가능했다. 숙식은 현지에서 해결한다는 방침을 세웠다. 좀 긴 답사여행은 일본 체류중 세 차례, 귀국 뒤에 두 차례 다녀왔다. 답사는 문헌에서 알 수 없는 소중한 많은 사실을 일깨워 주고, 체험하게 하였다. 市井의 뒤안길, 村家의 圍爐, 神社나 神跡地 등에서 만난 사람들, 神職에 종사하는 각 宮社의 宮司·神主·禰宜·巫女 등, 이들로부터 받은 시사와 배려는 이 연구에 직접·간접의 많은 도움이 되었음을 밝히지 않을 수 없다. 현지에서 접한 각종 문헌과 고문서, 유물과 유적, 민속과 儀禮 등은 신화 연구에 소중한 자료가 되었다. 생면부지의 사람에게 뜻밖의 도움을 받은 일도 한두 번이 아니다. 能褒野를 찾아 鈴鹿에 갔을 때, 교통편을 잡지 못해 먼 길을 타박타박 걸어가는 저자의 모습이 안쓰러웠던지 자신의 오토바이에 태워서 목적지까지 데려다 준 마을 청년 田中正男 씨, 出雲의 眞名井神社에 갔을 때 다음 목적지인 八重垣神社까지 손수 차를 운전하여, 저자를 태워다 준 眞名井神社의 禰宜 廣江克己 씨, 지금껏 잊혀지지 않는 고마운 분들이다.

명색이 일본신화 현장의 답사인지라, 나름으로는 일본 땅을 샅샅이 찾아다닌다고 하였으나, 시간과 능력의 한계 때문에도 당초 의도하고 기대한 만큼의 성과를 거두지 못하였음을 솔직히 밝힌다. 이 책을 읽는 독자에게 혹 참고라도 되지 않을까 하는 노파심에서 해묵은 답사의 비망록을 추려, 그 대강을 소개하고, 또 사진류도 골라서 분류하여 소개하니, 좀스럽다 허물치 말기 바란다.

名古屋 眞福寺·熱田神宮　일본신화의 原典이라고 할 《古事記》의 最古 寫本을 소장한 名古屋의 大須觀音 眞福寺를 먼저 찾았다. (사진 5) 장서 1만 5천 권의 大須文庫에서 첫째 가는 귀중서가 國寶 지정의 《古事記》 3帖이다.(사진 1) 上·中 2卷은 1371년, 下卷은 1372년에 賢瑜가 書寫하였다. 그는 이 절과 깊은 인연을 가진 學僧이다.

다음으로 찾아간 곳은 熱田區에 있는 熱田神宮이다. 素盞嗚尊이 八岐大蛇를 퇴치, 그 몸에서 얻어 天照大神에게 獻上한 天叢雲劍(후에 草薙劍이라 불렸다)은 '皇位'의 증표가 되는 '三種의 神器'의 하나

로, 당초 熱田神宮에 봉안되어 있었으나, 安德天皇이 入水할 때
(1185) 함께 바다에 빠진 채 실종됐다고 한다. 이 신궁에는《日本
書紀》 사본 15권(卷11缺;重要文化財 지정)이 소장되어 있다.
1377년 11월 權宮司 尾張仲宗의 소망에 따라 圓福寺僧 嚴阿의 중
개로 金蓮寺 4代 淨阿가 熱田神宮에 봉납한 것이다. 1375년부터 3
년에 걸쳐 필사하여 그때마다 寄進했던 것으로 보이며, 第9卷의
跋記로 미루어 卜部本系임을 알 수 있으나, 나머지 다른 卷도 그
런지는 알 수 없다. 이 本의〈神代紀〉는 1286년 書寫한〈神代紀〉
2권(弘安本)이 발견되기 전까지는 大須文庫의《古事記》와 함께 最
古의 사본으로, 세상에는《熱田本 日本書紀》로 알려져 있다.

  伊勢 皇大神宮(內宮·外宮)·**鈴鹿 加佐登神社·白鳥塚**   伊勢市 皇
大神宮(內宮)의 祭神은 천황가의 先祖인 天照大神으로, '3종의 신
기'의 하나인 '八咫鏡'이 天照大神의 靈代로서 이곳에 봉안되어 있
어, 天皇家가 고래로 가장 숭상하는 신궁이다.(사진 6·7·35) 神宮
文庫에《古事記》上卷(春瑜本) 1책,《古事記裏書》 1책,《日本書紀
私見聞》(道祥本) 1책,《日本書紀私見聞》(春瑜本) 1책,《日本書紀私
記》(應永本) 1책이 소장되어 있다. 外宮의 祭神은 天照神의 御饌을
조달하고, 농업을 비롯한 산업을 주관하는 豊受大御神이다. 伊勢市
에서 北上 도중에 있는 松阪市는 대표적인 國學者 本居宣長의 연고
지로 그의 舊家와 묘가 있다. 그는《古事記》 연구로 유명하다. 북
으로 鈴鹿市에 이르면 비극적 王子인 日本武尊을 모신 加佐登神社
(사진 3), 그의 영혼이 백조가 되어 날아갔다는 (舊)白鳥塚이 신
사 뒤편에 있다.

  奈良 神武陵·大和三山·橿原神宮·葛城山·三輪山大神神社·箸墓
人皇 初代의 神武陵은 1863년까지 현재의 綏靖陵으로 오인(?)돼
왔는데, 그 뒤 '大和 三山'(사진 2)의 하나인 畝傍山(사진 11)을 초
입에 둔, 橿原市 大久保町 소재의 무덤이 神武陵으로 확정되었다.
(사진 13) 그곳에서 나와 神武를 祭神으로 한 橿原神宮(사진 12)을

찾아보고, 飛鳥지방을 두루 살폈다. 御所驛에서 로프 웨이로 葛城山에 올랐다가 날이 저물고, 난데없는 소나기를 만나 진퇴양난에 빠졌다. 葛城山은 雄略天皇이 자신과 동등한 형상을 한 一言主之大神을 만났던 산이다. 葛城山을 내려와 櫻井市에 갔다. 活玉依姬에게 밤마다 와서 자고 간 정체불명의 남자는, 옷깃에 몰래 꽂아둔 실이 머문 곳을 찾아가 확인할 결과 三輪山의 神임이 밝혀졌다. 실타래에 실이 세 고리가 남았다고 산의 이름을 '三輪'이라 불러온다. 三輪山의 大神神社는 三輪山 전체를 神體로 받들어 사람의 출입을 금하고 있다. 신전이 없고, 拜殿만 있으며, 근처에 '실타래'를 묻은 '緖環塚'이 있다.(사진 19) 大神神社에서 내려다 보이는 곳에 '箸墓'라고 하는 커다란 무덤(前方後圓墳)이 있다.(사진 9) 밤에 와서 자고 가는 大物主神의 실체가 '작은 뱀'인 것을 보고 놀란 倭迹迹姬命에게 神은 자기를 부끄럽게 하였다고 화를 내고, 御諸山(三輪山)으로 올라가버렸다. 倭迹迹姬命은 후회하고 낙심하여 주저앉다가 陰部를 젓가락에 찔려 죽었다 하여 그의 무덤을 '箸墓'(젓가락 무덤)라고 불러온다. 大神神社 拜殿 앞의 '三輪의 杉木'은 蛇神의 거처로서 사람의 접근을 금기하고 있다. 지금도 나무 밑동의 구멍에서 뱀이 머리를 내미는 것을 볼 수 있다. 이 신사는 일본에서 그중 오랜 大社로서 조정의 畏敬을 받아왔다.

多神社 · 太安萬侶墓 · 天理市 石上神宮 · 天理大 圖書館 《古事記》의 撰者 太安萬侶(사진 18)를 모신 多神社(田原本町)에 들러, 1979년 1월에 발견된 太安萬侶(此瀨の里)의 묘소를 찾았다.(사진 10) 저자가 갔던 1979년 11월 12일만 해도 경사진 산등성이의 밭 가운데 발굴한 자리를 흰 덮개로 덮어 둔 상태였다. 마을 할머니에게서 발견 경위와 발굴 상황을 들었다.(사진 8) 天理市에 가서 백제 七支刀를 간직하고 있는 石上神宮을 찾았다. 天神인 武甕雷神이 天孫 강림에 앞서 出雲에 國讓 교섭차 왔을 때 몸에 지녔던 靈劍 '布留御魂'을 神體로 받들고 있는 신궁이다. 당초 궁중에 있던 것을

崇神天皇이 이곳에 옮겨와, 땅 속에 묻고 제사해온다. 원래는 社殿이 없고, 禁足地였다. 지금의 본전은 후대의 건물이다. 이곳에서 멀지 않은 天理大의 도서관에는 1303년 卜部兼夏 필사의 《日本書紀》神代卷 2권 2책과 1540년 卜部兼右가 校訂·필사한 《日本書紀》 28권(神代紀 2권 缺), 1725년에 中臣連重 필사의 《中臣本》, 또 伊勢本系의 《卷子本》(卷 24) 등 《日本書紀》異本들이 소장되어 있다. 이 가운데에서 28권본은 성실하게 書寫된 善本이다. 이 밖에도 卜部兼敦 필사의 《三種神器傳》 1軸, 淸原宜賢 著, 梵舜 筆의 《神代卷 付紙之分》 1冊이 있는데, 신화 연구에 참고가 된다.

大阪　比賣碁曾神社·赤流比賣命神社　《古事記》에 따르면, 신라국 왕자인 天之日矛의 아내가 된 여인은 방자해진 남편 곁을 떠나 일본으로 건너가 難波에 머물렀다. 天之日矛가 아내의 뒤를 좇아 難波에 갔으나, 渡神이 막고 들이지 않으므로 多遲摩國에 가서 정착하였다. 그 여인은 당초, 신라의 阿具奴摩라는 못가에서 낮잠 자던 賤女가 陰部에 햇빛을 받고 잉태하여 낳은 赤玉이 화하여 된 女人이었다. 그녀는 阿加流比賣神으로 難波의 比賣碁曾神社의 祭神이 되었다. 현재 大阪市 東成區에 있는 比賣許曾神社가 이곳이다. (사진 14) 골목 안에 있는 자그마한 신사다. 1789년 聖觀이 撰한 《比賣許曾神社本緣起》(2권)를 소장하고 있다. 宮司 本間文彦 씨로부터 1979년의 사본을 얻었다. 이웃한 平野區에 杭全(くまた)神社의 境外社로 赤留比賣命神社가 있는데, 이 역시 그 여신을 모신 신사다.(사진 16) 한편 多遲摩國에 정착한 天之日矛(天日槍)는 兵庫縣 出石郡의 出石神社의 祭神이 되었는데, 그의 후손 出石氏가 奉齋해 왔다.

出雲 夜見島·美保神社·出雲大社·熊野大社·神魂神社·八重垣神社
島取縣의 美保灣과 島根縣의 中海 사이에서 활 모양의 弧를 그리고 있는 반도를 '弓ヶ浜'라고 부르는데, 《出雲國風土記》에서는 '夜見島'라 불렀다.(사진 17) '夜見'(よみ)은 '黃泉'(よみ)과 통하므로,

혹 '죽은 자의 나라'이거나 그리로 가는 길목처럼 생각되었던 듯
하다. 창조신인 伊邪那岐가 火神을 낳다가 죽은 아내 伊邪那美를
만나러 찾아간 黃泉國도 이곳('弓ヶ浜')을 거쳐 갔거나 아니면 이
근처 어느 곳이었는지도 모른다고 생각하며 물가를 걸었다. 伊邪
那岐가 죽은 아내를 장례 지낸 比婆山은 이곳에서 빤히 바라보이
는 出雲과 伯耆의 국경에 있다. 그 옛날 神이 국토를 넓히기 위해
바다에 떠 있는 섬에 밧줄을 걸어 끌어당겼는데, 뒤에 그 밧줄이
썩어서 夜見島가 되었다는 이야기도 있다. '弓ヶ浜'에서 境港市를
거쳐 島根半島의 동단에 이르면 美保關이다.(사진 15·20) 出雲國
大國主命의 맏아들 事代主命이 이곳에서 낚시질을 하다가 高天原에
서 파견한 建御雷之男神의 國讓 요구를 수락하고 해상의 靑柴垣 안
에 은거하였다. 동생 建御名方神은 처음에 반대하였으나, 힘에 눌
려 요구를 수락하였다. 아들들이 國讓을 수락한 뒤 大國主命은 천
손족에게 나라를 양도하고 幽界로 물러나는 대신, 자신을 제사할
신전을 천손의 장대한 궁전과 상응하게 짓고 제사해 줄 것을 요
구하여 타결을 보았다. 그리하여 大國主命을 위한 궁전이 마련되
고, 거기에 몸을 숨기니 天照大神의 둘째 아들 天穗日命이 그 궁에
奉仕하며 大國主命의 제사를 지냈다. 그 궁전의 이름을 天之御舍
(《古事記》), 天日隅宮(《日本書紀》)이라고 불렀는데, 이는 곧 出雲大
社의 기원이 되었다. 出雲大社의 祭祀權은 天穗日命의 아들 建比良
鳥命에서 나온 出雲國造家에서 가지고 있다. 出雲大社는 伊勢神宮
과 병칭되는 큰 神社로, 중세 이래 '杵築大社'로 불렸으나, 1871
년에 '出雲大社'로 개칭되었다.(사진 21·27) 出雲國造는 당초 意宇
郡의 熊野大社를 奉齋하고, 神魂神社가 있는 大庭을 본거로 하였는
데, 出雲國造가 一代一度의 宮司 취임을 할 때에는 반드시 熊野大
社에 가서 火繼式을 행하고, 神魂神社에서 修祓을 할 만큼 이 세
신사는 서로 밀접한 관계에 있다.(사진 25) 음력 10월에 전국
800만의 神들이 出雲에 참집하므로 出雲 이외의 지방에는 神이 없
다고 하여 그 달을 '神無月'이라 하고, 出雲에서는 神이 있는 달이

라 하여 '神在月'이라 불러오고 있다. 熊野大社는 素盞嗚尊이 高天
原에서 내려와 簸川 상류에서 八岐의 大蛇를 퇴치한 뒤 奇稻田媛을
맞아 宮을 정한 데가 이곳이었다고 하며, 素盞嗚尊이 發火器를 만
들어 大國主命에게 준 것을 기념하여 10월 15일에 鑽火祭가 엄수
되고 있다. 燧臼와 燧杵를 간직한 鑽火殿이 경내에 있다.(사진 28)
松江市 佐草町에 있는 八重垣神社는 素盞嗚尊이 大蛇를 퇴치할 때
경내에 있는 숲(佐久佐女의 森)속 큰 삼목 둘레에 여덟 겹의 담을
둘러치고, 奇稻田媛을 그 안에 숨겼다고 하며, 그 삼목의 자취가
보존되고 있다. 素盞嗚尊은 大蛇 퇴치 후 須賀 마을로부터 이곳 佐
草에 궁전을 짓고, 奇稻田媛과 새 살림을 시작하였는데, 이 곧 '八
重垣의 宮'으로 알려져 있다.(사진 22·24) 이 신사 본전의 胴板 壁
畵는 素盞嗚命·稻田姬命·天照大神·市杵嶋姬命·脚摩乳命·手摩乳命
의 여섯 神像畵로 893년에 巨勢金岡이 그린 것이라고 한다.(사진
23) 중요문화재로 현재 보물 收藏庫에 보관중이다. 그 외에 《八重
垣神社文書》(佐草宗雄 所藏), 《神魂神社文書》(秋上武雄 소장) 등의
神社文書, 《出雲國風土記》 寫本 3종(櫻井本, 1685 : 吉岡淸衛 소장 ;
中島本, 1785 : 島根縣立圖書館 소장 ; 大三和本, 1824 : 吉岡淸衛 소장)
이 이 지방에 전하고 있다.

福岡 宗像大社·香椎宮　　九州의 福岡縣 宗像郡은 649년(大化 5
년) 伊勢國 度相郡, 常陸國 香島郡과 함께 神郡이 되었던 고을로,
이곳에 있는 宗像大社는 高天原에서 天安河를 사이에 두고 天照大
神과 素盞嗚尊이 誓約(うけひ)할 때 素盞嗚尊의 검에서 생겨난 세
여신(田心姬神·湍津姬神·市杵島姬神)을 祭神으로 모시고 있다. 宗
像大社는 玄海灘에 있는 '沖ノ島'의 沖津宮, 大島의 中津宮, 田島의
邊津宮의 3궁을 총칭하는데, 각기 세 여신 가운데 한 神을 모시고
있다. 田島의 邊津宮만은 本宮으로서 뒤편에 沖津宮, 中津宮의 分靈
을 모신 제 2, 3궁을 두었으며, 또 뒤편 언덕에 '高宮祭場'이라고
하는 古代의 제사터가 보존되어 있다.(사진 26) 福岡市 東區에 14

대 仲哀天皇의 행궁이었던 香椎宮(訶志比宮)이 있다.(사진 32) 이
궁에서 仲哀는 神功皇后가 받은 신탁을 順受치 않았던 때문에 神
의 노여움을 사서 죽었다. 神功은 부군의 죽음을 비밀에 부쳐 두
고, 이른바 '新羅征伐'의 길을 떠났다. 香椎宮을《古事記》는 '筑紫
訶志比宮',《日本書紀》는 '橿日宮'이라 썼다. 궁에서 동북 300미터
거리에 神功의 腹心인 建內宿禰(武內宿禰)의 주거 터(武內屋敷)와
'不老水'라는 이름의 박우물이 있는데, 300세의 장수를 누렸다고
하는 建內宿禰에게 附會한 이름인 듯하다.(사진 4)

宮崎 鵜戶神宮   九州의 남단, 宮崎縣 日南市, 日向灘을 향한 速
日峯의 일각에 약 1천 제곱미터 넓이의 암굴 안에 鵜草葺不合命을
모신 鵜戶神宮이 있다.(사진 33) 잃어버린 낚시를 찾아 海宮에 갔
던 火遠理命(彦火火出見尊)은 海神의 딸 豊玉比賣命과 결혼하고 지
상으로 돌아왔다. 임신한 豊玉毘賣命은 출산할 때가 되어서 남편
火遠理命을 찾아 지상으로 왔다. 출산을 위하여 바닷가에 사다새
(鵜) 깃으로 지붕을 덮은 産屋을 짓는데, 지붕을 다 얹기도 전에
출산케 되어 하는 수 없이 미완성의 산옥에 들어갔다. 출산하는
자기 모양을 보지 말라 신신당부하였으나, 남편神은 몰래 엿보았
다. 커다란 악어(또는 용)가 몸을 뒤채는 모양을 보고 놀란 남편
은 도망친다. 豊玉毘賣命은 수치스럽게 여겨, 낳은 자식을 남겨
두고, 바다로 돌아갔다. 이 아이가 鵜草葺不合命인데, 자라서 이모
인 玉依毘賣와 결혼하여 네 자식을 낳았다. 그 넷째가 日向 땅을
떠나 大和國에 들어가 人皇 제1대가 된 神武이다.

霧島山 高千穗峰·臼杵郡 高千穗·仰慕窟·天安河原·二上峰·穗觸峰·
眞名井ノ瀧·高天原·四皇子峰·國見丘·天岩戶   鹿兒島縣과 宮崎縣
에 걸쳐 있는 霧島山의 최고봉은 해발 1,700미터의 韓國岳, 그 다
음이 1,574미터의 高千穗峰으로 皇孫瓊瓊杵尊이 天降한 "日向의 襲
의 高千穗峰"(《日本書紀》 본문)에 비정하는 산봉우리다. 산정에는
'天의 逆鉾'라고 부르는 銅鉾가 있다. 그 서북에 바라뵈는 '韓國岳'

은 高千穗의 久士布流多氣(靈峰?)에 천강한 천손이 "이 땅은 韓國을 향하고 笠沙의 御前을 直通하여 아침해가 곧게 비치는 나라, 저녁해가 비치는 나라로서 심히 吉한 땅"(《古事記》이라고 한 '韓國'과 무슨 연관을 가졌음직한 山名이라는 생각이 들었다.(사진 30) 한편 宮崎縣西 臼杵郡에도 '高千穗'가 있다. 이 일대는 천상계인 高天原의 신화 현장이 고스란히 재현되고 있었다. 동생 素盞嗚尊의 악행에 넌더리가 난 天照大神이 몸을 감추었다는 '天岩戸'가 물 건너 금줄 친 禁足地에 있다.(사진 37) 그로 인하여 암흑 세상이 되니, 태양신 天照를 天岩戸에서 끌어내기 위해, 八百萬神들이 모여서 의논했다는 '仰慕窟'과 '天安河原'이 신화의 정경을 방불케 하는 모양으로 있다.(사진 31·43) 물언덕에 널려 있는, 무수한 작은 돌멩이들(けるん)은 마치 의논거리가 있어 옹기종기 모여든 八百萬神 그대로다. 天孫이 강림한 靈峰인 '二上峰'·'穗觸峰'은 이름과 실제가 똑같다. 강림한 땅에 물이 없었으므로, 天村雲命이 천상에 올라가 날라온 물씨(水種?)로 만들었다는 '天眞名井'(우물), 絶景을 이룬 '高千穗峽'의 '眞名井ノ瀧'(폭포 ; 사진 36), 八百萬神들이 高天原을 향해 遙拜했다는 '高天原遙拜所'(사진 34), 鵜草葺不合命의 4皇子 降誕의 땅이라는 '四皇子峰'(사진 29), 初代 人皇 神武가 東征에 즈음하여 軍勢를 소집하였다는 '國見ヶ丘' 등, 이곳 '高千穗' 일대는 그대로 日本神話의 일대 화폭을 이루고 있다. 곳곳에 주인공＝신을 봉안한 대소의 신사들이 있다. '高千穗神社', '二上神社', '天岩戸神社'(徵古館에 《高千穗天磐戸緣起》所藏), '穗觸神社' 등이 그것이다.

그러나 일부에서는 天孫이 강림한 '筑紫의 日向'은 霧島山의 '高千穗峰'도, 宮崎의 '高千穗'도 아니라고 하고, '韓國'을 향한 北九州의 '日向'(해를 향하는 곳)이어야 한다고, 北九州說을 주장하는 논의도 만만치 않다.

關東 香取神宮·鹿島神宮·要石·直刀 이미 앞에서 본 바와 같

이 천손 강림에 앞서 高天原에서는 建御雷之男神과 經津主大神을 出雲國에 파견하여 大國主神과 그 아들 事代主神에게 國讓을 교섭하였다. 먼저 교섭을 받은 事代主神은 순순히 수락하고, 그 길로 해상의 靑柴垣 속에 은거해 버렸다. 그의 동생 建御名方神이 國讓의 요구를 순순히 받아들이려고 하지 않자 建御雷神(武甕槌大神)은 힘으로 제압하여 승복케 하였다. 建御雷神은 최종적으로 그들 형제의 父神인 大國主神에게 가서 國讓의 다짐을 받아내고, 천상에 올라가 복명하였다. 그러고 나서 천손이 葦原中國(일본)의 군주로서 강림하였다.

關東지방의 利根川 하류의 저습지를 끼고 북쪽에 鹿島神宮(사진 38), 남쪽에 香取神宮(사진 40)이 있는데, 두 신궁은 國讓 교섭차 파견된, 위의 두 신을 각각 제신으로 삼고 있다. 鹿島神宮은 建御雷神, 香取神宮은 經津主大神을 奉祭하는바, 고래로 이 두 신궁은 병칭되어 왔고, 신궁의 고장인 두 고을은 '神郡'이 되어 왔다. 水鄕이라고 하는 佐原市의 大槻鄕龜甲山에 있는 香取神宮은 삼목 우거진 숲속에 자리하고 있다. 《日本書紀》(〈神代紀 一書〉)는 '東國의 檝取(香取)之地'의 神名을 '齋主神'이라 하였는데, 이것과 經津主命의 관계는 불분명하다. 《續日本後紀》는 '伊波比主命'이라 기록하고 있다. 《香取私記》에는 '經津主命'의 이름이 보인다.

香取神宮을 나와 水鄕大橋를 건너 潮來에서 神宮橋를 건너면 茨城縣 鹿島郡의 鹿島神宮에 가 닿는다. 關東의 동단, 태평양과 맞닿은 鹿島灘과 北浦, '霞ヶ浦', 利根川의 水鄕을 바라보는 鹿島臺地 한가운데 자리한 鹿島神宮의 제신은 香取의 經津主大神과 함께 天照大神의 명을 받아 國讓 교섭의 공을 세우고, 또 이곳 關東地方을 鎭撫, 개척한 祖神이자 일본 건국의 功神으로서, 또 그 신이 지녔던 영검으로 하여 武道의 祖神으로 숭앙받는 建御雷神이다. 《常陸國風土記》에서 '香島天之大神'이라고 한 神이 후대에 와서 武甕槌命(建甕槌神)에 附會된 것으로 보인다. 《古語拾遺》(807)는 아예 '武甕槌神'에 "지금 常陸國의 鹿島神이 이것이다"라고 주를 달았다.

국양 교섭차 出雲國에 천강한 무신인 武甕槌命과 천손 강림에 앞서 먼저 천강한 '香島의 天大神'을 동일신으로 여겼던 것이다. 그럼에도 불구하고, 出雲國의 大國主命과 교섭하여 국토를 천손에게 바치게 한, 이 두 신은 그 뒤에 일본 국내를 순행하며 천손에게 순종치 않는 무리들을 평정함으로써 일본 건국의 기초를 닦고, 황무한 동국지방을 개척함으로써 문화영웅적 신으로 받들어졌다. 그리하여 이 두 신은 역대 천황가의 각별한 숭경을 받아 왔는데, 이들의 奉祭處를 '신궁'으로 부르게 된 것도 우연이 아니다. 두 신궁 경내에 '要石'이라는 이름의 靈石이 있다.(사진 39) 구전으로는, 옛날에 방향 없이 표류하고, 지진이 잦았던 이 지방을 진정하기 위해 香取·鹿島의 大神이 돌로 땅을 눌러 둔 것이라고 하며, 묻혀 있는 깊이를 알 수 없다고 한다. 鹿島神宮은 要石을 포함하여 일곱 가지 '不思議'가 있는데, 그 가운데 하나로 '御手洗池'가 있다. 神職 潔齋의 못으로, 하루 湧水量이 432킬로리터라고 하며, 못 속에서는 키에 관계 없이 누구나 물이 젖 部位를 넘지 않았다고 한다. 일본 最古, 최대의 直刀(國寶)가 이곳에 소장되어 있는데, 武甕槌大神의 신검이라고 한다. 본전 뒤에 수령 1,200년, 높이 43미터, 밑동 둘레 12미터의 커다란 삼목이 신목으로 받들어지고 있다.

돌아본 일본신화의 현장은 많은 것을 생각하게 한다. 단순히 흘러가버린 과거의 유물이 아니다. 지금도 살아 숨쉬고 있다는 느낌을 준다. 저자는 신화가 일본 사회의 基層에서 알 수 없는 동력으로 부단히 작용하고 있다는 생각을 버릴 수 없었다. 신화 현장의 답사에서 그와 같은 생각은 더욱 굳어졌다. 지난날의 일본 역사를 돌아볼 때 계기적인 사건이나 전쟁은 거의 언제나 신화적 발상으로 뒷받침되었음을 발견할 수 있었다. 신화가 한 민족의 기층적 사고와 세계관에 유기적 관련을 가지는 것은 부인할 수 없는 사실이다. 그런 의미에서 일본인과 신화의 관계도 그 당위

성이 인정되어야 할 것이다. 그러나 그와 같은 발상이 조작된 '거
짓 신화'에 근거를 둘 때는 이미 우리가 보고 겪은 것과 같은 오
류를 되풀이하지 않는다는 보장이 없다. 그런 의미에서 신화의
위상을 정립하는 일은 필요하고도, 절실한 과제가 아닐 수 없다.
20세기의 가장 비극적인 사건은 인류가 그 어느 시대보다도 합리
적이라고 자부하는 시대에 저질러진, 더없이 불합리하고 해악한
발상—거짓 신화의 도그마로 말미암아 동기화되고, 이로써 상승
되었던 것임을 착잡한 심정으로 돌아보게 한다. '신화'를 참다운
의미에서 이해한다는 것은 단순히 '이야기'라는 敍事文學 차원의
문제로 이해하는 것만을 의미하지는 않는다. 그것은 궁극적으로
인류 차원의 높은 이상과, 합리적이며 公義로운 秩序의 문제와
연결되지 않으면 안 된다고 믿는다.

　저자가 일본에 체류하고 있는 동안 혹 한국에서 온 이를 만나
면, 일본신화를 연구한다는 말을 듣고, 으레 하는 말이 "일본신화
도 역시 한국신화에서 갔지요?" 하는 것이었다. 문화는 어차피 외
래문화와 교섭하게 마련이다. 그런 의미에서 피차에 오고 가고,
주고 받는 것은 당연하다. 주고 받았다는 사실보다 주고 받는 가
운데 문화를 얼마나 잘 自己 體質化—同質化했는가가 중요하지
않을까? 일본 신화에 대한 저자의 관심은 처음부터 그런 交涉關
係의 해명에 있지 않았다. 저자는 일본신화가 지닌, 신화 본연의
의미를 구명하는 데 관심을 가졌다. 그때만 해도 한국 사람이 일
본문화를 연구한다면 으레 일본문화와의 비교를 통해 한국문화의
우월성을 밝히고, 그로 인하여 한국문화가 일본문화 형성에 직접
간접의 영향을 주었던 사실을 해명하는 것이야말로 한국 사람이
하는 '日本學'이라는 생각이 지배하던 시기였다. 저자의 태도는
그와 같은 생각에 반하는 것으로 보였을 법하다. 그러나, 저자는
시종 일본신화를 객관적인 관점에서 분석하고, 해석하고, 이해하
려고 하였다. 인사이더로서의 일인 학자보다 저자 같은 아웃사이
더야말로 객관적으로 신화를 볼 수 있지 않겠는가 하는, 저자 나

름의 외람된 自負도 없지 않았다. 그리하여 기회 닿는 대로 그 연구결과를 일본에서 발표하였다. 이 책에 실은 글은 2, 3편을 제외하고 대부분 일본에서 口頭로 발표하고, 글로 쓴 것들이다.

　생소한 남의 땅에서 그 나라의 문화, 그 가운데서도 가장 오래고, 뿌리 깊은 고전적 원천인 신화를 탐구하고 이해하는 일은, 밖에서 온 이국인의 처지로는 쉽사리 접근하기 어렵고, 또 힘에 부치는 어려운 작업일 때가 많았다. 다행히 저자의 경우는 東洋文庫라는 권위 있는 연구시설과 그 연구요원들이 저자의 연구목적을 이해하고, 가능한 지원을 아끼지 않았고, 주변의 日人 학자들과 有志들이 적극적으로 도움을 주어서 큰 어려움 없이 연구활동을 할 수 있었다. 故 榎一雄 東洋文庫長·故 田川孝三·松前義治·平野豊·生田滋·小山勳·森岡康 등 東洋文庫의 諸氏, 神樂公演, 各種 '祭り', 歲時行事 등 여러 가지 민속을 체험할·기회를 힘 닿는 껏 주선해준 吉川良和·田島伸二·渡邊誠朝·故 本多敬太·菅野裕臣 등 諸氏, 이국의 연구자에게 닫힌 문을 열어, 모든 편의와 호의를 베풀어준, 여러 宮社의 神職 諸氏, 필요한 자료를 챙겨준 豊川博行·白石一有·神矢法子·上島智惠子·中井滿子(天岩戶神社 徵古館) 등 諸氏에게 충심으로 감사를 드린다. 저자의 신화 연구에 많은 시사를 주는 연구업적과 자료를 아낌없이 보내준 松前健·井上秀雄·大谷森繁·文暻鉉 등 교수 여러분께 각별한 사의를 표한다. 이 밖에도 이름을 밝히지 못한 많은 분들이 저자의 연구를 음양으로 도와준 사실을 밝히며, 심심한 사의를 표하는 바이다.

　이 책에 수록한 글들은 아래에 밝힌, 여러 기회를 통해 구두 혹은 논문으로 발표한 것으로, 저자의 좁은 소견에 내외의 냉정한 검토를 거쳐서 上梓한다고 한 것들이다. 그럼에도 불구하고, 당초의 의도에 크게 미치지 못한 것을 부끄럽게 생각한다. 無爲한 인생이 어느덧 70 고개를 바라보게 되면서, 더 이상 遷延할 수 없다는 생각이 들어, 일단 묶어서 내외 연구자의 叱正을 구하기로 한 것이다.

이 책에 대한 기탄없는 질책을 고대한다.
글 싣는 순서는 다음과 같다.

Ⅰ. 日本神話와 '韓國'
　　〈日本神話 속의 '韓國'〉, 《韓國學報》20, 一志社, 1980, pp. 2～
　　　22.
　　〈日本神話に於ける'韓國'の問題〉, 東京 韓國文化院, '月例文化講
　　　演會', 池袋サンシャインシテイ(講堂), 1979. 8. 21.(口頭發
　　　表)
　　〈日本神話の中の'韓國'〉, 井上秀雄 外 3人, 《韓國からみた古代
　　　日本》, 東京 : 學生社, 1990, pp. 7～63.
　　〈日本神話の二重構造〉, 齊藤忠·江坂輝彌, 《先史·古代の韓國と
　　　日本》, 東京 : 築地書館, 1988, pp. 178～190.

Ⅱ. 神話에 나타난 韓日交流
　　〈神話に於ける韓日交流に就いて〉, 佛敎大學·大正大學·東國大學·
　　　利鎬日本學硏究所, '日韓學術·文化フォーラム : 日韓文化交流
　　　の歷史と展望', 京都市國際交流會館, 1995. 11. 18.(口頭發
　　　表)
　　〈神話에 나타난 韓日交流〉, 韓國精神文化硏究院 '三國遺事에 관
　　　한 發表會', 韓國學大學院講堂, 1995. 12. 1.(口頭發表)

Ⅲ. 韓日神話의 天降모티프
　　〈韓日神話의 天降모티프〉, 東國大 日本學硏究所 '第21回 日本學
　　　國際學術講演會', 東國大 東國館, 1993. 10. 9.(口頭發表)
　　〈韓日神話의 天降모티프〉, 《日本學》13, 東國大 日本學硏究所,
　　　1994, pp. 347～373.
　　〈韓日神話の天降りモチーフ〉, 古事記學會, 《古事記研究大系》11
　　　卷 〈古事記の世界 上〉, 東京 : 高科書店, 近刊.

Ⅳ. '山幸·海幸'의 神話 構造
　　〈海幸·山幸神話の構造と歷史的背景〉, 東方學會 '第25回 國際東
　　　方學者會議', 東京國立敎育會館, 1980. 5. 9.(口頭發表)
　　〈'山幸·海幸'神話의 歷史的 文脈과 神話的 構造〉, 《東洋學》10,
　　　檀國大 東洋學硏究所, 1980, pp. 77～94.

Ⅴ. '夜來者'說話의 敍事的 變容

　〈'夜來者'說話의 敍事的 變容〉, 서울大 東亞文化研究所 '東北亞比
　　較神話學 國際學術大會', 서울大 文學館 國際세미나室, 1993.
　　5. 20.(口頭發表)

　〈夜來者說話의 한 考察〉, 韓國民俗學會 '秋季發表大會', 德成女大
　　視聽覺室, 1993. 10. 23.(口頭發表)

　〈'夜來者'說話의 小說的 變容〉, 《東亞文化》 31, 서울大 人文大
　　東亞文化研究所, 1993, pp.77~109.

Ⅵ. 神話와 歷史의 接點

　〈神話와 歷史의 接點〉, 安東大 '民俗學科 特講', 1994. 11. 24.
　　(口頭發表)

　〈神話와 歷史의 接點〉, 《단국어문논집》 創刊號(淸儂 秦東赫先生
　　同甲紀念號, 단국어문연구회, 1995, pp. 1~13)

Ⅶ. '高天原'의 神話的 이미지와 現實再現

　〈日本に於ける神話再現に就いて : '高天原'のイメージを中心と
　　して〉, 日本天理大 '第2回 韓日古典文學세미나', 天理大
　　圖書館, 1985. 8. 4.(口頭發表)

　〈日本에서의 神話再現 : '高天原' 이미지의 現實化를 중심으로〉,
　　《張漢基博士 華甲紀念論文集》, 東國大 同發刊委員會, 1990,
　　pp.869~889.

Ⅷ. 日本王權神話의 歷史的 展開

　〈日本に於ける神話意識の展開〉, 東洋文庫 '懇談會', 同 會議室,
　　1980. 3. 29.(口頭發表)

　〈日本에 있어서의 神話意識의 展開過程〉, 한국비교문학회 ''80
　　겨울 비교문학 전국연구발표대회', 京畿大, 1980. 12. 10.(口頭
　　發表)

　〈日本に於ける神話意識の展開〉, 日本 天理大 '第1回 韓日古典
　　文學研究세미나', 天理大 圖書館, 1984. 7. 30.(口頭發表)

　〈日本に於ける神話意識の展開〉, 《朝鮮學報》 113, 朝鮮學會,
　　1984, pp.57~63)

　〈日本에 있어서의 神話意識의 展開過程 研究〉, 《東洋學》 14, 檀
　　國大 東洋學研究所, 1984, pp.41~119.

연구차 건너갔던 日本에서 돌아온 지 만 15년이 되는 이때에 그 연구결과를 묶어서 내놓게 되니, 무거운 짐이라도 벗어놓은 듯 홀가분하면서도 한편으로는 미진한 느낌이 없지 않다. 돌이켜 그간의 저자의 나태가 부끄럽다. 공교롭게도 올해는 우리 민족이 일제의 식민통치로부터 光復을 찾은 지 50주년이 되는 해다. 이 때에 不用意의 논저로나마 日本神話에 관한 논의를 제기하게 된 것을 의미 있게 생각하며, 감회 또한 남다른 바 있다. 이제 와 돌아보니, 이 연구는 순전히 1978년 문교부(현 교육부)가 해외연구를 지원한 데 힘입어 이루어진 것이다. 그때 지원받지 못했던들 오늘의 이 책 출간은 기대하기 어려웠을 것이다. 이 자리를 빌려 문교 당국에 충심으로 감사드리는 바이다.

끝으로 저자의 언약을 믿고, 山河도 變하는 10년 세월, 탈고의 날을 기다려 준 지식산업사 金京熙 사장께 뜨거운 감사를 드리며, 두서없는 蔓辭로써 序에 대신하는 바이다.

1995년 12월 15일
매봉 기슭에서 황패강 識

차   례

일러두기

1. 일본 고유명사의 경우 인용한 원전마다 다르게 표기하고
   있는 예가 있는데, 이 책에서는 원전을 훼손하지 않도록 원
   전 표기 그대로 따랐으며, 따로 이 사실을 밝히지 않았다.
   예) 比賣許曾神社(《古事記》)
       比賣語曾神社(《日本書紀》)
2. 일본어의 우리말 표기에서 일본 현지 발음을 살리기 위해
   외래어 표기법을 따르지 않은 경우가 있다.
   예) ええじゃないか
       에에자나이카(외래어 표기법)
       에에쟈나이까(이 책의 표기)

Ⅰ. 日本神話와 '韓國'

1. 序　論

　日本神話에서 '韓國'의 문제는 신화의 구조라든가 의미라든가 하는 본격적 神話論과는 거리가 먼, 국지적 역사적 성격을 띤 것으로 생각되기 쉽다.

　그러나 《記紀》[1]에 실린 일본신화의 근원적 성격을 생각하는 데서 '한국'은 가볍게 지나쳐 버릴 수 없는 중요한 의미를 가지고 있다고 할 수 있다. '한국'은 당초 일본신화의 發想과 형성 및 전개의 전 과정에 깊이 간여되어 있는 까닭으로, 신화 이해에서 나타난 일본인의 의식을 생각하는 데 주요한 단서가 된다.

　다른 분야에서와 마찬가지로 한일간의 밀접한 관계는 신화 분야에서도 인정되어 왔다. 흔히 '밀접한 관계'라고 하면, 교섭사적인 親緣性으로 이해되기가 일쑤였다. 따라서 신화연구의 주된 관심은 한일 양국 내지 두 민족의 교섭이라는 현실적 관계에 기울

---

1) 이하 《古事記》(712)는 《記》, 《日本書紀》(720)는 《紀》, 둘을 合稱할 때는 《記紀》로 약칭함.

어지기 쉬웠다. 이른바 신화에 대한 역사적 연구의 일환으로서, 신화라는 일련의 敍述物 가운데서, 史實 또는 사실로 번역될 수 있는 요소들로써 歷史文脈을 재구성하는 일이다. 이는 '史實' 아닌 것에는 가치를 인정하려고 하지 않았던 지난날의 연구경향으로, 그 자체 비판의 여지가 있다고 하겠으나, 연구사상 그 나름의 의의는 부여되어 마땅하다.

이 글은 위와는 반대되는 태도를 가진다고 할 수 있다. 현실적 합리적 의도에 의하여 변형된 신화를 본래의 모습으로 환원함으로써 신화의 本意味를 구성해 보려는 것이다. 시대적, 사회적 요소에 지배되지 아니한, 신화 그 자체로서 이해하려는 태도다. 그러나, 실제로 위의 對極的인 두 가지 태도가 판연하게 나누어지는 것은 아니다. 상대적인 관점에서 나누어 논할 수 있을 뿐, 실제로는 相互有機的이다. 신화연구의 실제에서, 위의 두 가지는 대립적이라기보다는 서로 의존하는 관계에 있다. 그것이 신화연구인 이상, 모든 문제 제기에 앞서 신화의 차원에서 논의가 시작되며, 방법론의 다양성에도 불구하고, 종당에 귀착하는 것은 神話本質의 究明이 아니어서는 안 된다. 역사적 접근이라 하더라도 예외일 수는 없다.

2. 日本神話研究의 몇 가지 문제

1) 神話 개념에 관한 이해

앞에서 '神話, 그 자체로써 이해한다'고 했을 때, '신화'의 개념이 뚜렷하게 설정되지 않는다면, 의미 없는 논의가 되고 말 것이다. 신화는 흔히 說話(tale)의 범주 안에서 생각되어 왔다. 그리하여 설화의 홍미와 신화의 홍미는 별로 구별되지 아니하거나, 동질적인 것으로 막연히 생각해 온 느낌이 있다. 그러나 둘은 서로 공통적인 점도 있는 반면, 결코 동질화시켜 생각할 수 없는 중요한 특징도 아울러 갖고 있다.

본격적인 설화의 흥미는 '이야기로서의 재미'에 있다. 따라서 설화는 '재미'를 환기하는 장치, 즉 구성(composition)을 가지며, 줄거리의 起伏, 전개에서 흥미 환기를 위한 定式을 가지는 것이 보통이다. 설화의 연구가 흔히 흥미 환기장치인 구성에 유다른 관심을 집중하는 것은 이런 관점에서 이해된다.

신화는 물론 대부분 설화이나, 반드시 설화임이 필수의 조건이 되는 것은 아니다. 신화가 주는 흥미는 이야기로서의 '재미'보다는, 근원적 사실 또는 근원적 사실이라고 믿는 것에 대한 지식을 준다는 데 있다. 따라서 줄거리의 전개에 의하여 '재미'를 만들어내는 설화와는 구별된다. 근원적 사실의 전달을 목적으로 하는 신화는 설화의 구성을 반드시 필요로 하는 것은 아니다. 실제로 신화는 설화 이외의 다른 표출수단을 갖는 것이기도 하다. 그러나 직접적이며, 지배적인 표출수단은 설화라고 할 수 있다. 설화로 실현된 신화는 설화적 의도에서 완전히 자유로울 수 없으나, 그런 경우일지라도, 근원적 사실의 전달이라는 신화의 기능은 결코 포기할 수 없다. 구태여 말한다면, 신화는 근원적 사실을 전달하는 설화라고 할 수 있겠다. 신화의 설화화는 결과적으로 신화의 雜居性을 초래했고, 신화외적 요소의 滲透 가능성을 열어 놓았다.

다음으로, 신화가 추구하는 근원적 사실에 대하여 생각해보기로 한다. 이에 관하여는 대략 다음과 같이 요약된다.[2]

1) 個人·氏族·部族·民族·人類·社會·世界·宇宙 등의 기본 질서
2) 太初的·始動的·一回的·典型的 事件

---

2) cf. 黃浿江, 〈神話와 原型〉, 단국대 국문학회, 《原型》 1, 1974, pp. 90~94.

3) 無時間的(非歷史性)·原理的·保證的 事實로서, 現實에서 계속
작용하고 있는 것(記念 反復)

신화의 근원적 사실이란 '그것이 그렇게 있기 시작한 太初의 의
미로서, 그 까닭으로 후대에서 典型으로서 작용하고 있는 것'이
다. 그러나, 신화에서 그와 같은 근원적 사실이란 것이 직접 그대
로 나타나는 것은 아니다. 근원적 사실은 象徵化, 隱喩化됨으로써
신화가 된다. 신화를 두고 暗號化된 우주론이라고 할 때 신화의
이와 같은 특성을 말한 것이다. 신화 연구가 신화의 象徵과 隱喩
해명에 주력하는 것은 당연하다. 신화는 설화의 구성으로서 결격
인 경우도 있을 수 있다. 그러나 줄거리의 짜임새가 그렇게 중요
하지 않은 신화에서는, 그것이 곧 신화로시의 결격사유가 될 수
없다. 신화가 근원적 사실과 관련을 갖는 이상, 모든 문화현상은
당연히 신화적 동기를 가진다고 하겠다. 물론 신화적 동기를 가
진다는 것과 신화로서 실현된다는 사실 사이에는 거리가 있다.

위에서 본 바와 같이 신화는 설화라는 조건이 반드시 중요한
것은 아니나, 신화 실현의 대표적 형태의 하나로 설화형태를 가진다.

이 글은 설화형태의 신화, 그 가운데서도 특히 記述된 神話—
《記紀》에 나타난 文獻神話를 중심으로 다루려고 한다. 설화형태라
는 조건, 문헌기술물이라는 점에서 설화적 접근 및 문헌연구의
가능성이 동시에 제기된다. 그러나, 설화 및 기술의 조건에 지나
치게 구애되어 신화로서의 연구가 충분히 이루어지지 못한다면
本末顚倒도 이만저만이 아니다.

이 글은 위에서 서술한 신화 이해의 바탕 위에서 일본신화 안
의 '한국' 문제를 고찰하려고 한다.

2) 日本神話의 文獻資料

일본신화를 연구하면서 문헌자료는 다음의 세 종류로 나누어

생각할 수 있다.

제1차적 자료는 신화의 原典으로,《記紀》두 책을 비롯한《風土記》·《先代舊事本紀》·《古語拾遺》, 기타의 類書가 포함된다.

제2차적 자료는 제1차적 자료인 원전에 관한 訓解書類로, 후대에 이루어진 것이다. 예상되는 훈해 과정에서의 가공 때문에 연구상, 자료로서 어느 의미의 제약을 고려치 않을 수 없다. 이의 대표적 자료는 卜部懷賢의 《釋日本紀》[3](28권, 1274), 本居宣長의 《古事記傳》[4](47권, 1786·1798)을 들 수 있다. 이 밖에도 新井白石 (1657~1725), 上田秋成(1734~1809), 平田篤胤(1776~1842), 橘守部(1781~1849), 기타의 述作이 있다.

제3차적 자료는《記紀》및 신화에 관한 연구서로, 이에 관하여는 研究史도 나와 있다.[5]

이 項에서는 제1차적 자료에 관하여만 논하기로 한다.

《古事記》는 712년(和銅 5년) 太安萬侶에 의하여 찬술되었다.(사진 18) 大化開新 후 672년 壬申의 亂으로 近江朝를 넘어뜨리고, 새로운 정치세력으로 등장한 天武天皇(재위 673~685)의 칙명으로 착수, 元明天皇 때에 완성되었다. 序에 나타난 天武의 詔에 의하면,《記》찬술의 자료가 된 前代 기술물(帝紀·本辭類)에 의도적인 수정이 가해진 것이 확실하다.

현존 最古本은 14세기 후반의 寫本(眞福寺本, 1371·1372)이다. (사진 1·5) 그 외에 몇십 종류의 사본이 있으나, 아직 이보다 오랜 것은 없다. 17세기 이후, 江戶時代에 들어와 板本이 보급되었는데, 最古의 판본은 17세기 중엽(1644)의 것으로 알려져 있다.

위에서 밝혀졌듯이《記》의 현존 최고본은 初撰 때로부터 약 7

---

3) 1274년 또는 그 이듬해, 卜部兼文이 행한《日本書紀》강의의 내용을, 아들 懷賢이 편집한 것으로 訓詁的 集成이다.

4) 總記를 포함한 본문 44권은 1798년, 春庭 편찬의 목록 3권이 1806년에 이루어져 총 47권 8질이 1822년 완간되었다.

5) cf. 德光久也,《古事記研究史》, 東京:笠間書院, 1977 ; 松前健,〈戰後における神話研究の動向〉,《文學》33권, 岩波書店, 1965, pp. 22~34.

세기의 간격이 있다.

《日本書紀》는 720년(養老 4년), 舍人親王 등이 찬술한[6] 것으로 인정되고 있다. 681년, 天武 在世時, 천황이 川島皇子 이하 12인을 모아, 帝紀 및 上古 諸事를 記定하게 했다[7]는 기록이 보이는바, 이를 《紀》편찬의 史實로 본다면 天武 때 이미 《紀》의 내용의 대강이 완성되었다고 할 수 있다.

《紀》의 현존 최고본은, 岩崎本[8](卷 22·24)인바, 筆寫의 연대는 寬平(889~897), 延喜(901~922)로 생각된다. 初撰으로부터 약 1세기 반의 간격이 있다. 神代紀의 2권뿐인 卜部兼方本[9]은 1286년(弘安 9년)의 사본으로, 岩崎本에 다음가는 古本이다. 그 밖의 후대의 異本과 寫本은 일일이 열거할 수 없다. 《記紀》는 다 같이 찬술 연대에 불구하고 이미 天武 때에 착수, 대강의 내용이 확정되었던 것으로 보인다.

《風土記》는 713년(和銅 6년) 諸國에 命하여 편찬,[10] 조정에 제출케 한 地誌로, 현존본은 出雲(773), 常陸(715년 이전), 播磨(715년 이전), 豊後(720~739?), 肥前(同前)의 五國에 관한 것들이다. 이외에 20개국의 《風土記》逸文이 단편적으로 전하고 있다. 地誌라는 성격 때문에 《記紀》와 같은 차원에서 다룰 수는 없다 하겠으나, 《記紀》의 신화자료를 보강할 만한 기사가 적지 않다.

《先代舊事本紀》는 620년(推古 28년) 聖德太子와 蘇我馬子가 함께 엮었다는 天皇記 및 國記, 臣連·伴造·國造百八十部와 公民 등의 本記[11]에 比定되기도 하나, 645년(皇極 4년), 蘇我蝦夷가 주살됨에 임하여 天皇記, 國記, 珍寶 등을 모조리 태웠는데, 유독 國記만은

---

6) cf. 《續日本紀》卷 8, 養老 4年 5月 癸酉.
7) cf. 《紀》卷 29, 天武 10年 3月 丙戌.
8) cf. 《日本書紀》上(坂本太郎 外 3人 校註, 東京 : 岩波書店, 1973), p.31f.
9) cf. 위의 책, p.25.
10) cf. 《續日本紀》卷 6, 和銅 6年 5月 2日.
11) cf. 《紀》卷 22, 推古 28年 12月.

船史惠尺이 재빨리 빼내어 中大兄皇子에게 바쳤다[12]고 하는 것으로 보아, 현존의 《先代舊事本紀》를 推古 때의 《舊事本紀》類와 동일시하기는 어려울 듯하다. 그러나 찬술의 경위는 두고, 신화자료로서 《記紀》와 표리가 됨을 인정할 수 있다. 신화 내용은 기본적으로 《記紀》와 틀리지 않는다. 세부적인 話素, 줄거리의 진행 등에 약간의 異同과 簡約化가 보이며, 《記紀》를 보강하는 자료도 더러 있다. 1644년의 刊本인 東洋文庫本이 현존본들 가운데 비교적 오래다. 한편 이 책을 '僞書'라고 단정, 무시해 버리는 경향도 있다. 그러나 신화의 記述資料로서 부정해 버릴 수 없다는 것이 필자의 견해다.

《古語拾遺》는 807년(大同 2년), 齋部廣成이 忌部氏에의 부당한 처우를 平城天皇에게 호소하여 찬록한 것이다. 11개조를 서술하는 가운데, '神代의 故事'를 인용하였는데, 《紀》를 간약화한 것으로 보인다. 1225년(嘉祿元年)의 卜部兼直 寫本이 현존본 가운데 오래다.

이상에서 서술한 여러 책 외에도, 《祝詞》, 《新撰姓氏錄》(31권, 815), 《延喜式》(50권, 927), 《高橋氏文》(789) 등이 있으나, 이들은 신화 원전에 대한 보조적 자료에 불과하다.

요컨대, 일본신화의 원전의 大宗은 《記紀》 二書라고 해서 지나치지 않는다.

3) 日本神話研究의 문제점

현재 일본신화연구의 추세는 문헌신화 중심이 되고 있다. 즉 문헌자료 본위의 연구가 지배적이라는 것이다. 이 경우 문헌의 문제가 선결조건이 되지 않을 수 없다. 신화의 문헌 정착과정은 다른 어떤 문제에 우선하여 고려되지 않으면 안 된다. '문헌 정착

---

12) cf. 《紀》 卷 24, 皇極 4年 6月 己酉 ; 《新撰姓氏錄》 序.

과정'이 곧 신화의 문제일 수는 없으나, 그것이 原神話에 대한 직접, 간접의 변형 요인이 될 수 있다는 점에서 '신화의 문제'가 된다. 非신화적 요소이면서 신화에 대하여 의외로 결정적 요인으로 작용할 수 있다. 이런 유의 변형은, 신화의 문자 정착 내지 整合, 記述의 초기단계인 제1차적 자료에서 이미 나타나고 있다. 그리고 제2차적, 제3차적 자료의 단계에서도 그것이 止揚되리라는 보장은 없다. 기술자가 神話外的인, 그 어떤 동기나 주견에 매여 있을 때에는 그가 의식하거나 아니 하거나 간에 신화에 대한 변형의 가능성이 恒存한다고 볼 수 있다.

문헌신화를 대상으로 할 때, 위와 같은 가능성을 언제나 예상하지 않으면 안 된다. 《記》의 찬자는 〈自序〉 가운데서 '원형'에 대하여 수정을 가했음을 다음과 같이 밝혔다.

> 이는 곧 邦家의 經緯, 王化의 鴻基다. 까닭으로 이에 帝紀를 撰錄하고, 舊辭를 討覈하고, 거짓을 깎고, 진실을 정하여 後葉에 전하기를 바란다[13]

《記》는 전래의 帝紀와 本辭를 그대로 기술한 것이 아니라, '거짓을 깎고, 진실을 정하여' 가지고 撰錄하였다. 그렇다면 '거짓'과 '진실'을 판단하는 데 어떤 기준이 적용되었는가? '邦家의 經緯, 王化의 鴻基'를 확실하게 하는 여부가 기준이 되고 있다. 《記》 撰述에서 일체의 加筆—수정과 粉飾 등은 오로지 이에 기준을 두었음을 알 수 있다. "諸家가 가지고 있는 帝紀와 本辭는 이미 正實에서 어긋나, 많이 허위를 더하였다"[14]고 단정한 것도 위의 기준에서 왔다.

681년 天武는 위와 같은 목적 아래 前代 기술에 대한 전면적인 修整統合을 명하였다. 비록 天武代에 완결짓지는 못하였으나, 이

---

13) cf. 《記》上卷, 幷序.
14) cf. 위와 같음.

작업의 기본 방향과 대강의 내용은 이미 그의 治世時에 완성되었음은 전술한 바와 같다. 그리하여 그 뒤 元明天皇 때, 太安萬侶가 "稗田阿禮가 외우는 勅語의 舊辭를 撰錄하여 獻上"[15]함으로써 한 개 部書로서 완성되었던 것이다. 稗田阿禮가 誦習한 것은 그의 나이 28세 때 天武의 칙명으로 습득했던바 天武에 의하여 修整, 재구성되었던 '舊辭'다.

《紀》는 찬술경위를 보이는 序가 없는 관계로, 그간의 사정을 분명하게 알 수는 없으나, 같은 시대, 한 천황에 의하여 비슷한 동기로 발상된 사업이었으므로, 찬자 구성, 기술 방침 등과 같은 문제에 들어서는 반드시 《記》와 일치하는 것은 아니라 하나, 天武體制下의 정치적 이념을 체현코자 한 목적의식에서는 《記紀》가 하등 구별될 것이 없다. 신화기술에서도 《記紀》는 이에서 벗어난다고 볼 수 없다. 특정한 역사적 시기의 사회적 이념이 신화기술에 干預함으로써 신화를 변형시키는 경우는 상상키 어렵지 않다. 《記紀》神話의 경우, 《記紀》의 다른 기술에서와 마찬가지로, 天皇權이 陰陽으로 간섭하고 있음을 알 수 있다. 이제 그 간섭의 원칙적인 내용을 요약해 보기로 한다.

1) 天皇 중심의 중앙집권국가를 확립한다. 그리하여 우주창조로부터 人皇에 이르기까지 우주적 기념적 사건에 천황의 계통을 관련시킴으로써 그 神聖과 連綿性을 보증하고, 황실 중심의 이념을 절대화하여 사회의 통일 및 整合의 철저화를 기한다.[16]

2) 壬申亂 後 재편성된 사회질서(天皇과 각 氏族·豪族과의 관계)를 합리화한다. 절대적 천황권 아래 각 씨족, 각 호족간의 優劣에 의한 지배·복종의 관계를 설정, 고착화함으로써 천황제의 복합적 主從關係를 확립한다. 이에 따라, 각 씨족(豪族)의 고유한 傳承은

---

15) cf. 위와 같음.
16) 《古事記》를 "古代天皇制의 방패(盾)"라고 말한 이도 있다.(cf. 德光久也, 앞의 책, p.13)

위의 원칙에 적응하는 방향으로 수정, 재구성되고, 천황가의 전승과 관계지워진다. 위의 원칙에 적응할 수 없는 것은 부정되고, 배제된다.

3) 천황권의 확립과 더불어 국가주의적 이념을 高揚한다. 兩者는 相補的이다. 국가주의적 이념이 강조된 결과, 排他自尊의 경향을 띤다. 이른바 '順·不順(まつろふ·まつろはぬ)'의 양극적 가치관으로써 他者를 의식하게 된다. 이와 같은 二値的 他者意識은 일체의 中間者를 인정 않고, 오로지 지배·복종의 관계로써만 他者를 의식하고 평가하려 한다. 이는 후세로 가면서 수정되기는 고사하고, 일본의 사회적 여러 조건(天皇制의 절대화로 階層變動要因이 稀釋化됨으로써 계층관계가 고정됨. 島國이라는 地政的 조건에서 폐쇄적 사회환경이 이루어짐. 현실합리화의 이론으로서 國學者流의 학풍이 일어남)과 相乘하여 더욱 조장, 강화되어 갔다. '順·不順'으로 상징된 他者意識은 신화의 세계에서 이미 天神 대 國神, 天孫 대 國造, 天皇 대 氏族, 朝廷 대 豪族(地方), 倭族 대 周邊民族, 日本 대 隣邦 등의 관계로 점차 대응의 폭을 넓혀갔다. 이와 같은 排他自尊의 他者意識은 '절대적 진리는 언제나 나에게 있다'는, 전혀 근거 없는 신념적 배경을 가지고 있다. 이 신념적 배경의 中樞를 이루는 것이 천황 중심의 신화, 즉 천황계통을 中軸에 두고, 일체의 질서체계를 그와의 예속적 관계에서 재구성한 '日本神話'이다.(이는《記紀》의 신화기술에서만 문제되는 것이 아니다)《記紀》는 위와 같은 他者意識을 裏證하는 사건으로 점철되어 있다. 이것은《記紀》에서 記述의 객관성을 현저하게 저해하는 요인이 되고 있다. 단적인 예로, 관례적인 외국사절을 '朝貢'으로,[17] 외국 파견의 일본사절을 '宰'(みこともち)[18]로 부르는 유다. 설화적 발상에 지나지 않는 타민족 정복의 이야기를 천황권 과시를 위한 역사적 사실로 윤색하

---

17)《紀》에서 應神 28年 9月條, 仁德 12年 7月 辛未朔癸酉條의 高麗國의 '朝貢', '上表'는 사실과 다르다.(cf. 坂本 等 校註, 앞의 책, pp.377·394f.)
18) cf.《紀》卷 20, 敏達 6年 5月 分註.

기도 한다.[19] 이와 같은 《記紀》 記述者의 태도는 뒤에 오는 訓釋者에게 물려졌고, 이들은 이를 더욱 조장한 인상을 준다. 自尊蔑他의 태도는 한자의 訓讀에서도 나타나고 있다.[20] 위의 예는 비록 사소하고 형식적인 것이기는 하나, 이와 같은 요소들이 한 사회로 하여금 타자에 대한, 이상하리만큼의 편견을 키워오는 데 도와 왔던 것은 의심할 여지가 없다.

이상은 《記紀》의 기술에 직접, 간접으로 간섭한 사회적 제약의 요인을 개괄한 것이다. 신화의 기술화 과정에서 '신화의 敵'[21]으로 작용하는 요소는 사회적인 것에 한정되지 않는다. 찬술자 개인의 조건도 부정적 요인이 될 수 있다. 특히 신화의식적이지 못한 기술자의 경우는 더욱 그렇다. 순전한 개인적 기호가 신화기술의 방향을 설정하는 일도 있다. 《記紀》의 찬술자의 경우, 확인할 수 있는 한 신화의식적이지는 아니하였다. 무엇보다 정치적, 사회적 이념을 앞세웠고, 개인적으로는 衒學的 嗜好에 이끌리고 있었다고 할 수 있다. 劃數가 많은 한자를 차용하는 경향이 寫音表記(특히 歌詞表記)에서 두드러지고, 비록 제한된 범위에서나마 중국의 文典을 즐겨 원용하고, 중국의 文飾을 차용하는 나머지 '實'보다 '巧'에 흐른 感이 없지 않다.[22] 漢文으로 서술하는 관계로, 當代와 무관한 儒敎理念化가 보인다. 한편 漢譯 佛典의 영향도 엿보이고 있다.

---

19) 代表的 事例가 '神功皇后의 新羅征伐'(《記》中卷, 帶中日子天皇;《紀》卷 8, 仲哀 2年 6月辛巳朔庚寅 以下;《紀》卷 9, 神功攝政前紀, 仲哀 9年 2月 以下).

20) 大國之書(もろこしのふみ;《紀》卷 22, 推古 16年 6月 壬寅)·高麗遣使……因以言(因りてまうさく;《紀》卷 22, 推古 26年 8月);新羅不肯聽送(新羅うけたまはりかへず;《紀》卷 26, 齊明 3年 9月)(以上 坂本 等 校註本에 의함);肅愼(ふしはせ;《釋日本紀》卷 18, 秘訓 3).

21) 魯迅,《中國小說史》上(增田涉 譯, 東京 : 岩波書店, 1962), p.25.

22) 劃數 많은 借用表記漢字例로 '藝ぎ, 沇お, 邇に……' 등을 볼 수 있고, 《藝文類聚》를 비롯한 數種의 중국문헌이 즐겨 援用되고, 文飾이 차용되었다. (cf. 山田英雄,《日本書紀》, 東京 : 敎育社, 1979, p.133)

위의 사실은 신화 본래의 의미를 변질시킬 수 있는 제약요인이다. 이들은 비판, 수정되기보다는 그대로 오랜 세월 묵인되어 왔을 뿐만 아니라, 오히려 부연 확충되어 온 느낌조차 없지 않다.

신화가 본래의 의미로 말미암아 이해되기 위해서는 위의 제약요인으로부터 자유로워지지 않아서는 안 될 것이다.

日本神話에서 '한국'의 문제는 위의 제약요인의 소재를 집약화하여 보여준다. 앞에서 지적했듯이 그것에 대한 연구는 단순히 隣邦과의 관계라는 교섭사적 문제에 머무는 것이 아니라, 더 근원적인, 일본신화의 성격과 신화해석을 둘러싸고 전개된 일본인의 신화이해의 태도에 냉정한 검증을 촉구하는 계기가 될 것으로 믿는다.

3. 日本神話 속의 '韓國'

《記紀》에서 '韓國'의 위치는 긍정적이거나 부정적이거나에 불구하고, 상당한 비중을 차지하고 있음은 부인할 수 없다. 《記紀》에서 '한국'의 기사를 떼어버린다고 가정해 본다면 그 사실은 너무나도 분명해진다.

《記紀》의 기술은 공백 투성이가 되고, 문맥을 이루지 못할 것이다. 그와 같은 불가분리성에도 불구하고, '한국'을 다루는 《記紀》의 기술은 반드시 긍정적은 아니다. 추측컨대, 위의 제약 요인들로부터 온 당연한 결과로 이해된다.

실제로 이와 같은 부정적 기술의 예는 유독 '한국'에 멈추는 것은 아니다. 원칙적으로 이질적인 他者에 대하여 부정적이고자 하는 것이 《記紀》 기술의 基調라고 해도 과언이 아닐 정도다.

《記紀》 기술의 이와 같은 제약을 충분히 고려하면서 《記紀》 신화에서 '한국'의 문제를 고찰하기로 한다.

1) 素戔嗚尊 (建速須佐男命)

《紀》卷1에 '無情'한 所行 끝에 天界(高天原)에서 쫓겨나 下界로
내려온 素戔嗚尊(이하 '素戔'으로 略稱함)의 신화가 여러 책을 인용,
소개된 가운데, 第4書 引文에 비로소 '新羅國'의 이름이 보인다.[23]
이에 따르면, 당초 素戔은 아들 五十猛神을 데리고 신라국에 내려
와, 曾尸茂梨에서 살다가, "이 땅은 내가 살고자 아니 한다"고 말
하고, 埴土의 배를 타고 東(日本)으로 건너갔다. 出雲國 簸川 상류
鳥上峯에 이르러 사람을 해치는 여덟 꼬리의 大蛇를 退治, 꼬리에
서 神劍(草薙劍)을 얻었다.(사진 25) 天降할 때 五十猛神이 가져온
樹種을 韓地에서는 심지 않고, 일본에 가지고 건너가 筑紫로부터
大八洲國 안에 두루 심어 靑山을 이루었다고 한다.[24]

第5書는 素戔이 "韓鄕의 섬에는 金銀이 있다. 나의 자식이 다
스리는 나라에 浮寶(배)가 없어서는 좋지 않으리라" 하고, 수염,
가슴의 털, 꽁무니 털, 눈썹을 뽑아서 사방에 흐트러뜨리니 杉·檜·
枞·橡樟이 되었다. 杉과 橡樟으로는 배(船), 檜로 瑞宮(집), 枞로
棄尸(棺)를 만들어 쓰도록 가르치니, 세 子女神이 樹種을 온 나라
에 퍼뜨렸다.[25]

위의 二書의 기술로 볼 때, 素戔에게 文化英雄의 성격이 주어져
있음을 알 수 있다. 그는 天界(高天原)의 질서를 파괴한 반역적
존재였다. 그는 완전무결한 天界의 질서에 순응하기에는 너무나도
인간적인 존재였다. 프로메테우스(Prometheus)와 같이 인간의 편
에 선 반역신이었다. 그리하여 천계에서 쫓겨나 인간계(地上)로
왔고, 천계의 樹種을 인간에게 가져다 주었다.

---

23) "是時 素戔嗚尊帥其子五十猛神 降到於新羅國 居曾尸茂梨之處."《紀》卷 1,
　　神代 上, 第8段 一書 第4)
24) cf.《紀》卷 1, 神代 上, 第8段 一書 第4.
25) cf. 위와 같음.

당초 그는 아들과 함께 新羅國에 내려와 曾尸茂梨에서 살았으나, 무슨 까닭인지 그곳에서 살고자 아니 하고, 埴土舟를 타고 일본으로 건너갔다. 그때, 天界에서 가져온 樹種을 韓地에는 전혀 심지 아니하고, 고스란히 일본으로 가져가, 筑紫로부터 시작하여 大八洲에 두루 播植하여 靑山이 무성하게 하였다. 신라국에 살고자 아니 한 것과 樹種을 모조리 일본으로 가져간 까닭은 밝혀져 있지 않다. 얼핏 보면, 신라국은 사람이 살거나, 나무를 심는 데 탐탁치 않은 나라 같은 인상을 주기가 십상이다. 그러나 素戔은 "韓鄕의 섬에는 金銀이 있다"고 함으로써 신라가 '金銀國'임을 밝혔다. '금은'은 鍊金術과 관련된 문명을 생각하게 한다. 素戔의 '금은국'으로서의 신라의식은 문화국으로서의 인식과 맺어져 있다. "나의 자식이 다스리는 나라에 浮寶(배)가 없어서는 좋지 않으리라"는 그의 말은, 장래에 있을 신라국과의 교류를 전제로 한 것으로 보인다. 다음 세대에 文化國 신라와의 교류를 기대하며, 예상하고 있는 것이다. 신라는 이미 금은과 배(埴土舟)를 가진, 질서 잡힌 문화국임이 시사되고 있다. 素戔과 같은 문화영웅이 활동할 여지가 없는 나라다. 태고적 혼돈, 무질서의 황무지야말로 그에게 어울리는 활동무대. 신라의 질서세계에 머물러 있는 한, 天界에서의 난동(질서파괴)의 再版도 충분히 예상할 수 있는 그였다. 그리하여 그는 신라를 떠나 일본으로 건너갔다. 과연 일본은 그가 기대하던 바 질서 이전의 혼돈세계였다. 그것은 八岐大蛇로 隱喩되고 있는 不毛의 부정적 상황이다.

　　내 낳은 자식이 비록 많았다고는 하나, 낳을 때마다 八岐大蛇가 잡아먹어 하나도 살아남지 못했습니다. 이제 또 낳게 되었으나, 또다시 먹혀 버릴 것이 두렵습니다. 그래서 슬퍼하고 있습니다.[26]

---

26) "我生兒雖多 每生輒有八岐大蛇來呑 不得一存 今吾且産 恐亦見呑 是以哀傷."
　　(《紀》卷 1, 神代 上, 第8段 一書 第2)

위와 같이 脚摩手摩의 처지는 전적으로 비생산적인 상황이다.
'낳음'은 있으나, 이를 상쇄하는 무질서의 암흑이 지배하고 있다.
'의미 없는 낳음'이 되풀이되고 있다. 이와 같은 무질서, 혼돈이야
말로 '神性雄健'한[27] 素戔의 활약이 기대되는 무대다. 과연 그는
大蛇를 퇴치하여 생산을 보장하고 질서를 바로잡는다. 그리고 불
모의 땅에 갖가지 樹種을 播植하여 풍요하게 하고, 이로써 금은국
신라와의 교역의 가능성을 열고, 각종 문화생활의 기틀을 잡았다.
즉 木船(산업·교역), 家屋(생활환경), 棺(장례)으로 상징되는 문화
가 그에 의하여 비로소 영도되었다. 素戔(또는 五十猛神)의 樹種은
일본에 대한 중요한 문화적 공헌이다. 이상으로 볼 때 素戔의 문
화영웅적 성격은 의심의 여지가 없다. 따라서 그가 신라에 살고
자 아니 하고, 樹種을 가지고 일본으로 간 것은 그의 문화영웅적
기능으로 말미암아 충분히 이해된다. 신라는 이미 고도의 문명을
향유하여 그에 상응하는 질서를 유지하고 있던 사회여서, 그와
같은 개척자적인 문화영웅을 필요로 하지 않았고, 또 수용할 여
지도 없었던 것으로 보인다. 일본(大八洲)에서 문화영웅으로서 자
기의 구실을 다한 素戔은 드디어 根國(他界)으로 들어갔다.

素戔의 신화는 우리의 桓雄神話와 비슷한 패턴을 재현하고 있
다. 환웅은 천제 桓因의 庶子다. 그는 천계에 살면서 하계의 三危
太伯을 '弘益人間'할 만한 곳으로 여겨 동경한다. 이를 눈치챈 父
帝는 그에게 天符印 3개와 갖가지 선물과 여러 從者(技術者)를 붙
여서 天降하게 한다. 그는 동경하던 三危太伯에 내려와 문화영웅
으로서 구실을 다한 끝에 阿斯達의 산신이 된다. 환웅이 관계한
동물(곰)의 인간으로의 轉身은 그 자체 신화적 은유로, 야만적 상
태로부터 문화로의 轉移를 말해주는 사실이다. 환웅은 완전무결한
천계의 질서사회로부터 혼돈한 하계로 내려와 문명과 질서를 끼
치고 나서, 檀君을 후계자로 남기고 他界로 들어간다. 庶子라는 그

---

27) 《紀》卷 1, 神代 上, 第6段 本文.

신분으로 하여, 아마도 그 역시 천계의 질서에 적응키 어려운 반
역신이었을 가능성이 있다. 그의 下界 동경도 그의 反逆神的 처지
에서 불가피했던 것인지도 모른다.[28]

素戔의 경우, 天降 도중 신라라는 경유지가 설정되어 있으나,
환웅의 경우는 그와 같은 경유지가 없으며, 신화 구성요소로서
일본이 전혀 문제가 되고 있지 않다.

素戔神話에서 '한국'은 단순한 경유지인 듯이 형상화되어 있으
면서, 실상은 일본인의 심리심층에 있는 무의식적인 신라의식을
어느덧 드러내고 있다고 하겠다. 그것은 문명사회로서의 신라의
식이다.

2) 阿羅斯等과 天日槍(天之日矛)

《紀》卷 6, 垂仁 2年의 註記에 意富加羅國(大伽倻國)의 왕자 阿
羅斯等에 관한 두 가지 설화가 보인다.

제1의 설화는 '任那'(みまな)의 명칭 기원을 설명하는 것으로,
정치적 의도로 附會造作된[29] 非신화이므로 이 글의 대상으로 삼지
않는다.

제2의 설화는 위에 이어서 나타나는 別傳의 阿羅斯等 說話다.

　　加羅國의 왕자 阿羅斯等은 黃牛에 田器를 싣고 시골로 가던 도중
　황우를 잃어버렸다. 그 자취를 밟아 어떤 마을에 이르렀는데, 한 老
　夫의 助言으로, 잃어버린 소에 대한 보상으로, 마을의 祭神인 白石을
　郡公 등으로부터 받는다. 침실에 두었더니, 白石은 아름다운 童女로
　변하였다. 기뻐하여 관계를 맺으려 하니, 문득 어디론가 사라지고 말
　았다. 그는 아내로부터 그녀가 동방으로 떠나갔다는 말을 듣고, 뒤를
　좇아 일본국에 건너갔다. 한편 童女는 難波에 가서 比賣語曾社의 神

28) cf. 黃浿江, 〈檀君神話 試考〉(《韓國敍事文學硏究》, 단국대출판부, 1972),
　　pp. 115～118.
29) cf. 池內宏, 《日本上代史の一硏究》, 東京 : 中央公論美術出版, 1970, p. 66.

이 되었다. 또 豊國의 國前郡의 比賣語曾社의 神이 되어, 두 곳에서 제사받게 되었다.

阿羅斯等의 제2의 설화와 비슷한 것으로, 《記》中卷에 신라왕자 天之日矛가 보인다. 한편 《紀》는 垂仁 3年 春3月條에 신라왕자 天日槍의 渡日歸化의 史實을 전하고 있다. 《記》에 실린 天之日矛說話는 다음과 같다.

옛날 신라의 阿具奴摩 못가에서 낮잠을 자던 賤女가 陰上에 日光을 느껴 孕胎, 달이 차 赤玉을 낳았다. 자초지종을 엿보아 알고 있던 賤夫가 赤玉을 물려받아, 허리에 차고 다녔다. 어떤 날 소를 몰고 산에 가던 賤夫가 도중에서 왕자 天之日矛를 만났다. 왕자는 賤夫에게 密屠殺의 혐의를 씌워 잡아 가두려 하였다. 賤夫는 하는 수 없이 허리의 玉을 끌러 왕자에게 바치고 용서를 받았다. 天之日矛는 그 玉을 자리 가까이에 두었는데, 玉은 아름다운 여인으로 바뀌었다. 王子는 여인을 嫡妻로 삼고 살았는데, 여인은 늘 여러 가지 진미를 만들어 王子를 대접하였다. 어느덧 교만해진 王子는 아내를 학대하게 되었고, 여인은 견디다 못해 "저는 당신의 아내가 될 여자가 아니었습니다. 제 조국으로 돌아가겠습니다"는 말을 남기고, 바다를 건너 難波(日本)로 가 比賣許曾社의 阿加流比賣神이 되었다. 天之日矛는 아내의 뒤를 좇아 난파에 왔으나, 渡神이 길을 가로막고 들이지 아니하였다. 그는 하는 수 없이 多遲摩國에 돌아가 俣尾의 딸 前津見을 맞아 多遲摩母呂須玖를 낳았다.[30]

《紀》卷 6, 垂仁 3年 3月條에는 新羅王子 天日槍이 來歸한 史實을 기술하고 註記로 다음과 같은 내용이 소개되어 있다.

天日槍이 일본국에 聖皇이 있다는 소식을 듣고, 동생에게 나라를 맡기고 일본에 귀화해 왔다. 그는 여덟 寶物을 바쳤다. 천황은 播磨國 宍粟邑과 淡路島 出淺邑의 두 邑을 그에게 맡기려 하니, 諸國을 두루 다녀보고 난 뒤에 살 곳을 정하고 싶다고 하였다. 천황이 허락하니, 그는 諸國을 다녀보고 나서 但馬國에 정착하였다.

―――――――――

30) cf. 《記》中卷, "又昔 有新羅國主之子……."

위의 天日槍은 《記》의 天之日矛의 異記인바, '聖皇을 찾아 일본으로 왔다'는 모티프는 앞에 나온 阿羅斯等(第一說話)에서도 보인다.[31] 이는 천황을 神聖王으로 권위화하기 위한 정치적 윤색일 가능성이 짙다. 위의 註記는 史實的 記文이므로 이 글의 대상으로 삼지 않는다.

이상은 阿羅斯等과 天之日矛에 관한 신화자료다.(편의상 전자를 A, 후자를 B라고 부른다.) A, B는 함께 한국과 일본을 배경으로 하고 있으며, 중요한 점에서 대응된다. 둘 다 '白石'과 '赤玉'이라는 靈媒的 존재를 가지고 있다. 이들은 靈異的 出自(白石: 마을의 祭神, 赤玉: 太陽神)로서 한때 受肉的 존재(童女·孃女)로 바뀌어, 현세적 營爲를 하다가, 어떤 사건이 계기가 되어 현세와의 관계를 끊고, 다시 靈界에 들어가 영적 존재로 승화한다. 세속적 존재에 지나지 않는 阿羅斯等과 天之日矛는, 비록 여인의 뒤를 좇아 靈界 가까이 갔으나, 俗的 세력이 聖스러운 시공을 범하는 일이 용납되지 않아, 결국 영계에 들어가는 것을 단념하고 속계로 되돌아오는 수밖에 없었다. 여인들이 靈存在로 坐定한 比賣語曾社(혹은 比賣許曾社)를 중심한 難波의 境域은 聖스러운 靈的 시공을 隱喩하고 있다.(사진 15·16) 天之日矛의 '孃女'가 남편의 학대에 못 이겨 돌아가겠다고 하고, 또 돌아간 '祖國'은 일본(難波)이었다. 그녀의 出自 — 受肉 이전의 原鄕이 일본으로 암시되고 있다. 難波는 그녀의 再歸的 原鄕을 은유하고 있다. 阿羅斯等의 경우, '童女'가 도피해 간 難波를 재귀적 원향으로 시사한 바는 없으나, A와의 대응으로 보아, 또 신화구조라는 점에서 難波가 再歸的 原鄕이 됨은 A의 경우와 마찬가지다.

위의 A, B와 구조면에서 대응하는 설화로서 '白鳥處女'를 들 수 있다. 《帝王編年紀》 養老 7年條에 近江國伊香郡與胡鄕伊香의 小

---

31) "意富加羅國王之子 名都怒我阿羅斯等亦名……傳聞日本國有聖皇 以歸化之." (《紀》卷 6, 垂仁 2年 10月)

江에 얽힌 다음과 같은 전설이 보인다.

　　天界의 선녀 八人이 여덟 마리 白鳥가 되어 伊香의 小江에 내려와
　목욕을 하였는데, 伊香刀美에게 깃옷(羽衣)을 잃어버린 막내 선녀는
　天界에 돌아가지 못하고, 지상에 남아 伊香刀美와 결혼하여 네 자식
　을 낳고 산다. 그러나 뒷날 깃옷을 찾아 입은 그녀는 천계로 올라가
　버리고, 伊香刀美는 지상에 남는다.

　위의 전설에서 백조는 A, B의 白石·赤玉과 대응하는 靈媒的 존
재다. 백조의 俗女로의 변신(受肉), 세속적 營爲, …… 그 끝에 찾
아오는 천계로의 복귀 등은 A, B의 '童女'·'孃女'와 대응하며, 천
계에 오를 수 없었던 伊香刀美와 難波에 들어갈 수 없었던 阿羅斯
等·天之日矛는 서로 대응된다.[32]

　요컨대 위와 같은 신화구조는 자신의 出自를 현세에 두기를 원
치 않고, 그 대신 聖的 차원에 두기를 바라는 인간존재의 근원적
상황과 희망을 具象化하고 있다.

　위에서 고찰한 세 가지 신화는 표면적 차이에도 불구하고, 기
본적인 구조에서 거의 일치하고 있다. 다만 A, B는 《記紀》의 기
술이라는 점도 있어 神話外的인 의도가 작용하고 있다. 즉 위와
같은 신화구조 안에서도 한국과 일본을 상대적으로 관계 짓는 일
을 잊지 않고 있다. 俗的 세계를 한국(加羅國·新羅國), 聖的 세계
를 일본(難波)에 대응시키고 있다.

　제3의 설화인 '白鳥處女'에서는 그와 같은 의도가 전혀 나타나
지 않으며, 또 그런 의도 자체가 무의미하다.

---

32)《本朝神社考》下卷(三保)에 靜岡縣安倍郡三保村의 天女羽衣譚이 수록되어
　있는데, 男子(漁人)가 神女의 뒤를 따라 登仙한다. 常陸國香島郡白鳥里(《常陸
　國風土記》), 丹後國逸文 比治里(《古事記裏書》類聚神祇本源 卷 11) 등의 類
　話는 婚姻의 대목이 없다. 이 점 阿羅斯等과 대응하나, 比治里의 天女는 人間
　에 묻혀 天界再歸가 불가능했다.

3) 神功皇后(氣長足姬尊, 息長帶日賣命)

이른바 '神功皇后 新羅征伐'은 '韓國' 기술에 관한, 《記紀》의 기본태도를 드러낸, 가장 의미 깊은 주제다. '神功의 新羅征伐'이 史實 아님은 論을 기다릴 것도 없다. 정치적 의도로써 사실화하려 하였으나, 끝내 설화의 문맥 외의 것이 될 수 없었던 것이 《記紀》의 '神功 新羅征伐'이다. 이 설화의 史實化 努力이 완전히 실패하였다고는 하나, 설화 형성과 기술에 직접·간접으로 간여한 당대 일반의 사회적 의식을 드러내고 있는 점에서 이 설화는 현실적 의미를 가진다. 그러나, 이 설화를 사회적 의식이라는 차원에서가 아니라, 신화구조라는 관점에서 살펴보면, 표면적인 形象에도 불구하고, 내면적 의미가 새로이 제기됨을 알 수 있다.

神功說話는 《紀》卷 8(仲哀 8년 9月條 이하), 卷 9(神功攝政前紀 仲哀 9年 2月 이하), 《記》中卷(其大后息長帶日賣命者 云云)에 각각 기술되어 있다. 兩書의 기술에 약간의 상위가 보이나, 대강의 줄거리는 같다. 그 상위가 이 글 전개에 지장이 되지 아니하므로, 따로 상위를 문제삼아 다루는 일은 피하기로 한다. 이 설화의 줄거리를 요약하면 아래와 같다.

> 訶志比宮(橿日宮)에서 仲哀天皇은 熊襲國을 치고자 神託을 청하였다. 神功皇后를 통해 '자기(神)를 제사하면 西方의 金銀國(新羅)을 준다'는 신탁이 내렸다. 仲哀는 신탁을 믿지 않고, 熊襲을 치려다가 神의 노여움을 입어 뜻을 이루지 못한 채 비명에 죽는다. 神功은 夫君 仲哀의 죽음을 비밀에 부치고, 전국적인 大祓을 실시하고, 신탁을 좇아 제사한다. 그리고 부군의 장례도 치르지 않은 채 군사를 모아 배를 타고 신라로 떠난다. 때마침 開胎를 당한 神功은 허리춤에 돌을 끼워 분만을 늦춘다. 神功의 일행은 바람과 물결과 물고기의 도움으로 쉽사리 신라에 이른다. 이들이 몰고 온 바닷물이 신라국에 넘친다. 신라왕은 할 수 없이 항복하니, 神功이 신라국을 飼部(御馬

甘)로 삼고, 춘추로 馬梳와 馬鞭, 해마다 남녀를 바치게 하고, 자신
의 지팡이(혹은 矛)를 羅王의 문에 세우고, 인질과 많은 보화를 八
十 척의 배에 싣고 돌아오는데, 이 소문을 들은 고려와 백제까지 덩
달아 찾아와 항복하였다. 그리하여 이들을 屯家(혹은 內官家屯倉)로
삼고, 신라를 떠나 돌아왔는데, 神功은 筑紫(宇美)에서 譽田天皇(應
神)을 낳았다. 그 뒤 異腹의 두 皇子를 물리치고 譽田을 황태자로
삼고 스스로 황태후가 되어 섭정한다. 그러고 나서, 비로소 亡夫 仲
哀의 장례를 지낸다.

神功說話는 仲哀와 神功으로 대표되는 雙分制的 대립구조 위에
성립되어 있다. 仲哀와 神功은 부부라는 동질화 요소에도 불구하
고, 결정적인 대립관계에 놓여 있다. 대립의 직접적 동기가 되며,
이를 심화하여 결정적인 파탄에까지 이르게 한 계기적 사건은 신
탁이었다.(사진 34) 이에 대한 兩者의 對極的인 대응태도는 神에
대한 順·不順의 원리로 환원되고, 이로 말미암아 일체의 雙分制的
대립관계가 형성, 전개되어 나갔다. 이와 같은 쌍분제적 대립원리
는 현실적, 정치적 관계로 外延되어, 결과적으로 정치적 목적에
이바지하는 것이 되었다.

仲哀는 神에의 不順(神託不信), 空國(熊襲·眥宍)志向, 失敗, 死,
王權喪失 등 부정적 가치에 속하며, 상대적으로 神功은 神에 대한
從順(神託尊重), 寶國(新羅國)志向, 成功, 出産(應神), 王權獲得 등
긍정적 가치에 속한다. 이 신화는 雙分制的 대립관계를 설정하여,
이를 화해로써 해소하기보다는 대립을 격화, 극대화시켜 一方을
결정적 파탄에 몰아넣었는가 하면, 다른 一方은 결정적인 성공으
로 이끌었다. 이를 지배하는 원리는 神에의 '順·不順'으로 나타나
있다. 이것이 神功神話構造의 계기적 사실이다. '新羅征伐'은 神功
의 寶國志向에 附會된, 부자연한 요소다.

神功은 不慮의 죽음을 당한 부군의 장례를 보류하고, 자신의 開
胎를 呪術로써 연기하고, '신라정벌'을 강행했다. 그녀가 보류, 연
기한 일은 死와 生에 관한 古代人의 의식상 가장 중요성과 신성성

이 주어지는 일들이다. 이것들을 제쳐놓고 우선해야 할 만큼 '신라정벌'이 焦眉의 急務였을까? 실제로 '신라정벌'의 결과를 놓고 살펴보기로 하자.

> 신라국을 飼部로 定하고 春秋에 馬梳 및 해마다 남녀를 바치기로 서약을 받고, 重寶의 府庫를 封하고, 圖籍文書를 거두고, 皇后가 짚던 矛를 신라왕의 門에 세워(《記》에서는 墨江大神의 荒御魂을 호국신으로서 제사 지내고 鎭坐시키고 云云이 보인다) 뒷날의 표적으로 삼고, 人質과 金銀, 彩色 및 綾羅縑絹을 八十艘의 배에 싣고, 자진해서 찾아와 西蕃이 되어 朝貢을 끊이지 않겠노라고 맹세하는 高麗·百濟를 內官家屯倉으로 정하고 돌아왔다.

피흘려 싸우는 일 없이 얻은 바 지극히 많은 '정벌'임에 틀림없다. 그러나 설사 그렇다고 하더라도, 과연 이것이 亡夫의 喪中, 喪禮도 지내지 아니하고, 또 자신의 출산까지도 부자연한 방법으로 억제해 가며 추구할 수 있는 것인지 회의가 없지 않다. 상대방이 걸어오는 전쟁이라면 상중이든 산기중이든 어쩔 도리가 없었을 법하다. 그러나 이 경우는 그렇지가 않다. 도리어 이쪽에서 별 이유 없이 상대방에게 거는 싸움이다. 時宜의 선택이 이쪽에 있는 이상, 하필 상중, 산기를 골라 출병할 필요는 더구나 없다고 하겠다. 仲哀 死後, 神功으로서는 麛坂王이나 忍熊王과 같은 위협적인 皇權繼承候補가 있는 사정을 고려해서도 출산을 특별히 연기할 이유가 없으며, 하물며 이와 같은 적대세력을 국내에 그대로 둔 채 자신의 병력을 소모하며 자칫 자멸의 계기가 될지도 모를, 원정이라는 모험을 감히 할 수 있었으리라고는 생각하기 어렵다. 현실적으로 생각하는 한, 神功의 '신라정벌'은 부자연하다. 그럼에도 불구하고, 神功의 신라 지향은 설화상 유난히 중요한 요소가 되고 있다. 설화에서 神功이 주는 인상은 어떤 일에도 우선해서 신라에 다녀오는 일이 급선무인 것처럼 보인다. 신라행에 앞서 행하여진 거국적인 祭儀(大祓:淨化의 儀式), 각종 巫儀, 祭神행사

는 오히려 '정벌'이라는 목적에 어울리는 군사적 행사보다 몇 갑
절의 비중을 지니고 우선적으로 실시되고 있다.(실질적인 군사적
행사라고 할 만한 것은 크게 드러나지 않는다) 神功의 신라 지향은 정
치적 군사적이기보다는 祭儀的 동기를 갖는 것으로 보인다. '정
벌'이라는 발상은 본래적인 것이 아니다. 《記紀》의 기술은 巫的
女君 神功의 신라 지향의 제의적 성격을 '정벌'이라는 발상으로
바꿔쳐 정치적 군사적인 것으로 변질시켜버린 것이다.

　제의적 성격이란 과연 무엇인가? 再生의 의미를 결여한 제의란
있을 수 없다. 재생은 제의의 목적이기도 하다. 神功은 신라에 간
다는 제의적 행위를 통하여 현실적으로 약화된(불리한 처지에 몰
린) 자신의 힘(생산력)을 재생시키려고 하였다. 그 까닭에 현실에
서 당면한 여러 난제를(극복할 힘을 다시 얻을 때까지) 일단 덮어두
고, 우선 재생력 획득을 위한 제의적 實修에 떨쳐나설 수밖에 없
었다고 생각된다.

　神功의 현실적인 母系는 신라에 속해 있다. 神功의 母 葛城高額
比賣命은 신라왕자 天之日矛의 曾孫 多遲摩比那良岐(但馬日楢杵)의
손녀이며, 神功은 天之日矛의 七世孫女다.

　神話上 仲哀가 父系에 속하는 데 대하여 神功은 모계에 속한다.
應神은 황위계승에서 부계보다는 모계인 神功에게 힘입은 바 절대
적이다. 仲哀와 應神은 父子임에도 불구하고, 대립적 관계가 암시
되고 있다.[33] 그 대립은 仲哀(父系)와 神功(母系)의 대립관계의 外
延이기도 하다. 母系意識的인 神功이 難題를 앞에 하고, 母鄕을 지
향하는 것은 당연하다. 신화에서 재생적 母鄕復歸의 모티프는 일
반적인 주제가 된다.[34] 그럼에도 불구하고, 神功 신화에서 가장

---

33) "於是 天皇對神曰……誰神徒誘朕……時神亦託皇后曰……誹謗我言 其汝王
　之 如此言而遂不信者 汝不得其國 唯今皇后始之有胎 其子有獲焉 然天皇猶不
　信."(《紀》卷8, 仲哀 8년 9月)
34) cf. 黃浿江,〈韓國古代敍事文學의 Archetype〉,《韓國敍事文學硏究》, pp. 97~
　110.

중요한 신화적 주제가 비신화적 의도로 말미암아 '정벌'이라는 발상으로 변질됨으로써 신화의 본뜻은 크게 손상을 입었다고 할 수 있다. 따라서 '정벌'이라는 편견 어린 作爲性을 배제하고 순수하게 神功 신화를 再構해 보면, 神功의 신라 지향의 제의적 의의는 확실해진다.

神功은 현실적인 大事를 앞에 하고, 그것을 극복할 자신의 再強化, 再價値化가 절실했다. 이를 위해 금은으로 상징되는 문화의 모향인 신라에서의 재생이 필요했다. 신라왕의 문전에 세웠다는 지팡이(또는 矛)는 再生的 巫儀에서 볼 수 있는, 太古的 生命과 融卽하는 宇宙樹와 같은 것으로, 《記紀》에서 말하는 정치적 領有나 지배를 상징하는 것은 아니다.

신화적 문맥으로 말한다면, 神功의 신라 지향은 모향회귀 지향이며, 실인즉 '친정나들이'의 성격을 띤 것으로 '정벌'과는 거리가 먼 것이다. 과연 神功은 모향에서 재생을 성취한 당연한 결과로서 황위 계승자를 출산하고, 대립세력을 토멸하고, 女君으로서 군림하고, 보류했던 亡夫의 상례도 무사히 치른다. 神功이 만난을 무릅쓰고 행한 신라 지향은 재생력을 얻는 길이었다.

神功은 내면적으로 그와 같은 자기암시에 사로잡혀 있었는데, 이는 그녀 자신의 근원적인 出自로부터 온 잠재의식과 관련된 것으로, 신화에서는 '神託'으로 나타나 있다.

> 비유하면 처녀의 수줍은 눈매와 같은, 바다 너머에 있는 나라, 눈부신 황금, 흰 금, 아름다운 무늬와 빛깔이 그 나라에 많도다.[35]

위의 신탁에서 볼 수 있는 정감 넘치는 서술은 신라로 향한, 그지없는 향수를 연상케 하는, 무의식적 회상을 드러냈다.

---

35) "有寶國 譬如美女之㬻 有向津國 眼炎之金銀彩色 多在其國."(《紀》卷 8, 仲哀 8年 9月)

4. 結　語

　신화 기술에서 나타난 여러 문제는 '詩人을 신화의 敵'이라고
규정한 魯迅의 명제를 확인시켜준다. 記述化 과정에서 신화는 가
공되고, 修整되고, 이념화될 수 있다. 사회적 정치적 이념이 신화
를 목적론적 기술물로 재구성하기도 한다. 기술은 유동적인 口傳
을 재현·보존·계승하는 긍정적 면을 갖기도 하나, 동시에 口傳
의 내용과 의미를 변질시키는 부정적 면도 가진다.
　《記紀》에 기술된 일본신화는 壬申亂 이후 天武체제하에서 정치
이념에 의하여 전면적으로 재구성된 신화다. 특히 天皇權 내지 大
和朝廷에 대한 順·不順의 二値的 他者意識이 두 책의 전 문맥을 지
배하고 있다. 자기편을 절대권위화하는 한편, 他者는 그에 대한
순·불순의 힘의 관계로써 평가하려고 한다. 本土族에 대한 天孫族
의 근거 없는 적대의식은 당연한 것처럼 묵인되고 있다. 다만 순
종을 적극적으로 안 한 탓으로, 命名과 措辭에서 비하되고, 현실
에서 천대받고, 침략받고, 정벌된다. 大和朝廷의 '힘의 지배'는
《記紀》의 神代 사실, 즉 신화의 보증으로 정당화되고 있다. 순·불
순의 二値的 가치관은 일체의 중간적 가치를 인정하려 하지 않는
다. 지배와 복종의 관계가 있을 뿐이다. 그러므로 아예 대등한 우
호관계란 생각할 수 없다.
　《記紀》 신화에서 '한국'의 경우도 예외가 아니다. 순종치 않는
他者로서 陰陽으로 부정되고 있다. 구체적인 사건 설정, 설화적
구성, 命名, 措辭, 讀訓 등 여러 면에서 그와 같은 의도가 드러나
고 있다. 그러나 비록 '한국'이 순종치 않는 他者로서 부정되고
있는 한에서도, 자신에게 없는 고도의 문명을 가진 나라로서 동

경에 가까운 의식을 버리지 못하고 있다.(本土族에 대하여는 결코 찾아볼 수 없는 의식이다) 그럼에도 불구하고 앞에서 서술한 적대적 타자의식이 그와 같은 동경을 허락할 수 없게 한다. 따라서 한국문화에 대한 동경은 어느덧 退行하여 잠재화하고, 반면 不順한 타자에 대한 적대감과 혐오가 한층 더 역기능적으로 작용하게 되었다. '한국'에 대한 《記紀》 신화의 기술은 顯在的으로는 卑下, 潛在的으로는 憧憬이라는 矛盾兩立的인 데가 있다. '정벌'의 구실로써만 '한국'이 예찬된다는 식의 서술이 《記紀》에서 행해지고 있는 것도 그 좋은 예가 될 것이다.

일본신화에서 '한국'은 교섭사적 관계 이상의, 일본신화의 虛實의 이중구조, 나아가 일본인의 의식 안에 있는 근원적 虛實을 집약해 보이는 集光鏡과 같다. 신화는 초역사적 전형으로서, 과거뿐만 아니라 현재와 미래에서 부단히 재현되며, 그때마다 되물어 밝히지 않을 수 없는 의미이기도 하다.

II. 神話에 나타난 韓日交流

1. 序　　論

　신화에 대하여 두 가지 대립되는 태도가 있을 수 있다. 하나는 신화의 사건을 역사적 事實로 읽어 내려고 하고, 다른 하나는 비현실의 허황한 이야기 이상의 의미를 주려 하지 않는 것이다. 물론 이 두 가지는 각기 그 나름의 타당한 근거가 있다. 신화에서 史實을 검증하기가 無望하거나 不可能한 일은 아니다. 그러나 史實 검증이 가능하다 해도, 신화는 결코 역사일 수 없는 결정적 한계가 있다. 또 後者가 문제삼는, 신화(사건·인물·배경)의 非現實 논의에도 이의를 달 수는 없다. 그러나, 그렇다고 신화를 의미 없는 허구로만 몰아붙일 수는 없다. 신화는 과학이나 역사 등과는 다른 차원에서 근원적인 事實(인간생활을 양식화한 태초의 事實)을 형상화하여 보여준다. '太初의 事實'이란 단순한 옛날의 사건이 아니다. 그 사실로 말미암아 인간과 우주가 당초에 방향지어지고, 운명지어진 契機的 사건이다. 따라서 神話는 '人間行動의 典型的 모델'로서, 現在도 인간사회에서 반복 재현되고 있는 保證的 事實을 상징화하고 있다 하겠다. 우리의 일상적, 제의적, 관습적 행위의 근원적 動機를 신화에서 읽어낼 수 있고, 또 그 근원적 동기로부터 민족(인류)의 현재를 확인하고, 의미지어 볼 수 있게 된다.[1)]

海峽 하나를 사이에 두고, 유사 이전부터 현재에 이르는 장구한 동안 숙명처럼 이웃하여 살아온 韓·日 두 민족은 상당 기간 내려온 전통적 친교관계에도 불구하고, 日本의 한반도에 대한 侵奪과 식민지배로 말미암아 적대하는 仇讐關係로 바뀌었던 것이다. 第二次世界大戰 패망 후 일본은 前過를 청산하고, 새로운 민주국가로 재생되어야 할 역사적 당위 앞에 서게 되었다. 한일관계의 연원과 그 원초적 위상을 신화 차원에서 조명함으로써 양국 관계의 당위와 현대적 의의를 고찰하는 단서로 삼으려고 한다.

2. 韓日神話에 나타난 兩國 交流

문헌상 최초의 '한일교류'는 신화시대에서 그 발단을 찾을 수 있다. 그러나, 엄격한 의미에서 이때는 韓日 두 민족간의 상호교류라기보다는 그 전 단계라 할, 일방적 流通關係, 즉 순전히 '신라로부터 일본으로' 가는 일방적 교류관계만 있었다. 두 나라 신화에 등장한 신화적 인물들은 대개 한국(신라)으로부터 모종의 문화를 가지고 일본에 건너가, 문화적 기여를 하고, 개척자적 창업주가 되었던 것이다. 그 대표적인 사례를 아래에서 보기로 한다.

⑴ 素戔嗚尊

가장 이른 시기에 韓日 두 나라 사이를 관계 지은 첫 인물은 일본신화의 개척적 영웅신 素戔嗚尊이다. 《日本書紀》의 다음 記事에

---

1) cf. 黃浿江,〈神話와 民族〉, 단국대,《大學國語》, 단국대출판부, 1973, pp. 137~142.

서 그 사실을 확인할 수 있다.

천상계인 高天原에서 그 소행이 無狀했던 때문에 素戔嗚尊은 마침내 여러 천신에게 내쫓기는 바 되어, 아들 五十猛神을 데리고 新羅國에 降到하여 曾尸茂梨에 거처하였다. 그러나 그는 말하기를, "이 땅은 내 살고자 않노라" 하고, 埴土(하니)로 만든 배를 타고 東으로 바다를 건너 出雲國 簸川上의 鳥上峯에 이르렀다. 거기서 그는 사람을 해치는 大蛇를 퇴치하여 곤경에 빠졌던 脚摩乳 一家를 구했다. 그는 아들神으로 하여금 천강할 때 가져온 많은 樹種(韓地에 심지 않고, 모조리 가지고 일본에 갔다)을 筑紫로부터 大八洲國 전체에 파종케 하여 靑山을 이루었다.(卷1, 神代 上, 一書4)

素戔嗚尊은 "韓鄕의 嶋에 금은이 있다. 내 아들이 다스리는 나라에 浮寶(배)가 없어서는 좋지 않다" 하고, 수염을 뽑아서 사방에 뿌리니 이 곧 杉나무가 되고, 가슴의 털은 檜나무, 尻毛는 柀나무, 눈썹은 櫲樟나무가 되었다. 그리고 그는 浮寶(배), 瑞宮(집), 奥津棄戸〈棄人瓮 : 棺〉에 쓸 나무를 일일이 가려서 정해주었다. 五十猛命 등 세 子女神[2]으로 하여금 木種을 分布하게 하였다. 그 뒤 그는 熊成峯에 있다가 根國(저승)으로 들어갔다.(卷1, 神代 上, 一書5)

(2) 天之日矛
《古事記》에 新羅 王子 天之日矛의[3] 渡日 및 定着의 經緯가 敍述

---

2) 아들 五十猛命 외에 두 딸 大屋津姬命·爪津姬命이 있다.

3) 《紀》에 '天日槍', 《古語拾遺》에 '海檜槍'으로 표기되어 있다. "(垂仁)三年春三月 新羅王子天日槍來歸焉."(《紀》卷6, 垂仁 3年 3月) "又新羅皇子海檜槍來歸 今在但馬國出石郡 爲大社也."(《古語拾遺》) 또 '日矛'에 관하여는 鑄鏡으로 인식되고 있다. "以石凝姥爲冶工 採天香山之金 以作日矛."(《紀》卷1, 神代 上, 第7段 一書 第1) "令石凝姥神 鑄日像之鏡 初度所鑄 少不合意 '是 紀伊國日前神也' 次度所鑄 其狀美麗 '是 伊勢大神也' 儲備旣畢 具如其謀."(《古語拾遺》) "日矛とは鏡の名也. 非ごとにはあらず, 卽ち其圖神鏡開始に出して形⊕如此, 若矛ならば, 鍛人麻羅が可造物なるに, 此の文にも科=伊斯許理度賣命=令作鏡といひ, 書紀にも '以石凝姥 爲冶工 採天香山之金 以作日矛' とあるも鏡なる故也. 殊に此日矛ノ神鏡は國懸神社の御體にして, 物にもあまた見え, 又天ノ日矛と云人の名も其將來し十種寶物の中に日矛鏡より負ハる名なるをや."(《難古事記傳》卷3) '天之日矛'(天日桙)를 神話時代의 天降神으로 시사한 기록도 있다. "五十跡手奏曰 高麗國意呂山 自天降來日桙之苗裔 五十跡手是也."(《釋日本紀》卷10)

되어 있는바, 요약하면 아래와 같다.

　　옛날 新羅國의 阿具奴摩 못가에서 낮잠 자던 賤女가 陰上에 무지개인 양 해가 빛나며 비침으로 말미암아 잉태하여 赤玉을 낳았다. 관심을 가지고 자초지종을 살펴온 賤夫가 그 옥을 얻어서 늘 싸서 허리에 차고 다녔다. 하루는 소를 끌고 산에 들어갔다가 天之日矛에게 屠牛의 혐의를 받아 갇히게 되니, 옥을 왕자에게 바치고 容赦 받았다. 왕자는 받은 옥을 床邊에 두었더니, 옥은 아름다운 여인으로 화하였다. 그는 여인을 娶하여 嫡妻로 삼았다. 여인은 갖가지 진미를 만들어 성심껏 왕자를 대접하였으나, 어느덧 교만해진 왕자는 아내를 구박하게 되었다. 여인은 왕자에게 "저는 당신의 아내가 될 女子가 아닙니다. 저의 조상의 나라로 가겠습니다."하고, 몰래 배를 타고 바다를 건너 難波에 가서 머물렀다. 이 여인은 難波의 比賣碁曾社의 阿加流比賣神이다. 天之日矛는 아내의 뒤를 좇아 難波에 갔으나, 渡神이 길을 막고 들이지 않았다. 이에 多遲摩國에 가서 살며, 그곳 사람 俁尾의 딸 前津見을 娶하여 자식을 낳고 살았다. 그의 자손은 대대로 그곳에서 자식을 낳고 살았는데, 그의 6대손인 葛城高額比賣命은 神功皇后의 모친이다.[4] 天之日矛가 당초 일본에 가지고 간 玉津寶(寶物)는 珠二貫, 浪振比禮·浪切比禮·風振比禮·風切比禮·奧津鏡·邊津鏡 等 8種이다.[5]

(3) 延烏와 細烏

《三國遺事》에 延烏·細烏 부부의 渡日譚이 보인다.[6] 요약하면 아래와 같다.

---

4) ① 天之日矛(十前津見), ② 多遲麻母呂須玖, ③ 多遲摩斐泥, ④ 多遲摩比那良岐, ⑤ 多遲摩比多訶, ⑥ 葛城高額比賣命(十息長宿禰), ⑦ 息長帶比賣命(神功皇后).

5) 《紀》卷6, 垂仁 3年 3月條의 細註에는 "仍貢獻物, 葉細珠, 足高珠, 鵜鹿鹿赤石珠, 出石刀子, 出石槍, 日鏡, 熊神籬, 胆狹淺太刀 幷八物"이라 8種으로 되었는데, 同條 本文에는 "將來物 羽太玉一箇, 足高玉一箇, 鵜鹿鹿赤石玉一箇, 出石小刀一口, 出石桙一枝, 日鏡一面, 熊神籬一具 幷七物也 則藏于但馬國 常爲神物也"라 하여 7種으로 되어 있다. 이들은 伊豆志社에 모신 八座의 大神이 되었다.

6) cf. 《三國遺事》卷1, 〈延烏郎 細烏女〉.

신라 8대 阿達羅王 4년 東海濱에 延烏와 細烏 부부가 살았다. 하루는 연오가 바다에서 海藻를 캐는데, 바위가 그를 태운 채 일본으로 건너갔다. 그 나라 사람이 보고 非常人이라 하여 왕을 삼았다. 남편이 돌아오지 않자, 이상하여 바다에 나간 세오도 바위에 실려 일본으로 갔다. 그 나라 사람이 왕께 아뢰어 부부는 다시 만났고, 세오를 貴妃로 삼았다. 이때 신라는 해와 달이 빛을 잃었다. 日者가 아뢰기를, "우리 나라에 내려와 있던 일월의 정기가 일본으로 가버렸기 때문입니다" 하였다. 왕은 사신을 보내어 두 사람더러 돌아오게 하였더니, 연오는 "내가 이 나라에 온 것은 하늘이 시킨 바라, 이제 어찌 돌아가겠는가? 朕의 妃가 짠 生綃로 하늘에 제사 지내면 괜찮아질 것이오" 하고, 生綃를 주어서 보냈다. 돌아가 왕께 아뢰어 그 말대로 祭祀하니, 日月이 예와 같아졌다. 그 生綃는 御庫에 간직하고, 국보로 삼았다. 御庫를 '貴妃庫'라 하고, 祭天한 곳은 迎日縣이라 하고 또 都祈野라고도 했다.

3. 韓日交流의 神話的 形象

1) 金銀國과 文化英雄

앞에서 소개한 것은 한일 교류를 다룬 신화의 전형적 사례 셋을 兩國의 문헌에서 옮겨온 것이다. (1)에 나타난 '新羅國'은 《紀》에서 처음 나온 외국명이다.[7] 素戔嗚尊은 천상계에서 저지른 무뢰한 소행 때문에 천신들에게 쫓겨나 하계에 내려왔다. 하계에서

---

7) 당초 出雲國에서 '國引き'하면서, 八束水臣津野命이 '栲衾志羅紀'의 남은 땅 三埼에 동아줄을 걸어 "國來國來" 하고 끌어당겨 出雲國에 갖다 붙였다고 하는 데, 이 곧 支豆支(杵築)의 御埼이다.(cf. 《出雲國風土記》, 〈意宇郡〉) 위의 '栲衾志羅紀'의 '志羅紀'는 '新羅'로, 《風土記》에서 그중 오래전에 나타난 외국명이다. 위의 八束水臣津野命은 《古事記》에 游美豆奴神이라 했는데, 速須佐之男命(素戔嗚尊)의 4세손이요, 深淵之水夜禮花神의 아들로 大國主大神의 祖父神이다.(cf. 本居宣長, 〈玉かつま〉 十の卷, 《本居宣長全集》 4, 吉川半七, 東京, 1902, p.238)

의 그는 면목을 일신하고, 명실공히 문화영웅으로 변신하였다. 簸川上의 大蛇 퇴치, 천상에서 가져온 樹種을 온 나라에 뿌려 靑山을 이루게 하였을 뿐더러, 생활의 각 분야에서 나무들을 요긴하게 쓸 수 있도록 그 용도를 일일이 가려서 정해주는 등 여러 가지 문화적 공헌을 다하였다. 황막한 태고시대에, 그는 벌써 장차 있을 '金銀 있는 韓鄕嶋'와의 교류를 예견하였다. 실로 그는 선견의 영웅신이라 할 것이다. 당초 그는 신라국에 하강하였음에도 불구하고, 그곳에 안주하려 하지 않고, 무수한 시련과 고난이 기다리고 있을 미지의 모험의 땅 出雲國으로 건너갔다.(사진 22) 그런데 종래 일본 학자들 가운데 素戔嗚尊이 高天原(天上界)에서 직접 신라의 曾尸茂梨에 강림한 것이 아니라 일단 大八洲國(일본)에 강림했다가 신라에 건너갔던 것으로 왜곡, 강변한 것을 볼 수 있다. 일례로 鈴木重胤의 《日本書紀傳》(25권)에 보면, "(素戔嗚尊이) 먼저 天上에서 쫓기어 葦原中國에 천강하였는데, 국내(日本)의 衆神이 막으므로 신라국에 이르러 그곳 曾尸茂梨에 있으며, 그 나라를 세웠다. 그러나 본래의 淸心으로 돌아간 뒤에는 그 땅에 있을 것이 아니었으므로, 생각을 밝혀 말하고, 東方 筑紫에 돌아와 있게 되었다"(필자 역)고 썼다. 일본신들이 高天原에서 韓國 땅을 거쳐서 왔다는 사실이 왠지 받아들이기 거북했던 것 같다. 그럼에도 불구하고, 엄연한 원전기록을 자의적으로 왜곡한 鈴木重胤의 주장은 논의 거리도 되지 않음은 물론이다. 이에 관하여는 이미 金澤庄三郎의 비판이 있었다.[8] 어쨌거나 신라 땅에 내려온 素戔嗚尊은 천상에서 가져온 樹種을 신라국에는 전혀 뿌리지 않고, 모두 일본에 가져가서 뿌렸다.(혹 신라국에 樹種을 뿌릴 필요가 없었던 것이나 아닌가?) 그럼에도 불구하고, 신라국에 대하여 '金銀國韓鄕嶋'라는 의식이 그의 내면에 있었던 것은 주목할 만하다. '神性雄健'한 素

---

8) cf. 金澤庄三郎, 《日鮮同祖論 : ヤマト・カラ交流の軌跡》, 東京 : 成甲書房, 1978, pp. 70~72.

素嗚尊으로서는 이미 '金銀의 文化'를 향유한, 開明한 신라보다는, 비록 미개척지일지라도 가능성으로 충만한 땅이야말로 그의 활동 무대로서 바라는 바였을 것이다. 과연 出雲에 건너간 그는 八岐大蛇로 상징된 혼돈한 황무지를 갈아 일구어, 문화의 씨앗을 뿌리고 가꾸어, 나라의 기초를 닦았다.[9] 그의 4세손인 八束水臣津野命[10]은 栲衾志羅紀의 三埼를 끌어당겨 出雲國에 갖다 붙임으로써 국토를 넓혔던바,[11] 여기 志羅紀의 三埼는 신라국의 남은 땅으로, 동남쪽 바다에 내민 곳[岬]을 가리켰다고 했다.[12] 또 素嗚尊의 후손이[13] 되는 大己貴神[14]을《出雲國風土記》에서는 언필칭 '所造天下大神'이라 일컬어, 出雲國 創成의 最高 祖神으로 칭송하였음[15]을 볼 수 있다. 그런데 바로 그의 代에 이르러, 天神으로부터 國讓의 交涉을 받게 되었는데, 그는 두 아들(事代主神·建御名方神)의 동의를 얻어서 마침내 그 要求를 受諾하였다. 이로써[16] 오늘의 日本國의

---

9) cf. 黃浿江,〈日本神話 속의 '韓國'〉,《韓國學報》20, 일지사 1980, pp.12~14 ; 黃浿江,〈日本神話の中の'韓國'〉, 井上秀雄 外,《韓國からみた古代日本》, 東京 : 學生社, 1990, pp.26~30 ; 黃浿江,〈日本神話の二重構造〉, 齊藤忠·江坂輝彌,《先代·古代の韓國と日本》, 東京 : 築地書館, 1988, pp.49~51, 182~184.

10)《古事記》上卷의 游美豆奴神(父 : 深淵之水夜禮花神, 母 : 天之都度門知泥上神)으로 추정된다.

11) cf.《出雲國風土記》意宇郡.

12) cf. 本居宣長,《玉かつま》十の卷,〈出雲風土記意宇郡の名のゆゑをしるせる文〉.

13)《紀》卷1, 第8段 一書 第1에서 淸之湯山圭三名狹漏彦八嶋野(素嗚尊과 稻田媛사이에서 낳은 子神)의 五世孫이라 했고, 一書 第2에서는 素嗚尊의 六世孫이라 하였다.

14)《紀》卷1, 第8段 一書 第6에서, "大國主神 亦名大物主神 亦號國作大己貴命 亦曰葦原醜男 亦曰八千戈神 亦曰大國玉神 亦曰顯國玉神"이라 하여 7종의 이름이 보이고,《記》上卷에서는, "大國主神 亦名謂大穴牟遲神 亦名謂葦原色許男 亦名謂八千矛神 亦名謂宇都志國玉神 幷有五名"이라 하여 5종의 이름을 들었다.《萬葉集》에는 "於保奈牟知, 大穴道, 大汝"로 나타나 있다.

15)《出雲國風土記》到處에서 大穴持命의 국토 경영의 자취와 유래를 기술하면서 '所造天下大神'의 칭호를 그의 이름 앞에 붙이고 있다.

16) cf.《古事記》上卷, "是以此二神 降到出雲國伊那佐之小濱……此葦原中國者 隨命旣獻也."

端初가 열렸다고 하겠다.

2) 國土開發의 新羅系 祖神

(2)에 관하여 《紀》(卷6)는 垂仁 3年 3月條에서 신라 왕자 天日槍의 來歸 사실을 기술하였다. 이는 "옛적(昔)에……"로 시작하는 《記》(2)의 신화적 서술과는 달리 天日槍의 來歸, 가져온 보물, 但馬國에의 정착, 麻多烏와의 결혼, 生子, 田島間守까지의 후예의 계보를 소개하였다. 來歸의 동기를 (2)와는 달리 '日本國 聖皇'의 소식을 듣고 귀화한 것으로 설명하고 있다. 그 記事 바로 앞에 수록한 加羅國[17] 왕자 都怒我阿羅斯等에 붙인 註記 내용(一云 初都怒我阿羅斯等……並二處見祭焉)은 (2)의 前半과 내용이 거의 같음을 미루어 天之日矛의 記事 (2)를 일부 차용하여 꾸몄던 것으로 보인다.[18] (2)에 感陽孕胎,[19] 전이된 卵生,[20] 여신신앙 등 한민족 신화의 보편적 話素들이 재현되고 있는 점도 兩國 교류의 사실과 관련하여 주목된다. 天之日矛의 구박을 피하여 신라를 떠나 難波로 가

---

17) 문자 없던 일본에 귀화한 任那人이 문자를 전하였다는 기록이 있다. "書紀決釋總目ノ下に, 弘仁三年太朝臣人長ノ私記を引テ云. 本邦上古無文字 口口相傳及崇神天皇朝 任那人歸化 傳文字而後有書契と云へり."(《稜威道別》卷1)

18) 本居宣長의 《古事記傳》에서는 "서로 거의 동일한 《紀》의 都怒我阿羅斯等과 《記》의 天之日矛의 두 傳에서 어느 편을 實로 볼 것이냐는 판단키 어렵다"고 하면서, "굳이 말해야 한다면 《紀》의 기술을 옳다고 하겠다"고 했다.(cf. 金澤庄三郞, 《日鮮同祖論》, 東京 : 成甲書房, 1978, p.41)

19) 이와 같은 感陽孕胎의 話素는 柳花의 朱蒙 잉태(《三國遺事》卷1, 高句麗)에서도 재현되고 있다. 對馬島의 天道童子 出生傳說에도 같은 화소가 보인다.
"對馬州醴豆郡內院村ニ 照日某と云者有. 一人之娘を生す. 天武天皇之御宇白鳳十三甲申歲二月十七日, 此女日輪之光に感じて有妊て, 男子を生す. 其子長するに及んで聰明俊慧にして, 知覺出群, 僧と成て後巫祝の街を得たり."
[《對州神社誌》; 永留久惠, 〈對馬の神々〉6(《對馬風土記》14號, 對馬鄕土硏究會, 1978, p.105에서 재인용)]

20) 卵生의 변형으로는 合子(金首露), 櫃(金閼智), 桃(桃太郎), 瓜(瓜子姬), 栗(栗姬), 瓢(興夫), 방울(금방울전) 등이 있다.(cf. 黃浿江, 〈韓國古代紋事文學의 Archetype〉, 《韓國紋事文學硏究》, 단국대출판부, 1972, p.73)

서 比賣碁曾社의 신으로 봉안된 阿加流比賣는 難波 지역에 해당하는 大阪에만도 여러 군데에 있는데, 사실은 比賣許曾의 社는 그녀가 難波에 오기까지의 路程에 해당하는 곳에 분포되어 있는 것으로 보인다.(사진 14·16) 筑前國怡土郡의 高祖神社, 豊前國田川郡의 香春神社, 豊後國國前(東)郡의 比賣許曾神社, 攝津國東生(成)郡의 比賣許曾神社, 同國住吉郡의 赤留比賣神社 등으로, 이를 연결한 선은 近畿의 귀화인이 博多灣의 糸島水道에 상륙하여, 近畿의 각지로 이동한 路程을 보이는 것 같다.[21] 또 신라왕자 天之日矛(天日槍)를 봉안한 신사와 신궁이 도처에 있는바,《記》에서 말하는 多遲摩의 伊豆志(但馬의 出石)에는 天之日矛를 '국토 개발의 祖神'으로 받드는 出石神社가 있고, 또 주변에는 氣比神社 등 그 계통의 신사가 30여 개나 있다. 그는 아마도 신라로부터 北九州에 건너가, 瀨戶內海를 지나, 播磨의 宍粟邑을 지나, 淡路를 거쳐 河內로부터 淀川에 들어가, 宇治川을 거슬러 近江의 吾名邑……에서 若狹에 나와, 但馬의 서방에서 伊豆志(出石)에 들어갔던 것으로 추측하는 한편, 이 路程이 곧 농경 씨족집단이 신라로부터 北九州로 건너간 이후의 노정과 대응하는 것으로 보는 경우도 있다.[22]

天之日矛의 후예인 神功皇后의[23] '신라정벌' 명의로 굴절된 신라 회귀지향도[24] 따로 신화적 조명이 요청되는 부분이다.[25]

---

21) cf. 金達壽,〈'古事記'の中の朝鮮〉,《文學》48, 岩波書店, 1980, pp. 111~114.
22) cf. 위의 글, pp. 111~116.
23) 神功皇后는 天之日矛의 7世 외손녀이다.(cf. 주 4) 참조)
24) 《常陸國風土記》에서는 息長足日賣皇后(神功皇后) 때에 行方郡 남쪽 田里에 사는 古都比古는 세 번이나 한국에 파견되어 다녀왔다고 하며, 그 공로를 인정하여 왕은 田地를 내렸다고 한다. 古都比古는 유일하게 이《풍토기》이 대목에서만 나타난다. 그가 神功의 명으로 한국을 세 번 다녀왔다고 하였으나, 이는 이른바 '정벌'보다는 우호적 친선관계의 인상을 준다. 神功은 자신의 外家 쪽 모국인 신라를 '征伐'한 것이 아니라, 자신이 처한 難境을 극복할 재기의 힘을 그 나라에서 얻어서 돌아왔던, 혈연적 유대가 있는 나라다. 따라서 古都比古 같은 심복을 대신 보내어 혈연적 유대를 확인하고, 서로 이해를 돈독히 하여 관계를 더욱 강화해 가려고 했던 것이 아닌가 한다.
25) cf. 黃浿江,〈日本神話 속의 '韓國'〉, pp. 17~21, 56~60.

3) 韓日 太陽神의 神話的 性格

(3)에서 延烏와 細烏가 각기 해와 달의 精으로서 인격화되었다는 점에서, 인격화된 태양신 天照大神과 상통하는 데가 있으나, 前者는 다분히 인간화된 지상적 존재였음에 대하여 天照는 천상계에 군림하는 천신이라는 점에서 초월적이다.[26] 연오와 세오가 일본에서 왕과 왕후로 추대되는 데서 客人神[27]에 대한 전통적 의식을 두 민족이 공유하고 있었던 사실을 확인하게 된다. 天日槍이 일본으로 건너가 葦原志擧乎命에게 宿處를 청했더니 海中을 허락(상륙 불허)하니, 天日槍이 검으로 海水를 요동하고 숙박하였다. 客神의 이와 같은 '盛行'을 보고 主神은 두려워했다고 했다.(《播磨國風土記》, 揖保郡, 粒丘) 이 전설은 객신을 홀대하는 일의 부당함을 암시하고 있다. 위의 기사 외에도 葦原志許乎命과 天日槍이 국토를 놓고 서로 점거하려고 다투는 사실이 나타나 있다.[28] 여기 葦原志許乎命은 大國主命으로 보인다. 제천에 쓰인 細烏妃 所織의 細絹는 단순한 일상의 織布로 볼 수는 없다.[29] 齋服殿에서 神衣를

---

26) 《垂仁紀》에 "時天照大神誨倭姬命曰 是神風伊歲國 則常世之浪重浪歸國也 傍國可怜國也 欲居是國 故隨大神敎 其祠立於伊勢國 因興齋宮于五十鈴川上 是謂磯宮 則天照大神始自天降之處也."(《紀》 卷6, 垂仁 25年 3月) 이 기술은 天照大神이 伊勢國 磯宮에 비로소 천강했다고 했다. 그러나 이는 五十鈴川上에 사당을 세우고, 제신으로 봉안된 사실을 말한 것이다.

27) 客人神(まれひとがみ)은 성스러운 他界에서 찾아온 신으로, 그 공동체에 富와 壽와 幸福을 가져온다고 믿었다. 이 경우 내방한 客神을 환대한 이에게 보상이 주어지고, 냉대한 이는 벌을 받는다는 응보담이 가끔 따랐다.

28) "奪谷 葦原志許乎命 與天日槍命二神 相奪此谷 故曰奪谷 以其相奪之由 形如曲葛", "伊奈加川 葦原志許乎命 與天日槍命 占國之時 有嘶馬 遇於此川 故曰伊奈加川."(《播磨國風土記》, 宍禾郡)

29) 《常陸國風土記》에 의하면, 久慈郡 東7里의 太田鄕에 長幡部의 社가 있는데, 古老가 전하는 말에, 천손 강림할 때 御服을 짜기 위해 따라온 여신 綺日女命은 당초 筑紫國 日向의 二所峯에서 三野國 引津根丘에 이르렀던바, 뒤에 崇神天皇(美麻貴) 치세에 이르러, 長幡部의 遠祖 多弖命이 本居인 三野로부터 久慈로 옮아가서 機殿을 세우고 비로소 길쌈하였다. 그 길쌈한 것은 저절로 의상

짜고 있던 天照大神은 素戔嗚尊으로부터 껍질 벗긴 天斑駒 투입의
봉변을 당했다. 이에 노한 天照는 天石窟에 몸을 감췄고, 천하는
암흑세계로 변했다.(《紀》 卷1, 神代上 7段) 이때 天照의 機織이나
細烏의 織絹는 한가지로 신에의 제의(神の調)와 관련된 일로, 속
된 것에 의하여 汚穢되거나 침해될 수 없는 것이었다. 위의 예에
서 볼 때 '태양의 실종과 암흑세계의 齎來'話素도 兩國에 공통된
다. 다만 일본의 경우 태양의 실종이 天照의 자율적인 은신이었던
반면, 신라의 延烏·細烏는 타율적 전출이었다는 점에서 구별된다.
일본의 태양신(天照)은 최고신임에 대하여 한국의 태양신은 보통
최고신의 지배를 받는 하위신으로 나타난다.[30] 연오도 그와 같은
종속신임이 인정된다. 天之日矛의 여인은 難波의 比賣碁曾社에 祭
神으로 鎭座하였고,[31] 延烏·細烏는 迎日縣의 都祈野에 祭儀處를 갖
고 있다.(現在 日月池 所在)[32] 부부신의 '離合' 화소를 보면, 天之日
矛와 阿加流比賣는 여신측의 일방적 도피로 발단되어 결정적 이별
로 끝났다. 연오·세오는 본의 아닌 이별을 했던 것이나, 끝내는
더 나은 처지에서 재결합하였다. 天之日矛는 천신이요(《筑前國風土
記》), 阿加流比賣는 海神인 듯하다. 天神과 水神 사이의 갈등은 兩
國 신화에서 공통으로 나타나고 있다. (火遠理命과 豊玉毘賣, 解慕

이 되어, 재봉할 필요가 없었다. 그 길쌈의 현장을 사람이 보는 것을 꺼려서 문
을 잠그고, 캄캄한 가운데서 짰으므로 이를 '烏織'이라 불렀는데, 아무리 예리
한 칼로도 잘라 끊을 수가 없었다. 해마다 제사에는 烏織을 신에게 바쳐왔다고
한다. 여기 烏織과 細烏의 織絹 사이에는 여러모로 서로 대응하는 데가 있다.
아마 細烏의 길쌈도 烏織과 같은 금기가 따랐을 법하고, 烏織과 같거나 혹은
그 이상의 靈力을 지녔던 것으로 보이며, 두 물건이 한결같이 신에의 공물이라
는 동질성을 가진다.

30) cf. 黃浿江, 〈天神思想〉, 《民俗思想》, 제23차 민속학전국대회 발표요지집,
   민속학회, 1994, pp.12〜21.
31) 大阪市東成區東小橋南之町3丁目 소재 比賣許曾神社 소장의 《味原鄕比咩語曾
   神社 本緣起》에는 下照比賣命을 本殿 祭神으로 밝히고 있으나, 이는 阿加流比
   賣의 訛記로 보인다.(cf. 金達壽, 《古代遺跡の旅》, サンケイ新聞出版局,
   1972, p.101)
32) cf. 黃浿江, 《韓國의 神話》, 단국대출판부, 1988, p.179.

漱와 柳花) 延烏와 細烏는 日과 月의 神으로, 둘 다 천신적 존재
다. 천강신인 延烏·細烏는 천신부부인 伊邪那岐·伊邪那美에서 보
듯 서로 원만한 부부관계를 가졌던 것으로 보인다.

4. 結　語

이상에서 두 나라 문헌신화를 중심으로 한일 교류와 관련된 신
화의 문제를 다루었다. 《紀》에서 최초로 나타나는 외국은 신라국
인바, 이때는 국가 출현 이전의 신화시대였다. 이로 보아 두 나라
교류의 역사는 역사시대 이전의, 오랜 연원을 갖는 것으로 시사
되었다. 북과 남에서 내려오고 올라가는 海流가 두 나라 바다의
통로를 열었듯이 두 나라의 교류는 지극히 자연스럽게 이루어졌
던바, 신화는 그 사실을 보여준다. 두 민족이 주고 받은 많은 것
가운데, 외형적인 것 이상으로, 내면적으로 공유하는 무형의 것들
의 실상을 짐작하게 한다. 將來할 '金銀의 나라 韓鄕嶋'와의 교류
를 예견하고, 후대에게 이를 준비하도록 말한 素戔嗚尊의 선견은,
전향적인 한일 교류의 내일을 준비해야 하는 오늘날에도 여전히
함축 있는 발언으로 받아들여져야 할 듯하다.

Ⅲ. 韓日神話의 天降모티프

1. 序　論

　韓日 두 민족은 國祖 發祥과 관련하여 각기 독특한 天降모티프
의 신화를 가지고 있다. 한민족의 경우 檀君神話[1] 속의 桓雄, 일
본의 경우 天孫降臨神話[2]의 邇邇藝命(혹 瓊瓊杵尊 ; 이하 '邇邇藝'로
약칭함)으로,[3] 이 두 예는 서로 대비될 만한 전형적인 天降神話의
사례가 아닌가 한다. 위의 두 신화 외에 일본의 須佐之男命[4](혹
素戔嗚尊 ; 이하 '須佐'로 약칭함)[5]의 천강은 매우 특이한 사례로 보
인다. 위의 桓雄과 邇邇藝의 천강은 한가지로 上界의 支配神的 존
재의 命과 지시에 따라 그의 보증과 축복 아래 다수의 隨伴者를

---

1) cf. 《三國遺事》卷 1, 古朝鮮 王儉朝鮮.
2) cf. 《古事記》上卷 ; 《日本書紀》卷 2, 神代 下, 제9단.
3) 동일한 皇孫에 대하여 《古事記》는 '日子番能邇邇藝命', 즉 '邇邇藝命', 《日本
　書紀》는 '天津彦彦火瓊瓊杵尊', 즉 '瓊瓊杵尊'으로 서로 다르게 표기하고 있다.
　여기서는 《古事記》의 표기를 따랐다.
4) cf. 《古事記》上卷 ; 《日本書紀》卷 1, 제5~8段.
5) 《古事記》는 '速須佐之男命', 즉 '須佐之男命', 또 《日本書紀》는 '素戔嗚尊'이
　라 표기하고 있다.

거느리고 지상에 강림하여 일정한 지역(太伯山 神市, 日向 高千穗)을 중심으로 통치의 영역을 넓혀가며, 그는 또 지상의 여인(熊女, 木花之佐久夜毘賣)과 결혼, 혹은 성관계를 가져서 子息(檀君, 火照命·火遠理命)을 낳는바, 이 곧 왕국의 초대왕(檀君)이거나 왕의 조상(火遠理命)이 된다는 점에서 거의 일치한다. 그러나 겉에 나타난 형상은 그러하되, 桓雄의 경우는 上界 지배신의 命을 받기 이미 오래전부터 下界(三危 太伯)를 동경하고, 그리로 가기를 간절히 희구했었던바, 바로 그와 같은, 그 자신의 하계 지향이 지배신으로 하여금 그의 천강을 명하게 하였다는 점에서 전혀 피동적인 천강밖에 할 수 없었던 邇邇藝와는 근본적인 차이가 있다. 그런데 須佐의 경우는 지배신의 명이나 축복을 받기는커녕, 천상에서 저지른 악행에 대한 징벌로써 무거운 멍에를 지워, 수염이 잘리고, 손톱·발톱이 뽑히는 등의 악형을 당한 끝에 천계로부터 추방되어 도망치듯 하계로 왔다. 이는 저주받은 천강이라 하겠다. 그는 하계(出雲國 肥河上 鳥髮)에 내려와 주민(足名椎 一家)의 難境을 구하고 하계의 여인(櫛名田比賣·神大市比賣)과 관계하여 아들들(八島士奴美神·大年神 등)을 낳았는데, 八島士奴美神은 出雲國王(大國主神)의 조상이 되었다. 환웅의 경우도 비록 지배신의 命과 축복을 획득하였다고는 하나, 보기에 따라서는 당초 환웅의 자의적인 하계 지향은 天帝子로서 넘볼 것 아닌 것을 외람스럽게 넘봄으로써 천제의 忌諱하는 바에 저촉하였다고 할 것이며, 이에 따른 당연한 징계로서, 上帝는 그의 하계 추방을 결정치 않을 수 없었으리라는 해석도 가능하다. 다만 그의 禁忌 저촉은 須佐와 같은, 악의적인 禁忌破壞가 아닌, 숭고한 이념(弘益人間)이 동기화된, 인간적 선택이었다는 점에서 상제의 정상 참작이 가능했다고 본다. 따라서 상제로서는 그를 이왕 하계로 보내는 이상 징계의 추방이 아닌, 축복받은 천강으로써 하게 하였다고 볼 수 있다. 이렇게 볼 때 환웅은 邇邇藝와 須佐와도 구별되면서 동시에 둘의 주요한 속성[6]

---

6) 邇邇藝의 天上神다운 高貴함, 須佐의 인간적 속성을 桓雄은 공유했다고 하겠다.

을 공유했다고 하겠으며, 성격상 둘에 절충적인 위상을 갖는다고
하겠다. 명분상으로는 邇邇藝의 천강, 질적으로 須佐의 천강과 상
통하는 데가 있다고 하겠다.

이 글에서는 위의 세 가지 사례를 중심으로, 천강모티프의 원
형을 再構하고, 韓日 양국에서 천강모티프의 신화적 수용과 그 전
개 및 변이의 양상을 검토함으로써 한·일 신화의 각이한 특성과
그 의미를 해명하려고 한다. 특히 일본신화 내면에서 작용하는
'한국의식'의 본질을 고찰하는 일을 과제 안에 포함하였다.

2. 人格神과 非人格神

천강신화를 말할 때 천강의 神들은 인격신으로 시사되고 있는
경우가 많다. 위의 세 신화의 경우, 모든 형상면에서 인격신으로
나타나고 있다. 환웅은 天帝의 서자로 인간 세상을 탐하여 구하였
고, 아버지 천제는 자식의 그와 같은 뜻을 알아서, 그의 뜻대로
인간 세상에 보내어 세상을 다스리게 하였는데, 인격신으로 암시
되고 있다. 邇邇藝는 天忍穗耳命과 萬幡豊秋津師比賣命과의 사이에
서 태어난 둘째 아들이다. 아버지를 대신하여 천강하였는데, 天照
大御神은 高木神의 命으로써 그에게 "이 豊葦原水穗國(일본)은 네
가 다스릴 나라로 맡겨 주노라. 고로 命하신 대로 하계로 내려갈
지어다"라고 하였는데, 이 분부에 따라 그는 천강하였다. 이 역시
여러 部面에서 인격신으로 시사되고 있다. 須佐의 경우는 두말할
것도 없이 시종 인격신으로 형상화되어 있다. 다만 환웅의 경우
웅녀와 결연하면서 "잠시 사람의 모양으로 바뀌어 이와 관계하여
아들을 잉태하여 낳았다"(雄乃假化而婚之 孕生子)고 한 것으로 보
아 熊女와의 결연 때에만 잠시 인격적 존재가 되었던 것 같은 인
상을 준다. 그러나 전반적인 신화 형상에서는 非인격신으로서의

징표가 뚜렷하지 않다. 위의 천강신화의 원형 내지 기본틀은 천
강신의 인격, 비인격에 관계 없이 '천계의 靈存在→下界의 女性存
在→生子'로 가정해볼 수 있지 않을까 한다. 위와 같은 기본틀 위
에서 다양한 변용과 附加를 거쳐 후대적인 전개가 가능했던 것이
아닌가 한다. 이제 천계와 靈存在를 비인격형과 인격형의 양자로
나누고, 그 중간에 절충형을 가설하여 서로 비교 고찰해보기로
한다.

1) 非人格神型

한일 문헌신화의 전형적인 천강신화의 신들이 한결같이 인격신
임에 대하여, 더 원시적인 사고나 神話原型에서는 비인격신의 하
계(女人)와의 교섭으로 형상화되어 있음을 볼 수 있다.

   a. 鐵로 된 집에 갇혀 있던 처녀가 그를 시종하던 노파의 도움으로
     바깥 세상에 나오자 눈이 부셔 중심을 잃고 비틀거릴 때 하늘의 神
     의 눈(the eye of God)이 그녀의 몸 위에 던져짐으로써 그녀는 孕
     胎하였다.(키르키스의 神話)[7]
   b. 다나에(Danaë)는 부친의 손으로 지하의 밀실, 혹은 놋쇠[眞鍮]
     로 된 塔 안에 유폐되었으나, 제우스(Zeus)는 황금의 소나기
     (golden shower)로 내려와 그녀를 孕胎시켰다.[8]
   c. 金蛙가 柳花를 방 가운데 가두어 두었더니 햇빛이 들이 비추었다.
     그녀는 몸을 피하였으나, 해그림자는 또 좇아와 비추었다. 이로 인
     하여 柳花는 孕胎하여 알을 낳았다.(결국 알에서 고구려 시조 朱蒙
     이 태어났다)[9]
   d. 신라 阿具奴摩라는 못가에서 낮잠 자는 여인의 陰部에 해가 무지
     개인 양 빛을 발하며 비추었는데, 그로 인하여 잉태하여 붉은 玉을

---

  7) cf. James Frazer, *THE GOLDEN BOUGH*(abridged edition), Lon-
    don : Macmillan & Co., 1959, p. 602f.
  8) cf. Thomas Bulfinch, *Mythology*, A modern abridgment by Edmund Full-
    er, New York : Dell Publishing Co. Inc., 1963, p. 93.
  9) cf.《三國遺事》卷 1, 高句麗.

낳았다. 옥은 나중에 아름다운 처녀로 변하였다.[10]

2) 折衷型

同一 神格이 동시에 非인격과 인격 등 양면으로 나타나는 경우
도 있다. 이는 절충형으로 보겠다. 앞항에서 본 柳花의 경우(c),
日光 照射로 孕胎한 사건과는 별개로 그에 앞서 천제의 아들 解慕
漱와 熊神山 밑 鴨淥邊에서 성관계를 가졌다. 그 뒤 해모수는 떠
나가고 돌아오지 않았다. 이때 유화의 회임 여부는 밝혀져 있지
않다. 그러나 一然의 註記[11]를 보거나 후일 그녀의 아들 朱蒙이
망명하는 길에 淹水에 맞닥뜨려 告祝하는 자리에서 "나는 天帝의
자식이요 河伯의 손자이다"고 말한 것으로 보면, 주몽은 인격신
해모수와 유화 사이의 소생임과 동시에 日光으로 상징된 비인격
신과 유화(日影照射) 사이의 소생으로, 곧 이중적인 出自로 암시
되고 있다. 그러나, 이 경우 天帝子 해모수와 日影은 결국 동일한
것의 분열된 이미지가 아닌가 한다. 제우스가 황금의 소나기가
되어 다나에에게 접근하여 임신시켰듯이 해모수는 日影의 모습으
로 유화에 접근하여 그녀를 잉태시켰다고도 볼 수 있고, 天帝子
와 河伯女 유화와의 성관계로 인한 주몽 탄생이라는 하나의 사건
을 두 가지 형상(하나는 天帝子를 인격화, 다른 하나는 비인격화로)으
로 다르게 나타냈다고 볼 수도 있다. 이것은 여기서 다루려는 절
충형과는 구별한다.

桓雄은 아버지 상제의 명을 받아 三危 太伯에 내려와 風伯·雨師·
雲師를 거느리고 穀食·壽命·病疾·刑罰·善惡 등을 주관하고, 무릇
인간의 360餘事를 主掌하면서 세상을 다스려 감화하기까지 그 형
상은 대부분 인격화되어 있음을 알 수 있다. 그러나 앞에서 언급

---

10) "又昔 有新羅國主之子 名謂天之日矛……將來其玉 置於床邊 卽化美麗孃子
　　……."(《古事記》 中卷)
11) "今按此記 則解慕漱私河伯之女而後產朱蒙."(《三國遺事》 卷1, 高句麗)

했듯이 웅녀와의 交婚에서 '假化而婚之'한 것으로 보면 앞서의 인격적 형상을 회의하지 않을 수 없다. '假化'라는 사실로 미루어 웅녀와의 결연을 위한 桓雄의 인격화는 기실 일시적인 것임을 알 수 있다. 환웅은 잠시 사람의 몸이 되어 웅녀와 관계하여 檀君을 잉태케 하였으며, 그 뒤로는 다시 여전한 비인격적인 신존재로 돌아갔던 것으로 시사되고 있다. 천강신 환웅의 형상화에 있어 서술자는 인격·비인격의 문제를 놓고, 애매한 절충적인 입장을 취하고 있음을 감지할 수 있다. 호랑이가 사람이 되는 일에서 실패함으로써 짝을 가질 수 없게 된 웅녀가 "매양 壇樹 아래에서 孕胎 있기를 빌고 원했다"(每於壇樹下 呪願有孕)고 하였는데, 이때 웅녀가 가서 빈 단수는 전후 문맥으로 보아 환웅이 당초에 천강한 太伯山頂의 神壇樹임이 분명하다. 이로써 보면 환웅은 壇樹에 憑依한 신령, 즉 비인격의 神存在이다. 이것은 祈子와 관련된 원시적 민속신앙형태를 나타내고 있어 환웅 신화의 원시성을 어느 부분 시사하는 대목이기도 하다. 앞 부분의 인격신적인 형상화(授天符印, 遣往理之, 率徒三千……)는 人文의 지식이 간섭한 결과를 반영한 후대적 윤색으로 생각되는 대목이다.

앞의 해모수의 경우 李奎報의 《東明王篇》[12]에는 天帝가 태자(解慕漱)를 천강케 하는 장면에서 "太子는 다섯 龍이 끄는 수레를 타고, 따르는 100여 인의 侍從은 고니새를 탔고, 맑은 風樂 소리 錚錚하고 彩雲이 뭉게 핀 가운데 공중으로부터 내려왔다"고 묘사되어 있다. 유화와의 結緣에 이르는 과정도 퍽 다양하면서도 아름답게 구성되고 형상화되어 있어, 《삼국유사》의 기술과는 판이하다. 이는 상당한 수준으로 문학화되어 있는바, 인문적 지식을 고도로 수용한 사례로 보겠다. 그러나 이조차도 해 그림자로 懷姙하는 원시적 모티프는 共有하고 있는 것이 주목된다.

駕洛國의 金首露王을 비롯한 五伽倻의 왕들은 당초 紅幅에 싸인

---

12) cf. 《東國李相國集》卷 3, 東明王篇.

金合子 안에 들어 있는 황금 알로, 하계(龜旨峰)에 하강하였으나, 얼마 뒤 이들은 절로 인격(童子)으로 化現한다.[13] 卵生모티프를 수용하여 비인격신의, 인격신으로의 전환을 이룬 절충형으로 보인다. 한편 신라의 金閼智는 금궤 안에 든 인격신(童子)으로서 하늘로부터 하강하였다.[14] 이는 卵生모티프의 변형으로 보이는바, 이때의 금궤는 알의 변형으로 간주되기 때문이다. 그러나, 或說에는 김알지가 금수레를 타고 하강하였다고도 하는데,[15] 금궤의 경우와는 달리 이때의 김알지는 인격신으로 볼 수밖에 없지 않은가 한다. 邇邇藝의 경우 高皇産靈尊(最高神)은 그를 眞床追衾으로 덮어서 하강하게 하였다.[16] 眞床追衾은 金首露의 合子를 쌌던 紅幅에 대응하는 것으로, 邇邇藝는 갓난 嬰兒, 즉 인격신으로서 하강한 경우가 되겠다. 그 점에서는 김알지와 대응한다.

3) 人格神型

皇孫 邇邇藝의 신화는 인격신의 천강을 보이는 전형적인 신화인데, 여기에는 6종의 異傳이 있다.

> e. 高皇産靈尊이 그를 眞床追衾이라는 일종의 포대기로 덮어서 천강하게 하니 日向의 襲의 高千穗峯에 하강하였다. 遊行에서 事勝國勝長狹을 만나 問答하고, 鹿葦津姬(木花開耶姬)와 관계하여 하룻밤에 임신케 하였다. 그 사실로 여인의 貞節을 의심하니, 그녀는 노하고 원망하여 無戶室을 짓고, 그 안에 들어가 불을 질러 타는 집 안에서 자식을 낳아 스스로의 결백을 증명하였다. 이때 세 아들, 火闌降命·彦火火出見尊·火明命[17]을 낳았다.[18]

---

13) cf.《三國遺事》卷2, 駕洛國記.
14) cf.《三國遺事》卷1, 金閼智 脫解王代.
15) cf. "金氏從天入金櫃而降 或云 乘金車 此尤詭怪不可信 然世俗相傳爲實事 今但原厥初."(《三國遺事》卷2, 金傅大王)
16) cf.《日本書紀》卷2, 第9段 本文, 一書 第4, 一書 第6.
17)《日本書紀》卷2, 一書 第5에서는 네 아들, 和明命·和進命·火折尊·彦火火出見尊 등을 낳았다고 하였다.
18) cf.《日本書紀》卷2, 第9段.

f. 高皇産靈尊이 眞床覆衾으로 그를 싸고 천강케 하였다. 이때 내려
간 곳이 日向의 襲의 高千穗의 添山峯이다. 遊行에서 事勝國勝長狹
과 문답하고, 木花開耶姬(豊吾田津姬)와의 하룻밤의 관계로 두 아
들 火酢芹命·火折尊을 낳았다. 女人의 정절을 의심하더니, 그 결
백이 증명되었다. 그러나 여인은 원망하여 상대치 않으니 皇孫이
근심하여 그 심정을 노래하였다.[19]

g. 高皇産靈尊이 眞床覆衾으로 皇孫을 싸고 하강케 하였다. 日向의
襲의 高千穗의 槵日의 二上峰 天浮橋에 이르렀다. ……事勝國勝長
狹과 문답하고 그곳에 머물렀다.[20]

h. 天忍穗耳尊이 萬幡姬를 맞아 虛天에서 낳은 자식 瓊瓊杵尊을 자
기 대신 天降케 하는데, 天照大神으로부터 받은 寶鏡 및 齋庭의 穗
를 넘겨준다. 日向의 槵日의 高千穗峯에 내려갔다. 事勝國勝長狹과
문답하고, 해변에서 鹿葦津姬를 만나 하룻밤 관계하여 세 아들, 火
明命·火酢芹命·彦火火出見尊을 낳았다. 정절을 의심 받은 여인은
無戶室에 불을 질러 그 안에서 출산함으로써 결백을 증명하였다.[21]

i. 天照大御神은 아버지 天忍穗耳命을 대신하여 천강하는 邇邇藝에게
"이 豊葦原水穗國(일본 本土)은 그대가 다스릴 나라임을 밝혀 말
하여 주노라. 고로 명하심을 좇아 천강할지어다"고 조칙을 내리고,
五伴緒를 딸리고, 勾瓊·거울·草那藝劍 등을 주어서 보냈다. 邇邇
藝는 日向의 高天穗의 久士布流多氣에 내려갔다. 그리고 그는 "이
땅은 韓國을 향하고, 笠沙의 물언덕을 직통하여 아침해가 바로 비
치는 나라요, 저녁 해가 비치는 나라이다. 고로 이 땅은 심히 吉한
곳이다"는 조칙을 내리고 궁 터를 잡았다. 笠沙의 물언덕에서 木花
之佐久夜毘賣를 만나 그녀와 하룻밤을 관계하여 세 아들, 火照命·
火須勢理命·火遠理命을 낳았다. 정절을 의심받은 木花는 문 없는
八尋殿을 짓고 그 안에 들어가 불을 질러 아이를 낳음으로써 결백
을 증명하였다.[22]

j. 天照大神이 아들(天忍穗耳尊)을 천강시키려 할 즈음 손자가 태어
났다. 손자 瓊瓊杵尊을 대신 천강케 하는데, 天照는 손자에게 曲玉·
거울·劍 등 세 종류의 보물을 주고, 五部神을 딸려서 보내며, 神勅

---

19) cf. 《日本書紀》卷2, 第9段 一書 第6.

20) cf. 《日本書紀》卷2, 第9段 一書 第4.

21) cf. 《日本書紀》卷2, 第9段 一書 第2.

22) "爾日子番能邇邇藝命 將天降之時……次生子御名 火遠理命 亦名 天津日高日
子穗穗手見命 三柱."(《古事記》上卷)

을 내려서 말했다. "葦原의 千五百秋의 瑞穗國(日本 國土)은 내
자손이 王 될 땅이다. 그대 황손은 가서 다스리라. 가거라. 寶位 隆
盛하기는 천지와 더불어 무궁하리라." 하강하는 길에서 마중 나온
猿田彦大神을 만나, 황손의 一行은 그의 안내로 日向의 高千穗의
槵觸峯에 이르고, 猿田彦神은 伊勢의 狹長田의 五十鈴川 위로 갔
다.²³⁾

위의 일련의 기술(e~j)은 天照의 손자 邇邇藝(瓊瓊杵尊)가 아
버지 天忍穗耳命을 대신하여 天照의 命을 따라 葦原의 日向 高千穗
의 槵觸峯에 하강한 사실을 보이고 있다.(사진 30·34) 같은 사실
이 여러 가지 모양으로 윤색, 전개되어 있음을 알 수 있다. 여신
天照의 아들 天忍穗耳命은 당초 天照의 남동생 素戔이 天照의 八坂
瓊의 五百箇 御統을 빌려서 씹어 불어낸 입김에서 생겨난 신이었
다.²⁴⁾ 그는 天照의 명으로 천강케 되었을 때 高木神(高皇産靈尊)의
딸과의 사이에서 邇邇藝를 낳았다. 그리하여 高木神과 天照 등에
게 청하여 갓태어난 아들 邇邇藝를 대신 천강케 하였다. 그리하여
邇邇藝는 天孫 자격으로 日向 高千穗의 山峯에 하강하였다. 하계에
서 그는 木花開耶姬(鹿葦津姬)를 娶하여 아들들을 낳았다. 이들 가
운데서 일본 初代 人王(神武天皇)의 조부(彦火火出見尊)가 태어난
다.(사진 29) 邇邇藝의 천강신화의 기본틀은 대강 위와 같이 요약
된다. 위에서 邇邇藝는 천강시 갓태어난 嬰兒의 상태이며, 하강시
에는 眞床覆衾 같은 포대기에 싸거나 덮여서 내려왔다.(e, f, g) 그
러나 영아 상태인 邇邇藝는 하강 즉시 遊行하여(e, f, h), 事勝國勝
長狹과 문답하며(e, f, g, h, i), 木花라는 여인과 성관계를 가져서
회임케 하고 그 결과로 자식들을 낳았다. 위의 h에서 天忍穗耳命
을 萬幡姬와 짝지어 천강시키려고 할 때 그들은 虛天에서 邇邇藝
를 낳았는데, 결국 방금 태어난 邇邇藝가 아버지 대신 天降하였
다. 위의 여러 징표로 보아 천강시의 邇邇藝는 갓난 영아임이 분

23) cf.《日本書紀》卷2, 第9段 一書 第1.
24) cf.《日本書紀》卷1, 제6段 本文.

명하고, 하강하고서는 어엿한 성인으로 행세하고 있다. 俗된 현세적 시간을 극복한 신화적인 순수한 시간 — 절대적인 시간에서의[25] 사건으로 이해되는데, 이와 같은 예는 金首露의 경우에서도[26] 볼 수 있어 새삼스러운 것은 아니다. 하늘 혹은 異界로부터 출현하는 신화 주인공들이 당초 영아나 童子의 상태인 경우는 우리 신화의 주인공에서도 흔히 보는 바이다. 앞에서 든 金閼智, 朴赫居世,[27] 閼英,[28] 昔脫解[29] 등이 그렇다. 후대의 胎夢類 형상에서도 이와 같은 신화 형상을 많이 볼 수 있다.[30]

　天降하는 황손 邇邇藝의 수행자에 관하여도 五伴緖(i), 五部神(j), 기타(g, h)의 神을 볼 수 있는데,《日本書紀》의 本文(e)과 一書 第6(f) 등에서는 수행자에 대한 언급이 없다. 비교적 다수의 수행자를 언급하고 있는 《古事記》(i)와 《日本書紀》一書 第1(j) 등은 한결같이 다른 기술에서 볼 수 없는 三種의 神器 授與와 일본 통치를 명하는 神勅의 내용을 명시하고 있다.《日本書紀》一書 第2는 天照가 寶鏡과 天上의 齋庭의 나락 이삭을 주어 보냈던 것으로 시사하고 있다.(h)[31] 위와 같은 미묘한 차이는 일본의 천강신화(邇

---

25) cf. 黃浿江,〈韓國古代敍事文學의 力動的 motive〉,《韓國敍事文學硏究》, 단국대출판부, 1972, p.383.

26) "六卵化爲童子 容貌甚偉 仍坐於床 衆庶拜賀 盡恭敬止 日日而大 踰十餘晨昏 身長九尺則殷之天乙 顏如龍焉則漢之高祖 眉之八彩則有唐之高 眼之重瞳則有虞之舜."(《三國遺事》卷 2, 駕洛國記)

27) "剖其卵 得童男 形儀端美 驚異之 浴於東泉 身生光彩 鳥獸率舞 天地振動 日月淸明 因名赫居世王."(《三國遺事》卷 1, 新羅始祖 赫居世王)

28) "是日 沙梁里閼英井邊 有雞龍現而左脇誕生童女 姿容殊麗."(위와 같음)

29) "俄而乃開見 有端正男子 幷七寶奴婢滿載其中……便有赤龍 護舡而至此矣 言訖 其童子曳杖率二奴 登吐含山上."(《三國遺事》卷 1, 第 4 脫解王)

30) "母夢五色雲間 有衆環擁一靑衣童 自天墮懷中 遂有娠."(《高麗史》卷 103, 列傳 16, 金慶孫) ; "萬明亦夢見童子 衣金甲乘雲入堂中 仍而有娠 二十月生."(《新增東國輿地勝覽》卷 32, 金海都護府 金庾信)

31) 당초 天降하게 되어 있었던 天忍穗耳尊에게 天照가 "寶鏡 보기를 나를 보듯 하되, 항상 거처를 같이하고 齋鏡으로 삼으라"고 축원하였고, 또 "내가 다스리는 高天原에서 所管하는 齋庭의 나락 이삭을 또한 나의 아들에게 맡겨 제사케 할지니라" 하고 맡겼었다. 그 뒤 瓊瓊杵尊이 탄생하고 그를 천강케 하면서

邇藝)가 소박한 原始形으로부터 점차 人文化되고, 나아가 정치화
되어 나간 자취를 시사하는 사실로 받아들여져야 하지 않을까 한
다.

A) 嬰兒의 모습으로 천상으로부터 하강한 男神이 地母的 존재와 관
   계하여 최초의 인간을 탄생케 하여 인류의 조상(일본 민족의 조상
   내지 황족의 조상으로 屈折)이 된다.(e, f)
B) 최고신(高木神, 天照大神)의 손자(혹 子息)가 최고신의 命하는
   바에 따라 각 분야의 神들을 거느리고 하계로 내려와 통치 영역을
   확보하고, 農耕과 祭祀를 主掌하고, 군림하면서 하계의 여인을 娶
   하여 후계자를 낳아 통치권의 기틀(世襲)을 잡는다.(g, h)
C) 최고신으로부터 통치권 위임에 관한 증거물(神器)과 보증(神勅)
   을 받은 천신의 血孫이 輔政의 무리를 거느리고, 하계로 내려와
   통치하며, 그 나라 여인을 맞아 후사를 낳아 세습적 왕권을 확립
   한다.(i, j)

위에서 A)는 原始形에 가까운 天降型이요, B)는 人文的인 지
식이 가미된 天降型이요, C)는 다분히 정치화된 天降型으로 간주
된다. 神器와 神勅은 일본 통치의 천황권을 신화적으로 보증하려
는 의도의 소재를 가름할 수 있는 素材들이다. 桓雄神話의 경우
'三符印'과 '弘益人間'의 소재를 이와 대응시킬 때 정치적 신화로
해석될 가능성이 있을지 모른다. 그러나 '홍익인간'은 어떤, 한
통치가계의 무궁성(세습왕권의 정당성)을 강조하는 데 역점을 둔
邇邇藝神話의 '神勅'과는 달리 범인간적 차원의 이념을 담고 있다
는 점에서 구별되는 것이 아닐 수 없다고 생각한다. 그리고 '三符
印'과 '三種의 神器'는 '三'이라는 數的 조건으로 하여 혹 듀메질
(Dumézil)류의 三機能에의 대응을 생각할 수 있을지 모르나, '三
符印'에 관하여는 그 내용을 쉽사리 속단할 수 없는 이상 기계적
인 대응은 금물이라고 본다. 차라리 환웅의 천강신화는 제사와

이들은 그에게 전달되어 하계에 내려왔던 것으로 보인다.

농경을 主掌한 왕권과 관련된 人文的 지식이 상당 부분 반영되었다는 점에서 B)의 유형에 가깝다고 보는 것이 타당하리라 생각된다.

邇邇藝의 下界에서의 遊行은 이른바 '國覓ぎ'(나라 찾기), 즉 통치권의 확정을 의도한 국토 巡狩로 보인다. 遊行中 事勝國勝長狹[32]과의 문답에서 그가 황손 邇邇藝에게 國土獻上의 뜻을 표한 것을 감지할 수 있다.[33] 邇邇藝의 천강신화는 위의 C)단계에 이르면, 황손(天皇族)의 葦原中國(日本) 지배를 절대화하는 기능을 무엇보다 우선하고 있다는 점에서 그 신화의 현실적, 정치적 성향을 부인할 수 없다. 桓雄神話는 비록 지배권을 시사하는 대목이 없지 않으나, 邇邇藝에서와 같은 현실적, 정치적 성향은 아직 나타나 있지 않다. 오히려 桓雄의 경우는 文化英雄的인 성격이 부각되고 있는 편이다.[34]

3. 天降神話의 기본틀과 生子모티프

이상에서 고찰한 바 천강신화의 기본틀은 '天界의 靈存在→下界의 女性存在→生子'로 요약된다. 여기에 더러 현실적 정치적 요소가 가미된 것이 현존의 各異한 천강신화들이다. 邇邇藝(瓊瓊杵尊)의 천강신화를 보더라도 정치적 동기를 가진 윤색에도 불구하고 위의 틀은 벗어나지 않았다. 邇邇藝는 生子로써 그의 신화적 사명을 다했다는 인상을 준다. 下界한 邇邇藝는 木花와의 하룻밤의 관

---

32) 《日本書紀》卷2, 第9段 一書 第4에서 事勝國勝神, 鹽土老翁 등의 異稱을 제시하고, 이 곧 伊奘諾尊의 子息임을 밝혔다.

33) cf. 金井淸一, 〈降臨神話の原型と展開〉, 稻岡耕二·大林太良 編輯, 《講座 日本文學 神話 上》, 至文堂, 1977, p.98.

34) cf. 黃浿江, 〈檀君神話 試考〉, 《韓國敍事文學硏究》, 1977, p.115f.

계로 아들 셋(혹 둘)을 낳았다. 하룻밤의 관계로 잉태한 사실로
한동안 갈등이 빚어졌으나, 결국 해소된다. 그러나 그 이후, 즉
生子 이후의 邇邇藝는 별다른 구실을 하고 있지 않다. 《古事記》를
비롯한 《日本書紀》등 대부분의 기록이 생자 이후의 邇邇藝에 대
하여는 거의 아무런 언급도 없다. 다만 《日本書紀》 본문에서만 유
일하게 그의 죽음을 전하고 있을 뿐이다.

> 곧 불을 질러 집을 태웠다. 비로소 그을음이 피어 오를 때 태어난
> 아들을 火闌命이라 이름하고……다음으로 태어난 아들을 火明命이
> 라 이름하였다. 모두 세 아들이다. 오랜 뒤 天津彦彦火瓊瓊杵尊은 죽
> 었다. 인하여 筑紫日向可愛의 山陵에 葬事 지냈다.(卽放火燒室 始起
> 烟末生出之兒 號火闌降命……次生出之兒 號火明命 凡三子矣 久之天
> 津彦彦火瓊瓊杵尊崩 因葬筑紫日向可愛之山陵 ; 《日本書記》 卷 2, 第
> 9段)

이로써 미루어 邇邇藝 一代의 행적은 다음과 같이 요약된다.

> ① 高天原(天上界) : 虛天에서 태어난 嬰兒의 상태로 天照로부터 寶
>   物들(2, 혹은 3종)을 받고, 葦原國(日本 國土)의 통치를 위임하
>   는 신칙을 받아가지고 下降.
> ② 高千穗(下界) : 國覓 遊行, 事勝國勝長狹(國主)의 國讓, 木花와
>   結緣, 生子, 崩(可愛 山陵).

天上→下界→女人→生子의 기본틀이 엄존함을 인정할 수 있
다. 桓雄의 경우도 같은 기본틀을 가지고 있다.

> ① 帝釋天(天上界) : 弘益人間의 이념 아래 桓因의 보내심을 따라,
>   天符印을 받아 가지고, 무리를 거느리고 三危 太伯(한국)에 하강.
> ② 太伯山頂(下界) : 神市, 祭政의 지배, 熊女와 結緣, 生子(檀君),
>   崩(?).

天降英雄들의 下界 행적에서 生子 모티프는 그중 비중 있게 다

루어지고 있으며, 生子로써 그의 할 일을 다 끝낸 것처럼 그 뒤의 행적은 공백으로 남겨 두거나, 바로 生子 그것으로써 결말을 지어 버리는 것이 보통이다. 桓雄이나 邇邇藝나 生子 이후의 소식은 이상하리만큼 요적하다. 邇邇藝는 죽음이 명시되어 있으나, 환웅은 죽음이 명시되어 있지 않다. 혹 壇樹의 神靈으로 남아 있었는지, 아니면 邇邇藝처럼 崩하였는지 그간의 소식이 확실하지 않다. 일본신화에서 최초의 천강은 伊邪那岐命(이하 '那岐'로 약칭함)과 伊邪那美命(이하 '那美'로 약칭함)의 두 夫婦神에게서 볼 수 있다. 천신들의 命으로 那岐·那美 두 신은 하늘의 浮橋에서 流動하고 있는 하계에 창(矛)을 드리워 저은 다음 끌어올리니 창끝에서 흘러 떨어지는 소금이 엉겨서 섬이 되었다. 이것이 淤能碁呂島인데, 두 신은 하계의, 최초의 섬에 하강하여 하늘 기둥을 세우고, 또 신혼의 집(八尋殿)을 세웠다. 이윽고 이들은 하늘 기둥을 엇돌며 관계하여 수많은 자식들을 차례차례 낳았다. 당초 여자가 먼저 말을 걸었던 때문에 未成의 자식을 둘 낳았는데, 이는 버리고 자식으로 치지 않았다. 그 뒤로는 사내가 먼저 말을 걸고 관계함으로써 여러 섬들(大八島國·六島), 여러 신들을 차례차례 낳았다. 섬이 모두 열 넷, 신은 마흔[35]이다. 那美는 迦具土神(火神)을 낳을 때 음부에 화상을 입은 것으로 하여 죽었다. 那岐는 화가 나서 아들 迦具土神의 목을 칼로 베어버리고 말았다. 그 서슬에 칼로 말미암아 생겨난 신이 여덟이다. 죽은 迦具土神의 몸에서도 여덟 신이 태어났다. 那岐는 죽은 那美를 찾아서 黃泉國에 갔으나, 금기를 깨뜨리고 那美의 추한 모습을 몰래 엿보고 도망한다. 남편의 배신에 화가 난 那美는 泉津醜女를 시켜 뒤쫓게 하는데, 마침내는 那美가 직접 뒤쫓아 왔다. 那岐는 도망하여 千引石으로 黃泉比良坂(이승과 저승의 경계가 되는 언덕)을 가로막고, 바위를 사이에 두고 那美와 대

---

35) 《古事記》 上卷의 記錄으로는 '三拾伍神'으로 되어 있는데, 계산에 착오가 있다.

치하였다. 那美는 이승에서 하루 천 사람을 데려가겠노라고 하고, 那岐는 하루에 1,500명의 아기를 出産하겠노라고 대꾸한다. 那岐는 죽음의 나라에서 어려이 돌아와서 禊浴을 하는데, 벗어 던진 그의 衣帶와 冠束 등에서 12신이 생겨났다. 물에서 목욕하는 가운데서도 여러 신들이 태어났다. 끝으로 왼눈을 씻을 때 天照, 오른눈을 씻을 때 月讀命, 코를 씻을 때 須佐 등이 태어났다.[36] 이 세 신을 얻은 那岐는 기뻐하여 天照는 高天原, 月讀命은 夜之食國(혹은 滄海原), 須佐는 海原(혹은 根國, 天下)을 담당하게 하였다. 종당에 那岐는 淡海의 多賀(혹은 淡路洲에 幽宮을 마련하고 寂然히 길이 숨었다고 했다)에 鎭坐하였다.

위에서 최초의 天降을 한 那岐와 那美는 인간의 태초의 사실, 즉 최초의 결혼, 최초의 經營, 최초의 出産, 최초의 죽음 등 지상에서의 태초적, 시발적, 典範的 사실이며 후대의 모든 질서의 근거가 되는 原型的 사실을 구현하고 있다. 지금까지의 천강모티프로 볼 때, 那岐는 천상적 男神이며, 那美는 하계적 女神이어야 했다.[37] 그러나, 여기서는 那岐나 那美, 둘 다 出自를 천계에 두고 있고, 당초부터 夫婦神으로 시사되고 있다.[38] 那美는 출산과 관련하여 죽었고, 那岐도 일체의 출산이 끝남으로써 신화 무대에서 자취를 감추고 있어 앞에서의 천강신화의 주인공들과 비슷한 운명을 밟고 있다.

那岐의 최종적인 출산인 3子, 天照·月讀命·須佐는 각기 日神, 月神, 海原(혹 根國, 天下)의 세 영역[39]을 담당케 하고 있는데, 그

---

36)《日本書紀》卷1, 第4段 本文에서는 那岐와 那美 두 夫婦神이 의논하여 天照·月讀尊·須佐를 낳은 것으로 記述하고 있다.
37) 那美가 火傷으로 죽어서 黃泉國, 즉 陰沈한 地下國으로 간 것을 미루어 그녀는 地母的인 여신이라는 심증을 갖게 한다.
38) 이 신화의 原形은 천상의 남신 那岐가 하강하여 하계의 地母的 女神 那美와 결합하게 되는 것이 아니었던가 한다.
39)《日本書紀》卷1, 第5段 一書 第6에서는 月讀尊이 滄海原, 須佐가 천하를 담당하는 것으로 나타나 있다.

럼에도 불구하고, 月讀命의 성격은 뚜렷하지 않다. 이와 같은 영역 설정은 다분히 人文知識的 합리화의 결과로 보이며, 原神話는 아마도 天照와 須佐의 二分體制的 대립관계로 전개하고, 月讀命은 아예 배제되어 있었을 가능성도 있다.[40] 그리고 위의 3子의 출생도 那岐와 那美 두 부부가 국토(大八洲國)와 산천초목을 낳은 다음 천하의 임자를 낳지 않을 수 없다고 서로 의논하여 낳은 것으로 기술하고 있는《日本書紀》(卷1, 本文)의 내용이 原神話에 가까운 것으로 생각된다. 혼자된 남신 那岐의 양눈과 코의 세척과 관련된 三貴子 출생은 어색하다. 그보다는 천하 창생의 夫婦神이 최종적으로 천하의 主宰者를 출산하여 저들의 창생의 대업을 완성하는 것은 너무나 당연하기 때문이다.

4. 日本神話의 두 계통 : 出雲系와 大和系

다음으로 須佐의 천강모티프를 살펴보기로 한다. 須佐에 관한 《記紀》의 기술들은 그가 天上界(高天原)에서 추방당하고 下界의 인물이 되기 전까지는 부정적인 성격화로 일관하고 있다. 무도하고, 성품이 사납고, 잔인하고, 항상 울기를 업으로 하여 그로 말미암아 국내 인민을 많이 요절케 하고, 靑山과 河海를 모조리 마르게 하고, 그 결과 惡神들이 들끓고, 妖邪한 禍가 꼬리를 물고 일

---

40)《日本書紀》卷1, 神代 上, 第5段 一書 第11에는 天照의 분부를 받은 月夜見尊(月讀命)이 保食神을 찾아갔다가 保食神이 자신의 입에서 토해낸 것들로 食床을 차려온 것에 분노하여 劍으로 쳐죽였다. 天照는 몹시 노하여 月夜見尊을 꾸짖고, 상견치 않으리라 하여 一日一夜를 隔한 데서 살게 되었다. 《古事記》上卷에서는 須佐가 역시 토해내거나 배설한 것들로 食床을 차렸다고 大氣津比賣를 살해한 것이 보인다. 月夜見尊의 保食神 살해는 원래 須佐의 사실이었을 것인데, 밤과 낮의 교체를 설명하는 설화를 이끌어 들이면서 月夜見尊을 부회한 것이 아닌가 한다.

어났다고 했다. 이에 那岐는 노하여 "宇宙에 군림할 수 없으니, 멀리 根國에 가라"고 언명하고 추방하였다. 그리하여 그는 마지막으로 天照를 만나러 간다고 天上界에 올라가는데, 天照는 그의 來訪을 극도로 경계하여 모든 대비를 하고, 그에게 온 이유를 따졌다. 須佐는 나쁜, 다른 생각이 없음을 말하고, 天安河를 사이에 두고 결백의 다짐을 받고 나서야 天照는 須佐를 천상계에 맞아들인다. 일단 천상계에 들어온 그는 갖은 악행(밭둑을 헐고, 도랑을 메우고, 大嘗殿에 똥을 흩뿌리는 등)을 다한다. 지붕 구멍으로 말 가죽을 떨어뜨려 神衣를 길쌈하던 여자로 하여금 놀라 북으로 음부를 찌르고 죽게 하였다. 화가 난 天照가 天石屋戶(窟) 안에 숨어버리니 세상은 캄캄해졌다.(사진 37) 이에 신들은 중지를 모아 간신히 그녀를 굴에서 끌어내었다. 세상은 다시 밝아졌다. 신들은 須佐의 죄를 물어 그에게 千位置戶를 지우고, 수염을 깎고, 손톱·발톱을 뽑고, 高天原에서 추방하였다.

그는 천상계에서 쫓겨나 出雲國의 肥河上, 鳥髮에 하강하였다. 때마침 大蛇에게 딸을 먹히게 되어 있던 노부부를 도와 大蛇를 퇴치하고, 須賀에 宮을 짓고, 노부부의 딸 櫛名田比賣를 취하고, 다시 神大市比賣를 맞아서 자식 셋을 낳았는데, 맏아들 八島士奴美神은 후세에 出雲國의 國主가 된 大國主神의 6(혹 5)世祖가 되었다.(사진 21·22·23·27) 하계한 須佐는 더 이상 이전의 악행을 일삼던 신은 아니다. 하계에서의 그는 새로운 세계를 열어가는 문화영웅다운 면모를 보이고 있다. 난경에 처한 이를 구해주고, 미개척의 땅에 새로운 문화의 씨앗을 뿌리고 가꾸는 구실을 하고 있다. 하계 여인과의 결혼을 통해 生子함으로써 그는 出雲國의 창업주 大國主神의 7(혹 6)世祖가 된다. 그 역시 다른 천강신의 경우와 마찬가지로 生子로써 그의 사명은 끝나고 있다. 먼 후일 그의 후손 大國主神이 根國으로 그를 방문한 사실로[41] 미루어 당초 那岐 분

---

41) "可參向須佐能男命所坐之根堅州國 必其大神議也 故隨詔命而參到須佐之男命之御所者……."(cf.《古事記》上卷)

임했던 대로 종국에 根國의 주재자로 갔던 것을 확인할 수 있다.

위에서 볼 때 天照와 須佐는 二分體制的인 대립적 위상을 지녔던 것으로 파악된다. 서로 대립적 가치를 대표하는데, 天照가 궁정적 가치, 須佐는 부정적 가치를 대표하고 있다. 天照는 상계의 권위적 존재요, 須佐는 하계의 권위적 존재이다. 須佐와 桓雄은 어떤 의미에서는 서로 대응하는 데가 있다. 須佐는 천상에서 失權者였다. 실권자라는 처지 때문에 불가피했던 반항이 결국 악행으로 처벌의 대상이 되었다. 그의 천강은 천상계로부터의 추방이라는 징벌이었다. 桓雄도 실상은 上帝의 庶子라는 신분이 암시하듯 天上界에서의 일종의 실권자이다. 그 까닭으로 천상계를 탈출할 기회로서 下界를 동경하게 되었던 것으로 보인다. 바로 그 이유 때문에 상제는 그를 하계로 보냈다. 비록 축복의 형식을 잃지 않았으나, 내면적으로는 어차피 환웅은 천상계에서 자기 위치를 찾지 못하는 존재인지라 축복된 파견이 아니더라도 조만간 천상계를 탈출, 하계에 하강하지 않을 수 없도록 운명지어져 있던(上帝에 背逆的일 수 있는) 인간적인 존재였다. 그 점은 高天原에서의 須佐와 다르지 않다. 下界에서의 구실을 보면 환웅의 문화영웅적 성격은 須佐 이상으로 뚜렷하다. 風伯·雨師·雲師를 거느리고 農事·壽命·疾病·刑罰·善惡 等을 主掌하고, 인간의 360餘事를 주관하였다고 한 것으로 보아 그는 상당한 수준의 문화를 하계, 즉 인간계에 끼친 문화영웅이다. 須佐의 경우도 나무 종자를 천상에서 가져와서 일본 전국토에 두루 심어 온 국토를 푸르게 가꾸고, 또 그 목재로 집도 짓고, 棺도 쓸 수 있도록 하고, 배도 만들게 하였다는 異傳[42]도 있는 것으로 보아, 그 역시 하계, 인간계에 문화를 가져다 준 문화영웅임이 틀림없다. 대개 이런 문화영웅은 천상의 것을 인간에게 가져다, 끼쳐 준다는 점에서 천상계로서는 背逆的인 神들이다. 즉 신의 편에서 인간의 편으로 옮아온 반역신들이

---

42) cf.《日本書紀》卷1, 神代 上 第8段 一書 第4·5.

다. 환웅은 神市를 열어 古朝鮮 개국의 端初가 되었고, 須佐는 出雲國 개국의 端初를 열었다. 須佐의 7(?)世孫 大國主神(일명 國作大己貴命·大穴牟遲)은 少名毘古那(일명 少彦名命)와 함께 천하를 경영하여 창생과 짐승을 위해 治病의 방도를 세우고, 鳥獸와 昆蟲의 災害를 물리치는 禁厭法을 정하여 나라의 기틀을 완전히 잡았다. 이로써 須佐가 일으킨 出雲國 왕조는 大國主神의 代에 이르러 나라다운 면모를 갖추어 이른바 '國造り'를 완성하였다. 그런데 한편 高天原에서는 황손(天忍穗耳尊→邇邇藝)의 천강에 앞서 高木神과 天照는 建御雷와 天鳥船의 2神을 出雲國에 보내어[43] 大國主神과 그의 아들들과 담판하여 황손에게 國讓케 한다.(사진 38) 그러고 나서 邇邇藝가 천강하게 되는데, 그는 筑紫의 日向 高千穗의 久土布流多氣(일명 槵觸峯)에 하강하였다.(사진 30)

모처럼 國讓의 다짐까지 받아 놓고도 出雲國에 하강치 않고, 별다른 인연도 있었던 것 같지 않은 筑紫의 日向에 하강한 이유가 무엇인지 알 수 없다. 《記紀》 兩書도 이에 대하여는 별달리 해명하고 있지 않다. 《出雲國風土記》에는 《記紀》에서와 같은, 國讓을 요구하는 2神의 담판이나 행적은 일절 나타난 것이 없고, 다만 意宇郡 母理鄕의 기사 가운데, 所造天下大神 大穴持命(大國主神)이 越의 八口를 평정하고 돌아올 때 長江山에 이르러서 말하기를, "내가 만들어 다스리는 나라를 皇御孫이 평정하게 다스리시게 맡겨드리리라. 다만 여덟 구름 뭉게 이는 出雲國은 내가 鎭坐할 나라로, 푸른 산 울타리를 둘러주시고, 靈代를 받들게 하시고 지키리라"[44]고 하였다.

또 이와 대응하여 같은 책 楯縫郡 條에서는 高天原(皇祖)측에서

---

43) 《日本書紀》卷 2, 神代 下, 第 9 段 一書 第 2 에는 經津主神과 武甕槌神의 2 神을 보냈다고 기술하고 있다.

44) "大穴持命 越八口平賜而還坐時 來坐長江山而詔 我造坐而命國者 皇御孫命 平世所知依奉 但八雲立出雲國者 我靜坐國 靑垣山廻賜而玉珍置賜而守詔."(《出雲國風土記》 意宇郡)

大國主神의 國讓 뒤의 鎭坐를 위한 宮을 造營할 데 대한 神詔를 내리고, 이를 담당할 神을 하강케 한 사실을 기록하고 있다. 위의 두 대목 이외에는 大國主神의 國讓과 관련된 기사는 없고, 그를 부를 때마다 언필칭 '天下를 만드신 大神'(所造天下大神)이라는 美稱을 이름 위에 붙이고 있어, 果是 大國主神이 出雲지방에서는 창세주로 皇祖神에 못지 않거나 그 이상의 欽揚을 받고 있었던 사정을 짐작하게 한다.

天平 5年(733)에 편술된 이 책은 《記紀》에 없는, 出雲國에 관한 기사와 神들을 적지 않게 싣고 있는 가운데 大國主神 창업이 文面 도처에서 강조되고 있다. 이로써 미루어 須佐와 大國主神 계통의 出雲國은 당초 邇邇藝의 日向國과는 別系로 존립하고 있었던 것으로 보인다. 出雲國은 須佐나 大國主神 같은 문화영웅에 의하여 개척되고 확립된 왕국이었다. 후대에 이르러 현실적인, 出雲系의, 大和系에의 종속 내지 복속이 이루어지면서 신화 역시 복속을 합리화, 정당화하는 방향에서 정리 통합되는 가운데 國讓의 요소가 개입되었던 것이 아닌가 한다. 위의 《風土記》도 시기적으로 그와 같은 간섭을 전혀 안 받을 수 없었을 것이나, 官撰의 史書인 《記紀》와는 달리 그 통제에 어느 정도 한계가 있었던 듯 고유한 전승을 가끔 내비치고 있다. 國讓을 강제한 두 神의 존재가 전적으로 무시되고 있는 것도 《記紀》의 편술과는 다르다.

정치적 整合 작업의 결과는 신화에 부자연한 접합과 어색한 구성을 가져왔을 법하다. 出雲國의 大國主神에게서 國讓의 약속을 받아냈음에도 불구하고 皇孫側이 천손 邇邇藝를 하필 日向의 高千穗에 천강하게 한 것도 그와 같은 어색한 접합의 한 예가 아닌가 한다. 이 신화에 局限하여 보는 한 大國主神의 國讓은 의미가 없다. 아마도 大和朝廷이 지배권을 일본 전토에 확대해 가면서 出雲의 세력을 天皇權 아래 복속시킨 현실적 상황에서 그 지배를 신화적으로도 보증해야 했던 정치적 동기에서 감행한 신화 整合의 결과가 이것이 아니었던가 한다.

당초 出雲國 신화와 邇邇藝의 日向 천강신화는 서로 무관한 별개의 신화였을 것이다.

5. 日本 天降神話의 韓國意識

須佐의 天降神話에는 韓國(新羅)과 관련된 다음과 같은 異傳들이 있다.

이때에 素戔(須佐)이 아들 五十猛神을 이끌고 신라국에 하강하여 曾尸茂梨에 처소를 잡았으나, 곧 말하기를 "이 땅은 내가 있고자 않노라" 하고, 埴土로 배를 만들어서 타고, 東으로 건너가 出雲國의 簸川上에 있는 鳥上峯에 이르렀다. ……당초 五十猛神이 천강할 때에 나무 종자를 많이 가지고 왔었다. 그러나, 韓地에는 심지 않고, 모조리 가지고 돌아가 마침내 筑紫로부터 시작하여 모든 大八洲國 안에 뿌려서 퍼뜨려 青山 안 된 데가 없었다. 이 때문에 五十猛神을 일컬어 有功神이라고 한다.[45]

素戔이 말하기를, "韓郷의 섬에는 金銀이 있다. 만약에 내 자식이 다스리는 나라에 배(浮寶)가 있지 않아서는 좋지 않겠다"고 하고, 이에 수염을 뽑아서 흐트러뜨리니 곧 杉이 되었다. 또 가슴의 털을 뽑아 흐트러뜨리니 檜가 되었다. 꽁무니의 털은 柀가 되었다. 눈썹의 털은 櫲樟이 되었다. 그리하여 그는 그것들의 쓰임을 정하고, 선언하였다. "杉 및 櫲樟으로는 배를, 檜로는 瑞宮을 지을 재목으로 쓸지어다. 柀로는 百姓들의 주검을 묻는 棺으로 삼을지어다. 먹이 취할 八十木種도 모두 씨 뿌려 심을지어다." 이때에 素戔의 소생인 세 男女神이 또 나무 종자를 분포하였다.[46]

위에서 보듯 須佐의 天降神話 속에는 의외로 한국 내지 신라가 등장하고 있다. 須佐가 천강할 때 먼저 신라국 曾尸茂梨에 하강하

---

45) cf.《日本書紀》卷1, 神代 上, 第8段 一書 第4.
46) cf.《日本書紀》卷1, 神代 上, 第8段 一書 第5.

였다가 일본 땅 出雲國으로 건너갔다는 것이다. 그는 왜 곧바로 일본 땅에 하강 않고 한국 땅을 경유하였던 것일까? 모처럼 신라 땅에 하강한 그가 "이 땅은 내가 있고자 않노라" 하고 떠났는데, 과연 그 이유는 무엇일까? 須佐의 부자는 천상에서 가지고 온 많은 나무 종자를 신라 땅에는 하나도 심지 않고, 고스란히 일본으로 가지고 가서 온 나라 안에 심어 靑山을 이루었다고 하였는데, 왜 신라 땅에는 심지 않았던 것일까? 須佐가 모처럼 하강한 신라국에 살고자 아니 한 것과 樹種을 모조리 일본으로 가져간 까닭은 밝혀져 있지 않다. 이에 대하여 森克己는 "조선은 일본과 달리 푸른 빛이 적고, 민둥산뿐이며, 압록강을 경계로 조선 쪽의 토지 빛깔은 하얀 것이 보기에도 척박한 白土의 나라라는 感임에 대하여 만주 쪽은 黑一色으로 아주 비옥한 토지라는 感이 들었던바 ……아마도 白土의 나라 조선의 토지 빛깔은 神代 이래의 것이리라"고[47] 土色論을 편 다음, 須佐 부자가 나무를 심지 않은 이유를 토질(白土)에 돌리는 논의를 폈다. 그리고 그는 신라의 이와 같은 실정을 아는 韓半島의 渡來人이 이 기사를 썼을 것으로 확신하였다.[48] 위의 一書들의 기술로 볼 때 신라국은 森克己의 지적과 같이 척박한 白土의 나라로, 사람이 살거나 나무를 심는 데 매우 부적절한 나라라는 인상을 주기에 족하다. 그럼에도 불구하고, 須佐는 "韓鄕의 섬에는 金銀이 있다"고 함으로써 신라가 '金銀國'임을 밝혔다. '금은'은 연금술과 관련된 문명을 생각하게 한다. 須佐의 '금은국'으로서의 신라의식은 문화국으로서의 인식에 다름 아니다. 그는 또 말하기를, "나의 자식이 다스리는 나라에 배가 없어서는 좋지 않으리라"고 한 데서, 장래할 아들 世代에서 신라국과의 교류를 기대하고 있음을 알겠다. 신라는 이미 금은과 渡海의 수단(埴土舟)을 가진, 질서 잡힌 문화국임이 시사되고 있다. 須佐

---

47) 森克己, 〈歸化人と日本神話〉(《講座 日本の神話》編輯部, 〈日本神話と朝鮮〉, 《講座日本の神話》 9, 有精堂, 1977), p.58.
48) cf. 위와 같음.

와 같은 문화영웅이 활동할 여지가 없는 나라다. 태고적 혼돈, 무
질서의 황무지야말로 그에게 어울리는 활동무대다. 신라의 질서
세계에 머물러 있는 한, 천상계에서의 난동(질서 파괴)의 再版도
충분히 예상할 수 있는 그였다. 그리하여 그는 신라를 떠나 일본
으로 건너갔다. 과연 일본은 그가 기대하던 바 질서 이전의 혼돈
세계였다. 그것은 八岐大蛇로 은유되고 있는 부정적 상황이다.

> 내 낳은 자식이 비록 많았다고는 하나, 낳을 때마다 八岐大蛇가
> 잡아먹어 하나도 살아남지 못했습니다. 이제 또 낳게 되었으나, 또
> 다시 먹혀 버릴 것이 두렵습니다. 그래서 슬퍼하고 있습니다.[49]

위와 같이 말한 脚摩手摩의 처지는 전적으로 비생산적인 상황이
다. '生産'은 있으나, 이를 상쇄하는 무질서의 암흑이 지배하고 있
다. '의미 없는 생산'이 되풀이되고 있다. 이와 같은 무질서, 혼돈
이야말로 '神性雄健'한[50] 須佐의 활약이 기대되는 무대다. 과연 그
는 大蛇를 퇴치하여 생산을 보장하고 질서를 잡는다. 그리고 不毛
의 땅에 갖가지 樹種을 播植하여 풍요하게 하고, 이로써 金銀國
신라와의 교역의 가능성을 열고, 각종 문화생활의 기틀을 열었다.
木船(산업·교역), 家屋(생활 환경), 棺(장례)으로 상징되는 인류의
문화가 그에 의하여 비로소 영도되었다. 須佐(또는 五十猛神)의 樹
種은 일본에의 중요한 문화적 공헌이다. 이상으로 볼 때 須佐의
문화영웅적 성격은 의심의 여지가 없다. 따라서, 그가 신라에 살
고자 아니 하고, 樹種을 가지고 일본으로 건너간 것은 그의 문화
영웅적 기능으로 말미암아 불가피했던 것으로 충분히 이해가 된
다. 신라는 이미 고도의 문명을 향유하고 그에 상응하는 질서를
확립해 가진 사회여서, 그와 같은 개척자적인 문화영웅을 필요로
하지 않았고, 또 수용할 여지도 없었던 것으로 보인다. 앞에서 서

---

49) 《日本書紀》卷1, 神代 上, 第8段 一書 第2.
50) 《日本書紀》卷1, 神代 上, 第6段 本文.

술하였듯이 桓雄도 완전무결한 天上界의 질서사회로부터 혼돈한 下界로 내려와 문명과 질서를 열어서 자리잡은 문화영웅이라는 점에서 須佐의 경우와 상응한다. 그의 下界 동경은 그 자신의 反逆神的 처지에서 불가피했던 것이라 하겠다. 이것은 질서 잡힌 신라국을 떠나 일본으로 갈 수밖에 없었던 須佐의 母型이 될 만한 것이다. 須佐의 경우, 天降 도중 신라라는 기착지가 설정되어 있으나, 桓雄의 경우는 그와 같은 기착지가 없으며, 우리 쪽에서는 신화 구성에서 '日本'이 전혀 문제가 되고 있지 않음에 대하여 일본신화에서는 의식적이거나 무의식적이거나 '한국'이 신화 구성에 참여 내지 개입되고 있다는 사실이 주목을 끈다. 須佐의 경우 '한국'은 단순한 기착지 같은 인상을 주면서, 실은 당대 일본인, 좀 더 엄격히 말한다면 大和朝廷의 신화 整合 주역들의 심리심층에 있는 무의식 ─ 신라에 대한 무의식을 드러냈다고 하겠다. 그들로서는 성큼 받아들이기 꺼림찍한 의식인, 문명사회로서의 신라의 식일 것이다.[51]

邇邇藝의 天降神話에서 다시 그와 같은 '한국 의식'을 볼 수 있다. 《古事記》에서 아래와 같이 썼다.

> 天孫인 邇邇藝가 筑紫의 日向 高千穗의 久士布流多氣에 천강하게 됨에 天忍日命, 天津久米命이 무장하고 앞에 섰다. 邇邇藝는 이들에게 말했다. "이 땅은 한국에 向해 있고, 笠沙의 앞을 곧바로 질러 아침해가 直射하는 나라요, 저녁해가 밝게 비치는 나라이다. 고로 이곳은 매우 吉한 땅이다"고 하고, 땅 속 바위 깊이 집 기둥을 박고, 高天原을 향해 용마루 가름대를 높이고 멋진 宮을 세워 정착하였다.[52]

---

51) cf. 黃浿江, 〈日本神話 속의 '韓國'〉,《韓國學報》20집, 一志社, 1980, pp. 12~14 ; 黃浿江, 〈日本神話の中の'韓國'〉, 井上秀雄 外 3人,《韓國からみた古代日本》, 東京 : 學生社, 1990, pp. 26~31, 49~52.

52) "天降坐于筑紫日向之高千穗之久士布流多氣……於是詔之 此地者 向韓國 眞來通笠沙之御前 而朝日之直刺國 夕日之日照國也 故此地甚吉地 詔而於底津石根宮柱布斗斯理 於高天原 氷椽多迦斯理而坐也."(《古事記》上卷)

천강한 邇邇藝가 정착한 곳은 한국을 향한, 아침 해가 直射하고, 저녁 해가 밝게 비치는 상서로운 땅이다. '한국을 향한 땅'이라는 조건이 길한 땅의 요건의 하나처럼 느껴진다. 이때의 '한국'은 긍정적인 의미로 쓰이고 있는 것이 분명하다. 어쩌면 須佐의 경우에서처럼 '金銀의 寶國' 이미지가 내면에 깔려 있는지도 모른다. 그런데《일본서기》에서는 이에 대응하는 자리에 '膂宍之空國'[53], '膂宍胸副國'[54] 등의 용어가 보인다. 前者를 글자대로 풀이하면, '膂宍'은 '등뼈 둘레의 고기'이므로 그것이 없는 불모의, 황폐한 나라라는 뜻이 된다. 이것은 매우 부정적인 이미지를 갖는 용어다. 後者의 '胸副國'의 뜻은 미상이다. 같은《일본서기》仲哀天皇 대목에 '膂宍의 空國'의 용례가 보인다.

　　(仲哀天皇은) 가을 9월 乙亥 朔 己卯에 群臣에게 조칙을 내려 熊襲을 칠 일을 의논케 하였다. 이때 神功皇后에게 신탁이 내리기를, "천황은 어찌하여 熊襲이 불복함을 근심하느냐? 이는 膂宍의 空國이다. 어찌 군사를 들어 족히 칠 만한가! 이 나라보다 뛰어난 寶國이 있다. 譬컨대 처녀의 睞(눈썹)과도 같이 이곳 항구를 향한 나라가 있다. 눈부신 금·은·채색이 그 나라에 많이 있다. 그 나라를 일러 栲衾 新羅國이라 한다. ……"고 하였다.[55]

神功皇后에게 내린 신탁에 나타난 신라국은 결코 '등뼈 둘레의 고기가 없는 불모의 황폐한 나라'—'膂宍의 空國'이 아니다. 신탁은 熊襲의 나라를 그와 같은 '空國'으로 지칭하고, 신라에 대하여는 금은 보화가 많고 처녀의 눈썹을 연상케 하는, 아름다운 寶國으로 표현하고 있는 것이다. 따라서 앞서의 邇邇藝의 하강 기사에서 보이는 '膂宍의 空國'은 신라가 아니며, 혹 신라를 지칭했다면 기술상의 착오이거나 오류일 가능성이 높다고 하겠다. 그런데

---

53)《日本書紀》卷 2, 神代 下, 第 9 段 本文.
54)《日本書紀》卷 2, 神代 下, 第 9 段 一書 第 2.
55) cf.《日本書紀》卷 8, 仲哀天皇 8年 9月 5日.

《日本書紀》의 문제의 대목(邇邇藝 天降)을 냉정히 살펴보면 '膂宍의 空國'이 신라나 한국을 가리키고 있다고 보기 어렵다.

> (皇孫 邇邇藝는) 日向의 襲의 高千穗峯에 천강하였다. 그러고 나서 황손이 遊行 길을 나섰는데, 槵日의 二上山 天浮橋로부터 물가 平地에 섰다. '膂宍의 空國'의 頓丘(중첩된 언덕)로부터 마땅한 땅을 찾아가더니 吾田의 長屋의 笠狹碕에 이르렀다.[56]

위의 '膂宍의 空國'은 天孫이 '國覓ぎ'하러 떠나던 근처에 있는 불모의 땅을 가리켰던 것으로, 그는 그곳을 떠나 살기 좋은 땅을 찾아 나섰고, 그 결과 笠狹碕에 이르게 되었던 것이다. 따라서 이 대목의 '膂宍의 空國'은 멀리 바다 건너 바라보는 위치에 있는 한국과는 무관한 것이다.

이상에서 살폈듯이 일본의 천강신화의 전형적인 두 사례―邇邇藝와 須佐―에서는 어김없이 '신라국' 혹은 '한국'의 이미지를 이끌어 서술하고 있는 것이 관심을 끈다. 사실 두 신화 서술의 문맥상 '新羅國'이나 '韓國'이 빠졌다고 해서 지장이 있는 것도 아니다. 왜 大和朝廷의 신화 서술자는 저들의 國祖神話를 '신라'와 '한국'과 관련지어 서술하는 태도를 버릴 수 없었던가? 돌이켜 한국의 國祖神話는 전혀 '일본'이나 '倭'의 존재를 의식하고 있지 않다. 일본신화의 '한국의식'은 일방적이다. 그 이유가 무엇인가? 혹 《記紀》 기술에 '渡來人'의 참여를 말하고, 이들의 母國志向意識에 귀결시켜 설명할 수도 있을 것이다. 그러나 다분히 배타적인 大和朝廷이 '邦家의 經緯, 王化의 鴻基'를[57] 확고히 하고자 시도한, 前代 기술의 전면적인 修整 통합, 그 위에서 이룩한 《記紀》 撰述에서 '渡來人'만의, 그와 같은 지향이나 의식이 수용될 수는 없었을 것이다.

---

56) 《日本書紀》卷 2, 神代 下, 第9段 本文.
57) 《古事記》上卷 幷序.

'한국'에 대한 《記紀》의 기술은 대부분 드러내서는 비하하면서 잠재적으로는 동경하고 예찬하는 모순된 데가 있다. 그 두드러진 예가 神功皇后의 이른바 '新羅征伐'과 관련된 기술이다. '정벌'의 구실로써 '신라국'이 예찬되고, 미화되는 식의 서술이다.[58] 出雲과 大和의 두 국조인 須佐와 邇邇藝의 신화 서술에서도 드러내서 한국 예찬은 할 수 없고, 그와 같은 의식을 잠재화, 내면화했다는 인상을 주는 것이 《記紀》의 기술이다. 須佐의 천강에서 보는 것과 같은 신라국 의식, 즉 高度의 문명을 가진 나라로서 가지는 동경이 노골화될 수 없는 데서 자연 그것은 퇴행하여 잠재화하고, 역기능적인 적대감 비슷한 것으로까지 나타날 수 있었던 것이 한국에 대한 《記紀》의 기술들이다.[59]

6. 結　語

바다 하나를 사이에 두고 韓日 두 민족은 國祖 發祥과 관련된, 각기 특색 있는 天降神話를 가지고 내려왔다. 한민족의 桓雄이나, 일본의 邇邇藝나 우주 지배의 天神의 아들(혹은 血孫)로서 그의 시키는 바에 따라 下界(한반도·일본)에 하강하여 祭政의 자리를 잡고, 하계를 지배하고, 지상의 여인을 娶하여 후계할 자식을 낳았다. 이들의 신화적 사명은 이것으로 대개 끝난다. 이 경우는 天神의 보증과 축복 아래 충분히 보장받은 天降이다. 그런데 須佐의 경우는 천상에서의 난동의 책벌로서, 천상계에서 추방당하여 하계로 도망하듯 천강하였다. 그는 위의 경우와 같은 보증은커녕 중형이 가해진, 처참한 모양으로 하강하였다. 그러나 그는 그런

---

58) cf. 黃浿江, 〈日本神話 속의 '韓國'〉, pp. 17~21, 52 ·62.
59) cf. 위의 글, pp. 9~11, 14·22·48·62.

恩中에도 천상에서 많은 樹種을 가지고 하강했다. 그는 神의 편에서 인간의 편으로 옮아온 反逆神이었다. 천상계에서의 난동자였던 그는 出雲國에서 노부부를 도와 大蛇를 퇴치하여 폐해를 제거해주었고, 아들을 시켜 천상에서 가져온 수종을 전국에 뿌려 푸른 山을 만들어, 후세에 이로써 집·배·棺 등 생활에 요긴한 재목으로 쓸 수 있게 하는 등 인간에게 크게 기여함으로써 문화영웅다운 면모를 여실히 발휘했다. 또한 지상의 여인을 맞아 후계할 자손을 두었는데, 이 가운데서 出雲國의 創建祖(大國主命)가 나왔다. 앞에서의 환웅은 古朝鮮, 邇邇藝는 천황의 祖神이 되었다. 邇邇藝는 천신의 命을 따른 피동적인 천강임에 대하여 須佐는 그 점 능동적이다. 환웅은 이 둘과는 달리 절충적인 천강이다. 한편 일본의 국토 창성의 夫婦神 那岐와 那美야말로 최초로 천신의 命을 받고 천강하였는데, 이들은 자기들이 만든 섬에 내려와 이미 착수했던 창업을 완성하였다. 그리고, 인간사회에서 일회적이며 전범적인 태초의 사실들, 즉 최초의 결혼, 최초의 출산, 최초의 죽음 등 혼돈 속에서 비로소 인간 질서를 잡아 나갔다.

天降神話의 기본틀은 천상의 靈存在가 地母的 여성에로 강하하고, 이로 인한 生子(受肉神)로 요약된다. '靈存在'가 앞의 신화에서와 같은 인격신인 경우는 높은 수준의 인문적 지식의 소산으로 보이며, 원시적인 신화에서는 비인격의 靈(神의 눈, 黃金의 비, 日光)이 지상의 여인에게 접촉하여 잉태, 출생케 한다. 邇邇藝는 당초 영아로서의 인격이요, 須佐·那岐와 那美는 처음부터 완연한 인격신으로 형상화되어 있다. 桓雄의 경우는 인격신과 비인격신의 양면으로 성격화되고 있어, 半人半神의 절충적 靈存在로 간주된다. 金首露, 朴赫居世는 비인격적 천강신(卵)이나 오래지 않아 인격신(嬰兒→成人)이 되었다. 천신의 자식인 解慕漱는 당초 인격의 천강신이었고, 다음에는 비인격신(日照)으로 柳花에게 접근하여 잉태케 하여, 朱蒙(고구려 시조)을 출생하였다.

現傳하는 일본의 천강신화는 크게 須佐의 出雲系와 邇邇藝의 日

向系 두 계통으로 파악된다. 천손 邇邇藝側에서 出雲側으로부터 國
讓을 받아냈으나, 실제로 邇邇藝가 천강한 곳은 양도받은 出雲國
이 아니라, 日向의 高千穗峯이었다. 出雲側의 國讓 및 양자간에 보
이는 주종의 관계는 본래적인 것은 아니다. 大和朝廷이 前代의 기
술물(帝紀·本辭類)을 整合하는 과정에서 첨가한 어색한 접합으로
보인다. 당초 위의 兩系는 주종의 관계와는 상관없이 서로 독자성
을 지닌 신화전승이었을 것이다. 그리고 우리 쪽의 신화는 '日
本'이나 '倭'의 존재를 거의 의식하고 있지 않음에도 불구하고, 유
독 일본의 천강신화에서만은 '한국(혹 신라국)'을 이끌어 서사하
고 있는 데서 일본인, 특히 大和朝廷의 신화 기술자의 의식세계
속에 잠재하였던 '新羅意識'을 감지할 수 있다. 桓雄天降神話는 여
러 면에서 邇邇藝와 須佐 두 天降神話의 주요한 부분을 공유하면
서 바로 그 두 신화에 대하여 원천적 의미를 갖는 것으로 이해된
다.

IV. '山幸・海幸'의 神話 構造

1. 序　論

　　일본의 '山幸・海幸'신화는 《古事記》(略稱《記》), 《日本書紀》(略稱《紀》), 《舊事本紀》, 《古語拾遺》 등에 기술되어 있다. 위의 여러 책의 기술은 세부에 이르기까지 반드시 일치하는 것은 아니나, 대강의 줄거리는 큰 차이가 없다. 《記》에 의하여 대강의 줄거리를 소개하면 다음과 같다.

　　火照命[1]과 火遠理命[2]은 天津日高日子番能邇邇藝能命(天孫)[3]과 木

---

1) 火闌降命(《紀》卷2, 神代 下, 第9段 一書 本文), 小酢芹命(《紀》卷2, 神代下, 第9段 一書 第2・3・6・8), 火進命(《紀》卷2, 神代 下, 第9段 一書 第3), 《舊事本紀》), 火夜織命(《紀》卷2, 神代 下, 第9段 一書 第7) 등 異記가 있음. 이하 '火照'로 약칭함.

2) 彦火火出見尊(《紀》卷2, 神代 下, 第9段 本文・一書 第2・6・7・8, 《舊事本紀》), 火折尊(《紀》卷2, 神代 下, 第9段 一書 第2・6, 《舊事本紀》), 天津日高日子穗手見命(《記》), 火折彦火火出見尊(《紀》卷2, 神代 下, 第9段 一書第3) 등 異記가 있음. 이하 '火遠理'로 약칭함.

3) 天津彦火瓊瓊杵尊(《紀》卷2, 神代 下, 第9段 本文・1・2, 《舊事本紀》), 天津彦根火瓊瓊杵根尊(《紀》卷2, 神代 下, 第9段 一書 第6), 天杵瀨命(《紀》卷2, 神代 下, 第9段 一書 第7), 天之杵火火置瀨尊(《紀》卷2, 神代 下, 第9段 一書 第7), 天饒石國饒石天津彦火瓊瓊杵尊(《紀》卷2, 神代 下, 第9段 一書 第8) 등 異記가 있다.

花之佐久夜毘賣[4] 사이에서 태어난 세 형제[5] 가운데 맏이와 막내
이다.[6] 형 火照는 바다, 동생 火遠理는 산에서 각기 사냥을 하여
살아갔다. 동생의 세 번에 걸친 간청으로[7] 형제는 서로의 사냥도
구(幸 : sachi)를 바꾸어 형은 산으로, 동생은 바다로 사냥을 나갔
다. 형제는 서로 바꾼 사냥터에서 아무 이득을 보지 못한 것은 고
사하고 동생은 모처럼 형에게서 빌린 낚싯바늘을 잃어버렸다. 형
은 동생의 사냥도구를 돌려주었으나, 동생은 낚싯바늘을 돌려줄
수 없었다. 동생은 잃어버린 낚싯바늘 대신 十拳劍으로 500개의
낚싯바늘을 만들어 형에게 주었고, 다시 1천 개의 낚싯바늘을 만
들어[8] 주었으나, 형은 받지 않고, 잃어버린 자신의 낚시를 요구
하여 마지않았다. 실의에 찬 동생은 바닷가에서 울고 있다가 鹽椎神[9]
의 도움으로 无間勝間의 小船[10]을 타고 海宮으로 갔다.[11] 우물 위

---

4) 鹿葦津姫(《紀》卷2, 神代 下, 第9段 本文, 《舊事本紀》), 神吾田津姫(《紀》
卷2, 神代 下, 第9段 本文), 木花開耶姫(《紀》卷2, 神代 下, 第9段 一書 第
2·6, 《舊事本紀》), 神吾田鹿葦津姫(《紀》卷2, 神代 下, 第9段 一書 第3),
吾田鹿葦津姫(《紀》卷2, 神代 下, 一書 第5), 豊吾田津姫(《紀》卷2, 神代
下, 一書 第6, 《舊事本紀》), 吾田津姫(《紀》卷2, 神代 下, 一書 第7) 등 異
記가 있다.

5) 《紀》卷2, 神代 下, 一書 第6·8은 二兄弟, 《紀》卷2, 神代 下, 一書 第5와
《舊事本紀》는 四兄弟로 되어 있다.

6) 《紀》卷2, 神代 下, 本文은 伯·仲, 《紀》卷2, 神代 下, 一書 第3·5·7은
仲·季, 《舊事本紀》는 四兄弟中 仲二兄弟로 되어 있으며, 季弟名이 彦火火出見
尊인바, 이는 二仲에 들어 있는 火折尊의 別稱으로 記事者가 混線을 일으키고
있다.

7) 《紀》卷2, 神代 下, 本文·一書 第1은 兄弟가 서로 의논하여 '幸' 교환에 합
의한 것으로, 《紀》卷2, 神代 下, 一書 第3과 《舊事本紀》는 兄이 동생에게
먼저 제안한 것으로 되어 있다.

8) 《紀》卷2, 神代 下, 本文과 一書에는 橫刀로써 一箕의 낚시를 만들어주었다
고 했고, 《舊事本紀》는 역시 橫刀로써 一器에 가득히 낚시를 만들어 주었다고
했다.

9) 鹽土老翁(《紀》卷2, 神代 下, 本文 一書 第1·3, 《舊事本紀》), 鹽筒老翁
(《紀》卷2, 神代 下, 一書 第4) 등 異記가 있다.

10) 《紀》卷2, 神代 下, 第10段 本文과 一書 第3은 無目籠(無目堅間의 小船. 堅
間 是今之竹籠也), 《紀》卷2, 神代 下, 第10段 一書 第一과 《舊事本紀》는 鹽
土老翁이 玄櫛을 던져 五百箇 竹林이 되게 하고, 이로써 大目麁籠을 만들었다

湯津香木 위에 있다가 물 길러 나온 豊玉毘賣命(이하 '豊玉姬'로 약
칭함)의 從婢에게 발견된다.[12] 목에 걸었던 구슬(璵)을 玉器에 넣
어 從婢를 시켜 豊玉姬에게 바쳤다.[13] 海神은 天孫[14]에 대한 예를
갖추어 그를 맞아 딸 豊玉姬와 결혼하게 했다. 火遠理는 3년 동안
海宮에서 지내고, 赤海鯽魚[15]의 목 안에 박혔던 낚싯바늘을 도로
찾아가지고 나오게 되었다.

　海神은 형(火照)에게 낚싯바늘을 돌려줄 때 "이 바늘은 淤煩鉤·
須須鉤·貧鉤·宇流鉤"라고 말하고 뒷손으로 줄 것과 형이 高田을
지으면 下田을 만들고, 형이 下田을 지으면 高田을 만들라고 했다.
그리하면 3년 안에 반드시 형을 가난하게 할 수 있고, 이를 원망
하여 형이 쳐들어오면 鹽盈珠로 물에 빠지게 하였다가 뉘우쳐 빌
면 鹽乾珠로 살려주어 형을 복종하게 할 수 있다고 했다.[16] 그리

　　고 하였고, 《紀》一書 第4와 《舊事本紀》는 小船 대신 鰐을 등장시키기도 하
　　였다. 《紀》 卷2, 神代 下, 第10段 一書 第3과 《舊事本紀》는 동생이 川鴈을
　　그물(羂)에서 구해주었던 때문에 鹽土老翁의 도움을 받는 것처럼 인과관계를
　　암시하고 있다.

11)《記》는 海宮에의 방향을 수평적인 것으로, 《紀》의 諸書와 《舊事本紀》는 대
　　략 수직적으로 기술하고 있다.

12) 豊玉姬가 직접 물 길러 나왔다가 火遠理를 발견한 것으로 기술한 예도 있다.
　　(《紀》卷2, 神代 下 第10段 本文, 一書 第1·2, 《舊事本紀》)

13) 구슬이 玉器에 붙어 떨어지지 않았다고 되어 있다. 《紀》卷2, 神代 下, 第10
　　段 一書 第1의 一云에는 侍者가 두레박을 능히 채울 수 없었다고 하는 등의
　　呪術的 要素가 보인다.

14) 美智의 皮疊을 八重으로 깔고, 또 그 위에 絁疊 八重을 깔고, 그 위에 앉혀
　　百取의 机代物을 갖추어 대접하였다. 《紀》卷2, 神代 下 第10段 一書 第4와
　　《舊事本紀》는 海神이 三床을 깔아 놓고, 火折尊을 시험한 것으로 나타나 있다.
　　즉, "請入하니 火折이 邊床에서 두 발을 닦고, 中床에서 兩手를 받치고, 內床
　　에서 眞床覆衾 위에 寬坐하였다. 이를 보고, 海神은 그가 참 天孫임을 알고 더
　　욱 崇敬하게 되었다"고 했다.

15) 赤女(《紀》卷2, 神代 下, 第10段 本文, 一書 第1·2, 《舊事本紀》), 赤鯛
　　(《紀》卷2, 神代 下, 第10段 一書 第1), 口女(《紀》卷2, 神代 下, 第10段
　　一書 第2·4, 《舊事本紀》), 綢女(《紀》卷2, 神代 下, 第10段 一書 第3), 鯔
　　魚(《紀》卷2, 神代 下, 第10段 一書 第4)등 異記가 있다.

16) 火遠理가 형을 징계하는 呪術은 諸本이 大同小異하다. 呪言에 대하여 《紀》
　　本文은 '貧鉤'라고 陰呼하라 했고, 《紀》卷2, 神代 下, 第10段 第一書는 '貧窮

고 鹽盈珠와 鹽乾珠를 주어 一尋和邇(鰐魚)의 목에 태워 지상으로 돌려보냈다. 지상에 돌아온 火遠理는 해신의 말대로 하여 마침내 형을 굴복시켰다. 그 결과 형 火照는 대대로 동생의 晝夜 守護人이 되어 섬기기로 서약하였는데, '지금껏' 물에 빠지는 갖가지 작태를 하며 섬겨 받들기를 그치지 않는다.[17]

한편 豊玉姬는 해변에 鶿羽로 덮은 產屋을 짓고, 이엉을 다 잇기도 전에 산기를 일으켜 天津日高日子波限建鶿葺草葺不合命(皇子)을 낳았는데, 산옥에서 본모습(八尋和邇)으로 출산하는 자신을 火遠理가 엿본 것을 부끄럽게 여겨 바닷가에 皇子를 낳아둔 채 바다로 돌아가버렸다.(사진 33) 그 뒤 그녀의 동생 玉依毘賣를 보내어 皇子를 양육하게 했다.[18] 한편 日子穗穗手見命(火遠理)은 高千穗宮에서 580세를 누렸다.(이 神話 記述上의 異同은 別表를 참조할 것)

이상 '山幸·海幸'신화의 대강을 《記》에 의거하여 요약해보았다.

이 신화의 본격적 부분은 형제의 '幸'(sachi : 생산도구 및 수확) 교환과 이로 인한, 형의 동생에 대한 굴욕적인 복종에 있다. 이 밖에도 여러 요소가 이 신화 구성에 참여함으로써 이 신화에 대한 다각적인 해석의 가능성이 있게 되었다.

그러나, 신화적 관점에서 볼 때 그와 같은 다양한 요소는 그 다양성에도 불구하고, 기본적인 신화구조 속에 수렴되며, 그것으로

의 本, 飢饉의 本, 困苦의 本',《紀》二書는 '貧鉤, 滅鉤, 落薄鉤',《紀》卷 2, 神代 下, 第10段 一書 第3은 '大鉤, 跟踉鉤, 貧鉤, 癡騃鉤'라 말하고 뒷손으로 던져주라 했고,《紀》卷 2, 神代 下, 第10段 一書 第4는 '그대 生子의 八十連屬의 裔, 貧鉤, 狹狹貧鉤'라 말하고, 세 번 침을 뱉고 주라 했고,《舊事本紀》는 '貧窮의 本 飢饉의 始 困苦의 根'이라 陰呼하고, '그대 生子의 八十連屬의 貧鉤, 滅鉤, 癡騃鉤, 跟踉鉤'라 하고 뒷손으로 던져주며 세 번 침을 뱉으라 했다. 이 밖에《紀》卷 2, 神代 下, 第10段 一書 第4와《舊事本紀》에는 懲兄의 수단으로 風招라는 呪術이 보인다.

17) 俳優의 백성(吾田君小橋等本祖)이 되기로 서약했다는 기록도 있고(《紀》卷 2, 神代 下, 第10段 本文),《紀》卷 2, 神代 下, 第10段 一書 第2와《舊事本紀》는 이에 더하기를 형의 후손인 여러 隼人이 '지금까지도' 天皇宮墻 곁을 떠나지 않고 개의 구실을 하고 있다고 했다.

18) 이 대목과 관련된 여러 책의 기술은 詳略의 차가 있을 뿐 대강은 일치한다.

말미암아 이해될 수 있는 것으로 보인다.

2. 神話와 역사적 문맥

이 신화의 다양한 요소 가운데 우선 역사적 문맥의 문제가 제기될 수 있다.

첫째, 《記紀》 문헌은, 火遠理로 대표되는 天皇權의 보증을 전제로, '神代'와 '人代'가 교체하는 시점[19]에서 이 신화를 역사문맥 가운데 짜넣었다.

구체적으로 天皇과 隼人과의 현실적 주종관계를 신화적 보증을 들어 합리화하고 있다.[20] 《紀》 本文은 火闌降命(火照命:兄)이 吾田君小橋 등의 本祖임을 밝혔는데, 吾田[21]君은 阿多隼人中의 유력자다.

부단히 제기되는 神話外的 조건으로 하여, 신화가 혹은 역사적 문맥에 의하여 수동적으로 제약받기도 하며, 거꾸로 역사문맥에 능동적으로 간섭하는 경우도 있게 되었다. 이와 같은 대응 때문에 신화는 현실문제에 대한 보증의 기능을 하게 된다.[22]

둘째, 水田耕作의 기반 위에서, 漁撈·狩獵의 분업이 어느 정도 이루어진 鐵 사용의 시기를 반영하고 있다. 신화 본문 가운데 형제가 비록 山과 바다로 '幸'을 분담해가지고 있으면서도, 농경만

---

19) 神代와 人代의 구분에 異說이 있다. 倉野憲司는 "《古事記》에서의 人代意識은 崇神朝부터로 인정하는 것이 온당하리라"고 하였다.(cf. 倉野憲司, 《日本神話》, 日本文學大系 6卷, 東京:河出書房, 1938, pp.54~58)

20) "是以 火酢芹命苗裔 諸隼人等 至今不離天皇宮墻之傍 代吠狗而奉事者矣." (《紀》 卷2, 神代 下, 第10段 一書 第2)

21) 阿多. 吾田國, 鹿兒島縣 西部의 古稱.

22) 이 점을 의식하고 "皇室神話로부터 海幸·山幸의 이야기를 解放하는 것, 이것이 제일 중요한 것이리라"(益田勝美, 〈海さち山さち〉, 日本文學研究資料刊行會, 《日本神話》 I, 東京:有精堂, 1978, p.163)는 지적도 있다.

別　表　　　　　　　'山幸・海幸'神話의 諸本對照表

		《記》上	《紀》本文	第一書	第二書	第三書
出自	父	天津日高日子番能邇邇藝能命	天津彦火瓊瓊杵尊	天津彦火瓊瓊杵尊	天津彦火瓊瓊杵尊	
	母	木花之佐久夜毘賣	鹿葦(神吾田津姫)津姫(木花之開耶姫)		神吾田鹿葦津姫(木花開耶姫)	神吾田鹿葦津姫
	兄弟	火照命・火須勢理命 火遠理命(天津日高日子穂穂手見命) 3柱	火闌降命・彦火火出見尊 火明命 3柱		火酢芹命・火明命 彦火火出見尊(火折尊) 3柱	火明命・火進命(火酢芹命)・火折彦火火出見尊(?) 3柱
對立	幸交換	弟(山佐知毘古)三度	兄弟相謂	兄弟欲互易		兄謂弟(每有風雨輒失其利)
	代償	・十拳劍→五百鉤 ・　　　一千鉤	・別作新鉤 ・以其横刀鍛作新鉤盛一箕而與之	横刀→一箕鉤		新鉤數千
幫助	施善人物	鹽椎神(シホツチノガミ)	鹽土老翁(シホツツノヲヂ)	鹽土老翁		川鴈을 구해줌 鹽土老翁
	方策	无間勝間의 小船	無目籠(マナシカタヌ)	玄櫛→五百箇竹林→大目麁籠 無目堅間→浮木		無目堅間의 小船(是今之竹籠也)
異界旅行	指向 形象 聖樹	水平 魚鱗 같은 宮室 井上 湯津香木上	垂直 雉堞整頓, 臺宇玲瓏 井上 湯津杜樹下	垂直 城闕崇華, 樓臺壯麗 井傍杜樹下	井上百枝杜樹上	垂直
	海姫와의 만남	從婢 玉器←頸璵→豊玉毘賣命→父母	豊玉姫 玉鋺 舉目驚入→父母	豊玉姫(侍者群從) 玉壺・仰見驚還→父母(天垢地垢) 一云侍者 玉瓶두레 不能滿→咲影→王	豊玉姫 玉鋺 井影 碎鋺→父母	自至海神宮
通過祭儀	試鍊 迎入 婚姻 得鉤	美智皮疊八重, 純疊八重, 百取의 机代의 물건 갖춰→婚→三年 赤海鯽魚→得鉤	八重席薦을 깔고…坐定 婚→三年 赤女→得鉤 婚→三年	迎拜. 奉慰慇懃 婚→三年 赤女(赤鯛)得鉤	八重疊을 깔고…坐定 赤女(口女)→得鉤 不可預天孫饌	海神自迎・海驢皮八重깔고…設饌百机→本末을 말함 婚→三年 鯛女→得鉤 (天孫憂居海浜) 未審虛實
再生(呪力獲得)	呪言 田珠	淤煩鉤・須須鉤・貧鉤・宇流鉤←後手 高田↔下田 鹽盈珠・鹽乾珠	貧鉤(陰呼) 潮滿瓊・潮涸瓊	貧窮의 本, 饑饉의 本, 困苦의 本 海神令兄沒溺辛苦	貧鉤滅鉤・落薄鉤←後手投棄與 潮溢瓊・潮涸瓊	大鉤・跟蹏鉤・貧鉤・癡騃鉤←後手投賜 高田↔洿田 潮滿瓊・潮涸瓊
對立解消	歸還	一尋和邇(佐比持神) 一日程 紐小刀→頸		大鰐		一尋鰐魚・一日程
	新秩序의 定着	晝夜守護人으로서 仕奉. 至今其溺時種種態不絕仕奉	俳優民 (吾田君小橋等本祖)		兄不受鉤. 改前言. 子孫八十連屬→俳人 (一云狗人)諸隼人天皇宮墻傍代吠狗	吾已貧矣 歸伏 擧手溺困
天孫의 出世	産屋 禁忌 破棄 兩界 劃分 命名	海邊鵜羽葺屋 본래 모습(八尋和邇) 海坂을 막다(戀慕) 天津日高日子波限建鵜葺草葺不合命(豊玉姫命名)	海邊(玉依姫와 함께) 龍 海途를 닫고 가버림 彦波瀲武鸕鷀草葺不合尊(命名神?)	海邊(鸕鷀의 羽)未合 櫛火→八大熊鰐 곧 海鄉에 가다 〃(命名神?)		海邊(鸕鷀의 羽)未合 大龜를 타고 玉依姫 거느리고 오다 八尋大鰐 〃(豊玉姫命名)
	養母	玉依毘賣命	以草裹兒棄之海邊	玉依姫(留養)		乳母 玉依姫來養
	享年	580年				

第四書	第五書	第六書	第七書	第八書	《舊事本紀》
	吾田鹿葦津姬 火明命·火進命· 火折尊·彦火火出 見尊(?) 4柱	天津彦根火瓊瓊杵 根尊 木花開耶姬(豊吾田 津姬) 火酢芹命·火折尊 (彦火火出見尊) 2柱	天杵瀬命(※天 之杵火火置瀬尊) 吾田津姬 火明命·火夜織命· 彦火火出見尊 3柱	天饒石國饒石 天津彦火瓊瓊 杵尊 木花開耶姬命 火酢芹命·彦火 火出見尊 2柱	天津彦火瓊瓊杵尊 木花開耶姬(豊吾田津姬· 鹿葦津姬) 火明命·火進命·火折尊· 彦火火出見尊(?) 4柱 ※火折尊 亦云 火火出見尊
					兄謂弟(每有風雨輒失其利)
					·別作新鉤 ·以其橫刀鍛作新鉤盛 　一器而與之
鹽筒老翁(八尋鰐) 八日後一尋鰐					川鴈을 구해줌/鹽土老翁 玄櫛→五百箇竹林 →大目麤籠(堅間) 八尋鰐→尋鰐
垂直?(入海) 井上 湯津杜樹上					垂直?(入海) 城舍崇華, 樓臺玲瓏 井上 湯津杜樹上
侍者 玉鋺 底影 即入 →王(勝海神)					豊玉姬(侍者群從) 玉壺底影 還入 →父王(勝海神) (天垢·地垢)
設三床·邊床拭足· 中床據手·內床寬坐 眞床覆衾 口女(鰩魚) 　→出奉鉤					設三床·八重席薦 邊床拭足, 中床據手 內床坐定於眞床覆衾 慇懃奉慰, 備百机 口女(亦赤女)→得鉤 不得預天孫之饌/婚→三年 天孫憂居海 浜未審虛實
너의 生子의 八十連屬의 裔에 貧鉤·狹狹貧鉤← 三唾 風招(カゼオギ)					貧窮之本·饑饉之始·困苦之根 (陰呼)/汝生子八十連屬之貧鉤· 滅鉤·癡騃鉤·跟蹋鉤→後手投棄 與之三唾/海神令兄沒溺辛苦/潮 溢瓊·潮涸瓊, 風招/高田↔汚田
					一尋鰐·一日程
兄著襌鼻以楮塗掌 塗面…曰吾汚身如此永爲汝 俳優者乃擧足踏行學其溺苦 之狀…自爾及今曾無廢絶					改前言/子孫八十連屬亘當爲 汝俳人亦爲狗人諸隼人至 今不離天皇宮墻之傍代吠 狗而奉事者矣
奴婢勿還　眞床覆衾/草 →波瀲·海陸不相通 彦波瀲武鸕鶿草葺不合 尊(命名神?) 一云自抱而去→玉依姬 送出/玉依姬爲姬					海邊(鸕鶿의　羽)/未及·大 龜를 타고(亦云爲龍)玉 依姬를 거느리고 옴/八尋 大鰐/彦波瀲武鸕鶿草葺不 合尊/奴婢勿還·海陸不相 通/眞床覆衾·草→入海/ 亦云　玉依姬養兒→送出· 乳母養兒緣/玉依姬爲皇妃

은 둘이 각각 영위하고 있는 것으로 시사되고 있다.[23] 그리고 水田에 의한 稻作임이 암시되고 있다.[24] 이로 말미암아 이 신화가 "水田耕作民 사이에서 발생한 설화임을 생각하게 한다"[25]고 한 견해도 볼 수 있으나, 이 신화에서 水田耕作을 시사하는 대목은 본질적인 부분이 아니므로, 후대의 부가요소로 간주하려 해도 그것을 막을 길이 없다. 따라서, 이 신화 자체를 水田耕作民 사이에서 발생한 것으로만 생각하려는 데는 무리가 따른다. 신화의 발생과는 별개로 水田耕作의 어느 시기를 반영하고 있다고 보는 것은 충분히 가능하다.

이상과 같은 요소로 하여 이 설화에 대한 사회경제사적인 이해의 가능성이 열린다.

셋째, 火遠理를 통해 呪術能力으로 인하여 정치와 생산에 절대적 영향력을 발휘하는 祭政一致的 고대사회의 神聖帝王의 성격을 보여주고 있다. 이 점 이 신화에 대한 민속적 종교적 이해의 가능성을 암시한다.

넷째, 그 밖에, 다양한 민속적 설화적 모티프가 인정된다. 즉 '幸' 교환의 금기, 형제(또는 雙生兒)의 갈등, 異界旅行, 智的 방조자(鹽土老翁), 異類婚(天孫과 海神女 → 人과 鰐), 事物起源[26], 詛呪 등이 그러하다. 이들은 그 나름의 민속적 설화적 이해의 대상이 되는 것들이다. 실제로 이 신화에서 彦火火出見(火遠理:弟)과 豊玉姬와의 혼인을 稻米儀禮로서의 新嘗祭의 신앙에 관련된 것으로 보는 견해도

---

23) "其兄 作高田者 汝命營下田 其兄作下田者, 汝命營高田 爲然者 吾掌水 故三年之間 必其兄貧窮."(《記》上);"兄作高田者 汝可作洿田 兄作洿田者 汝可作高田."(《紀》卷2, 神代 下, 第10段 三書 第3)

24) cf. 위와 같음.

25) cf. 松本信廣,〈古事記と南方世界〉;《日本文學》神話 下, 東京：至文堂, 1977, p.181) 重引.

26) "故至今 其溺時之種種之態 不絶仕奉也"(《記》上)는 隼人의 歌舞의 起源을 설명하고 있다. "世人不債失針此其緣也"(《記》卷2, 神代 下, 第10段 第2)는 세상에서 잃어버린 바늘을 사람에게 재촉치 않는 習俗의 기원을 설명하고 있다.

있다.[27] 松本信廣은 《紀》 三書와 《舊事本紀》에 보이는, 川鴈을 구해주는 사건과 鹽土翁의 출현 사이에 인과관계를 인정하고 있다.[28]

위는 민속적 설화적 모티프에 근거한 이 신화 이해의 가능성을 시사한다. 위에 든 여러 요소는 그 자체 서로 이질성을 지님에도 불구하고, 궁극적으로 근원적 원리적 사실을 隱喩하는 신화구조 안에 수렴 통합되어 있다. 까닭에 그 구조는 이 신화의 일체의 요소를 포함하여 하나의 統體로서 통합적 기능을 하고 있는 것이다. 개개의 요소는 구조로 환원되어 이해될 때, 비로소 신화에 대하여 본질적인가 아닌가의 여부가 판명된다.

3. 神話에 대한 구조적 이해

신화의 구조란 초역사적 시간·공간에서 典範이 될 만한 근원적 시원적 사실을 전달하는 은유체계다. 이와 같은 은유체계는 내부적 의존관계를 내포한 한 개의 자율적 實在體이다.[29]

신화구조를 이해하기 위해서는 우선 신화를 단순한 설화 차원에서 생각하는 일에서 자유로워지지 않아서는 안 된다. 신화의 표출수단의 지배적 형태는 설화이다. 그러나 그렇다고 하여, 신화가 반드시 설화이어야 하는 것은 아니다. 紀念的 行事, 祭祀, 運動競技, 繪畵, 彫刻 등 인류문화의 광범한 분야에서 기본적으로 신화 내지 신화적 동기를 발견할 수 있다. 물론 그것은 각각 그 나름의

---

27) cf. 次田眞幸, 〈海幸山幸神話の形成と阿曇連〉, 《日本神話研究》 3, 東京：學生社, 1977, p.119.

28) cf. 松本信廣, 《豊玉姬傳說の一考察》, 《日本神話の研究》, 東京：同文館, 1931, p.46.

29) cf. Louis Millet et Madeleine Varin d'Ainvelle, *LE STRUCTURALISME*, 《*Psychothéque*》 Editions Universitaires, 1970.(田島節夫 譯, 《構造主義》, 東京：靑土社, 1974, p.32)

표출양식으로 하여 어떤 의미의 규제를 받고 있는 것도 사실이
다. 그렇다고 하더라도 신화구조가 기본적으로 관련되어 있는 것
은 부인할 수 없다. 사실, 엄격한 의미에서 신화원리는 인간생활
전반에 보편적 의미를 주는 것으로 이해되고 있다.

'山幸·海幸' 설화의 기본문맥이 되는 신화구조는 다음의 四段落
을 설정하여 생각할 수 있다.

첫째, 山幸과 海幸[30]은 분업[31]이라고 볼 수 있는, 생활영역의
엄격한 분할을 통해, 雙分制的인 상호대립과 상호의존의 균형적
질서관계를 암시하고 있다. 兩者의 기본적 동질성으로서 혈연적
요소가 개재하고 있다. 이것은 혈연관계를 기본적 동질성으로 파
악한, 시대와 사회의 의식을 나타낸 것으로, 고대사회구조의 혈연
적 통합과 직능적 결합의 양측면을 반영한 것[32]으로 볼 수도 있
다. 그러나, 이 설화에서 혈연관계는 신화구조상의 필수적 요소
는 아니다. 정치적, 역사적, 사회적 동기로써 설정된 것으로,《記
紀》의 역사 문맥 안에서 하나의 伏線이 되고 있는 요소다. 이 신
화에서 雙分的 질서관계를 인정한 靑木由紀子의 견해[33]는 상당히
설득력이 있으나, 그 雙分的 질서를 다만 '山의 원리와 바다의 원
리'로만 제한하였기 때문에 신화 이해에서 더 자유로운 시야를
스스로 차단해버리고 만 것은 유감이다.

둘째, '幸'(生產手段·生活領域)의 교환은 기존질서에 대한 배반이
거나, 기존질서의 파기를 의미한다. 前述한 바 雙分制的 균형질서

---

30) "佐知は幸保の中略也 此にては海にてよく物を獲給ふを海幸保と云ヒ, 山
   にてよく物を獲給ふを山幸保と申て, 保は食保神などの如く, 其幸を稟得て
   保有給ふを云へり."(《稜威道別》卷10)

31) "山佐知母己之佐知佐知, 海佐知母己之佐知佐知."(《記》 上卷) '佐知はその
   人固有のものである. これを無闇矢鱈に取換へることは出來ぬ'といふ思想
   があらはされてある."(松本信廣,《日本神話の研究》p.45)

32) cf. 尾崎暢殃,〈三貴子神話の構造〉,《高天原神話》, 東京:有精堂, 1976, p.40.

33) cf. 靑木由紀子,〈海と山 — 海幸山幸神話と神功皇后新羅征伐傳說を中心に〉,
   《日本文學》神話 下, 東京:至文堂, 1977, pp.176~197.

의 顚倒로서, 이는 혼란이다. 이 경우의 '交換'은 교환을 의미지워 주는 儀禮가 欠如된, 임의의 私的 교환이요, 따라서 인정받지 못하는, 질서에 대한 배신행위이다. 의례에 의하여 의미지워지지 않는 어떤 행위든 신화의식에서는 무효이며, 부정된다. 이러한 행위는 균형을 깨뜨리고, 혼돈의 무질서를 야기시켜 마침내는 비생산과 불모를 가져온다.

의례가 결여된 '幸의 交換' 자체 이미 질서에 대한 배반인바, 이는 동생(火遠理)의 失鉤에 의하여 더욱 심각한 국면에 들어서게 된다. 기성의 균형관계는 완전히 무너지고, 兩者의 대립은 극도로 격화되어 더 이상 양자 사이에 화해와 타협의 가능성은 바랄 수 없는 것이 된다.

형(火照)은 일방적으로 괴롭히고, 공격하는 강자가 된 반면 동생(火遠理)은 오로지 괴로움을 당하고, 공격받고, 열세에 몰리는 약자가 된다.

동생은 잃은 낚싯바늘 대신 자신의 十拳劍을 녹여 500개의 낚싯바늘과 또 1천 개의 낚싯바늘을 만들어 형에게 바치나, 그때마다 거절당한다. 이와 같이 代償物을 거부하는 형에 대하여 《記》의 기술자는 형에 대하여 완고한 인상을 주는 표현을 하고 있는 것이 주목된다.

> 그 형은 굳이 돌려받기를 청하였다. 고로 그 동생은 차고 있던 十拳劍을 깨어 五百鉤를 만들어 갚으려 하였으나, 받지 아니하였다. 다시 一千鉤를 만들어 갚으려 하였으나, 받지 아니하고, 더욱 그 본래의 낚싯바늘을 얻으리라 하였다.(兄強乞徵 故其弟破御佩之十拳劍 作五百鉤 雖償不取 亦作一千鉤 雖償不受 云猶欲得其正本鉤 ;《記》上卷)

代償物을 몇 배로 갚으려고 하는 동생을 은연중 동정하고 긍정하며, 이를 끝까지 거절하는 형을 은근히 비난하는 어투다. 그리하여 연구자 가운데는 "兄神은, 당시의 도덕에 거슬려서 잃은 낚싯바늘을 돌려달라고 무리를 말하는 인간이었던 것"[34]이라고 노골적인 비판을 하는 것도 볼 수 있다.[35]

그러나 '海幸'의 원리에 적용할 수 없는 代償物을 兄이 받지 않는 것은 당연하다. 이것을 비난하는 것은 이미 神話外的 動機가 작용하고 있는 까닭이다. '海幸'의 원리에 부적합한 대상물을 마구 만들어 兄에게 주려고 한 동생이야말로 부당하다 아니 할 수 없다. 그러나 동생 火遠理는《記紀》에서 초대 천황인 神武의 조부로, 한편 형 火照는 俳優民의 本祖(吾田君小橋等)로 각각 계통지어지는 까닭에 火遠理는 시종 정당화되고, 火照는 시종 부정될 수밖에 없는 上下尊卑의 계층관계가 형성되었던 것으로 보인다. 이것은 신화적이기보다는 정치적 동기로 이해할 성질의 것이다. 이와 같은 기술상의 정치적 간섭에도 불구하고, 이 설화에 대한 신화적 이해의 가능성은 여전히 남아 있다.

셋째, 일방적인 수세에 몰려 극도로 약화되었던 동생(火遠理)은 죽음으로 상징되는 異界로의 여행 — 자기부정적인 시련을 통하여 再強化, 재생된다. 여행은 火遠理에게 가치를 更新하고, 재생케한 계기적 사건이었다.

그는 海宮이라는 異界에 들어가 豊玉姬와 결혼하고, 잃었던 낚싯바늘을 찾고, 靈能이라고 볼 주술을 획득해가지고 귀환한다. 그러나, 이 과정은 순탄하게 이루어진 것은 아니다.《紀》의 여러 異書는 火遠理의 海宮行을 수직적인 入海로 기술하고 있어 '자연스러운 沈下'[36]로 이해하는 이도 있으나, 요컨대 현세적 인간적 조건을 극복한 죽음으로 볼 만한 것이다.《記》에서의 海宮行은 비록 수평적인 형상을 나타내고 있다고는 하겠으나, 현세적 인간적 조건을 극복한 죽음에의 參入이라는 점에서는 수평이거나, 수직이거

---

34) 松本信廣,《日本神話の研究》, p. 45.
35)《紀》의 기술에서도 이와 같은 경향은 나타나고 있다.
36) 松本信廣, 앞의 책, p. 45

나 그 의미에서 다를 리는 없다. 火遠理는 海宮에서 통과제의적인
시험을 거쳐 天孫으로서의 자격을 인정받고, 스스로 필요한 많은
가치를 획득하게 된다. 즉 《紀》 四書(또 《舊事本紀》)에 의하면,

　　海神이 듣고 말하기를, "시험하여 보리라" 하고, 곧 세 자리를 만
　들어 놓고 청하여 들였다. 天孫은 가장자리에 있는 자리에서 두 발을
　닦고, 가운데 자리에서는 두 손을 바닥에 대고, 안에 있는 자리에서
　는 眞床覆衾 위에 편안히 앉았다. 海神은 이를 보고 이가 곧 天神의
　後孫임을 알고 崇敬하는 마음을 더욱 가지게 되었다.(海神聞之曰 試
　以察之 乃設三床請入 於是 天孫於邊床 則拭其兩足 於中床 則據其兩手
　於內床 則寬坐於眞床覆衾之上 海神見之 乃知是天神之孫 益加崇敬)

고 하였다. 眞床覆衾은 왕위 계승자와 관련 있는 聖具다. 首露神話
에서 紅幅에 싸여 내려온 六卵이 我刀干의 집에 옮겨져 榻上에 안
치된 것이나,[37] 昔脫解의 卵이 帛에 싸여 櫝中에 들어가 있던 것[38]
이나, 일본신화에서 天照大神의 명을 받은 瓊瓊杵尊이 眞床追(覆)
衾으로 덮여 천강하는 것[39]이나, 豊玉姬가 새로 낳은 천손의 아들
(鵜葺草葺不合命)을 眞床覆衾과 풀로 싸서 물가에 두고 돌아갔다는
등 一連의 신화 형상에서 '眞床追衾'이 새로운 天子誕生을 위한 부
활의례에서 外光을 피하고 외계와의 영향을 차단하는 중요한 구
실을 하는 聖具로 나타나 있음을 알 수 있다.[40] 일본에서 大嘗祭
의 제의 가운데 悠基殿·主基殿에 설정하는 蓐·衾을 '眞床覆衾'이
라고 부르고 있는데, 이는 천손 강림을 재현하는 형식으로 되어
있고, 천황의 즉위식과 직접적 관계를 가지고 있다.[41]
　火遠理가 종당에 寬坐한 眞床覆衾은 천손임을 證示하는 데 결정

---

37) cf. 《三國遺事》 卷2, 駕洛國記.
38) cf. 《三國史記》 卷1, 羅記1, 脫解尼師今.
39) cf. 《紀》 卷2, 神代 下, 第9段 本文.
40) cf. 三品彰英, 《三國遺事考證》 中, 東京：塙書房, 1979, p.322.
41) cf. 村上重良, 《天皇の祭祀》, 岩波新書, 1977, p.21 ; cf. 松前健, 《日本神話
　　の形成》, 東京：塙書房, 1970, pp.70～76.

적인 구실을 한 聖具다. 이로써 그는 海神이 과한 통과제의에서 천손의 자격이 인정된다. 따라서 그는 천손으로서, 황위계승자로서 당연히 차지할 수 있는 여러 가지 특전을 海神으로부터 받게 된다.

그러나, 《紀》四書와 《舊事本紀》에서 통과제의적 시험에 하필 '天孫 證明'이라는 요소가 결부된 것은, 천황권 확립을 위한 신화로서 성립시키기 위한 하나의 복선으로 이해된다.

이 점은 王權神聖을 합리화하는, 이른바 國祖神話에는 으레 나타나는 요소로, 신화에 대한 정치적 간섭의 두드러진 예다. 고구려의 國祖神話에서 解慕漱가 河伯(水神)이 課하는 시련(呪術競爭)을 통해 天帝子로서의 자신의 出自를 입증하는 것도 그 예에 속한다.[42]

그러나, 신화의 기본적인 구조로 볼 때, '天孫 證明'은 필수적인 것은 아니다. 火遠理의 異界로의 참입이 중요하다. 異界로의 참입 그 자체 이미 자기부정적인 결단이요, 죽음과 같은 통과제의이다. 자기부정적인 선택을 통해 그는 재생의 자격을 획득하게 된다. 이것은 신화가 가지는 재생의 원형(archetype)이다. 여기에는 본래 아무런 도덕적 인과관계나 정치적 동기가 간여하지 않는다.[43] 현세에서 극도의 딜레마에 빠졌던 沈淸이 印塘水에 투신하는 자기부정적 선택의 결과 異界에의 참입과 재생을 획득하게 되며, 새로운 가치의 인생을 얻는다. 《심청전》은 정치적 간섭 대신 효 윤리라는 또 다른 사회의식의 간섭을 받아 효 목적적인 결구를 이루었던 것이다.[44] 신화적 구조라는 문맥에서 파악할 때, 異界參入의 동기, 과정, 결말의 불일치에도 불구하고, 火遠理와 沈淸은 거의

42) "河伯曰 王是天帝之子 有何神異 王曰唯在所試 於是河伯 於庭前水化爲鯉 隨浪而遊 王化爲獺而捕之 河伯又化爲鹿而走 王化爲豺逐之 河伯化爲雉 王化爲鷹擊之 河伯以爲誠是天帝之子 以禮成婚."(《東國李相國集》卷 3, 東明王篇 並序)

43) cf. 黃浿江,〈古代敍事文學에 대한 原型的 試考〉,《韓國敍事文學硏究》, 단국대출판부, 1972, p.24.

44) cf. 黃浿江,〈沈淸說話의 硏究〉,《文學春秋》 20호, 1966, p.320f.

완전히 일치한다.

火遠理가 그의 海宮行을 적극적으로 도와준 鹽土老翁을 만나게 되는 것에 대하여 《紀》三書와 《舊事本紀》는 하나의 도덕적 인과를 설정하고 있다. 즉, 그물(羂)에 걸려 있던 川鴈을 구해준 선행과 鹽土老翁을 만나 도움을 받게 되는 일 사이에 어떤 관련을 암시하고 있다. 이것은 설화로서 비교적 정제되고 합리적인 요소이기는 하나, 신화본질로서 필수적 요소라고 보기는 어렵다.

요컨대 주인공 火遠理는 현세에서의 窮境에서 자신을 구출하기 위해 스스로 죽지 않으면 안 되었고, 삶과 죽음의 교체에 의하여 새로운 삶이 열렸다고 하겠다.

海宮에서 일어난 일련의 사건들은 그의 재생과 활력화와 관련된다. 豊玉姬와의 결혼을 통해 그의 죽음은 새로운 삶과 맺어지며, 失鉤를 회수함으로써 火照 극복의 정당한 계기가 마련되며, 海神으로부터 허락받은 주술(呪言·耕田·呪珠)로 절대적 강자의 능력을 획득하여 가지고 현세로 귀환함으로써 그의 재생은 名實 함께 완성된다. 재생한 그는 일방적 공격의 대상으로만 되었던 전날의 그는 이미 아니었다.

넷째, 절대적 강자로 재생한 동생 火遠理는 형 火照를 힘(實力)으로써 굴복시켜, 새로운 질서를 확립한다. 종전의 혈연적 분업적 질서를 힘(靈能)에 의한 지배·복종의 관계로 바꾸어, 기정의 가치를 전면적으로 修整한다.

火遠理는 오로지 추궁받고 괴로움 당하던 처지로부터 거꾸로 괴롭히고 굴복시켜 지배하는 高地에 서게 되었다. 한편 火照는 추궁하고 괴롭히던 자리로부터 도리어 괴롭힘 당하고, 굴종하여 지배받는 궁한 처지에 떨어지게 되었다.

어제의 강자는 오늘의 약자가 되고, 어제의 약자는 오늘의 강자가 되었다. 가치의 전면적 顚倒가 이루어진 것이다.

이와 같은 신화적 역동관계에 정치적 의도가 간섭하여 이루어진 것이 《記紀》 기술에 보이는 天皇家와 隼人族의 지배·복종의 현실적 관계의 부연이다. 《記紀》의 기술에서 보는 한, 이 설화에서 천황의 계통과 隼人族의 親緣性 내지 同族性이 기본적으로 설정되어 있으면서 동시에 다른 한편 양자간에 지배·복종의 절대적 관계를 강조하고 있다. 이와 같은 현실적 역사적 문맥은 설화 이외의 설명을 필요로 한다. 신화적 고찰에서 이와 같은 문제는 그렇게 의미 있는 것이 못 된다.

이상에서 고찰한 네 단락은 이 설화에서 기본적 통합원리로 작용하고 있는 신화구조를 시사한다. 그럼에도 불구하고 이 신화는 《記紀》 기술에서 정치적 동기로 말미암아 비신화적 요소가 중층적으로 개재되어, 결과적으로 擬역사적 서술물(quasi-historical predication)의 일부가 되어 버렸다. 신화의식적이지 아니한 기술자로서는 오히려 당연한 일이라 할 수 있다. 또 이것을 비난하거나 비판하는 것도 당치 않다. 왜냐하면 원래 신화구조란 비단 정치적 동기뿐만 아니라, 온갖 잡다한 요소까지도 수렴할 수 있는 雜居性을 띠고 있기 때문이다. 신화구조 본연의 현실정합기능으로 본다면 위와 같은 현상은 충분히 생각할 수 있는 일이다.

그러나 다른 한편, 그럼에도 불구하고 기본적인 신화구조 자체는 결코 그 어떤 잡거성의 요소—특히 이 경우 역사적 문맥—에 의하여서도 해체해 버리는 일을 하지 않는다. 이것은 신화구조가 지니는 초역사적 일관성(전범성)이라고 할 수 있겠다. 이상은 이 신화에서 현실통합의 기능과 초역사적 전범성이라는 두 가지이면서 하나인 신화구조적 속성을 말해 본 것이다.

4. 非神話的 要素와 神話

위에서 고찰한, 이 신화에 관한 신화구조의 문제는 비교적 보편성을 가지는 신화구조론을 도출하게 한다.

요컨대, 하나의 질서체계(혈연적이었든 분업적이었든)가 어떤 계기로('幸'의 交換) 카오스적인 상태에 빠져 한계상황에 이르면(不毛), 그 안에서 자기극복적인 시련을 통한 새 질서체계가 재생된다는 패턴을 보이고 있다.

이것을 단순한 '反覆'이나 단순한 원상회복으로 이해할 것은 아니니다.

大林太良 교수는 최근의 발표에서 이 신화의 구조를 분석하였는데, 火遠理와 豊玉姬와의 결혼을 전환점으로 하여 전반부와 후반부를 서로 대응시켜 이른바 되돌아가는 구조(turning-back structure)로서 풀이하였다.[45] 이에 의하면 이 신화를 天孫 邇邇藝能命의 강림으로부터 豊玉姬가 鵜葺草葺不合命을 낳은 뒤 海坂을 막고 돌아간 대목까지 前後 각각 상응하는 여섯 단계를 설정하였는데, 그 중간에 전환점 한 단계를 두었다. 말하자면 전반부의 각 사건은 전환점에서 후반부로 넘어가면서 뒤집어지며 반복된다는 논리다. 그리고 이것은 日本에서 異界往復을 말하는 고대와 ·중세의 많은 서사물 가운데서 일반적으로 인정되는 구조라고 보았다.

그리하여 이 신화에서, 다음과 같은 도식을 제시하였다.[46]

	前 半	後 半
宇宙領域의 分離	1. 天孫降臨	13. 海陸分離
	↓ 天地交通杜絶	↑
出 産	2. 火中出産	12. 水邊出産
	閉鎖된 産屋	未完成의 産屋
	↓ 一母三子	↑ 一子二母

---

45) cf. Taryō Ōbayashi, "A Structural Analysis of the Myth of 'the Sea-Luck' and 'the Land-Luck'", The TŌHŌGAKKAI, *TRANSACTIONS OF THE INTERNATIONAL CONFERENCE OF ORIENTALISTS IN JAPAN*, NO. XXIV, 1979, p.105f.

46) 1979년 6월 15일 東方學會 주최 제24회 國際東方學者會議(東京, 敎育會館) 第三分科에서의 同氏 발표의 유인물에 의함.

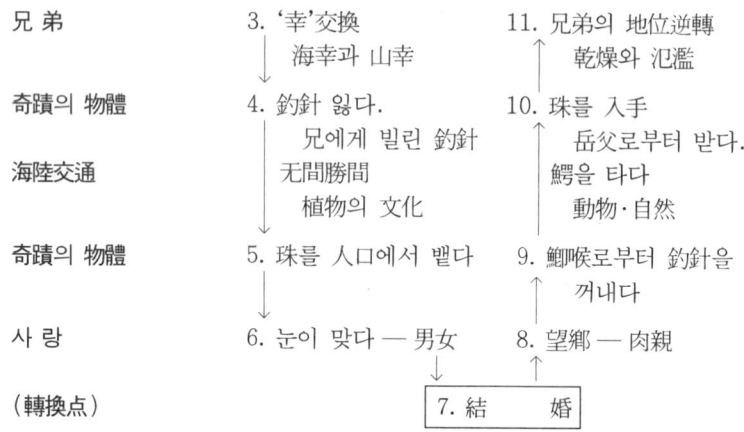

위의 도식에서 보는 한, 전반과 후반의 사건들이 공교하리만큼 뒤집어 되풀이되고 있음을 알 수 있다. 그러나 이와 같은 단순한 반복이 무엇을 의미한다는 것일까? 話素의 공교한 대응관계를 확인하는 것만으로는 신화의 구조적 파악에서 멀다 아니할 수 없다. 위와 같은 대응관계의 파악은 차라리 설화의 흥미 조작의 방법, 즉 구성의 또 하나의 定式을 확인한 정도의 의미밖에 없다.

그리고, 위와 같은 세부적 話素에 이르기까지 대응관계를 설정하는 것은 설화 자체의 구성을 해명하는 데서도 모험이 따르는 법이다. 구체적으로 위의 도식에서 6과 8의 대응은 《記》[47]에서는 성립되지 않는다.

8의 '望鄕 — 肉親'을 설정한 것은 연구자 자신의 주관적인 판단일 뿐, 실제로 《記》에서는 전혀 다른 내용이 기술되어 있다.

　　　　그 아비 되는 大神이 사위에게 물어 가로되……오늘밤 크게 한탄하였다니 혹 까닭이라도 있는가? 또 여기에 오게 된 까닭은 어

47) 大林太良의 論考는 《記》 所載의 本說話를 대상으로 하고 있다.(cf. Ōbayashi, *op. cit.*, p.105)

떠한가? 하니 이에 그 大神에게 낚싯바늘을 잃어버리고 兄에게 책
망받게 된 사정을 그대로 갖추어 말했다.(其父大神 問其聟夫曰
……今夜爲大歎 若有由哉 亦到此間之由奈何 爾語其大神 備如其兄
罸失鉤之狀;《記》上)

　위의 記文과 이 사건의 결말(兄에 대한 복수)을 보면, 결코 '望
鄕—肉親'의 요소가 잡히지 않는다. 오히려 失鉤로 인한 형의 책
망과 이에 대한 보복에 관련된 사실뿐이다. 다만 보기에 따라서
는 '望鄕'으로도 잡을 수 있는 짧은 記文이 《紀》一書에 있다. 그
러나, 이나마도 망향의 정을 뚜렷이 나타냈다고 단정하기는 어렵다.
　대응관계를 말한다면, 개개의 사건이나 話素에서보다는 원칙적
인 대응관계, 원리적인 반전을 논하는 것이 옳다고 본다. 설화에
서 동굴에 들어가는 이야기는 결국 나오는 이야기로 마치는 것이
원칙적이다. 동굴에 들어가는 과정에서의 일이 반드시 나오는 과
정의 일과 교묘하게 대응되리라는 보증은 설화의 흥미조작의 원
리로 보아서도 절대적일 수가 없다. 異界往復旅行의 설화라고 예
외가 될 수는 없는 것이다. 물론 우연히 일치하는 경우도 있고,
의도적으로 일치시키는 경우도 있고, 또 그 반대의 경우도 있을
수 있다. 따라서 구조를 논하면서 세부적 사건까지 대응시켜가며
'뒤집어 되풀이하는 구조'를 적용시킬 수는 없다고 본다.
　이 신화에서 설화적 완결성을 고려한다면 위의 도식 가운데 '2.
火中出産의 三子'의 요소는 오히려 방해가 된다, 이 설화의 주인공
은 雙分制的 秩序를 대표하는 二人의 형제로 충분하다. 따라서 이
설화를 역사적 정치적 의도와 관계 없이 설화본질로써 성립되게
하자면 火中出産의 三子의 요소는 불필요하다. 이 문제에 대한 역
사의식과 설화의식 사이의 충돌은 《紀》諸書의 기술자 가운데서
이미 드러나고 있다. 諸書는 형제의 數와 명칭에서 유난히 혼선을
빚고 있는데, 다른 諸書가 3내지 4형제를 설정한 데 대하여 유독
《紀》六書와 八書만은 2인의 형제를 설정함으로써 설화문맥에
충실한 기술이 되었다. 그러나 《紀》六書에서는 형제가 함께 火中

出産(神聖誕生)인 때문에 대극적인 형제관계에 별로 설화적 기여를 할 수 없다. 《紀》八書는 火中出産의 기술이 보이지 않는다. 형제 수도 수려니와 화중출산의 조건이 이 설화에서 특별한 의미를 가질 수가 없다. 화중출산은 不貞의 오해를 받은 木花之佐久夜毘賣의 '無垢의 出産' 증명이라는, 전혀 별개의 설화적 요소로서 의미가 있다. 위에서 고찰한 바와 같이 이 신화에서 火遠理는 결코 단순한 반복이나 단순한 원상복귀적인 귀환을 한 것이 아니었다.

그의 海宮으로부터의 귀환은 그 자신의 재생과 강화에 힘입은 질서관계 및 가치체계의 전면적 개변을 가져왔다. 이와 같은 신화적 의미는 천황신화 제작자에 의하여, 일찍이 '舊秩序'를 극복하고 성립된 '現在의 秩序'에 대한 보증적 사실로 차용되었다. 그럼으로써 신화가 본래 가지는 광대한 의미체계를 다만 황실과 隼人族이라는 지극히 제한된 정치적 세력관계로 제약하고 말았던 것이다.

5. 日本神話의 역동적 구조

위에서 시도한, 이 신화에 대한 구조적 파악은 전형적인 일본신화에서 한결같이 인정된다. 일본신화의 두 개 기둥이라고 할 天照大神神話와 大己貴神(大國主神)신화에서 그와 같은 구조적 전개를 볼 수 있다. 전자는 천황가의 祖神으로 관념된 천상계(高天原)의 女神이자 日神이다.[48] 후자는 천황가 이전에 葦原中國(日本)을 통치하던 개척신으로, 천황가에 행정권을 이양하고, 그 뒤로는 오로지 神事를 다스리게 되었다.[49] 이로써 행정권(顯露之事)은 천황

---

48) "伊邪那伎命 大歡喜詔 吾者生生子 而於生終得三貴子 即其御頸珠之玉緒母由良邇 取由良迦志 而賜天照大御神而詔之 汝命者 所知高天原矣 事依而賜也."
   (《記》上卷)
49) "時高皇産靈尊 乃還遣二神 勅大己貴神曰 今者聞汝所言 深有其理 故更條而勅

가로, 제사권(幽事)은 大己貴神에게로 돌아갔고, 따라서 葦原中國
에 관한 顯·幽의 이중적 지배질서가 성립된 것으로 되어 있다.

전자 天照大神(이하 '天照'로 약칭함)에 관한 신화에서 살펴보기
로 하자. 당초 창조신 伊邪那岐는 天照에게 천계(高天原), 月讀命
(月弓尊)에게 밤의 食國(밤의 세계, 또는 달),[50] 素戔에게 根國을[51]
맡아 다스리게 했다.

天照가 다스리는 高天原에 素戔이 올라온다, 산천이 흔들리고,
국토가 진동하였다. 天照는 동생 素戔이 나라를 빼앗고자 하는 것
임을 알고 마주 나가 막는다. 天安河를 사이에 두고 서로 구슬과
劍을 바꾸어 '物實'로 삼아 각각 男神과 女神을 낳는다. 素戔은 여
기서 天照를 이겼다 하여 高天原에 들어가 갖가지 악행을 하여 천
상의 질서를 어지럽힌다. 天照는 天岩屋(굴)에 들어가 숨어버리니
온세상이 캄캄해졌다.(사진 37) 八百萬의 신들이 꾀를 써서 天照
를 天岩屋에서 끌어내어 광명을 되찾고(사진 43), 素戔에게 千位의
置戸를 지워, 수염을 자르고, 손톱·발톱을 뽑고 쫓아냈다.[52]

위의 신화에서 月讀命은 天照와 素戔의 대립에 별 의미가 없다.[53]
위에서는 天照와 素戔의 雙分制的 대립만이 문제가 된다. 兩者가
姊弟라는 혈연적 관계와 동시에 통치영역의 분업이 이루어져 있
었으나, 素戔은 자신의 영역에 가려 하지 않고, 오히려 누나의 영

之 夫汝所治顯露之事 宜是吾孫治之 汝則可以治神事……於是 大己貴神報曰 天
神勅敎 慇懃如此 敢不從命乎 吾所治顯露事者 皇孫當治 吾將退治幽事."(《紀》
卷2, 神代 下, 第9段 一書 第2)

50)《紀》의 一書에서는 '滄海原'으로 보임.(cf. 坂本 等 校注, 앞의 책, p.96)

51)《記》에서는 '海原'으로 기술되어 있다. 根國은《紀》에 11例가 있는바, 먼 나
라로 보는 견해와 地下(底)의 나라, 또는 어머니의 나라, 大地로 보는 견해로
나타나 있다.(cf. 위의 책, p.555)

52) "故於時速須佐之男命言 然者請天照大御神將罷……於是八百萬神共議 而於速
須佐之男命 負千位置戸 亦切鬚及手足爪令拔 而神夜良比夜良比岐."(《記》上
卷) ; cf.《紀》卷1, 神代 上, 第7段 本文)

53) 이 점은 山幸·海幸神話에서 三子中 雙分制的 對立과 무관한 다른 一子와 대
비될 만한다.

역인 高天原에 옴으로써 기성의 질서는 위협을 받는다. 급기야 素戔의 난동으로 극도의 혼란이 빚어졌다. 여기서 '幸'의 교환과 대비될 '物實'의[54] 교환이 혼란의 계기가 되었음을 볼 수 있다. 天照의 자기퇴행적인 天岩屋 은신은 火遠理의 海宮行과 대응한다. 온갖 強暴를 부리던 素戔은 天照의, 天岩屋으로부터의 재현을 계기로 열세에 몰리고, 급기야 천상으로부터 추방됨으로써 새로운 질서가 재생된다. 이것은 火照의 火遠理에의 복종과 대응한다. 天照의 天岩屋 은신은 재생적 전기가 되고 있음을 알 수 있다.

다음으로 大國主神 신화에서 위의 신화구조를 살펴보기로 하자. 여기 신화의 배경은 出雲이다. 大國主神(이하 '大國'으로 약칭함)에게는 형제 八十神이 있었다. 이들은 각기 八上比賣(女神)에게 구혼차 稻羽로 가고 있었다. 형제들은 大國(大穴牟遲神)을 從者로 삼아 짐을 지워 데리고 갔다. 氣多의 앞에서 껍질을 홀랑 벗은 토끼를 만났다. "바닷물에 목욕하고 바람을 쏘이라"는 兄弟神 일행의 말을 믿고 그대로 한 토끼는 견딜 수 없는 고통을 당했다. 이윽고 뒤에 짐을 지고 따라오던 大國이 토끼를 보고 민물로 온 몸을 씻고 蒲黃(治血治痛用) 위에 뒹굴면 낫는다고 했다. 그 말대로 하였더니 토끼의 피부는 나았다. 토끼는 "八十神은 八上比賣를 얻지 못할 것입니다. 비록 짐은 졌더라도 당신이 얻게 될 것입니다"고 예언했다. 결국 토끼의 말대로 八上比賣는 八十神을 마다하고 大國을 맞았다. 八十神은 노하여 갖가지 계략을 써서 大國을 죽였으나, 그때마다 어머니의 도움으로 되살아난다. 어머니는 大國을 木國의 大屋毘古神에게 보내어 화를 피하게 하나, 八十神이 그곳까지 쫓아왔다. 大屋毘古神의 조언에 따라, 大國은 素戔(須佐能男命)이 다스리는 根堅州國에 갔다. 이곳에서 素戔의 딸 須勢理毘賣(이하 '須勢理'로 약칭)와 눈이 맞아 관계한다. 素戔은 大國에게 세 가지

---

54) 《紀》에서는 '物根'(monozane). 사물 발생의 本源素로, 여기서는 神들이 생겨나는 씨[種]와 같은 것으로 쓰였다.

의 시련을 과한다. 첫째날에 蛇室에서 재우고, 둘째날에 吳公(지네)과 벌이 들끓는 방에서 재웠다. 처음 두 가지 시련은 須勢理의 도움으로 무사하게 넘겼다. 세번째는 들판에 쏜 鳴鏑을 찾게 하고, 사방에 불을 질렀다. 그러나 大國은 쥐의 도움으로 무사히 살아나 鳴鏑을 素戔에게 바쳤다. 素戔은 大國으로 하여금 머리의 이(虱)를 잡게 하였는데, 머리는 온통 지네 투성이었다. 須勢理의 도움으로 牟久(椋) 열매를 입에서 씹어 赤土(黏土)를 머금고 뱉아내니, 素戔은 지네를 입에서 씹어 뱉아내는 줄 알고 기특하게 여겨 마음 놓고 잠들어버렸다. 이때를 타서 素戔의 머리카락을 들보에 매고, 큰 바위로 방문을 막고, 須世(勢)理를 업고, 素戔의 生大刀와 生弓矢와 天詔琴을 훔쳐가지고 도망을 하는데, 天詔琴이 나무에 닿아서 地動 소리가 울렸다. 그 소리에 잠을 깬 素戔이 따라가려고 들보에 맨 머리카락을 푸는 동안에 大國과 須勢理는 멀리 도망갔다. 黃泉比良坂(現世와 黃泉 사이를 가로막은 고개)까지 따라온 素戔은 거기서 도망가는 大國을 바라보고 소리질러 축복했다. 根堅州國에서 돌아온 大國은 素戔의 生大刀와 生弓矢로써 八十神을 축출하고 비로소 나라를 세웠다.[55]

이상은 出雲의 大國大神 신화의 요지다. 여기서도 大國과 兄弟 八十神의 혈연적 관계가 설정되어 있고, 大國의 형제 八十神에 대한 從的인 질서관계가 암시되고 있다. 八上比賣의 구혼에서 빚어진 大國과 兄弟神들과의 갈등은 일종의 혼돈적 상황이다. 구혼의 목적의식을 가졌던 兄弟神은 탈락되고, 전혀 구혼의 의사가 없었던(단순한 종자로서 수행한 데 지나지 않았던) 大國이 선택됨으로써 '幸' 교환적인 전도가 일어났다. 이는 곧 그 뒤에 오는 일체의 혼란의 발단이 되었다.[56] 大國에 대한 형제신들의 모살은 大國의 어

---

55) "故此大國主神之兄弟 八十神坐 然皆國者 避於大國主神……故持其大刀·弓 追避其八十神之時 每坂御尾追伏 每河瀨追撥始作國也."(《記》上卷)
56) 神話·民譚·小說 등 敍事 형태에서 '顚倒의 모티프'가 葛藤과 混亂의 발단이 되는 경우가 가끔 있다. A↔B⟨옹고집전⟩에서 眞甕과 假甕의 전도, 男↔女, 貴↔賤, 貧↔富, 人間↔動物, 主人↔下人.

머니 刺國若比賣와 神産巢日之命의 도움으로 실패한다. 이때의 형제신들 행위는 幸交換 이후에 두 형제에게 다가온 대립과 갈등에 대비할 만한 것이다. 大林 敎授는 兄弟神들의 모살로부터 회생한 이 대목만에 착안하여 이를 '成年式的인 죽음과 재생'[57]이라고 해석하였다. 그러나 이 신화의 구조에서 볼 때에 이 대목의 죽음과 회생은 成年式的인 죽음과 재생, 즉 통과제의적 성격을 부여할 만한 것이 못 된다. 당초 이 죽음 자체 단순한 모살일 뿐, 자기지양적인 아무런 요소도 없다. 재생도 단순한 생리적인 소생일 뿐이다. 蘇生 뒤의 大國에게서 통과제의를 치른 자로서의 새로운 아무런 가치나 자격의 재생도 발견할 수 없다. 죽기 전이나 되살아난 뒤의 대국이나 매일반이다. 여전히 형제신들에게 쫓겨 도망하며, 그들에게 위협받고 누군가의 도움이 필요한, 종전의 大國 그대로다. 따라서 이 대목은, 성년식으로서의 의미보다는 질서 이전의 암흑적 혼란을 상징했다고 보는 것이 옳다.

大國神話에서 성년식적인 죽음과 재생을 말하자면 차라리 大國의 根堅州國 방문의 대목을 들지 않을 수 없다. 형제 八十神들의 집요한 추적은 大國으로 하여금 現國土 안에 몸 담을 곳이 없게 하였다. 그는 鹽土老翁과도 같은 大屋毘古神의 지시에 따라 根堅州國에 들어갔다. 根堅州國은 素戔이 통치하는 지하의 나라로, 兄弟神들의 힘이 미치지 못하는 異界 즉 황천이다. 大國이 황천에 들어간 것은 火遠理의 海宮行과 대응하는 자기극복적인 '죽음'을 의미한다.

그는 거기서 須勢理毘賣와 결합하게 되나, 그것이 須勢理의 父神 素戔의 인정을 받기 위해서는 몇 가지 어려운 시련을 겪어야 했다. 이 대목은 火遠理가 豊玉姫와 意合하고, 海神에게 시험받고 나서 비로소 결혼하는 것과 거의 일치한다. 火遠理의 시험은 '天孫으로서의 증명'이 되었으나, 大國의 경우는 '能力者로서의 證明'이

---

57) 大林太良, 《日本神話の構造》, 東京 : 弘文堂, 1975, p.113.

면 족했다. 정치적으로 大國은 천황의 계통과 맺어질 이유가 없었기 때문이다. 火遠理의, 천손으로서의 시험보다 大國의 능력자로서의 시련이 더 苛烈한 바 있다. 전자는 차라리 의례적 시험인 데 대하여 후자는 苦境 극복능력의 시험이라는 성격이 짙다.

어쨌거나, 大國은 시련을 통과하여 능력자로서 인정받은 셈이나, 素戔의 자는 틈을 타 呪具(生大刀·生弓矢·天詔琴)를 훔쳐가지고 아내와 함께 根堅州國에서 도망해 나오는 것으로 되어 있다. 그러나 그것은 설화적 형상이요, 근본적으로 素戔이 大國을 자기 사위로 용인했고, 또 그를 축복하여 그에게 庶兄弟를 극복할 능력을 준 점은 의심할 수 없다. 呪具를 훔쳐낸 데 대한 원망이나 배신감 같은 것은 추호도 찾아볼 수 없으며, 오히려 그것을 이미 허락했던 것처럼 관용 있게 인정하고, 그것으로 말미암아 형제들을 극복할 능력이 있게 되기를 축원한 것을 볼 수 있다.

> 이에 黃泉比良坂에 따라와, 멀리 바라보고 大穴牟遲神(大國)을 불러 말했다. "그대가 가진 生大刀·生弓矢로 그대의 庶兄弟를 언덕마루에 쫓아 쓰러뜨리고, 또 강여울에 쫓아버리고 나서, 그대 大國主神이 되고, 또 宇都志國玉神이 되어 나의 딸 須世理毘賣를 嫡妻로 삼아, 宇迦能山의 산밑, 底津石根에 宮 기둥을 든든하게 세우고, 高天原에 들보를 높이 세우고 살아라, 이 놈아!"(爾追至黃泉比良坂 遙望 呼謂大穴牟遲神曰 其汝所持之生大刀·生弓矢以而汝庶兄弟者 追伏坂 之御尾 亦追撥河之瀨 而意禮爲大國主神 亦爲宇都志國玉神 而其我之 女須世理毘賣 爲嫡妻而於宇迦能山之山本 於底津石根宮柱布刀斯理 於 高天原 氷椽多迦斯理而居 是奴也)[58]

大國은 根堅州國으로부터 재생, 강화되어서 돌아왔다. 火遠理의 경우와 마찬가지로 異界에서의 시련, 결혼, 呪力 획득의 요소가 보인다. 과연 재생하여 돌아온 그는 예전처럼 형제 八十神을 두려워하고 피해다니는 弱者가 아니었다. 그는 새로 획득한 靈能으로

---

58)《記》上卷.

지난날의 강자였던 형제신들을 완전히 제압하고 새 나라를 세움
으로써 새로운 질서를 확립하였다. 이 점도 火遠理와 완전히 일치
한다. 大國에게는 根堅州國은 '成年式的인 죽음과 再生'의 시공이었
다. 《記》의 系譜記述에[59] 의하면 大國은 素戔의 七世孫에 해당한
다. 그러나 그와 같은 혈연적 관계는 위의 신화에서는 거의 문제
가 되지 않는다.

위에서 고찰한 天照와 大國의 두 신화를 '山幸·海幸'신화와 대비
하여 도시하면 아래와 같다.

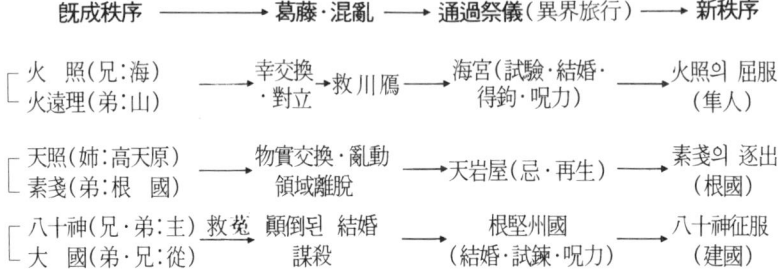

위에서 보듯 이 신화에서 제기된 구조문제는 일본신화의 전형
적 사례에서도 확인된다.

요컨대, 신화 근저에서 신화를 성립시키고 있는 근원적인 대립
관계에 의하여 신화는 자기 본질을 실현하고 있다. 신화는 우주
와 세계와 인간에게 있어, 하나의 질서가 새로운 질서체계로 옮
아가는 역동적인 운동의 원리를 보여준다고 하겠다. 그리고 그것
은 어떤 특정한 역사적 시기의 문제라기보다는 근원적인 질서의
문제로, 초역사적 전범적인 것으로 인정된다. 신화가 갖는 전범적
인 의미를 특정한 역사적 문맥으로 옮겨놓는 일도 불가능한 것은

---

59) cf. "故是以其速須佐之男命 宮可造作之地 求出雲國……亦名謂宇都志國玉神
并有五名."(《記》上卷)

아니다.[60] 그러나, 신화의 의미는 특정한 시대의 역사성으로 하여 제한될 수 없는 것이다. 그보다는 구조적 원천적으로 파악함으로써만 神話本義에 적응하는 신화접근이 될 것임은 재언의 여지도 없다.

이 신화에서 근본적으로, 또 일관하여 전달하고 있는 의미는 기성의 질서체계가 어떤 요인으로 하여 카오스적인 상황에 이르며, 극도의 혼란 속에서 약화된 정통적 요소가 통과제의적 시련을 통하여 강화 재생됨으로써 질서의 재생이 실현된다는 것이다.

6. 結　語

《記紀》二書와 《舊事本紀》에서 전개된 '山幸·海幸'의 신화는 天皇家의 혈통의 신성화, 천황권의 절대화라는 정치적 의도 밑에 역사문맥 안에 편입됨으로써 표면적으로는 어떤 시기의 현실적 관계를 합리화하는 것이 되고 있다. 구체적인 예로서, 천황가와 隼人族의 현실적 주종관계의 推元을 꾀하고 있는 것도 그 주요한 하나다. 이 밖에 역사적 파악의 다양한 분야가 인정되는 것도 사실이다.

---

60) 神話解釋에서 '神은 사람이다'는 관점에서 합리적 태도를 견지한 新井白石은 이 신화 해석에서도 시종 특정한 역사적 문맥으로 번역하고 있음을 볼 수 있다. 즉 "按ずるに火遠理命綿津見の宮に赴きたまひしといふ事は初兄弟の命おの／＼其分土おはしましけるに其土地の事につきて兄弟の難起れり鹽椎神弟命のために謀りてみづから新羅國に赴きて其援を乞ひ給はん事を教奉りしかば彼國に至りたまひし彼國王御合まいらするに其女を以てしつるに其國の兵をして我國に送り納れまいらせ兄命拒戰たまふに及びて其援兵をまいらせつゐに兄命の戰利なくして降服したまひたりきその御子の彼國にて生れたまひしに御母命は來り給はで其女弟して送り出しまいらせらる其女弟も又御子一柱生れし事と見えたり新羅の國は海外にある所なれば上古の俗に綿津見國ともいひ其國王を綿津見神ともいひしを其事を神にすべきためにつゐに海神龍王などいふ事にはなれるなり。"(《古史通》卷 4)

　그러나, 이와 같은 역사적 접근에는 어떤 한계가 있음이 인정
되었다. 비록 이 신화는 역사적 문맥 안에 편입되어 있다고는 하
나, 기본적으로 비역사적인 설화의 문맥으로 성립되어 있고, 무엇
보다 신화구조를 가지고 있다. 일체의 역사적 현실적 해석에도
불구하고, 이 설화는 그 모든 것을 단편적인 '사실'로서가 아니
라, 직접 근원적인 질서와 원초적인 의미로 환원시켜 이해할 수
있고, 또 그렇게 이해함으로써만 이 신화에 대한 진정한 해석이
가능하다고 보았다. 근원적인 질서와 원초적인 의미란 신화적 문
맥에서 찾을 수 있으며, 신화적 문맥은 초역사적 시간＝공간에서
전범이 되는 근원적 시원적 사실을 전달하는 은유체계다. 은유체
계 그 자체 신화의 구조라고 보겠다. 은유체계는 그의 의미실현
을 위해 역사적이며 현실적인 사물을 얼마든지 차용할 수 있으
며, 또 그럼으로써 은유체계일 수 있게 되어 있다. 신화가 역사적
현실적 사물을 매개체(vehicle)로 쓰는 것은 그 자체의 구조, 은유
체계의 숙명이기도 하다. 따라서 이와 같은 은유체계를 도외시한
역사적 현실적 차용물에 대한 설명이나 이해는 그렇게 의미있는
것이 못 된다.
　이 신화에 대한 신화구조적 이해는 본격적인 은유체계 파악의
성격을 지닌다. 역사적 외피는 따라서 벗겨지며, 후래 '撰述者'에
게 강하게 작용한 사회의식이나, 정치적 의도로부터도 개방되지
않아서는 안 된다.
　山幸과 海幸은 雙分制的인 대립·의존의 질서관계를 보인다. 이
것은 이미 있었던 질서체계로, 비록 對極的이나 균형잡힌 것이었
다. 양극을 대표하는 山幸(火遠理)과 海幸(火照)은 동질성과 이질
성을 아울러 分有하는 존재다.
　이들의 '幸'교환은 기존질서에의 반역이었고, 비생산과 혼란,
대립과 반목의 계기가 되었다. 山幸彦(火遠理)의 失鉤는 결정적인
균형붕괴를 가져왔다. 火照의 일방적인 우세, 火遠理의 일방적인
열세는 극도에 이르렀다. 火照의 철저한 추궁, 火遠理의 속수무책.

火遠理는 자기부정적인 죽음의 시련에 스스로 뛰어들지 않을 수
없었다. 통과제의적인 시련을 거쳐 그는 강력해져서, 재생한다.
재생한 火遠理는 추궁만 받고 시달리기만 한 지난날의 약자가 이
미 아니었다. 지난날 覇者로서 그를 괴롭힌 火照를 실력으로 굴복
시켜 새로운 질서관계를 수립한다.

하나의 질서체계가 새로운 질서체계로 止揚되어 나가는 역동적
인 법칙성을 이 신화는 구조적으로 재현하고 있다. 신화는 '현재
의 질서'가 일찍이 '새로운 질서'로 재생되었던 것에 대한 보증적
사실을 제시한다. 동시에 그것은 초역사적인 일관성을 지닌다는
점에서 典範이 된다.

V. '夜來者'說話의 敍事的 變容

1. 序　論

《三國遺事》卷2의 '後百濟 甄萱'조에 '古記'를 인용한, 설화적인 기사가 아래와 같은 내용으로 소개되어 있다.

　　A. 옛날에 어떤 부자가 光州 北村에 살았는데 그에게는 용모가 단정한 딸이 하나 있었다. 한번은 아비에게 이르기를 "매양 보랏빛 옷차림의 사나이가 잠자리에 와서 관계합니다" 하였다. 아비는 이르기를 "너는 긴 실에 바늘을 꿰어 그 옷에 찔러 두어라"고 하였다. 딸은 아버지의 말대로 하였다. 밝은 날에 실을 따라 북쪽 담장 밑에 이르니, 커다란 지렁이의 허리에 바늘이 찔려 있었다. 그 뒤에 이로 말미암아 잉태하여 아들을 낳았다. 열다섯 살이 되자, 스스로 甄萱이라 일컬었다. 景福 원년 임자(892)에 왕을 일컫고 完山郡에 도읍을 세우고 43년을 다스렸다.*[1]

---

1) 이하의 인용문 가운데 漢文과 英文 원전은 筆者 譯文인 경우 끝에 ＊표로 표시하였다. ＊표시가 없는 인용문은 원전 그대로이거나 축약이다. 축약의 경우는 주에서 cf. 표시를 하였다.

위의 내용은 이른바 '夜來者 說話'[2)]로 알려진 後百濟王 甄萱의 출생담이다. 이와 비슷한 설화가 일본의《古事記》중권, '崇神天皇' 조에 있다.

> B. 玉依毘賣는 용모가 단정하였다. 용모와 威儀가 당대에 비길 데 없는 어떤 壯夫가 야반에 문득 와서, 서로 느낌이 있어 관계하는 가운데 얼마 안 있어 여인은 잉태하였다. 부모가 그 잉태한 것을 수상하게 여겨서 물었다. "너는 저 혼자 잉태하였다. 지아비 없이 어떻게 잉태하였느냐?"고 하니, 딸은 대답하여 말하기를 "수려하게 생긴 사나이가, 그 성명은 알 수 없으나, 저녁마다 찾아와 같이 지내는 사이에 어느덧 잉태하게 되었습니다"고 하였다. 이에 부모는 그 사람을 알고자 하여 딸에게 분부하여 말했다. "赤土를 바닥 앞에 뿌리고, 실타래의 실을 바늘에 꿰어 그 사나이의 옷자락에 찔러 두어라." 딸이 분부대로 하고, 다음날 아침에 보니, 바늘 꿰인 실은 문의 자물쇠 구멍을 통하여 밖으로 나갔는데, 실타래에 남은 실은 세 돌림(三勾 또는 三輪)뿐이었다. 이에 곧 그가 자물쇠 구멍으로 빠져 나간 것을 알고 실을 따라 찾아가 보니 美和山에 이르러 神社에 머물렀다. 그리하여 그(意富多多泥古)가 神(뱀)의 자식임을 알았다. 실타래의 실이 세 돌림 남았다고 하여 그 땅을 '美和'라고 부른다.*

위의 活玉依毘賣의 기사는 崇神天皇 때 大物主大神을 奉祀하는 神主로 삼은 意富多多泥古가 大物主大神의 후손, 즉 '神의 자식'임을 밝히려는 의도에서 서술된 내용이다.(사진 19) 앞의 견훤의 기사에 비하여 더러 부연된 부분이 있기는 하나, '야래자설화'로서 기본적인 틀은 거의 일치하고 있다.

> ① 밤에 여인(처녀)에게 정체 불명의 사나이가 찾아와 동침한다.
> ② 사나이의 正體를 探索한 결과 非人間(異類, 神)임이 밝혀진다.

---

2) '夜來者'의 용어는 張德順의 《韓國說話文學硏究》(서울대출판부, 1978, p. 139f)에서 썼다. 이 용어는 정체불명의 영적 존재의 來寢 때를 '밤'으로 한정하고 있다는 점에서 문제가 없지 않다. 이 글에서는 관용을 좇아 '夜來者~'로 썼으나, 論旨의 전개에서는 이에 구속받지 않는다.

③ 그 결과로 여인은 잉태하여 非常人(英雄, 神)을 출생한다.

　그 밖에 다른 모티프도 개입할 수 있으나, 기본적인 틀은 위의 모티프로 이루어진다고 일단 가정하고 논의를 전개하려고 한다. 앞으로의 고찰을 통해 밝혀질 것이나, 위의 모티프도 여러모로 변용되고, 또 설화에 따라서는 缺落하는 모티프도 있어 실제로 '夜來者'형의 原初型을 어느 것이라 쉽게 단정하기는 어렵지 않은가 한다. 이 글은 야래자형의 최소의 기본단위를 위와 같이 假設하고, 그것이 첨가·탈락·변형·수정 등을 포함한, 여러 가지 전개과정에서 치러야 했던 서사적 변용과 소설 형상과의 내적 교섭관계를 살펴보려고 한다. 종전의 연구에서 주목을 끄는 것으로, 야래자형 설화의 주제 논의와 관련하여 야래자 설화의 전형을 논증한 장덕순, 주변민족들의 야래자형 서사 형태를 광범위하게 비교 고찰하여 그 전래의 계통을 밝히려고 한 김화경, 야래자 신화가 馬韓의 신화였을 가능성을 여러 측면에서 확인하려고 한 서대석의 업적을 들 수 있다. 장덕순은 야래자 설화의 주제를 '非常人物이나 神의 탄생'으로 보고, 이를 기준으로 삼아 典型 여부를 논하였다.[3] 그러나 야래자형을 위의 단일 주제로만 논단하는 데 따르는 문제를 간과하지 않았는가 싶다. 김화경의 야래자 설화 전파 경로의 추정[4]은 매우 의욕적인 것임에도 불구하고, 이 설화를 굳이 전파에 의한 전달물로밖에 보지 않아서는 안 되는 이유가 끝내 석연하게 밝혀지지 않은 것이 아쉽다. 서대석은 야래자 설화를 水父─地母型 신화로 보고, 그것의 제의적 성격을 추상하여 馬韓의 신화로 遡源하는 논의를 폈다.[5] 그는 야래자 신화와의 관

---

3) cf. 張德順, 〈夜來者傳說考〉, 《국어국문학》 49·50호, 국어국문학회, 1970, p.266.

4) cf. 金和經, 〈百濟文化와 夜來者說話의 硏究〉, 《百濟論叢》 1집, 백제문화개발연구원, 1985, pp. 237~240.

5) cf. 徐大錫, 〈百濟神話硏究〉, 《百濟論叢》 1집, 백제문화개발연구원, 1985, pp.48~53.

련에서 水父—地母神 신앙의 북방족이 남하하여 마한의 주체가 되고, 백제 말기의 餘氏 王系도 마한계라고 하는 데까지 논의를 전개하였는데,[6] 신화 해석을 통해 史實을 再構하는 데는 그 나름 의 한계가 있지 않아서는 안 된다는 생각이 든다.

이 글은 위의 업적들로부터 많은 시사를 받은 한편, 김화경·서 대석의 두 업적으로부터는 비교적 풍부하고 정제된 자료들에 접 할 수 있어 크게 도움 받았음을 밝혀둔다.

2. 설화적 모티프의 고찰

1) 비인간적 존재와의 交婚

인간이 異類와 交婚하는 형상은 고대 서사 형태에서 흔히 대할 수 있다. 이와 같은 異類交婚觀의 배경이 되고 있는 고대인의 의 식은 임신에 대한 고대인 내지 원시인의 사고와 관련이 있는 것 으로 보인다. 그들은 수태와 임신을 단순한 생리적 원인 이상의, 영적인 원인으로 이해하고 있다. 일찍이 트로브리안드(Trobriand) 諸島 원주민의 생활을 조사 보고한 바 있는 말리노프스키(Mali-nowski)는 《원시인의 심리에서의 아버지》(The Father in Primitive Psychology)에서 "원시인에게는 '아버지' 관념이 없으며, 임신하고 출산하는 것은 精靈的인 힘이 그 원인으로 인정되고 있다고"[7] 하 였다. 융(Jung)은 교미로 임신하는 동물의 경우를 이미 알고 있

---

6) cf. 위의 글, p.48.
7) B. Malinowski, Parenthood — The Basis of Social Structure, London, 1930(靑山道夫·有地亨 譯, 《未開家族の論理と心理》, 京都, 1960, p.20) ; cf. 黃浿江, 〈古代敍事文學에 대한 原型的 試考〉, 《韓國敍事文學硏究》, 1972, p.18.

는 원시민족이 인간에 대해서만은 그것을 부정하고 있는 것은 그
것을 몰라서가 아니라, 부정되고 있는 것이라고 하고, 그 이유를
구체주의에서 벗어난 신화적 설명을 즐기는 까닭으로 설명하였
다.[8]

    C. 高辛氏의 妃인 姜原이 커다란, 사람 발자국을 보고, 이를 밟았
더니 사람인 듯한 낌새가 느껴지며 잉태하여 后稷을 낳았다.'[9]
    D. 그 여자는 품안에 해가 비침으로 인하여 임신하여 神雀 4년 癸
亥 6월에 朱蒙을 낳았다.'[10]
    E. 부인이 할일없이 입을 벌이매 룡ㅈㅣ 몸을 흔들더니 붉은 기운
이 되어 입으로 들어가거늘 부인이 삼키고 보니……과연 그달부터
태긔잇서 십삭이 참애 일개 옥동을 생하니…….[11]
    F. 서울 萬善北里의 寡女가 지아비 없이 잉태하여 아이를 낳았다.
나이 열두 살이 되어도 말도 않고, 일어나지도 않았다. 그래서 '뱀
동'(蛇童)이라 이름하였다.'[12]

    위의 몇 가지 사례에서 보듯 여인의 임신은 靈的인 존재(神·精
靈 등)가 여인의 몸에 접촉 내지 들어감으로써 일어나는 변화이
며, 여인에게 접근하는 영적 존재가 사람(남자) 모양의 '性 관계'
를 가짐으로써 잉태되는 것은 아니었다. 靈 存在가 女體에 접촉
내지 투입되는 부위도 생식부위에 국한되지 않는다. 頭髮, 머리,
눈, 입, 품(가슴), 배, 음부, 발, 손 등 여러 부위이다.[13] 말리노프
스키는 영 존재의 여체 移入의 경로에 대하여 頭部로부터 하강하
는 것과 腟部로부터(per vaginam) 상승하는 두 가지를 들고 있다.
전자는 생식부위가 아니며, 후자는 직접적인 생식부위이다.

---

 8) C. G. Jung, *Zur Phänomenenologie des Geistes im Märchen*, 1945(西丸西方
    譯,《人間心理と教育》, 東京, 1956, p. 156).
 9)《列子》, 天瑞 1.
10)《東國李相國集》卷 3, 東明王篇.
11)《금방울전》, 世昌書館, p. 1f.
12)《三國遺事》卷 4, 蛇福不言.
13) cf. 黃浿江,《韓國敍事文學硏究》, 1972, pp. 18~21.

G. 옛날……신라국에 阿具奴摩라고 하는 늪이 있었다. 늪 언저리에 어떤 천한 여인이 낮잠을 자고 있었다. 이때 해가 무지개 모양 빛을 발하며 그녀의 음부 위를 비추었다. 우연히 이를 본, 한 천한 남자가 수상하게 생각하여 늘상 여인의 하는 일을 살피고 있었던바, 여인은 그런 일이 있은 때로부터 임신하여 붉은 옥을 낳았다. 남자는 그 옥을 청하여 얻어서 싸 가지고 늘 허리에 차고 다녔다.'[14]

위의 阿具奴摩 늪의 기사는 직접 생식부위, 즉 腔部로부터 영적 존재(태양신)가 여체에 이입하여 잉태하는 현상이나, 그럼에도 불구하고 아직은 직접적인 남녀의 성관계로 나타나 있지는 않다.

H. 松京에서 10여 리에 德積山이 있는데, 산 위에 崔瑩 장군의 祠堂이 있다. ……서쪽 사당 곁에 침실이 있어 민간의 처녀를 골라서 사당을 모시게 하는데, 늙고 병든 이는 젊고 예쁜 여자로 바꾸면서 300여 년을 내려온다. 사당을 모시는 여자가 말하기를, 밤이면 神靈이 강림하여 살아 있는 사람과 같이 성관계를 가진다고 했다.'[15]

위의 H는 영적 존재가 여인에게 접근하여 인간과 다름없는 성관계를 가지는데, 이런 형상은 후대적 변용으로 보인다. 그러나 그 결과로서의 임신 여부는 밝히지 않았다.[16] 이상의 고찰에서 보건대 이 부류의 설화들은 비인간의 영적 존재가 여인에게 접근하여 어떤 의미의 남성적 작용을 한다는 것이며, 그 결과는 대개 잉태하여 출산으로 연결되나, 영적 존재의 남성적 작용은 앞에서

---

14) 《記》中卷, 品陀和氣命(應神天皇).
15) 《五洲衍文長箋散藁》卷 26, 巫覡辨證說.
16) 女人의 神婚의 俗은 비교적 역사가 오래다. 처녀 마리아도 혼전에 聖靈으로 잉태하여 예수를 낳았다.(《마태복음》 1:18~23) 神廟에서 혼전 처녀의 神淫의 俗은 세계 각 민족간에 널리 분포되어 있었으며, 지금도 그와 같은 민속이 형식적이기는 하나, 그 흔적을 남기고 있다. 일본 長崎縣 北松浦郡 平戶의 稗田에서는 결혼 전야 신부는 친모와 기혼 부인에게 이끌려 鄕社인 緣岡神社에 가서 神禮라고 하는 男根狀의 木棒으로 破瓜의 의식을 지낸다. 지금은 신부의 股間에 대는 정도로 형식화되었으나, 옛날에는 실제로 이것으로 破瓜가 행하여졌던 것 같다.(cf. 宇能鴻一郎, 《密戱·不倫》, 東京, 1965, p.168f.)

보듯 여러 모양으로 이루어지며, 그 결과로 오는 잉태와 출산은
필수적이 아니며, 설화에서는 잉태와 출산이 가끔 간과되거나 유
보되는 경우도 꽤 있다. 영적 존재에 관하여 그 실체를 살펴보면
크게 두 가지로 나누어 볼 수 있다. 즉 긍정적인 영적 존재와 부
정적인 영적 존재이다. 전자로는 天神·地神·山神·龍神·蛇神 등이
있고, 후자로는 惡神(疫神)·惡靈(木怪·物怪) 등이 있다. 그러나
이들은 흔히 사람(남자)의 모양을 하고 여인에게 접근한다. 이들
이 여인에게 접근하는 時空은 대개 밤의, 여인만의 밀실이다. 그
러나 이것은 절대적이 아니다. 요컨대 영적 존재가 여인에게 성
적 접근을 하는 데 별다른 장애가 없는 시공이면 굳이 밤이어야
할 이유도 없고, 굳이 밀실이어야 할 이유도 없다. 특히 천신(태
양신)의 경우는 그 속성으로서도 어쩔 수 없이 낮에 여인에게 접
근할 수밖에 없다.

> I. 金蛙王은 이(柳花)를 이상히 여겨 방 안에 가두어 두었다. 햇빛
> 이 비추는 바 되므로 몸을 당겨 피하였으나, 해 그림자가 또 따라와
> 비추는 것이었다. 이로 인하여 잉태하여 크기 닷 되만한 알 하나를
> 낳았다. ……한 아이가 알의 껍질을 깨고 나왔는데, 기골이 준수하
> 였다. 일곱 살에 유달리 숙성하여 활과 살을 스스로 만들어 쏘되 百
> 發百中하였다. 그 나라 풍속에 활 잘 쏘는 이를 '朱蒙'이라 하였으므
> 로 이로써 이름을 삼았다.'[17]

밀실에 유폐된 柳花를 따라다니며 비추었던 '햇빛'은 태양신으
로 간주되며, 그의 성격상 그때가 밤일 수 없다. 여인을 잉태케
하는 태양신의 '햇빛'은 때로 '태양신의 눈'(the eye of god)[18]으로,

---

17) 《三國遺事》卷 1, 高句麗.
18) "So the old woman took the girl out of the iron house. But when she saw
    the bright world, the girl tottered and fainted ; and the eye of god fell
    upon her, and she conceived. Her angry father put her in a golden chest
    and sent her floating away (fairy gold can float in fairyland) over the

142

'황금의 소내기'(a shower of gold)[19] 등으로 형상화되기도 한다. 이때의 눈은 단순한 '눈'이 아니다. 이른바 '서로 눈동자를 보는 것으로 風化를 느끼고, 서로 보는 것으로 陰陽을 이룬다'[20]는 유의 '눈'이다. 이 '눈'은 '浴身禁忌說話'[21]의, 보는 것이 금기된 욕실 안의 아내의 벗은 몸을 굳이 엿봄으로써 파국을 맞는 어부의 '눈'과 같이 공격적이요, 파괴적인 '눈'이다. 창호지의 손가락 구멍을 통하여 내부를 엿보는 시선은 저항하기 어려운 무서운 폭력으로 작용하는 것을 설화에서 흔히 본다.[22] 그와 같은 시선이 여인의 순결을 파괴하는 폭력이 되는 경우를 위의 柳花나 Danaë의 설화에서 태양신의 '햇빛', '눈', '황금의 소내기' 등으로 형상화하고 있음을 본다. 이른바 '야래자' 자체 여성의 순결을 파괴하는 폭력적인 '눈'에 대응하는 것이다. 이와 같은 폭력적인 '눈'의 발상은 근원적으로 사물의 내부에 침입하려는 인간 본연의 호기심과 관련되어 있다. 인간은 他者의 내부를 보고 싶어 하는 유일한 被造物[23]인 까닭이다. '夜來者'는 他者＝女性의 내부에 침입하려는 공격적 존재로서 바로 그 점에서 인간의 본원적 욕구와 맺어져 있다. 그리고 여성(순결)도 그와 같은 공격성 앞에서 모순양립적인

wide sea."(James Frazer, *THE GOLDEN BOUGH*, abridged ed., London, 1959, p.603)

19) "The old Greek story of Danaë, who was confined by her father in a subterranean chamber or a brazen tower, but impregnated by Zeus, who reached her in the shape of a shower of gold.(perhaps belongs to this class of tales)(*Ibid.*, p.602)

20) "莊子所謂鶬 相視眸子 不運而感風化之類也……司空彪云……又云 相視而成陰陽."(《山海經箋疏》卷2, 司幽國)

21) cf. 孫晉泰,《朝鮮民族說話의 研究》, 1950, pp.65~69.

22) 康津의 無爲寺의 壁畵 造成時 寺衆의 한 사람이 禁忌를 깨뜨리고 엿본 때문에 붓을 입부리에 물고 그리던 새가 날아가버려 중단되었다는 傳說이 있고, 慶北 河回에서 假面을 만드는 것을 몰래 엿보았던 때문에 만들던 총각이 피를 토하고 죽었다는 전설이 있다. 이런 유의 전설은 사찰에 여러 모양으로 전한다.

23) cf. Hans Carossa, *Geheimnisse des reifen lebens*, 1936 ; Gaston Bachelard, *La terre et les rêveries du repos*(饗庭孝男 譯,《大地と休息の夢想》, 東京, 1970), p.20.

대응[24]을 하게 되어 있다. 일련의 야래자 설화에서 야래자를 대하는 여성의 태도는 대부분 적극적은 아니지만 수용적이라는 인상을 준다. 그럼에도 불구하고, 그 태도가 매우 애매한 것은 위와 같은 모순양립적인 위상에서 결과한 것이 아닌가 한다. 야래자에 대하여 적극적인 거부를 나타낸 여인의 예는 거의 찾아볼 수 없다. 유부녀의 경우임에도 불구하고, 處容의 아내 역시 남편 출타 중에 잠자리에 들어온 야래자(疫神)에 대하여 거부한 흔적이 전혀 나타나지 않는다. 그 현장을 목격한 처용이 "잠자리를 보니 다리가 넷이로구나. 둘은 내 것이었고, 다른 둘은 뉘 것인고?"라고 노래하고 물러난 것[25]으로 보아도 처용처는 역신과의 동침을 결코 마다하지 않았음을 알 수 있다. 정도의 차이는 있을지라도 야래자에 대한 여인들의 태도는 대개 이와 같은 데서 멀지 않았던 것으로 보인다.

2) 探索 모티프와 그 결과

다음으로 제기되는 문제가 정체 불명의 야래자에 대한 정체 해명을 위한 탐색 모티프다. 대부분의 야래자는 여인과의 관계를 전후하여 자신의 정체를 밝히지 않는 것이 예가 되어 있다. 이에 관한 한 피차간에 묻지도 말하지도 않는, 암묵리의 양해가 성립되어 있는 것 같은 착각마저 들 정도다. 드러내어 밝히지는 않았으나, 양자간에 말 없는 가운데 설정된 터부(taboo)처럼 보인다. 앞의 B에서 여자가 아버지에게 말한 가운데, "수려하게 생긴 사나이가, 그 성명은 알 수 없사오나 저녁마다 찾아와 같이 지내는

---

24) 전통적으로 處女性을 無垢의 完全性으로 존중하는 경향이 있다. 그러나 인류가 그 생명을 유지하기 위해서는 처녀성의 상실을 불가피하게 하는 데 바로 여성의 모순양립적 위상이 있다. (cf. БЕРДЯЕВ Н., О НАЗНАЧЕИИ ЧЕЛОВЕКА ОПЫТ ПАРАДОКСАЛЬНОи ЗТИКИ, 1931 ; 野口啓祐 譯,《ベルジャーエフ著作集》3, 東京, 1966), pp. 590ff.

25) cf.《三國遺事》卷 2, 處容郎 望海寺.

사이에 어느덧 잉태하게 되었습니다"라고 한 데서 알 수 있듯이
여자는 당장 눈으로 보고 느끼는 남자의 외양과 인상밖에는 남자
에 대하여 알지를 못한다. 저녁마다 관계하였음에도 남자의 所從
來에 대하여는 아무 것도 아는 것이 없다. 야래자와 관계한 여인
의 대부분이 이와 같았던 것으로 보인다. 터부가 확실한 것이 야
래자의 정체를 밝혀내는 순간, 즉 터부가 파기되는 것과 동시에
야래자와의 관계는 타의든 자의든 단절되기 때문이다. 그 드러난
예가 큐피드(Cupid)와 프시케(Psyche)의 경우다.

J. 프시케는 밤마다 찾아와 동침하고 가는 큐피드의 얼굴을 본 적
이 없었다. 자기를 부드럽게 대해주는 사나이를 프시케도 좋아하게
되었고, 낮에 떠나지 말고 모습을 보여 달라고 여러 차례 간청하였
으나, 그것만은 들어주지 않았다. 앞으로도 자신을 보려고 하지 말라
는 禁忌까지 내렸다. 남자에 대한 궁금증을 끝내 버릴 수 없었던 프
시케는 남자가 깊이 잠든 사이에 촛불을 켜고 남자의 정체를 확인하
려다가 그만 발각되었다. 큐피드는 금기를 파기한 프시케를 지상에
버려둔 채 하늘로 날아가버리고 돌아오지 않았다. 이때부터 남자를
만나기 위한 프시케의 고난이 시작된다.'[26]

위의 예는 야래자가 여인에게 자신에 대한 정체 확인을 엄격히
금기하고 있는 경우다. 정도의 차이는 있으나, 대개 야래자와 여
인 사이에는 위와 비슷한 금기가 설정되어 있었던 것처럼 보인
다. 그럼에도 불구하고 금기를 깨는, 야래자에 대한 정체 확인에
는 대개 제삼자, 흔히 부모·형제·자매·외삼촌과 같은 친권자나
혈연자가 개입하여 이루어진다.[27] 위의 프시케의 경우도 큐피드
의 정체 확인을 충동한 것은 그의 자매들이었다. 정체 확인과 관

---

26) cf. Thomas Bulfinch, *Mythology*, A Modern Abridgment by Edmund Full-
er, New York, 1963, pp. 71～75.
27) 주인공 자신이 정체 해명의 방법을 강구하는 경우도 꽤 나타나고 있으며, 더
러 외부인, 즉 승려, 마을 사람들, 점쟁이가 있고, 일본의 경우는 유모·조부·
조모의 경우도 나타나고 있다.(cf. 金和經, 앞의 글, p.270)

련하여 이런 특이한 경우도 있다.

> K. 大物主神은 孝元天皇의 딸 倭迹迹日百襲姬에게 밤에만 찾아와
> 자고 갔다. 여인은 大物主神에게 "당신은 늘 낮에는 뵐 수 없어 분
> 명하게 그 얼굴을 볼 수가 없습니다. 바라건대 잠시 머무소서. 밝은
> 아침에 우러러 아름다운 그 모습을 뵈올까 하나이다" 하고 간청하였
> 다. 이에 大物主神은 "내일 아침 그대의 빗 상자(櫛司)에 들어가 있
> 을 것이니, 절대로 내 모양에 놀라서는 아니 되오"하였다. 여인이
> 아침에 빗 상자를 보니, 예쁜 작은 뱀이 있었다. 그 길이와 두께는
> 옷끈 정도였다. 이것을 본 여인이 소스라쳐 놀라 부르짖으니, 大物主
> 神이 부끄러워 곧 사람의 모양이 되어 여인에게 말했다. "그대는 감
> 히 나를 부끄럽게 하였다. 내 또한 그대를 부끄럽게 하리라" 하고,
> 이에 하늘을 밟고 御諸山으로 올라가 버렸다. 여인은 우러러 보고
> 심히 뉘우쳐 털썩 주저앉으며 젓가락에 陰部를 찔려 죽었다. 大市에
> 장례하였는데, 그 무덤을 사람들이 '젓가락 무덤'(箸墓)이라고 부른
> 다.*[28]

야래자 자신이 정체를 드러내 보이는 위와 같은 경우(사진 9)
는 매우 드물다. 그러나 이때도 상대방의 모양에 놀라 '부끄러움
을 주어서는 안 된다'는 금기가 설정되었던 셈이고, 그것이 지켜
지지 않자 결정적인 파국이 찾아왔다. 어떻든 야래자의 정체 확
인 문제는 야래자나 여인의 양편 모두 對極的인 위치에서 심각하
게 대하고 있었음을 알 수 있고, 따라서 양편이 이 문제에 관
한 금기 아닌 금기로 默契한 상태로 지냈던 것으로 보인다.
  야래자의 정체 확인을 위한 탐색수단은 설화상 여러 가지로 나
타나고 있으나, 지배적인 것은 바늘에 실타래(실꾸리·실패)의 실
을 꿴 것을 야래자 몰래 그의 옷이나 어느 부분에 찌르거나 꽂아
두었다가 밝은 날에 실 간 데를 찾아가는 것이다. 그것의 변형으
로 삼베 실을 야래자의 윗옷의 옷단에 매어 두거나,[29] 끝에 실을

---

28) cf.《紀》卷5, 崇神 10年 9月.
29) cf.《肥前風土記》松浦郡 褶振峯 ; 金和經의 해석에 의함.

펜 쇠송곳(金錐)으로 야래자의 목 뒤를 찌름으로써 야래자가 펄쩍 뛰면서 크게 부르짖으며 실을 끌고 사라져간 경우,[30] 모시실을 야래자의 옷 단추에 매어둔 경우[31] 등을 볼 수 있다. 위의 '실타래型'에 '엿듣기'가 첨가하여 이야기가 새롭게 전개되는 경우도 있다.

　　L. 부모가 실을 따라간즉, 그 실은 연못을 거쳐 동굴 속에 들어가 있었는데, 거기에서 이야기 소리가 들려오는 것이었다. 엿들어보니, 부모인 듯한 목소리가 아들인 듯한 것에게 말하기를, "사람들에게 나쁜 짓을 한 때문에 너는 쇠 독으로 아마 죽게 되지 않겠는가?"하니, 아들인 듯 싶은 것이 말했다. "인간 여자에게 내 새끼를 배게 하였으므로 이제 죽어도 괜찮습니다" 하였다. 그러자 아비는 말하기를, "사람들은 영리해서 네 새끼를 그대로 둘 리가 없다. 3월 쑥술(蓬酒)이나 5월 창포술(菖蒲酒), 9월 국화술(菊花酒)을 마시고, 따뜻하게 끓인 물 속에 몸을 담가 그 애를 떨어지게 할 게 뻔하지 않느냐!"고 했다. 이 말을 엿들은 처녀의 부모는 집으로 돌아와 들은 대로 하여 그것의 새끼를 쏟아버리게 하고, 딸은 무사하게 되었다.[32]

위의 예에서는 딸의 순결을 침해한 야래자 異類를 懲治하는 대신 이류의 자식을 잉태한 딸을 낙태시킬 비방을 얻어 듣게 된 것을 다행으로 알고 그대로 내버려두고 돌아온 것을 볼 수 있다. 그러나 대부분의 경우 여인편의 사람들에게 발견된 이류들은 응분의 징치를 받거나 살해되고 만다.

　　M. 이에 땅을 서너치 남짓 팠더니, 썩은 절구공이 하나가 있었다. 그 나무 끝에 실이 매어 있었는데 나무 꼭대기에 彈子 크기만한 보랏빛 구슬 하나가 있는데, 광채가 사람을 쏘았다. 그 사람이 그 구슬을 빼어 주머니 안에 간직하고, 그 나무는 태워 버리니 그 뒤로는 (야래자의) 자취가 끊어졌다. 어떤 날 밤 그 사람의 집 문 아래 문

30) cf. 孫晉泰, 앞의 책, p.205f, 宣室志(張景의 딸).
31) cf. 高木敏雄, 《增訂 日本神話傳說の硏究》2, 大林太良 編, 東京, 1974, p.253.
32) cf. 金和經, 앞의 글, p.272.

득 어떤 사람이 와서 그 구슬을 돌려주기를 빌면서, 그렇게만 한다
면 부귀공명이 따를 것이라며 간곡히 청하였으나, 종시 허락지 않자
밤새도록 슬프게 빌다가 갔다.'[33]

야래자로 행세한 '절구공이'를 태워 버린 경우다. 그러나 공이
에 박혀 있던 구슬은 간직한 사람이 훗날 醉中에 길에서 자다가
잃어버렸다. 아마도 공이의 精靈이 취해 가지 않았는가 한다. 설
화상으로는 야래자의 정체를 확인한 것으로 끝나고, 그 뒤처리를
밝히는 일을 불필요하게 여겨서 아니 하였거나, 무관심하여 안
한 경우가 있는가 하면 L의 경우와 같이 소각해 버리거나, 쇠송
곳을 쓴 張景의 딸의 경우처럼 (고목 아래 구멍에서 한 자 남짓한
굼벵이를 발견하고 죽여 버렸다) 살해하거나[34] 한 그 결말을 명백
히 밝히고 끝나는 것이 일반적이다. 그러나 야래자를 퇴치하는
경우는 야래자가 부정적인 영적 존재(惡靈·木怪·鬼魅·物怪·精靈
등)에 한정되어 있다. 긍정적인 영적 존재(천신·지신·산신·용신
등)의 경우는 加害는 고사하고, 이를 받들어 祭儀를 행하게 된 사
실을 설명하기도 한다. K의 大物主神은 祭神으로 받들어지고 있
는 경우다. 이에서 보듯 설화자의 '夜來者' 의식은 '神明'과 '靈怪'
를 엄격히 구별하고 있다는 인상을 준다.

3) 非常人의 탄생

야래자와의 性的 접촉 결과 임신한 여인이 출산하는 경우 야래
자가 비록 非人間임에도 불구하고, 아이(人間)를 출산하는 경우가
대부분이다. 매우 드문 일로서, 異類 즉 뱀새끼를 낳은 경우도 있
다.

---

33) 《溪西雜錄》卷 2, 橫城女.
34) 口傳 자료에서는 '撲殺'한 경우가 많이 조사되고 있다.(cf. 徐大錫, 앞의 글,
    p.43)

N. 茨城里 북쪽에 晡時臥山이 있다. 古老의 말이 이러하다. 男妹 두 사람이 살았는데, 여동생의 방에 姓名을 알 수 없는 사람이 늘 와서 求婚하되, 밤에 와서 밝으면 돌아갔다. 마침내 부부의 인연을 맺어 하룻밤에 임신하였다. 달이 차서 작은 뱀을 낳았는데, 뱀은 밝은 낮에는 말을 않고, 날이 어두워지면 어미와 이야기를 하였다. 어미와 삼촌이 놀라고 이상하게 여기면서 필시 神의 자식이리라 생각하여 정갈한 그릇에 넣어 단을 만들어 그 위에 안치하였다. 하룻밤 사이에 그릇에 가득 찰 정도로 자라니 다시 그릇을 바꾸어 주었더니, 또 그릇에 가득 찰 정도로 자랐다. 이렇게 하기를 서너 번 하자 그릇을 댈 수가 없었다. 어미가 자식에게 말했다. "너의 器量을 보니 神의 자식임을 알겠다. 우리 집 형편으로는 너를 양육할 수가 없다. 그러니 너는 아버지가 있는 곳으로 가거라. 여기 있지 말아라." 이 말에 자식은 슬피 울며, 낯을 닦고 대답하여 말했다. "삼가 어머님 말씀을 따르겠습니다. 감히 마다하지 않겠습니다. 다만 혼자 가는데, 같이 갈 사람이 없으니 불쌍히 여겨서 아이 하나만 붙여 주십시오." 어미는 "우리 집에 있는 사람이란 어미와 삼촌뿐인데, 이것은 너도 알 터이다. 따라갈 사람이 누가 있느냐!" 하였다. 이에 아이는 원한을 품고, 아무 말도 않고, 헤어질 때가 되어 노여움을 이기지 못하여 삼촌을 우레로 쳐죽이고 하늘로 올라가려 하였다. 어미가 놀라 사기 그릇을 들어 내던져 맞치니 아이는 올라가지 못하고 이 산봉우리에 머무르게 되었다. 그를 담았던 그릇들은 지금도 片岡村에 있다. 그의 자손이 사당을 세우고 제사하여 끊이지 않는다.[35]

이 전승에서는 아버지의 정체에 관하여 언급되어 있지 않으나, 아마도 雷神으로 추측되며, 자식도 뱀 모양을 하고 있음에도 불구하고, 雷神의 성격이 짙다. 아버지 야래자의 본체가 뱀이고, 관계한 여인이 뱀새끼를 낳은 경우도[36] 더러 조사되고 있다. 그러나 이렇게 이류를 낳는 경우는 극소수이고, 대부분은 童子를 낳는다. 야래자가 木怪·物怪·葡萄의 精靈 등의 경우는 정체를 확인하

---

35)《常陸國風土記》, 那賀郡 茨城里.
36) cf. 金和經, 앞의 글, p. 286 (자료 28).

는 대로 죽이거나 불태워 없애버리는데,[37] 이런 경우는 여인의 출산이 보이지 않거나 이에 관한 언급이 없다. 따라서 설화자 의식은, 여인이 자식을 낳는 경우의 야래자는 그의 父性 때문에도 결코 母性側의 退治 대상이 되지 않도록 배려하고 있다는 인상을 준다.

야래자를 父性으로 하여 출생한 '童子'의 경우 대개 비상한 인물로 형상화되고 있다. A의 甄萱의 경우를 보자.

> O. 당초 견훤이 강보에 싸인 어린애였을 때 아버지가 들에서 밭을 갈고, 어머니가 남편의 식사를 갈물하느라고 아이를 수풀 속에 뉘었는데, 호랑이가 와서 아이에게 젖을 먹이는 것이었다. 마을 사람들이 듣고 이상히 여겼다. 장성하자 체모가 씩씩하고 기이하였으며, 뜻이 크고 기개가 있어 범상하지 않았다.[38]

지렁이(精靈)의 자식인 견훤은 강보의 어린애 때부터 이미 범상한 아이와는 달랐다는 것이며, 장성하여서는 생김새나 기상이 또한 보통 사람과는 달랐다. 과연 後百濟를 개국할 영웅다운 풍모를 가졌던 것으로 형상화되고 있다. 이렇게 출생한 영웅적 인물로는 淸太祖, 中國 天子, 平康 蔡氏의 始祖, 昌寧 曺氏의 始祖, 百濟 武王, 眞覺國師 등이 보인다.[39] M에서와 같이 神子를 낳는 경우도 있다. 요컨대 야래자 설화에서 출생담이 곁들여지는 경우 그 출생은 비상한 인물이거나 神의 탄생으로 귀결되고 있다. 그러나 이것이 혹 '금방울'이라든가 I의 경우에서처럼 '알'(卵)과 같은 中間 宿主를 거쳐서 종당에 인간으로 출현하는 변용도 가질 수 있다.

---

37) 야래자의 정체가 童蔘이었을 때 이를 캐내어 달여 먹거나(崔常壽, 《韓國民間傳說集》, 通文館, 1958, p.157f.), 캐어서 막대한 돈을 얻는다.(孫晉泰, 《朝鮮の民話》, 東京, 1968, p.108)
38) cf. 《三國遺事》卷 2, 後百濟 甄萱.
39) cf. 徐大錫, 앞의 글, p.42.

3. 서사적 변용

1) '夜來'의 '晝來'로의 변용

야래자 설화의 세 가지 모티프를 가설하고, 그 구체적인 설화 자료들을 검증해 본 결과 그 소재는 물론 주제 설정과 모티프의 구성, 기타 여러 면에서 매우 다양성을 띠고 있음을 확인할 수 있었다. 이른바 '야래자'형의 원초형을 추적한 결과는 '야래자'라는 '밤'의 개념부터가 절대적 요건이 될 수 없음이 확인되었다. 영적 존재와 여인의 성적 교섭이 이루어지는 時空은 물론 '밤'과 같은 은밀한 시간, 밀실과 같은 은밀한 공간이다. 그러나 반드시 '밤', '밀실'만이 그 은밀성을 보장하는 유일한 시공은 아니었다. 특히 그 영적 존재가 '태양신'(햇빛)일 때에는 결코 '밤'의 조건을 충족시킬 수 없었다. 檀君神話에서 보면 호랑이가 禁忌를 못 지켜 사람이 되는 데 실패하였으므로 熊女는 짝할 상대를 찾을 수 없게 되었다. 그리하여 웅녀는 매양 壇樹 아래에 와서 자식을 낳게 해 달라고 빌었으므로 桓雄이 잠시 사람으로 변하여 웅녀를 취하여 잉태케 하여 아이를 낳으니 그 이름이 檀君 王儉이었다.[40] 환웅은 나무에 깃든 天神이다. 樹木神에 祈子하는 민속은 지금도 더러 남아 있다. 이때의 환웅과 웅녀는 이른바 '야래자'형의 靈交를 하였을 것이나, 그럼에도 불구하고, 환웅이라는 천신 내지 태양신의 자식이라는 성격 때문에도 그 時空이 밤, 밀실이라는 조건에 매였을 것 같지가 않다.

---

40) "虎不能忌 而不得人身 熊女者無與爲婚 故每於壇樹下 呪願有孕 雄乃假化而婚之 孕生子 號曰壇君王儉."(《三國遺事》卷 1, 古朝鮮 王儉朝鮮)

2) '異類'의 '異客'으로의 변용

그리고 異類와의 交婚이라는 모티프도 다양한 서사적 변용을 보이고 있다. 그 交婚의 상대가 당초 異類(非人間)였으나, 異人(人間)으로 변용되기도 한다. 비인간의 이류가 異樣物로, 다시 이양인물 즉 異人, 다시 異客 등으로 굴절, 변용된 것을 볼 수 있다.

P. 신라 문무왕의 庶弟 車得公이 중옷을 입고 琵琶를 들고 居士 모양을 하고 서울을 나와 阿琵羅州, 牛首州, 北原京을 돌아 武珍州에 이르러 마을을 순행하였다. 고을의 구실아치 安吉이 보고 異人으로 여겨 그의 집에 맞아 정성껏 대접하였다. 밤이 되자 안길은 妻妾 세 사람을 불러 "오늘 나그네와 잠자리를 같이 하는 이는 평생 같이 지낼 것이다"라고 말했더니, 두 아내는 "차라리 같이 못 살지언정 남과 함께 잘 수 없습니다"고 거절하였다. 한 아내는 "공께서 평생 같이 살게 하신다면 명을 따르겠습니다" 하고 異客과 밤을 함께 지냈다. 아침에 거사가 떠나며 말했다. "나는 서울 사람으로, 내 집은 皇龍과 皇聖, 두 절 사이에 있고, 내 이름은 端午입니다. 주인께서 서울에 오시거든 찾아 주시오."[41]
Q. 어떤 선비가 산길을 가다가 날이 저물었다. 마침 집이 하나 있어 들어가 하룻밤 자고 가기를 청하였다. 마침 그 집의 남자는 외지에 나가 부재중이었고, 어린 두 아들을 거느린 부인 혼자서 집을 지키고 있었다. 산 속의 단칸 집이라 사정이 딱했으나, 어쩔 수 없어 부인은 나그네더러 자고 가게 하였다. 날이 새자 선비는 고맙다는 인사와 함께 양반인 자기의 신분을 밝히고 떠나갔다. 그 뒤 부인은 잉태하여 셋째 아이를 낳았다. 남편이 사정을 모르는 것은 너무나 당연했다. 한번은 양지바른 남쪽 산비탈을 헐어 터를 닦고 집을 지었다. 집들이에 앞서 첫날 밤에 맏아들을 보내어 자게 하였더니, 꿈에 웬 노인이 나타나 이곳은 네 터가 아닌데 어찌 왔느냐고 호통치고 쫓아내므로 질겁을 하고 도망왔다. 다음날에는 둘째를 보냈는데, 이 역시 마찬가지여서 밤중에 쫓겨 왔다. 다시 셋째 아들을 보냈더

---

41) 《三國遺事》卷 2, 文虎王 法敏.

니 해가 동쪽 하늘에 높이 떠오를 때까지도 소식이 없었다. 어린 것이 무슨 변을 당했나 걱정이 되어 부부가 가보니 셋째는 늘어지게 자고 있었다. 꿈에 노인이 나타나 이제야 임자가 왔다고 반기며, 온갖 맛있는 음식을 차려 극진히 대접하여 마음껏 먹고 기분 좋게 단잠을 잤다는 것이었다. 아비는 새로 지은 집을 셋째에게 살게 했다. 어머니는 혼자 생각에 그 터가 양반 터임을 알았다.[42]

P의 경우는 異類 交婚이 異人 내지 異客과의 交婚으로 변용되어 나타난 예로, 異客款待의 民俗과 연결되는 사실로 보인다. Q도 역시 이객과의 교혼이나, 여기에는 출생 모티프가 보이며, 夜來者型 설화 일반의 '非常人物 出生' 모티프가 여기서는 '兩班系 人物의 出生'으로 매우 현실적인, 상승된 사회신분으로 변용되어 있다. 후대의 소설·설화 등에 나타나는 '異人과의 同衾', '낯선 나그네와의 同衾'이라는 모티프도 위와 같은 일련의 서사적 변용선상에서 고찰될 수 있는 것이 아닌가 한다.

3) '非常人'의 '始祖'로의 변용

靈的 異類와의 성관계의 결과로 여인의 몸에서 탄생하는 것이 '사람'(동자)인 경우, 앞에서 본 바와 같이 비상한 인물로 시사되던 것이 어떤 씨족의 시조로 변용되어 서사되는 경우도 꽤 나타나고 있다.[43]

R. 한 아낙네가 강가에서 빨래를 하고 있었는데, 큰 잉어가 떠오

---

42) 未詳의 稗說書.
43) 몽골족의 Alan Qo'a라는 과부는 日月神의 精인 빛나는 노란 빛을 띤 사람이 매일밤 창의 밝은 빛을 따라 집안에 들어와 배를 쓰다듬어 주었는데, 그 빛이 뱃속에 스며 들어오는 것을 느꼈다. 사나이가 나갈 때에는 日月의 광선을 따라 황금빛 개 모양 기어서 나갔다. 그로 말미암아 Alan Qo'a는 몽골족의 3대 씨족의 시조가 된 세 아들(Buru Qatagi, Buqatu Salji, Bodoncar Munqar)을 낳았다.(cf.《元朝秘史》;村上正二 譯,《モンゴル秘史》I, 東京, 1970, pp.28~31)

르더니 아낙네 곁으로 가까이 가서 별안간 뛰어올라 꼬리로 아낙네의 허리 밑을 아야 소리를 낼 정도로 아프게 치고 물 속으로 사라져 버렸다. 아낙네는 이로 인하여 잉태하여 옥동자를 낳았다. 아이의 姓을 '魚'씨라 하였는데, 그 아이가 魚氏의 시조가 되었다.[44]

위의 '옥동자'는 '魚'씨의 시조라는 것 이상의 특별한 의미를 주고 있지 않다. 물론 유난스러운, 비상한 인물로 형상화되어 있지 않다. 비슷한 시조 탄생설화로, 蔡氏沼의 전설이 있다.

    S. 平康郡 楡津面 楡津里에 사는 부호집 딸에게 밤마다 이상한 남자가 와서 자고 가더니 잉태하였다. 부모가 알고 딸을 시켜 바늘에 당사실을 꿴 것을 남자의 옷깃에 꽂게 하고, 밝은 날 실을 따라가서 남자의 정체를 확인하니, '말바위소'(馬岩沼) 속에 사는 큰 거북으로, 오색 찬란한 빛이 돌았다. 부모는 거북을 해치지 않고 고이 소에 넣어 주고 돌아왔다. 딸은 그 뒤 동자를 낳았는데, 성을 큰 거북을 뜻하는 글자로 '蔡'라 하고, 거북이 광채가 있었으므로 이름을 '元光'이라 하였는데, 그가 평강 채씨의 시조다. 이런 일이 있고 나서 거북이 있던 '마암소'를 '蔡氏沼'라 불러 온다. 그 동자는 재주가 뛰어나 장성하여 정승으로 기용되었다고 한다.[45]

여기서는 출생한 인물의 비상함이 언급되고 있으나, 그 비상은 인간의 차원이라는 한계를 벗어나지 않는다. 沼에서 발견한 문제의 야래자인 거북을 해치지 않았다. 아이의 출생과 관련된 야래자에 대하여는 대개 우연한 事故死를 예외로 하고, 살의를 품고 살해하는 경우는 거의 없다. 昌寧 曺氏 시조설화의 경우 야래의 靈物이 아니라, 여인이 못에서 목욕을 하는 가운데 영물과 관계되어 잉태하는 것으로 변용되었다.

    T. 신라 한림학사 李光玉의 딸 禮香이 靑龍疾을 얻어 이를 고치기 위해 昌寧 火旺山 龍潭에서 목욕을 하다가 龍子와 사귀어 生男하였

---

44) cf. 崔常壽,《韓國民間傳說集》, 通文館, 1958, p.89f.(필자 요약)
45) cf. 위의 책, p.448f.(필자 요약).

다. 겨드랑이 밑에 '曺'자가 있었으므로 성을 '曺'라 하고 이름을 '繼龍'이라 하였다.[46]

못과 관련된 坡平 尹氏의 시조 출생설화가 있는바, 앞의(T) 火旺山 龍潭 설화와 같은 계통으로 보이나, 靈物과 女人과의 직접적인 성관계와 출생과정을 배제하고, (아이가 들어 있는) '상자' 상징을 쓰고 있는 점에서 매우 굴곡된 변용을 보이고 있다.[47]

4) '夜來 物怪'와 受胎·出產

야래자형의 이류가 異人, 異客으로까지 변용되는 반면, 퇴치의 대상일 수밖에 없는 物怪類로 변용되기도 한다. 물괴류는 특별한 경우를 제외하고는 출생과 무관하며, 이들은 물괴임이 발각되는 것과 동시에 사람에 의하여 불태워지거나, 박살나거나 기타의 방법으로 살해되어 자취가 끊어져 버린다. 《崔孤雲傳》에서 최치원의 출생담은 물괴 퇴치와 관련하여 아래와 같이 다양한 소설적 변용을 보이고 있다.

U. 平安北道 文昌 땅은 도임한 縣令마다 內衙에서 부인을 잃어버리는 변고가 있었다. 文昌 현령으로 부임한 최충은 唐絲로 부인의 발목을 매어두고 婢子 십여 명으로 지키게 하였으나, 역시 변고를 당하여 부인 장씨를 잃어버렸다. 官衙의 뒷산 일악령을 수색하다가 층암절벽 위의 고목나무 가지에 당사 끝이 걸려 있는 것을 발견하였다. 바위로 올라가 두드려 부인을 불렀으나 소용이 없었다. 노인의 말에 그 바위가 야삼경에는 저절로 열린다는 것이었다. 최충은 돌아갔다가 밤들기를 기다려 그곳을 다시 찾아가 보니, 석문이 반쯤 열렸는데, 그리로 불빛 같은 광선이 비치는 것이었다. 기어 올라가 그 안을 들여다 보니 천지 명랑한 딴 세상이 벌어져 있었다. 안으로 들어가니 高樓巨閣이 있는데, 후원 동산에 숨어서 동정을 엿보니 별당

---

46) cf. 창녕군, 《내고장전통가꾸기》 1집, p.409(昌寧 曺氏의 得姓).
47) cf. 崔常壽, 앞의 책, p.9f.(坡平 尹氏 龍淵).

에 큰 황금빛 도야지 한 마리가 부인의 무릎을 베고 누워 있고, 전후에 미부인들이 옹위하고 앉아 있었다. 최충은 비취향을 바람결에 피워 향내를 풍겼다. 향내를 맡은 부인은 남편이 온 것을 알아차리고 반가워하였으나, 내색할 수는 없었다. 도야지에게 여러 가지 말을 걸어 환심을 사고 나서 부인은 도야지가 무서워하는 것을 알아냈다. 그녀는 차고 있던 열쇠 끝의 鹿皮끈을 끌러서 입에 넣고 한참을 불려서 도야지 뒷덜미에 갖다 붙였다. 도야지는 말 한마디 못 하고 잠자듯 죽었다. 부인은 남편 최충과 함께 무사히 돌아왔다. 그 뒤 十朔이 지나 부인은 生男하였다. 아이는 기골이 장대하고 총혜 명민한 기상이 奇男子라 할 만했다. 부인은 잉태한 지 수삭 만에 도야지의 변고를 만나 끌려갔다 돌아왔으나, 현령과 관민이 모두 그 아이를 도야지의 혈육인가 의심하여 초도해라는 바닷가에 내다버렸다. 그러나 하늘의 도움인지 그 아이는 선녀가 내려와 섬 안에 갖다 두고, 젖을 먹여 양육하였다.……白髮老人이 나타나 말했다. "그 아이는 본디 하늘 文昌星으로 잠시 인간에 謫降하여 최가에 인연을 맺게 한 고로 아이 모친이 잉태한 지 수삭 만에 도야지 변을 지내고 十四朔만에 생산을 하였으나, 자고로 큰 사람은 열 달이 지난 후에 났나니, 요임금과 효소황제도 십사삭에 낳았거늘, 어찌 달수를 교계하여 뉘 혈육을 구별하랴? 이 아이는 최충의 아들이 분명할 뿐 아니라 무슨 짐승이든 서로 교합하여 새끼를 낳을 것 같으면 어디든 닮는 법이다. 도야지 자식일진대 어찌 닮은 데가 없으랴!"……이에 최충은 마음을 돌이켜 아이 찾을 생각을 하였다.[48]

《최고운전》은 야래자 설화의 여러 모티프를 다양하게 변용시켜 형상화하고 있다. 異類가 관아 안의 여인(최충의 아내)에게 접근하여 납치하는 것을 보면, "여러 동네를 별안간 텬디를 분별치 못하게 되고 실래마님이 가신 곳을 아지 못하게"[49] 하고 있다. 이로써 보아 그 시간은 각별히 은밀한 때, 즉 밤을 고른 것 같지는 않고, 보기에 따라서는 낮인 듯하다. 특별히 은밀한 時空을 가려서 온 것 같지 않다. 그 대신 올 때는 자신의 행적을 은폐할 수 있도록 갖가지 조화를 부려 충분한 대비를 하고 있고, 또 여인과

---

48) cf.《崔孤雲傳》, 世昌書館, 1952, pp.1~14.
49) 위의 책, p.3.

당장 동침하는 대신 납치해 가서 동거하는 수법이 다른 이류들과 다르다. 여기서도 '실'에 의한 탐색 모티프가 보이나, 이것 역시 야래자형 일반과는 상당한 변용을 보이고 있다. 즉, 여기서는 부인의 발목에 '여러 백자'(百尺?) 되는 당사실을 매어 두었다고 했고, 이것이 이류의 거처를 발견하는 단서가 되었다. 출생 모티프는 가장 굴곡 많은 변용을 보이고 있다. 부인 장씨는 납치로부터 十朔 만에 동자를 출생하였는데, 일반 상식으로는 동자는 금빛 도야지의 자식이다. 그렇지 않아도 남편 최충도 官民도 다 그렇게 생각했던 것으로 나타나 있다. 그 아이가 도야지의 자식이라 할 것 같으면 장씨 부인은 경위야 어떻든 자식의 아비를 죽인 패역의 어머니가 될 것이다. 이와 같은 문제를 이 소설의 작자는 솜씨 있게 해명해 나갔다. 즉, "부인이 잉태한 지 수삭 만에 도야지변을 만나 갓다왓[50]다고" 단서를 달았다. 그러나 "본내 그것을 밴 지 슈삭 만에 도야지변을 당한 것은 분명하나 다만 십사삭 만에 난 것으로 그놈의 혈육인가 의심함[51]직한" 것도 부인할 수 없다. 14개월 만에 출생하였다는 사실과 잉태한 지 수(3, 4?)개월 만에 변고가 있었다는 사실이 서로 맞물려 석연하게 가닥이 잡히지 않는다. 작자는 이를 신령한 노인의 입을 빌려 명쾌하게 해결해 버렸다. 즉 "자고로 큰 사람은 열 달이 지난 후에 낫나니 요임금과 효소황뎨난 십사삭에 나앗스니 엇지 달수를 교계하야 뉘 혈육을 구별하랴. ……쏘 확실한 증거로 아해 등에 은연히 홍점이 잇스니 이난 최츙의 등에 잇난 홍점을 표함이라 일호도 의심할 것이 업난대"[52] 하였다. 이 말을 들은 최츙이 "자긔 등을 그졔야 자셰 상고하니 과연 은은한 불근 점이 완연하엿다."[53] 그리하여 최츙은 아이가 자기 자식임을 확신하고 찾고자 한다. 결국

---

50) 위의 책, p.10.
51) 위의 책, p.11.
52) 위의 책, p.13f.
53) 위의 책, p.14.

異類(도야지)에게 겁탈되었던 장씨 부인이 잉태 14개월 만에 낳
은 자식은 이류의 자식이 아니라, 남편인 최충의 자식으로 낙착
이 되었고, 따라서 이류를 죽인 장씨의 처사는 정당화될 수 있었
다. 만약에 장씨가 이류의 자식을 출생하였다면 그 사실과 장씨
의 금빛 도야지 살해 사건 사이에는 꽤 난처한 갈등이 생길 뻔하
였다.

5) 探索的 '실'의 변용

야래자 탐색에서 나타난 '실'은 우리 문학에서 '감추어진 진실'
을 탐색하는 주요한 도구로 쓰이고 있다. 전통적인 소설의 讀法에
서 '線法'을 몰라서는 안 된다고 한다.[54] 線法이란 伏線·隱線·對線·
單線·雙線·無形線 등 六線을 말하는데, 이것은 소설의 주요한 수
법으로 독자에게 문제를 제시하여 탐구욕을 북돋아가며, 때가 올
때까지 해결을 보류하고, 신비스러움과 해결에 대한 열망을 계속
고조시키며, 또는 전도된 상태를 지속시킴으로써 초조와 갈등을
심화시킨 끝에 가장 효과적이라 생각되는 시점에서 기대 이상의
해결을 이끌어내거나 기대에 배치되는 절망적인 결말을 지어버리
거나 할 때 최종적인 진실을 숨겨 두고, 또 그리로 가까이 이끌어
가는 계제를 '실'의 탐색적 기능으로 설명하는 용어들이다.

　　사실에는 밝혀낼 단서가 있으니, 이를 線索이라 한다. 대개 끈으로
물건을 이끌어내듯 그를 빌려 사실의 진상을 찾아낼 수 있다.[55]
　　감추어진 사실을 추구하여 그 始末을 얻었을 때, 이를 '線索'이라
고 이른다. 또 간단히 '線'이라고도 일컫는다.[56]

---

54) cf. 安往居 編, 《包閻羅演義》, 五車書廠, 1915, 讀法.
55) "事有可尋之端緖 曰線索 蓋謂如繩之引物 可藉以探求其事之眞相也."(《中文大
辭典》, 線索)
56) "線 推求秘事 得其端倪 謂之線索 亦簡稱曰線."(위의 책, 線)

큰 옥을 관통하고 있는 굴곡 많은 구멍에 실을 꿰라는 난제를
당하여 개미 허리에 실 끈을 매고 한쪽 구멍으로 들여 보내고, 반
대쪽 구멍에 꿀을 발라 그리로 유도하여 무난히 옥에 실을 꿰었
다고 하는 유의 이야기에서도 실의 탐색적 기능의 변용을 볼 수
있다. 孔子가 陳나라를 지나고 있을 때 아홉 마디로 굽은 구멍이
있는 구슬을 얻어 이에 실을 꿰려고 하였으나 불가능하였다. 마
침 뽕 따러 나온 여인에게서 가르침을 받아, 개미와 꿀을 써서 관
통하였다.[57]

6) 出生 모티프의 변용

영적 존재가 여인에게 접근하여 잉태하게 한다는 모티프는 고
전소설 주인공의 출생담에서 다채롭게 변용되어 나타나고 있다.
일례로 《금방울전》의 경우를 보자.

> V. 홀연 일진 음풍이 이러나며 초막 압해 한 사람이 섯거늘 막씨
> 자서이 보니 이곳 삼랑이라 놀나 무러 왈……령연을 배설하얏더니
> 아지못게라 사라서 오시난가 엇지 이 깁흔 밤에 거취가 분명치 못함
> 은 엇전 일이닛고……삼랑이 목이 메여 하난 말이 내……과연 난중
> 에 죽으매……비록 유명이 다르나 그 감격함을 사례코저 하노라 하
> 고 생시와 다름업시 수작하고 도라간 후 자조 왕내하더니 그중에 쏘
> 한 친밀함이 잇서 막씨 이럼으로 조련이 복명이 이러남애 맛치 태상
> 에 아해 노릇하야 점점 커지거날 막씨 내심에 고이히 여겨 행혀 남
> 이 알가 근심하더니 십삭이 맛처서난 산점이 완연하야 려막에 업대
> 엿더니 문득 해복하고 도라보니 아해난 아니요 금방울 갓튼거시 금
> 광이 찬란하거날 막씨 이 경상을 보고 대경하며 고이히 여겨 이에
> 손으로 눌느되 터지지 아니하고 돌에 쌔여지지 아니하거날 다시 집

---

57) "小說云 孔子得九曲珠 欲穿不得 遇二女 教以塗脂於線 使蟻通焉 此與列子兩兒
辯日事相似 言聖人亦有所不知也."(琅琊代醉編, 九曲珠) ; "世傳 孔子厄於陳 遇
穿九曲珠 桑間女子 授之以訣 孔子遂曉 乃以絲繫蟻 引之以蜜而穿之."(祖庭事
苑)

어다가 멀니 바리고 도라오니 방울이 굴너 싸라오는지라 더욱 신긔
하야 집어다가 깁흔 물에 드리치고 도라오니 방울이 굴너 싸라오는
지라……막씨 할일업서 두고 보니 밤이면 품속에서 자고 낫이면 굴
너단이며 혹 나러온 새도 잡고 혹 남게도 올나 실과도 싸가지고 압
헤 노흐니……일몽을 으드매 텬상으로서 일위 선관이 나려와……막
씨다려 왈 그대는 아마도 녀아의 얼골을 보면 자연 알니라 하고 또
금령다려 왈 너는 인연이 다 진하얏슴애 인간에 부귀영화 극진일지
라 하고 손으로 금령을 어루만지니 문득 금령이 터지며 일위 옥골선
녜 나오니……놀나 쌔다르니 침상일몽이라……금령을 차진즉 간대
업고 난대업는 일위 선녜 겻태 안젓거날 놀납고 고이 녁여 자서이
보니 과연 몽중에 보던 선녜라 화용월태와 단순호치며 백태천광이
사람의 정신을 아스니 가위 경국지색이라……일홈을 금령소저라 하
고 자를 선애라 하더라.[58]

막씨에게 온 야래자는 남편의 死靈이다. 그는 생시 蕩兒로 지내
다 天殃으로 난중에 죽었는데, 죽어서도 鬼神의 類에 참예 못 하
고, 음풍이 되어 떠돌아다니는 불우한 사령이었다. 사령과 은밀한
접촉을 한 막씨는 그로 인해 잉태하여 출산하였다. 사람의 자식
이 아니고, 기이한 금방울을 출생하였다. 온갖 우여곡절을 다 겪
고 난 후일, 금방울은 껍질을 벗고 여인으로 세상에 나온다. 결국
'금방울' 그것은 사람으로 탄생하기까지의 中間宿主(intermediate
host)였다. 야래자형 일반이 그렇듯이 막씨와 야래자(死靈)와의
관계는 금방울 출생을 계기로 단절된 인상을 준다. 이 경우의 성
관계는 마치 한 번만의 혈육 출생이 목적이었던 것처럼 보인다.
그렇다면 야래자의 여인 접촉을 단순한 性衝動의 소치로 보기 어
렵다. 야래자 자신의 自己實現이라는 동기가 유추된다. 靈存在의
육체실현, 즉 受肉化(incarnate) 지향이다.[59] 출산에 의하여 자기
실현이 성취된 마당에 다시 여인에게 접근할 이유가 없고, 따라

58)《금방울전》, 世昌書館, pp. 5～31.
59) 靈存在의 肉體實現에 대하여는 下記의 別稿에서 소상히 다룬 바 있다.(cf. 黃
   浿江,〈古代敍事文學의 原型的 試考 : '靈의 肉體再現'의 展開〉,《韓國敍事文學
   硏究》, pp. 15～25)

서 모든 야래자는 여인의 출산을 계기로 여인과의 인연을 끊게 되었던 것이 아닌가 한다. L의 야래자＝아들이 하는 말 "인간 여자에게 내 새끼를 배게 하였으므로 이제 죽어도 괜찮습니다"에서도 그와 같은 동기를 엿볼 수 있다. 사람들이 출산과 관련된 야래자를 결코 해치려 하지 않는 의식에는 물론 所生의 父性에 대한 윤리적 배려가 顯在하였을 것이나, 동시에 야래자 내면의, 위와 같은 동기가 무의식으로 자리하고 있었다고 해야 하겠다.

야래자 설화의 또 다른 변용으로 다음과 같은 경우를 볼 수 있다.

> W. (寂忍)禪師를 임신했던 당초, 어머니의 꿈에 어떤 胡僧이 나타났는데, 威儀와 모양이 엄숙하고 우아하였으며, 法服 차림으로 향로를 들고 서서히 와서 寢床에 앉았다. 어머니가 의아하고 이상하여 이로 인해 꿈을 깨어 "필연 佛法을 지닐 아들을 얻어 장차 국사가 될 것이다"라고 말했다.[60]

위에서 꿈 부분 "밤에 威儀 있고, 優雅한, 웬 (정체 불명의) 胡僧이 女人(寂忍禪師의 母)의 침상에 와 앉았다"고 한 대목은 그것을 꿈으로 설정했다뿐, 그 꿈의 내용 자체는 그대로 야래자형을 반복하고 있다. "이런 일(胎夢)이 있고, 여인은 임신하여 生男하였고, 비범했던 그 아이는 장성하여 國師가 되었다"는 것이다. 위의 W는 야래자형이 태몽의 형상으로 굴절되어 실현된 것이다. 태몽으로 변용된 것 가운데는 W의 경우와 같이 야래자가 여인과 성적 교섭을 갖는 것으로, 즉 父性으로 시사되는 경우도 있으나. 胎兒格인 靈的 상징물이 여러 모습으로 직접 여체에 수용되고, 그 결과로 수태하고, 출산하는 경우가 꽤 많다.[61] 앞서 본, 日輪이 여

---

60) "娠禪師之初 母氏得夢 有一胡僧 儀形肅雅 衣法服 執香爐 徐徐行來 坐寢榻 母氏訝而復異 因妶而覺曰 必得持法之子 當爲國師矣."(〈谷城 大安寺 寂忍禪師 照輪淸淨塔碑文〉, 李智冠,《譯註 歷代高僧碑文》, 伽山文庫, 1993, p.74f.)
61) cf. 黃浿江〈古代敍事文學의 原型的 試考〉, pp.41~50.

인의 몸(배·품)에 비치거나 들어옴으로써 잉태하는 형상(D, G, I)
이 태몽으로 변이하여 나타나는 경우도 있다.

  X. 禪師(普照)를 잉태하던 해 어머니의 꿈에, 둥근 해가 공중에
떠서 빛을 내려 배를 뚫고 지나갔다. 이 때문에 놀라 깨어 문득 임신
하였음을 깨달았다. ……이로 말미암아 해산의 괴로움을 이기고 아
들을 낳는 경사를 맞았다. 선사는 체모가 커서 우뚝 선 듯하고, 기색
이 윤택하여 河伯과 같았으며, 치아가 고르고, 금발이 특이하여 마을
사람들이 찬탄하고 친척들이 모두 놀라워했다.[62]
  Y. 당초 그의 어머니가 日輪이 집에 들어와 배를 비추는 꿈을 사
흘 밤 꾸었는데, 이로 인하여 (一然을) 임신하고 泰和 丙寅(1206)
6월 辛酉에 낳았다.[*63]
  Z. 당초 어머니의 꿈에 하늘이 붉어지면서 빨간 무리를 띤 日輪이
품안에 들어왔다. 말미암아 임신하여 金怡를 낳았는데, 용모가 크고
일찍부터 큰 뜻이 있었다.[*64]

  위의 X, Y, Z는 太陽神이 여체에 投射함으로써 수태·출산하는,
夜來者型의 한 변용이었던 D, G, I의 형상이 태몽으로 변이·재현
된 경우다.

4. 結　語

  한마디로 ‘야래자 설화’라고 하였을 때 일단 세 가지 기본적인
모티프를 상정할 수 있었다. 첫째, 밤에 여인에게 정체불명의 사
나이가 찾아와 동침한다는 것이다. 이는 여인과 異類의 化身인 남
자와의 동침으로 요약된다. 동침의 時空, 즉 밤이나 密室 등의 조

---

62)〈長興 寶林寺 普照禪師 彰聖塔碑文〉, 李智冠, 앞의 책, p. 104.
63)〈普覺國尊碑文〉.
64)《新增東國輿地勝覽》卷 24, 安東都護府, 金怡.

건은 절대적이 아니다. 여인의 처녀라는 조건도 절대적이 아니다. 경우에 따라 과부나 유부녀일 수도 있다. 남자의 본체는 언제나 비인간 즉 異類로, 여인에게 올 때는 사람(남자)으로 변신하고, 자신의 본체는 비밀에 부치고 있다. 둘째, 남자의 정체를 탐색하여 확인하는 모티프다. 탐색에는 흔히 실을 꿴 바늘을 이용하나, 그 밖의 방법도 있을 수 있다. 여인이 실을 꿴 바늘을 몰래 남자의 옷이나 몸에 꽂거나 찔러 두고, 나중에 실 간 데를 찾아감으로써 본체를 확인하게 되는 것이 일반적이다. 그러나 바늘이나 쇠송곳을 몸에 꽂는 순간 이류는 기겁을 하고 도망하는 경우도 있다.(그것이 원인으로 죽은 상태에서 본체를 발견하게 되는 수도 있을 수 있다) 정체를 확인 못 하는 경우는 거의 없다. 확인한바, 異類의 정체는 크게 두 가지로 나누어진다. 긍정적인 영적 존재로 天神·山神·地神·龍神·死靈 등이 있고, 부정적인 영적 존재로 疫神·惡靈·木怪·物怪·魑魅 등이 있을 수 있다. 셋째, 출생과 관련하여 所生의 모티프가 있다. 긍정적인 神靈인 경우 그와 여인과의 소생은 어떤 씨족이나 민족의 시조로 받들어지고, 그와 아울러 신령 자신도 그 사회 성원의 祭儀的 숭앙 대상이 되는 경우가 있다. 부정적인 영적 존재인 경우는 정체가 확인되면서 인간에 의하여 살해되거나 불태워진다. 이 경우는 여인과의 성관계에도 불구하고 소생이 없거나 소생 유무가 문제되지 않는 것이 일반적이다. 사실 악령의 경우도 성관계의 결과로 소생이 있고, 또 그 소생은 부정적인 비상 인물로 그려질 수 있는 것이다. A에서 지렁이의 아들로 태어난 甄萱이 어떤 의미로는 後者의 경우가 될 수도 있다. 이 경우 담장 밑에서 발견한 야래자의 실체는 큰 지렁이로, 여인이 찌른 바늘이 허리에 꽂혀 있는 상태였다. 이것으로 지렁이의 生死 여부를 가릴 수는 없다. 어쩌면 바늘에 찔려 죽어 있었던 것처럼도 보인다. 그러나 설화자는 지렁이의 생사에는 별다른 관심을 나타내고 있지 않다. 그보다는 그의 소생인 견훤에 더 많은 관심을 표시하고 있다. 후백제의 시조로서 그에 어울리는 非常性을 강조하였다.(A, O) 그럼에도 그에 대한 긍정적 평가는 유보하고 있다.[65] 이는 부정적 영적 존재, 즉 지렁이의 소생이라는 것과 무관하지 않을 것이다.

이상 고찰한 바에 의하여 '야래자 설화'의 典型을 단일한 주제로 논단할 수 없음을 알 수 있다. '야래자형'은 설화자의 着目하는 바에 따라 그 주제는 얼마든지 多岐할 수 있고, 또 실지로 다기하다. 다기한 주제는 서사면에서 다기한 변용을 가져오게 하였던바, 구성면에서 모티프의 取捨가 그렇고, 서사 전개에서 작자나 설화자의 의식이 그 변용에 크게 관여하고 있음을 알 수 있다. 다양한 변용을 보인 '야래자 설화'의 자료들에서 단일한 原初型을 추출한다는 것은 논리상으로 가능할지 모르나 실제로는 불가능하며, 만약에 가능하다면 번복 가능한 가설로써만 말할 수 있을 뿐이다.

정신문화현상의 하나인 설화도 그것의 생성발전의 주요한 계기가 된 풍토적 조건을 어느 면에서든 반영하게 마련이다. 그러나 이것을 절대화하여 이동이나 전파의 준거로 삼는 데는 상당한 무리가 따른다고 생각한다. 결국 상상의 영역에 속하는 설화나 고전소설 같은 서사형태에서 읽어낼 수 있는 '현실성'이란 것의 범위와 한계를 고려하지 않아서는 안 된다. 많은 구체적 역사적 방증을 필요로 하는, 고대에서의 '移動'이나 '傳播' 같은 역사적 사실 문제를 이로써 논단하기에는 그 부담이 과중하다는 생각이 든다.

다양한 서사적 전개의 가능성 때문에 '야래자형'의 여러 모티프 (그 다기한 변용까지를 포괄하여)는 어느덧 소설 형상화에 관련되었고, 특히 고전소설 나름의 인물 창조의 틀은 주로 이로써 마련되었다고 하겠다. 이 글에서는 '야래자'와 관련하여 영적 존재와 여

---

65) cf. 《三國遺事》 卷 2, 後百濟 甄萱. 앞의 記文은 甄萱을 後百濟를 개국한 영웅으로 형상화하였으나, 그럼에도 불구하고, 天禀을 지닌 王者로서보다는 野心 滿滿한 한낱 亂世 梟雄으로, 결코 긍정적으로 다루고 있지 않다.

인의 교혼·잉태·출산에 관한 제반 문제를 가능한 한 폭넓게 다
루되, '靈의 受肉化' 내지 '靈의 肉體實現'이라는 관점에서 조명하
고 이해하려 하였다.

Ⅵ. 神話와 歷史의 接點

1. 序　　論

신화를 단순한 '허구의 이야기'쯤으로 보는 견해는 근자에 많이 극복된 것 같다. 오늘날에는 '인간행동의 전형적 모델'을 제시하는 것으로 이해하게 되었다. 인간의 삶·운명·행동이 당초에 방향지어지고, 질서 잡혀온 사실을 상징화해서 보여주는 것으로 인식되고 있다. 인간의 일상적 제의적 관습적 행위의 근원적 동기를 신화에서 찾아볼 수 있다고 하며, 더 나아가 인간의 모든 사실은 신화에 의하여 보증될 때 의미를 가질 수 있다고까지 한다.[1]

엄격한 의미에서 '신화'도 엄연한 역사적 산물이므로, 정도의 차이는 있을지라도 그 어떤 역사적 사실을 반영하고 있음은 의심할 수 없다. 신화의 내용은 흘러간, 어떤 특정한 시기의 생활양식 내지 사고방식을 어느 면에서 반영하고 있는 것은 사실이나, 그럼에도 불구하고, 신화는 그것을 형성한 지역적 시대적 특성 이

---

1) cf. 黃浿江, 〈神話와 民族〉, 《淑大新報》 400호, 1973. 6. 11 ; 〈神話와 原型〉, 《原型》 1, 단국대 국문과, 1974, pp. 90~94.

상의, 인간과 우주에 대한 인류 차원의 원초적 직관적 사고를 제시한다는 점에서 '신화'가 되고 있는 것이다. 모든 시대, 모든 사회의 인간들에게 있어, 일상적 기준을 초월한, 전형으로서 반복해 마지않는 全一한 체계, 즉 질서를 신화는 제시하고 있다. 한 민족의 신화는 그 민족의 형성적 太古의 意識事實뿐만 아니라, 그 민족 나아가 인간의 운명에 관한 이야기가 될 때 신화일 수 있는 것이다. 신화는 아무리 민족적인 것일지라도 인류라는 공통분모 위에 존재한다. 신화가 종당에 전달하는 것은 인류적인 보편상이기 때문이다.

그럼에도 불구하고, 신화를 역사로 옮겨 읽으려는 충동은 좀처럼 뿌리치기 어려운 유혹이 되어 왔고, 또 되고 있다. 신화의 사실을 역사로 읽어내는 일은 정통적인 역사문헌을 읽는 것과 같을 수 없고, 또 그렇게 읽어낸 내용은 그 성격이 역사의 사실과 반드시 동일하지 않다 함을 고려에 넣지 않아서는 안 될 것이다. 적절한 과학적 검증이 따르지 않은 讀法은 자료 해석에서 중대한 오류를 범할 수도 있다. 신화와 역사의 접점에서 연구자는 양자에 대한 엄정한 과학적 접근 태도와 이를 위한 신중한 자기통제가 요청된다고 하겠다.

2. 神話와 歷史가 만난 사례

이 글에서는 일본의 《古事記》, 《日本書紀》 등에 기술된 이른바 '神功皇后 新羅征伐' 기사와 우리의 廣開土大王碑文의 '辛卯年'條 기사, 두 자료를 대상으로 하여, 신화와 역사의 접점에서 전개된 기왕의 논의의 실상을 개괄하고, 그 각이한 논의의 배경과 신화 및 역사가 서로 교섭하는 과정에서 나타난 문제들을 살펴, 역사에 대한 신화의 위상을 고찰하려고 한다. 우선 두 자료의 내용을 살펴보기로 하자.

1)‘神功皇后 新羅征伐’기사(日本)

出典 :《古事記》(712, 和銅 5년) 中卷 仲哀天皇 ;《日本書紀》
     (720, 養老 4년) 卷9, 氣長足姬尊.

위의 두 가지 원전을 통하여 ‘神功皇后 신라정벌’의 기사를 요
약하면 아래와 같다.

仲哀天皇(이하 ‘仲哀’로 약칭함) 8년(199) 9월 5일 群臣에게 熊
襲 토벌을 의논케 하였다. 이때 천황은 筑紫의 訶志比宮(사진 32)
에 앉아서 거문고를 타고, 建內宿禰大臣(이하 ‘建內’로 약칭함 ; 사진
4)은 沙庭에서 神命을 청하니, 神功皇后(또는 息長帶日賣命 ; 이하
‘神功’으로 약칭함)에게 神託이 내렸다. 이르기를 “서방에 나라 있으
니, 금은을 비롯한 눈부신 보배들이 그 나라에 많도다. 내 이제 그
나라를 歸附케 하여 주리라”고 하였다. 천황은 “높은 곳에서 서방을
보았으나, 나라라곤 보이지 않는다. 오직 큰 바다가 있을 뿐이다”라
고 말하고, 신이 거짓을 말한다 이르고, 거문고를 치우고 말없이 앉
았다. 신이 크게 노하여 말했다. “이 천하는 네가 다스릴 나라가 아
니다. 너는 죽음의 한길로 가라” 하였다. 이에 建內가 아뢰어 말했
다. “황공하오이다. 천황께서는 거문고를 치소서.” 이에 천황은 거문
고를 끌어당겨 내키지 않는 손길로 탔다. 얼마 안 되어 거문고 소리
가 딱 그쳤다. 불을 들어서 보니 천황은 이미 죽어 있었다. 이에 놀
라고 두려워하며, 빈소를 차렸다. 諸國으로부터 贖物을 거두고, 生
剝, 逆剝, 阿離(밭 둔덕을 헐음), 溝埋(관개용 수로를 메움), 屎戶
(배설물로 신성처를 더럽힘), 上通下通婚(親子間의 不倫婚), 馬牛鷄
婚(畜犯) 등 범죄를 온 나라에서 들춰내어 大祓(罪穢를 정화하는
神事)을 하고, 建內는 沙庭에서 神命을 청하였다. 이에 神이 말했다.
“이 나라는 그대(皇后)의 배 안에 있는 자식이 다스릴 나라이다”
하였다. 이에 建內는 “황공하오이다. 우리 大神이여, 그 神(황후)의
배에 계신 자식은 (남녀간) 어떤 자식입니까?” 하고 물으니 “사내
아이로다” 하였다. 이에 더 자세히 청하기를, “지금 말씀하시는 大

神은 누구시온지 이름을 알려주셨으면 합니다" 하고 구하니, "이는 天照大神의 뜻이요, 말하는 신은 底筒男·中筒男·上筒男의 세 大神이다. 이제 진실로 그 나라를 구하거든 天神地祇, 山神 및 河海의 여러 신들에게 폐백을 바치고, 나의 御魂을 배에 모시고 眞木의 재(灰)를 조롱박에 담고, 箸와 葉盤을 많이 만들어 모두 바다에 흩뿌려 띄우고 건너가라" 하였다.

그리하여 神의 말대로 모두 행한 다음 군사를 정돈하고, 神功이 출항하니, 이때가 仲哀 9년(200)이다. 떠나기에 앞서 神功은 四大夫에게 백료를 거느리고 궁중을 지키게 하고, 武內('建內'의 異記)를 시켜 천황의 시체를 비밀리에 豊浦宮(長門國 山口縣 下關市 豊浦村)에 옮겨 놓게 하였다. 武內는 그 일을 마치고 돌아와 神功에게 復奏하였던바, 천황의 장례는 新羅役 때문에 훗날로 미루었다. 그때 神功은 開胎의 날이 임박하였던 터이므로 돌을 허리에 꽂고 빌었다. "일을 마치고 돌아오는 날 낳게 하소서." 그 돌은 지금 伊覩縣의 길가에 있다. 神功이 和珥津(對馬島 鰐浦)에서 신라국을 향해 배를 발하니, 바닷속의 크고 작은 물고기가 모조리 나와 배를 떠 지고 가는데, 순풍이 세차게 불어, 노를 저을 필요도 없이 쏜살같이 신라국에 당도하였다. 배가 몰고 온 큰 물결이 신라국을 덮치니, 나라가 반나마 물에 잠겼다. 신라왕은 두려워하여 자진하여 항복하였다. "이제부터는 天皇의 명을 따르고, 御馬甘(말치기)이 되어 해마다 춘추로 말털빗개와 말채찍을 바치고, 해마다 남녀를 조공하겠습니다" 하였다. 神功은 그 나라의 寶庫를 봉하고, 圖籍文書(토지 도면과 인민의 호적)를 받고, 지팡이를 신라왕의 문에 세워, 후대에까지 지배의 징표로 삼았다. 신라왕 波沙寐錦은 微叱己知波珍干岐를 인질로 삼아, 金銀彩色 및 각종 비단과 명주를 80척의 배에 실어 일본군을 따르게 하였다. 이때에 고려·백제 두 나라 왕도 소문을 듣고, 이길 수 없음을 알고, 찾아와 營外에서 머리를 조아리고 말했다. "이제 이후 西蕃으로 자처하고, 조공을 끊지 않겠습니다." 이에 神功은 이들을 內官家 屯倉(朝廷 直轄領)으로 삼았다. 그러고 나서 일본으로 돌아오는데, 筑紫國 宇美에 이르러 아들을 분만하였다. 天皇의 죽음과 왕자의 탄생 사실을 비로소 알게 된, 배 다른 두 왕자 麛坂王·忍熊王은 몰래 군사를 동원하여 神功과 새 왕자를 치려고 대적하였으나, 결국 두 왕자는 죽임을 당했다. 그러고 나서 神功은 자신의 소생인 應神을 천황으로 삼는 데 성공하였다.

2) 廣開土大王碑(일명 '好太王碑') '辛卯年'조 기사

出典 : 中國 吉林省 集安市 太王鄕 太王村 소재. 414년 건립.(殘存
字 1775자, 缺字 29자, 識別字 1597자, 識別不能字 178
자)

……猶遊觀土境田獵而還百殘新羅舊是屬民 '由來朝貢而倭以辛卯年
來渡海破百殘□□新羅以爲臣民以六年丙申王躬率水軍討伐殘國軍□
□'首攻取壹八城…….

위의 기사에 대하여 1883~1884년 일본의 橫井忠直은 "우리
군사들이 바다를 건너 2국(백제·신라)을 신민으로 만든 것은 신
묘년(391)에 시작된 듯하다. 그런데 우리 군사들이 바다를 건너
삼한을 친 것은 기실 仲哀天皇 9년 경진(200년, 이른바 神功의 三韓
征伐을 가리킴)으로서, 永樂 元年 辛卯(391년)보다 191년 앞서 있
은 일이다. ……이 비문은 고대의 조선인들이 손수 기재한 것으
로서 그 내용은 우리나라 古史와 서로 부합되고 있다. ……그러
나 연대문제에 선후의 의문이 있는바, 잠시 덮어 두지 않을 수 없
다"고[2] 하였고, 몇 해 뒤 "비문에서 우리와 크게 관계되는 대목
은 곧 우리나라가 신묘년에 바다를 건너 백제와 신라를 파하고,
그들을 우리의 신민으로 삼았다는 몇 구절이다"[3]고 했다. 그는
호태왕비의 건립연대를 234년 甲寅(일본 神功 집정 34년) 또는
294년(일본 應神 25년)으로 잡으면서 앞서 발표한 것(474년)보다
180년 내지 240년을 앞당겨 놓음으로써 4세기말에서 5세기초의
호태왕을 3세기의 인물로 둔갑시켜 놓고, 비문 가운데 '신묘년
기사'를 200년 가량 앞당겨 놓았다. 그리하여 그는 '신묘년 기사'
와 神功의 '신라 정벌'을 한데 관련지어 놓고, 고대 일본이 한반

2) 박진석,《호태왕비와 고대조일관계연구》, 연변대학출판사, 1993, p.175f.(重
引)
3) cf. 橫井忠直,〈高句麗古碑考〉, 亞細亞協會,《會餘錄》, 國書刊行會, 1971, p.9.

도 남쪽을 지배한 적이 있다는 일본《記紀》등서의 조작된 기록
을 확증지으려는 의도를 나타냈다.[4] 이에 대하여는 일본 역사학
계에서조차 그 과학적 근거가 문제된 바 있다.(佐伯有淸) 그러나
일부 학자들은 계속 神功의 삼한 정벌에 관한《記紀》의 기사를
문면 그대로 받아들이면서도, 연대상의 모순을 어찌 설명할 수
없는 딜레마에 빠졌었다. 那珂通世는《日本書紀》의 기년은 역사가
들의 '妄纂'의 결과라고 하고, "神功皇后・應神天皇에 관한 연대는
응당 韓史에 준해야 한다"고[5] 말했다. 또 그들은 神功과 應神의
내용은 그대로 둔 채, 연대만 한 간지(60년), 혹은 두 간지(120
년)씩을 끌어내려 神功의 '삼한 정벌'과 '신묘년 기사'와의 시간적
거리를 좁혀, 어떻게 해서든 神功의 '삼한 정벌'을 '신묘년 기사'
와 관련지어 史實로 확증하려는 의도를 버리지 않았다. 그 결과
3세기초의 神功을 4세기 후반기의 인물로 둔갑시켰다.[6]

'신묘년 기사'에 대하여 延邊大의 박진석 교수는 일본 학자들이
'倭以辛卯年來渡海, 破百殘'으로 읽는 데 대하여 이의를 제기하였
다. 즉 일본에서 한반도에 오는 것은 '來渡海'(와서 바다를 건너다)
로 할 것이 아니라 '渡海來'(바다를 건너오다)라야 된다고 하고, 이
대목을 아래와 같이 읽었다.[7]

> 百殘・新羅舊時屬民, 由來朝貢. 而倭以辛卯年來. (高句麗)渡海破
> 百殘, <u>往救</u>新羅, 以爲臣民.(밑줄 친 字는 缺字를 추측하여 채워 쓴
> 것임)

박시형은 이 대목을 두고, "왜가 바다를 건너온 것이 아니라
역사적 사실과 부합되게 왜는 신묘년에 왔고, 고구려가 바다를
건너가서 그것(왜)을 친 것으로 하여야 한다는 것을 의미한다"고

---

4) cf. 박진석, 앞의 책, p.176.
5) 위의 책, p.177.(重引)
6) cf. 위와 같음.
7) cf. 위의 책, p.177, pp.184~187.

하였다. 설사 일본인들의 견해를 좇아 ‘倭’를 ‘來’(왔다)자 밑의 자들(渡海)까지 미치는 주어로 보았을 때 “왜는 조선으로 일단 왔다가 또 바다를 건넜으니, 그것은 곧 그대로 저희 나라로 돌아 갔다는 것밖에 되지 않는다. 그렇다면 또 소위 백제와 신라를 격파한 것은 누구란 말인가! 도무지 말이 되지 않는다”고[8] 비판하였다. 그는 위의 비문의 내용을 “광개토왕이 백제만을 치고 신라는 치지 않았을 뿐 아니라 전자에 대하여는 철저한 원한을 들어내 놓았으며, 후자에 대하여는 한결같은 보호를 표시하였다”고 보고, 이때 “백제의 잘못은 곧 고구려의 의사에 반대하고 또 고구려가 만든 질서를 위반하여 왜를 끌어들여 신라를 압박한 행위”라고[9] 하였다. 金錫亨은 위의 기사에서 ‘百殘新羅舊是屬民’에 대하여 신묘년(391년) 이전의 고구려-백제관계와 고구려-신라관계는 《삼국사기》에서 역사적으로 알 수 있듯이 백제·신라가 고구려의 ‘屬民’, 즉 고구려에 정치적으로 예속되었다고 생각되는 근거가 없다고 하고, 이는 광개토왕의 사적을 과시하기 위한 비문의 성격에서 온, 과장된 표현이라고 하였다. 백제는 신묘년에 ‘왜’까지 동원하여 고구려에 대항하였던 것으로 보고, 김석형은 그 ‘倭’를 北九州의 백제계의 倭로 간주하였다.[10]

중국의 王健群은 ‘倭以辛卯年來’의 ‘來’를 ‘以來’로 이해하고, 문제의 대목을 ‘신묘년 이래 왜가 바다를 건너’로 풀어 읽었다. 그리하여 그는 辛卯年條를 포함한 6年 丙申年 기사를 다음과 같이 읽었다.

백제와 신라는 예전에 고구려의 속국이었다. 종래 우리에게 조공해 오더니, 신묘년 이래 왜구가 바다를 건너 백제와 신라를 쳐 깨뜨

---

8) 박시형, 《광개토왕릉비》, 사회과학원 출판사, 1966, p. 168.

9) 위의 책, p. 168f.

10) cf. 金錫亨, 《古代朝日關係史 ─ 大和政權と任那》, 朝鮮史硏究會 譯, 勁草書房, 1969, pp. 368~370.

려 신민을 삼았던 고로 (그때부터 백제와 신라는 우리에 대하여 신하로서 복종도 조공도 않게 되었다. 그래서) 영락태왕 6년에 해당하는 병신년에 호태왕은 몸소 수군을 거느리고 백제를 토벌하였다.(百殘新羅 舊是屬民 由來朝貢 而倭以辛卯年來 渡海破百殘 □□新羅以爲臣民 以六年丙申 王躬率水軍 討伐殘國)

그리하여 호태왕에게 패한 백제왕은

　　호태왕 앞에 꿇어 "이제 이후 영원히 호태왕의 奴客이 되겠습니다"고 서약하였다. 호태왕은 은혜를 베풀어 처음에 잘못 고구려를 배신한 허물을 은사하고 그 후 공순의 성의를 錄하였다.(跪王自誓 從今以後 永爲奴客 太王恩赦始迷之愆 錄其後順之誠)

고 해석하였다. 위와 같이 읽은 王健群은, 그럼에도 불구하고, 중국과 한국 및 일본의 문헌에는 백제가 고구려의 속국이었다는 기록은 전혀 찾아볼 수 없고, 실제로 백제가 국가를 수립한 이후 고구려에 臣屬한 일은 한 번도 없었다는 사실을 들어, 비문의 내용은 사실을 기록한 것이 아니라 백제 정벌로 '廣開土境'하려 했던 호태왕의 침략에 나름의 명분을 주기 위한 것이었던 것으로 이해하였다. 그는 또 쓰기를 왜(倭寇)는 침입하여 살인과 약탈을 저지르고, 곧 물러갔으므로 양국간의 주종관계는 존재하지 않았으며, 호태왕은 백제를 토벌하는 과정에서 왜인과 만난 일은 한 번도 없었다고 하였다. 백제는 왜의 신민이 아니었으며, 또 고구려의 對百濟戰爭은 왜와는 무관하였다. 왜가 출병하여 백제를 구원한 일도 없었고, 백제는 독자적으로 고구려와 싸웠음을 논증하였다.[11]

　신묘년은 호태왕이 즉위한 해로, 永樂 원년인 391년이다. 비를 세운 해는 이보다 24년 뒤인 414년(甲寅)이다. 3세기초 일본에 통일된 국가가 아직 형성되어 있지 않았던 것은 일반적으로 공인되고 있는 사실이다. 神功의 '정벌'은 200년의 일로 나타나 있는

---

11) cf. 王健群,《好太王碑の硏究》, 京都 : 雄渾社, 1984, pp.175〜185.

데, 神功에게 항복했다고 한 신라왕 波沙尼師今의 재위 기간은 80
년에서 112년까지 사이다. 따라서 두 사실 사이에는 100년 내지
120년의 차이가 있다. 그리고 한국과 중국의 고문헌은 어느 하나
神功의 '삼한 정벌'에 관하여 일언반구 시사한 것을 볼 수 없다.
이는 무엇을 의미하는가?[12]

이상에서 살폈듯이 광개토대왕비문의 신묘년 기사는 神功의
'삼한 정벌'과는 전혀 무관한 것임이 명백하다. 신묘년 기사는 역
사적 사실의 기술로 보이며, 《記紀》의 神功의 정벌 기사는 설화
내지 신화적 기술일 뿐이다. 신화와 역사의 접점에서 일본 사람
들은 매우 신중치 못한 오독을 했던 것이다.

3. 神功說話의 신화적 해석

이른바 '神功의 신라 정벌'은 앞에서 보았듯이 결코 史實이 될
수 없음에도 불구하고, 일본 학자들은 정치적 동기에서 史實化 노
력을 꾸준히 기울여왔던 터이나 그럼에도 불구하고, 끝내 설화
문맥 이상의 것이 될 수 없었던 것이 《記紀》의 '神功 신라 정벌'
기사다. 이제 남은 것은 神功의 기사에서 부당한 정치적 윤색을
捨象해 버리고, 설화 본연의 의미를 읽어내는 일이다. 이 설화는
신화구조를 온존하고 있다는 점에서 관심을 끈다. 여기서 仲哀와
神功으로 대표되는 雙分制的 대립구조를 볼 수 있다. 仲哀와 神功
은 부부라는 동질성에도 불구하고, 결정적인 대립관계를 가졌다.
대립의 직접적 동기가 되며, 그 대립을 더욱 심화시켜 결정적인
파탄에 이르게 한 계기적 사건은 神託이었다. 신탁에 대한 양자의
대극적인 대응태도는 神에 대한 순종과 불순종의 원리로 환원되

---

12) cf. 위의 책, p.173.

고, 이로써 일체의 쌍분제적 대립관계가 형성·전개되고 있다. 이와 같은 대립관계는 현실적 정치적 관계로까지 外延되어 나갔다. 仲哀는 神에의 불복, 空國(熊襲)지향, 실패, 죽음, 왕권 상실 등 부정적 가치를 대표하며, 神功은 神에의 순종, 寶國(新羅)지향, 성공, 출산, 왕권획득 등 긍정적 가치를 대표한다. 이 신화는 이와 같은 대립을 화해로 결말 짓지 아니하고, 그 대립을 격화시켜, 한 쪽을 결정적 파탄에 빠뜨렸는가 하면, 다른 한쪽은 결정적인 성공과 승리를 거두게 했다. 이를 지배하는 원리는 신에의 順, 不順으로 나타났다. 이것이 이 설화의 신화구조상의 계기적 사실이다. 신라 정벌은 神功의 寶國 지향에 부회된 부자연한 요소다. 神功은 不慮의 죽음을 당한 부군의 장례를 유보하고, 자신의 출산마저 주술로 연기하고, 신라 정벌을 감행하고 있다. 그녀가 유보하고 연기한 일은 死와 生에 관한, 고대인의 의식상 가장 중요한 일들이었다. 과연 이들 중대사를 제쳐놓고 우선해야 할 만큼 신라 정벌이 초미의 급무였을까? 神功의 신라 정벌은 피 흘려 싸우는 일 없이 얻은 바 지극히 많은 '정벌'임에 틀림없다. 그러나 설사 그렇다 치더라도, 과연 이것을 亡夫의 장례도 지내지 않고, 또 임박한 자신의 출산까지도 부자연한 방법으로 억제해가며, 추구할 성질의 것인지 의심이 간다. 상대방이 걸어오는 전쟁이라면 喪中이든, 産期中이든 피할 도리가 없었을 것이다. 그러나 이 경우는 그렇지가 않다. 도리어 이쪽에서 별 이유 없이 상대방에게 거는 싸움이다. 時宜의 선택이 전적으로 神功 자신에게 있는 이상, 하필 상중, 산기를 골라 출병할 이유나 필요는 전혀 없었다고 하겠다. 仲哀 사후(일단 비밀에 부쳐두었다고 하나, 조만간 중애의 죽음이 탄로될 때), 麛坂王·忍熊王 등과 같은 위협적인 왕권계승 후보가 그 왕권을 노릴 것이 명백한 상황에서, 神功으로서는 그들과 대항할 후계 왕자 탄생의 기회인 출산을 잠시인들 연기할 이유가 없다. 하물며 그와 같은 적대세력을 국내에 남겨둔 채, 자신의 병력을 소모하여 자칫 자멸의 기회가 될 수도 있는 원정이라는 모험을 감

행할 수 있었을까 싶다. 현실적으로 神功의 신라 정벌은 부자연하
다.

　그럼에도 불구하고, 神功의 신라행은 다른 모든 것을 제쳐놓고
준비하고 감행했다는 인상을 준다. 신라행에 앞서 거국적으로 행
한 각종 巫儀, 祭神行事는 정벌이라는 이름에 걸맞지 않는 祭儀的
인 것들이 대부분이다. 정벌 목적에 어울리는 군사적인 것으로는
諸國에 令을 내려 선박을 모으고, 兵甲을 준비케 하였으나, 군졸
이 모이지 않아, 大三輪社(神社)에 刀矛를 바치고 제사하고 나서
야 軍衆이 모였다고 한 대목 정도가 고작이다. 神功의 신라 지향
은 정치적 군사적이기보다는 제의적 동기를 갖는 것으로 보인다.
'정벌'이라는 발상은 본래적인 것이 아니다.《記紀》의 기술은 巫
的 女君 神功의 신라 지향의 제의적 성격을 '정벌'이라는 발상으로
바꿔쳐 정치적 군사적인 것으로 변질시켜 버렸다.

　神功의 경우 제의적 성격이란 과연 무엇일까? 모든 祭儀가 그
렇듯이 여기에는 再生의 의미를 생각할 수 있다. 神功은 신라에
간다는 제의적 행위를 통해 현실적으로 약화된(불리한 처지에 몰
린) 자신의 힘(생산력)을 재생케 하였다. 그 까닭에 현실에서 당
면한 여러 난제를 (극복할 힘을 다시 얻을 때까지) 일단 덮어두
고, 우선 재생력 획득을 위한 제의적 實修에 나설 수밖에 없었다
고 생각된다.

　神功의 현실적인 母系는 신라에 속한다. 神功의 어머니 葛城高額
比賣命은 신라왕자 天之日矛의 7세 외손녀이다.[13] 仲哀가 父系임에
대하여 神功은 母系에 속한다. 應神은 皇位 계승에서 父系보다는
母系인 神功의 힘이 절대적이었다. 仲哀와 應神은 부자임에도 불
구하고, 대립적 관계가 암시되고 있다. 그 대립은 仲哀와 神功의
대립관계의 외연이기도 하다. 모계의식적인 神功이 난제를 앞에

---

13) ① 天之日矛…… ② 多遲摩母呂須久…… ③ 多遲摩斐泥…… ④ 多遲麻比那
　　良岐…… ⑤ 多遲摩比多訶…… ⑥ 葛城高額比賣命(女)…… ⑦ 神功皇后(女)

하고, 母鄕을 지향하는 것은 당연하다. 신화에서 재생적 母鄕復歸
의 모티프는 일반적이다. 그럼에도 불구하고, 神功神話에서 가장
중요한 신화적 주제가 非神話的 의도 때문에 '정벌'이라는 발상으
로 변질됨으로써 신화의 본의는 가려졌고, '정벌'이라는 그것만으
로 역사에 쉽사리 편입될 뻔하였다. 神功은 현실적인 대사를 앞두
고, 이를 극복할 자신의 재강화, 재가치화가 절실했다. 이를 위해
금은으로 상징되는 문화의 母鄕인 신라에서의 재생이 필요했다.
신라왕의 문전에 세웠다는 지팡이는 巫儀에서 볼 수 있는, 태고적
생명과 融卽하는(participate) '宇宙의 나무'와[14] 같은 것이다. 이
것이 정치화되면서 정치적 영유나 지배를 상징하는 것처럼 왜곡
되었다. 신화적 관점에서는 神功의 신라 지향은 母鄕回歸志向이며,
실인즉 '친정 나들이'의 성격을 띤 것으로 정벌과는 거리가 먼 것
이다. 과연 '신라'라는 母鄕에서 재생력을 얻어서 돌아온 神功은
그 당연한 결과로서 皇位繼承者를 출산하고, 그 대립세력을 토멸
하고, 女君으로서 군림하고, 유보하였던 망부의 장례를 치른다.
神功으로서는 재활력을 얻기 위해 만난을 무릅쓰고 행한 모향복
귀였다. 신공은 내면에서 그와 같은 자기암시에 사로잡혀 있었는
데, 이는 그녀 자신의 근원적 出自로부터 온 잠재의식과 관련 있
는 것으로, 신화에서는 '神託'으로 나타났다.

    비유하면 처녀의 수줍은 눈매와 같은, 바다 너머에 있는 나라, 눈
    부신 황금과 은, 아름다운 채색이 그 나라에 많도다.[15]

위의 신탁에서 볼 수 있는, 정감 넘치는 서술의 내용은 신라로
향한 그지없는 향수, 즉 神功 내면에 잠자고 있던 무의식적 회상
을 드러냈다고 하겠다.

---

14) cf. 黃浿江, 《韓國敍事文學硏究》, 단국대출판부, 1972, pp.175ff.
15) 《紀》卷8, 仲哀 8年 9月.

Ⅶ. '高天原'의 神話的 이미지와 現實 再現

1. 序　　論

일찍이 일본에 귀화하여 島根縣 松江市에 정착한 바 있는 헌 (Lafcadio Hearn ; 1850~1904)은 일본의 인상을 말하면서 일본 신화의 배경이 된 出雲을 가리켜 "神들의 나라"라고 했다.[1] 문화 전통과 생활습관이 판이하게 다른 西歐人으로서 일본, 특히 出雲 의 자연환경 및 그곳에 사는 사람들의 생활에서 동양적 신비, 이 른바 '神의 숨결' 같은 것을 느꼈을 법도 하다. 그의 눈에 비친 일본의 자연, 일본인의 생활은 그대로 太古의 신화가 재현되고 있 는 '마당'[場]이었던 것이다.

신화가 단순한 의식상의 사실 이상으로, 현실적인 實在로서 모 습을 드러내고 있는 현장을 실제로 일본에서 찾아보기란 그리 어 려운 일이 아니다. 필자는 2년 가까운 일본 체류기간 동안 일본 신화의 배경이 된 여러 지방을 답사하는 가운데, 신화의 현실 재

---

1) cf. L. Hearn, *Glimpses of Unfamiliar Japan*(A Selection), Tokyo : The Hokuseido Press, 1978, p. 84.

현이라는 문제에 관심을 가지게 되었다. 그리하여 뒤의 글(Ⅷ)에서 그것의 통시적 고찰을 시도하였다. 그것은 일본에서의 역사 전개과정을 신화 재현이라는 맥락에서 포착해보려고 한 시론이었다. 일본 역사의 계기적 사건에는 으레 심층적 동기로서 신화의식이 작용하고 있는바, 그와 같은 작용의 내용과 그 전개 양상을 통시적으로 고찰하였다.

여기에서는 공시적 차원에서 신화의식의 현실적 전개양상을 다루고자 한다. 태고의 신화적 시공이 일본 도처에서 생생하게 재현되어 왔고, 또 현재도 재현되고 있는바, 그 다양한 재현 양상을 분석하고, 그것이 의미하는 바를 고찰하려고 한다. 이 글에서는 일본 신화의 천상적 원형으로 관념된 '高天原'의 이미지를 중심으로 신화의 현실 재현문제를 다루려고 한다.

2. 硏究史的 檢討와 文獻資料

본격적인 고찰에 앞서 '高天原'에 대한 선행 연구자들의 견해를 개괄하고, 다음으로 문헌 특히 신화의 원전인 《記紀》의 기술 내용을 통하여 高天原의 이미지를 정리하여 구성하고, 현실화된 高天原의 이미지를 이와 대비, 검토함으로써 그 변용 및 전개의 양상을 살펴보기로 한다.

1) '高天原'에 대한 연구자의 견해[2]

A. 高天原을 역사적 실재로서 이해하고 그 현실적 위치를 설정하는 시도가 있었다. 이는 신화를 역사의 문맥으로 번역하는 일

---

2) cf. 松村武雄, 《日本神話の硏究》 4, 東京 : 培風館, 1958, pp. 318~339.

과 관련된다. 현실적 위치 설정에서 다음과 같은 세 가지 설을 볼
수 있다.

① 국내(일본)설 : 일본 민족의 원주지 내지 천황족의 발상지로
서 高天原을 일본 국내의 특정한 땅에 비정하는 견해다. 이에는
大和說,[3] 日向說,[4] 伊勢說,[5] 豊前說,[6] 肥後說,[7] 常陸說,[8] 近江說[9]
등이 있다.

② 국외설 : 일본 민족 내지 천황족이 일본 외의 특정한 지역에
서 발상하여, 그리로부터 이동하여 일본 땅에 건너와 정착하였다
고 보고, 당초 발상의 지역을 高天原으로 간주하는 견해가 있다.
이에는 히브리설,[10] 바빌론설,[11] 남양설,[12] 말레이반도설,[13] 남방

---

3) cf. 安本美典, 《高天原の謎 — 日本神話と邪馬台國》, 東京 : 講談社, 1974,
   pp. 26~37 ; 津田左右吉, 《日本古典の硏究》 上, 東京 : 岩波書店, 1950, pp.
   646~653.

4) "宮埼郡高日村 昔者自天降神 以御釼柄置於此地 因曰釼柄村 後人改曰 高日村
   之 云云 釋紀五[〇六ノ 誤]."(《採輯諸國風土記》, 東京 : 日本古典全集刊行會,
   1928, p. 216) "豊前風 土記曰 宮處郡 古天孫發於此 天降日向之舊都 蓋天照大
   神之神京"云云.(中臣祓氣吹抄 上, 《風土記》, 東京 : 岩波書店, 1958, p. 513)

5) cf. 久米邦武, 《日本古代史》 ; 久米邦武, 〈神道は祭天の古俗〉, 松本信廣 編,
   《論集 日本文化の起源 3, 民族學 Ⅰ》, 東京 : 平凡社, 1971, p. 70.

6) cf. 安本美典, 앞의 책, pp. 37·46 ; 多田義俊, 《神明憑談》 ; 挾間畏三, 《神代
   帝都考》.

7) cf. 太田亮, 《日本古代史新硏究》 ; 安本美典, 《神武東遷》, 東京 : 中央公論社,
   1982, p. 155f.

8) cf. 新井白石, 《古史通》 ; 安本美典, 《高天原の謎》, p. 54.

9) 塚原靖(澁柿園)은 1902년 5월 早稻田大學에서 발행한 《中等敎育》臨時增刊
   第7號 〈講演集〉의 〈高天の原の所在〉에서 高天原＝近江說을 주장하였다. 그
   뒤 博文館에서 발행한 《太陽》誌에서도 같은 설을 말했다. 塚原靖은 高天原을
   近江과 伊勢의 경계인 鈴鹿連山間에 있었다고 했다. 井口丑二·福本日南 등도
   近江說을 말하였다.(cf. 安本美典, 위의 책, p. 55f.)

10) cf. 田井嘉藤次, 《詳解古事記新考》 上卷, p. 11. 田井은 일본민족의 원주지는
    히브리인의 원조 아브라함이 도읍한 Haran으로, 이는 세계적 교통의 십자로
    에 위치하는바, 일본 민족은 여기서 출발하여 민족적 대이동을 감행하였는데,
    그것이 筑紫 日向의 高千穗峰에의 天降이요, '高天原'은 서부아시아의 아메니
    아의 북쪽 '아메의 다가아마의 하란의 서울'이란 뜻으로, 다름 아닌 일본 민족
    발상의 본토라고 하였다.(cf. 松村武雄, 앞의 책, p. 323f.)
    cf. 石川三四郎, 《古事記神話の新硏究》, 三德社, 1921. 石川은 《古事記》 신

중국설[14) 등이 있다. 이들은《記紀》上의 신화를 분석한 기반 위에서 입론하기보다는 신화 외적인 일본민족 기원론과 결부되어 있다는 점에서 그 나름의 문제를 가지고 있다.

국외설 가운데 한국설은 비교적 오랜 근거를 가지고 논의되어 왔다. 新井白石(1657~1725)은 다른 사람의 설임을 전제하면서 일본의 전신을 馬韓으로 추정하는 논의를 비교적 논리정연하게 전개하고 있다.[15) 그의 논의는 '高天原＝한국'설의 가장 오랜 것이라 하겠다.[16)

藤貞幹(1732~1797)도 高天原의 한국설을 주장하였는데, 일본의 神名이 대개 한국의 옛 관명으로 해석할 수 있다고 하고, "사물·언어 모두 韓俗이라"고 그 근거를 내세우고 있다.[17)

화와 가르디아(바빌론)신화, 히브리신화와의 유사점을 지적하고, 히타이트를 天孫族의 조상으로, 高天原을 유프라테스 상류고원지의 하란(原?)이라고 하였다. 그리하여 세계 최고의 문명이 셈·말라이·폴리네시아의 피를 섞어가면서 東漸하여 일본에 이르렀다고 보았다.(cf. 安本美典,《高天原の謎》, p.65)

　　cf. 小谷部全一郎,《日本及日本國民之起源》, 厚生閣, 1929. 小谷部는 민속학적 유사를 들어 天孫族의 고향을 소아시아로 보았다.

11) cf. Engelbert Kaempfer,《日本誌》(今井正 譯, 霞ケ關出版, 1973). 언어의 유사를 근거로 하여 '高天原＝바빌론'설을 주장하고, 바빌론제도 사람의 일부가 일본에 유리해 왔다고 말하고 있다. 木村鷹太郎(1870~1931)이《日本太古史》(상권 1911, 하권 1912, 博文館)에서 이 설을 계승하였다.

12) cf. 高山樗牛,〈古事記神代卷の神話及び歷史〉(《樗牛全集》3권, 博文館, 1926). 高山은 일본인의 고향을 사모아·통가 등 폴리네시아에 비정하고 있다. (cf. 安本美典,《高天原の謎》, p. 67f.)

13) 독일인으로서 東京醫學校 교수였던 W. Dönitz는 주거·풍속 등의 유사를 근거로 하여 말레이 반도설을 주장하였다.(cf. 安本美典, 위의 책, p. 68)

14)《魏略》逸文,《晉書》·《梁書》등에는 倭人이 "吳의 太伯의 後(裔)"라 일컬었다고 기록되어 있다. 중국 사서의 기술을 근거로 하여 천황족의 조상을 太伯이라고 하는 설이 있다. 南北朝時代의 中嚴円月(1300~1375)은《日本紀》에서 천황의 조상을 吳의 太伯이라 기술하여 문제된 바 있고, 林羅山(1583~1657)도《神武天皇論》에서 皇祖太伯說을 지지한 바 있고, 그의 아들 林春樹, 유학자 中江藤樹·熊澤蕃山, 國學者 藤貞幹 등도 이에 동의하였다.

15) cf. 〈古史通或問〉(《新井白石全集》3, 今泉定介 編輯, 1906).

16) cf. 安本美典,《高天原の謎》, pp. 57~60.

17) cf. 藤貞幹,〈衝口發〉, 1781; cf. 위의 책, p. 60.

橫山由淸(1826~1879)도 천손의 조국으로서 한국을 시사한 바
있고,[18] 白柳秀湖도 《新版 民族日本歷史》(千倉書房, 1942)〈建國編〉에
서 高天原을 광의·협의 두 가지로 설명하면서 전자를 북·서 아
시아의 광범한 고원, 후자를 한반도 북부로부터 이와 접경하는
중국 동북부의 지역으로 비정하였다.[19]

中田薰도 '天'(アマ)이라는 말이 일본의 天孫민족의 고향을 가리
키고 있는바, 사실은 '韓鄕島'(からくにのしま), 특히 신라를 가리
켰다고 논단하고 있다.[20]

金錫亨·江上波夫 등도 한반도설을 지지하고 있다.[21]

③ 해상설 : 高天原을 해상의 특정한 지역으로 생각하는 설로,
이에는 新井白石의 견해가 있다. 그에 의하면, 일본 上古의 풍속에
바다를 '阿麻'라고 하였다고 하고, 하늘(天)을 불러 '阿每'라고 하
였는데, 阿每가 바뀌어 '阿麻'로 되면서, 사람들이 '高天原'(다카아
마하라)이 당초 '海上의 땅'을 가리켰음을 이해 못 하고 上天, 혹
은 허공을 가리키는 것으로 생각하게 되었다고 보고, 假借한 글자
에서 빚어진 오해라고 하였다. 그리고 상고의 풍속에 '多珂阿麻能
播羅'(다카아마노하라)라고 쓴 데서 그 본의를 구한다면 응당 多珂
間(다카마)의 해상임은 자명한 사실이라고 하였다.[22]

그리고 그는 '多珂'를 多珂國, 즉 常陸國의 多珂로 비정하고 있
다.[23]

이상에서 高天原을 역사적 실재의 지역으로 생각하고, 구체적
인 현실적 위치를 비정한 여러 가지 설들을 개괄해 보았다. 이들
은 각기 나름대로의 근거를 가지고 주장되고 있음이 사실이나,

---

18) cf. 安本美典, 《高天原の謎》 p. 60f.
19) cf. 위의 책, p. 61.
20) cf. 위의 책, p. 61f. ; 中田薰, 《古代日韓交涉史斷片考》, 1956, p. 1.
21) cf. 安本美典, 위의 책, p. 62 ; 金錫亨(朝鮮史硏究會 譯), 《古代朝日關係史—
    大和政權と任那》, 勁草書房, 1969, p. 125f.
22) cf. 《新井白石全集》 3, 古代通讀 讀法, p. 212.
23) cf. 위의 책, p. 225.

신화의 사실을 역사적 현실에 대응시키려고 하는 데 따르는 문제점을 얼마나 조심스럽게 고려하고 있는지 검토의 여지가 있다.

　B. 高天原을 관념상의 존재인 靈界로 인식하면서, 그 영계를 天上界로 생각하는 견해가 있다. 이른바 관념적인 천상설인바, 여기에도 여러 가지 견해가 나타나고 있다.

　① 北辰을 高天原의 소재로 상정하는 견해가 있다. 平田篤胤(1776~1842)은 大虛의 상방, 이른바 북극의 상공 紫微宮 안일 것으로 보고, 紫微宮의 둘레는 높은 곳의 끝으로 天의 眞區이므로 이야말로 高天原이라고 할 만한 곳이라고 하였다.[24] 이에 관하여는 松村의 적절한 비판이 있다.[25]

　② 高天原을 天으로 관념하고, 天神이 좌정하고 있는 나라로 생각하는 견해가 있다. 本居宣長(1730~1801)의 견해로, 그에 의하면 단순히 大虛空으로서의 天이 아니라, 天이면서 어떤 事象을 이야기할 때의 명칭이며, 또 天神이 좌정하고 있는 나라로 관념하고 있다.[26] 이보다 앞서 卜部兼方(懷賢)은 《釋日本紀》(1274?)에서 私記를 인용하고, 스승의 설임을 밝히며 "上天을 이른다. 생각하건대 虛空을 이를 것이니라"하였다.[27] 이 밖에도 一条兼良(1402~1481)의 《日本書紀纂疏》, 度會延佳(1615~1690)의 《中臣祓瑞穗鈔》(1659) 등에서도 天上說을 말하였고, 山崎闇齋·玉木葦齋도 高天原을 天上視하는 소견을 말한 바 있다.[28]

　③ 2층으로 된 무대에서 위층이 高天原이고, 아래층이 '葦原中國(日本)'기타이며, 상하를 연결하는 사다리가 '天浮橋'로서, 일본의 신화는 당초 이와 같은 무대에서 실연된 연극이었을 것으로

　24) cf. 平田篤胤, 《古史傳》 一之卷 ; 松村武雄, 《日本神話の研究》 4, 培風館, 1958, p.319.
　25) cf. 松村武雄, 위의 책, p.319f.
　26) cf. 위의 책, p.321f.
　27) cf. 安本美典, 《高天原の謎》, p.68.
　28) cf. 위와 같음.

설명하는 견해가 있다.(土居光知,《文學序說》, 1929)[29]

위의 견해는 素材的 내지 요소적으로는 매우 시사적이나, 그대로 수용하기에는 어려운 점이 있다.[30]

C. 高天原을 신화 내지 신앙적 관념의 산물로 인식하는 태도가 있다. 여기에도 여러 가지 견해가 나타나고 있다.

① 천황이 臨在하는 곳은 곧 '天'이 된다는 민속적 신앙 내지 實修에서 온 관념으로 보는 견해가 있다. 折口信夫는 천황이 높은 곳에 올라가, 祝詞를 내리면, 언제든지 첫봄이 되고, 그가 올라간 언덕은 高天原이 된다고 믿는 신앙이 일본 神道의 근본을 이루고 있다고 보았다. 그리하여 언덕에 올라가 말을 하면, 곧 지상은 高天原이 되고, 천황은 곧 天神이 된다고 하였다.[31]

② 高天原을 天神·日神 양계의 신앙·신화의 복합적 산물로서 생각하는 견해는 松前健에게서 볼 수 있다.[32]

③ 대륙에서 産果한 신들의 세계가 북방계 민족에 의하여 일본에 계승된 것이 高天原이라고 생각하는 견해가 있다. 이에는 松村武雄·岡正雄 등이 있다.[33]

④ 大和(야마토)의 경관이 천상에 투영되어 高天原으로 觀想되었다는 견해가 있다. 이에는 津田左右吉·三品彰英 등이 있다.[34]

⑤ '幽界', 즉 관념·사상상의 세계가 '顯國'인 현실의 세계와 서로 대응하는 것으로 보고, '幽界'는 다시 光明·至善의 신의 세계인 '高天原'과 암흑·至惡의 신의 세계인 '夜見國'이 상대하는 것으

---

29) cf. 太田善麿,〈總論〉(《講座日本の神話》編集部,《高天原神話》,有精堂, 1976), p.18.
30) cf. 위의 글, p.19.
31) cf. 折口信夫,《古代人の思考の基礎》, 1929 ; 위와 같음.
32) cf. 松前健,《大和國家と神話傳承》,雄山閣, 1986, pp.21~26, 39~46.
33) cf. 松村武雄, 앞의 책, pp.337ff.
34) cf. 津田左右吉,《日本古典の硏究》上, 岩波書店, 1950, p.646f ; 三品彰英, 《日本神話論》, 平凡社, 1970, p.48.

로 여긴 신념상의 산물로 간주하는 견해도 있다. 白鳥庫吉이 이에
속한다.[35]

위에서 고찰한 B와 C는 高天原의 존재를 비현실의 관념적 존재
로 생각하는 점에서는 공통된다. 다만 전자는 관념적 차원의 천상
으로 생각하는 데 대하여 후자는 신앙적 차원의 관념세계로, 즉
지배적 천신이 군림하는 것으로 생각하고 있다는 점에서 구별된다.

위에서 서술한 高天原에 대한 다기다양한 견해들은 각기 나름
대로의 근거를 가지고 있는 것은 확실하나, 요컨대 高天原의 이미
지 자체에 이미 지상적 요소가 있는가 하면, 또 다른 한 편에 영
적 천상적 요소가 있는 까닭으로, 상반된 주장이 있게 되었던 것
으로 보인다. 이제 항을 달리하여 高天原의 이미지를 문헌상의 기
술을 통하여 고찰해보기로 한다.

2) 문헌상의 '高天原'

高天原에 대한 본격적인 기술은 《古事記》와 《日本書紀》에서 볼
수 있다. 《古事記》를 중심으로 高天原에 관한 문헌상의 형상을 살
펴보기로 한다. 《古事記》는

㉠ 첫째 권, 앞머리에서 "하늘 땅이 처음으로 열렸을 때, 高天
原에 생겨난 신의 이름은 天之御中主神, 다음으로 高御産巣日神, 다
음으로 神産巣日神"이라고 시작하고 있다. 특히 '高天原'에 대하여
는 "訓高下天 云阿麻 下效此('高' 아래 '天'은 '아마'라고 읽어라. 이하
이를 따른다)"라고, '天'자를 훈독하는 데 대한 지시도 볼 수 있다.
위의 3신은 獨神으로 몸을 숨기고 드러내지 않는 존재이다. 다음
으로 역시 독신인 2신이 생겨났는데, 이 역시 몸을 숨기고 드러
내지 않는 존재이다. 이상의 5신을 別天神이라 부른다. 다음으로

---

35) cf. 白鳥庫吉, 〈神代史の新研究〉《白鳥庫吉全集》 1, 岩波書店, 1969), p.
418f.

독신인 2신을 포함한 12신, 이른바 神世七代가 생겨났다. 이들 가
운데 제7대에 해당하는 伊邪那岐神과 누나(妹) 伊邪那美神 등 2
신은 천신 등의 명으로 국토의 修理 固成을 담당했다. 이 남녀 2
신은 결혼하여 大八島國을 낳았고, 다시 신들을 낳았다. 곧 14島,
35神이다.

伊邪那美神은 火神을 낳다가 죽어서 황천국에 갔다. 아내를 그
리워한 伊邪那岐神은 아내를 찾아 황천국에 갔으나 금기를 범한
까닭으로 도망하여 이승으로 되돌아왔다. 그가 죽음의 나라의 더
러운 때를 물로써 씻어내리니[36] 거기서 또 신들이 化生하였다. 최
종적으로 天照大御神과 月讀命·建速須佐之男命 등 세 貴子를 얻었
다. 伊邪那岐神은 세 자녀에게 각기 맡아 다스릴 영역을 정하여
주었다. 즉 天照에게는 高天原, 月讀命에게는 夜食國, 建速須佐(약칭
須佐)에게는 海原을[37] 각각 나누어 주었다. 그러나 須佐는 자기
영역을 다스리는 일을 않고, 죽은 어머니의 나라 根堅州國에 갈
생각으로 姉神인 天照가 있는 高天原으로 올라갔다. 天安河를 사이
에 두고 누이와 남동생이 '우께히'(宇氣比)를[38] 하여 남신 다섯,
여신 셋을 얻었다. 여신을 낳은 須佐는 자신의 결백을 주장하고
高天原에 머물러 있으면서 온갖 악행을 다 저질렀다. 天照는 보다
못해 天岩屋에 들어가 숨어버리고 말았다. 그 결과 高天原은 물론
하계인 葦原中國까지 암흑세계가 되어 버렸다.(사진 37) 高天原의
八百萬神[39]은 天安河原에 모여 思金神에게 꾀를 짜내어 대책을 강
구하게 하였다.(사진 31) 長鳴鳥를 울리고, 天安河의 河上의 天堅石
을 취하고, 天金山의 철을 취하여 대장장이 天津麻羅에게 (劍을
만들게 하고)[40], 伊斯許理度賣命에게 거울, 玉祖命에게 八尺勾瓊의

---

36) 禊祓也.
37) 《紀》本文 및 두 개의 一書에는 '根國'으로 나타나 있다.
38) 길흉흑백을 가릴 때에 필연코 이와 같으리라 하고 마음에 작정하고 어떤 행
   위를 함을 이르는바, 《紀》에서는 '誓約'이라 하였다. ト占의 성격이 짙다.
39) 《紀》에는 "八十萬神"으로 되어 있다.
40) 《記》 원문에는 이 대목이 탈락되어 있다.

五百津의 御須麻流珠를 만들게 하고, 天兒屋命·布刀玉命으로 하여금 天香山의 眞男鹿의 어깨뼈를 빼내어 天香山의 天波波迦를[41] 취하여 점치게 하고, 天香山의 五百津眞賢木을 송두리째 뽑아 윗가지에 御須麻流玉, 가운뎃가지에 八尺鏡, 아랫가지에 白丹寸手[42]·靑丹寸手[43]를 매달고, 이 여러 가지 물건을 布刀玉命이 받들어 봉헌하고, 天兒屋命은 祝詞를 불렀다. 天宇受賣命은 天香山의 天日影[44]을 어깨에 걸치고, 天眞拆을[45] 머리장식(縵)으로 삼고, 天香山의 小竹葉을 알맞게 손 안에 감아 쥐고, 天石屋 문 앞에서 빈통을 엎어놓고 그 위를 밟고 서서 요란스럽게 소리를 울렸다. 그녀는 신이 들려 젖을 드러내고, 치마 끈을 음부까지 풀어내렸다. 그러자 高天原이 흔들리며, 八百萬神이 일제히 소리내어 웃었다. 天石屋 안에 숨어 있던 天照는 의아하여 天石屋의 문을 약간 열고 말했다. "내가 몸을 숨긴 동안 天原이 어둡고, 葦原中國도 다 어두우리라 생각되는데, 어찌하여 天宇受賣는 가무하며, 八百萬神은 일제히 웃느뇨?" 이에 天宇受賣가 "당신보다 더 귀한 신이 계신 까닭으로 기뻐하여 웃고 즐기는 것입니다"라고 말했다. 이렇게 말하고 있는 동안에 天兒屋命과 布刀玉命이 거울을 내밀어 天照에게 보이니 天照는 거울 속에 비친 자신의 모습에 더욱 의아하여 몸을 문밖에 내밀었다. 그러자 숨어 있던 天手力男神이 그의 손을 잡고 끌어내니, 布刀玉命은 금줄을 天照의 후방에 건네고 말하기를, "여기서부터 안으로는 들어가지 마소서"라고 하였다. 天照가 굴 밖으로 나오니 高天原도 葦原中國도 저절로 밝아졌다.(사진 43)

이에 八百萬의 神은 서로 의논하여 須佐에게[46] 千位의 置戶[47]를

---

41) 朱櫻. 이 나무의 껍질로 사슴의 어깨뼈를 구워서 吉凶을 판단하였다.(太占)
42) 닥나무 껍질의 섬유로 짠 무명.
43) 麻布. 흰 무명에 비하여 푸른 빛이 도는 삼.
44) 겨우살이 같은 풀(蘿).
45) 칡.
46) 建速須佐之男命을 速須佐之男命으로도 기록하고 있다. '建'은 '사납다'는 뜻의 수식어인 듯하다.

지우고 또 수염을 자르고 손톱 발톱을 뽑고 추방하였다.

須佐가 大氣津比賣神[48]에게 먹을 것을 청하니 大氣津은 코·입· 꽁무니(尻)로부터 갖가지 맛나는 물건을 내어 요리하여 바쳤다. 그것을 본 須佐는 더러운 것을 바친다고 생각하여 大氣津을 죽였 다. 죽은 신의 몸에서 머리는 누에, 두 눈은 볍씨, 두 귀는 조, 코 는 팥, 음부는 보리, 꽁무니는 콩이 되었다.[49] 이에 神産巢日御祖 命이[50] 이를 취하게 하여 종자를 삼았다.[51]

ⓛ 高天原을 쫓겨난 須佐는 出雲國의 肥ₒ河上의 鳥髮에 내려가 大蛇를 퇴치하였는데 대사의 몸에서 얻은 大刀[52]를 天照에게 바쳤 다.(사진 22)

ⓒ 大穴牟遲神이[53] 형제의 八十神들의 모략으로 죽었을 때 어머 니 刺國若比賣가 高天原에 올라가 神産巢日之命에게 청하여 아들을 살렸다. ……八十神을 피하여 根堅州國(저승)의 須佐能男命을 찾아 갔던 大穴牟遲神이 須佐能男命의 딸 須世理毘賣를 업고 도망을 때 黃泉比良坂에까지 쫓아온 須佐能男命이 이들에게 소리질러 "내 딸 須世理毘賣를 正妻로 삼고, 宇迦能山[54] 기슭 땅 속 반석 위에 궁전

---

47) 속죄의 목적으로 과하는 祓具.

48) "大氣都比賣, 大宜津比賣神"등으로 표기함.

49)《紀》卷1, 神代 上, 第5段 一書 第11에서는 月夜見尊과 保食神의 이야기로 되었고, 月夜見尊에게 죽임 당한 保食神의 머리는 牛馬, 이마는 조, 눈썹은 누 에, 배는 벼, 음부는 보리와 콩, 꽁으로 化生한 것으로 기술되어 있다.

50) 別天神三神中의 하나인 神産巢日神의 母神의 뜻. 그러나 이 신의 母神은 밝혀 져 있지 않다.

51)《紀》卷1, 神代 上, 第5段 一書 第11에서는 天照가 조·피·보리·콩으로 밭 종자, 벼로 논종자로 삼았다고 했다.

52) 草那藝의 大刀라고 하는바,《紀》分注에서 本名을 天叢雲劍, 후에 草薙劍으 로 이름을 고쳤다고 하였다.

53) 大國主神, 葦原色許男神, 八千矛神, 宇都志國玉神 등의 이름이 있고,《紀》에 서는 大已貴,《萬葉集》에서는 於保奈牟知·大穴道·大汝,《出雲國風土記》에 는 大穴持로 기록되어 있다.《記》는 이 신을 須佐之男命의 6세손,《紀》卷1, 神代 上, 第8段 一書 第2에서도 6세손으로 기록하고 있으나, 卷1, 神代 上, 第8段 一書 第1에서는 八島篠神의 5세손으로 기록하고 있다.

54)《出雲國風土記》에 出雲郡 宇賀鄕이 있는바, 그곳의 산이다.

기둥을 굵직하게 세우고 高天原에 氷椽[55] 높이 올리고 나라를 다스려……"라고 외쳤다. 자기 품을 떠나가는 딸과 사위를 축복하는 말 속에 '高天原'이 보인다. 위와 같은 말은 하필 이 경우만이 아니라, 延喜式 祝詞에 상투적으로 쓰이고 있음을 알 수 있다.[56]

㉣ 天孫降臨 대목에서 다시 高天原이 등장한다. 당초 天照는 天忍穗耳命을 豊葦原水穗國에 강림하게 한다. 天浮橋에 서서 下界를 바라본 天忍穗耳命은 그곳이 매우 소란스러우므로 상계로 되돌아왔다. 天照는 八百萬神을 모아 의논하여 天菩比神을 보냈다. 天菩比神은 3년이 되도록 復奏하지 않았다. 그리하여 高御産巢日神과 天照는 신들과 의논하여 天若日子를 보냈다. 그러나 그 역시 8년이 되도록 復奏하지 않았다. 高天原에서는 鳴女(雉)를 보내어 天若日子가 오래도록 復奏하지 않는 이유를 묻게 하였다. 天若日子는 天之波士弓과 天之加久矢로 鳴女를 사살하였다. 화살은 꿩의 가슴을 뚫고 天安河의 물언덕에 있는 天照와 高木神에게로[57] 날아왔다. 高木神이 그 화살을 취하여 화살이 뚫고 들어온 구멍으로 되돌려버리니 화살은 날아가 天若日子의 가슴에 박혀 그는 죽었다.

天照는 天安河의 河上 天岩屋에 있는 伊都之尾羽張神을 하계에 보내려고 天迦久神을 교섭차 보내니, 그는 자식인 建御雷神을 자기 대신으로 貢進하였다. 天照는 天鳥船神을 딸려서 建御雷神을 하계에 보냈다.(사진 38) 建御雷神이 葦原中國을 평정한 뒤, 天照와 高木神의 명으로 태자 天忍穗耳命을 보내려고 하였더니, 그는 高木神의 딸 萬幡豊秋津師比賣命과의 사이에서 마침 태어난 日子番能邇邇藝命을[58] 대신 보내주도록 청하는 것이었다. 이에 日子番能邇邇藝

---

55) 日本, 즉 태양을 막는 나무의 뜻인 듯하다. '椽'으로 보아 垂木(서까래)으로 이해된다.

56) "下都磐根爾宮柱太知立 高天原爾千木高知氐."(祈年祭) ; "下津磐根爾宮柱 太敷立高天原爾千木高知氐."(六月晦大祓) ; "下津石根爾宮柱廣知立 高天原爾千木高知氐."(春日祭)《記》上卷에서 大國主神의 讓國 대목에 다시 보인다.

57) 高御産巢日神의 별명.

58)《紀》에는 "天津彦彦火瓊瓊杵尊, 天津彦火瓊瓊杵尊, 天津彦國光彦火瓊瓊杵尊,

命을 천강하게 하니, 그때 하늘의 여덟 갈래 난 길목을 막고 서
있는 신이 있었는데 위로는 高天原을 비추고, 아래로는 葦原中國
을 비추고 있었다. 天宇受賣命을 시켜 누구인가를 묻게 하니, 이
는 國神 猿田毘古神으로, 天神의 아들이 天降한다고 듣고 길을 인
도하려고 마중나왔다는 것이었다. 이에 天兒屋命·布刀玉命·天宇受
賣命·伊斯許理度賣命·玉祖命 등 5부신과 八尺勾璁(曲玉), 거울, 草
那藝劒과 常世思金神·手力男神·天岩門別神을 딸려서 天降하게 하
는데, 거울은 天照의 魂으로서, 받들어 제사하라 詔命을 내렸다.[59]

　邇邇藝命은 高天原의 반석 자리를[60] 떠나 天浮橋를 거쳐 竺紫 日
向의 高千穗 久土布流多氣에[61] 천강하였다. 그는 조칙을 내리기를,
"이 땅은 韓國을 향하고, 笠沙 앞을 곧바로 통하고, 아침 해가 곧
바로 비치는 나라, 저녁 해가 밝게 비치는 나라로다. 고로 이 땅
은 매우 길한 땅"이라고 하여 땅 속 반석 위에 궁전 기둥을 굵직
하게 세우고서, 高天原에 氷椽을[62] 높이 올리고 좌정하였다.(사진
30)

　이상은 《記》에서 찾아본, 高天原에 관한 신화의 기술 내용들이
다. 위의 신화기술을 통하여 高天原의 이미지를 요약해 보면 대략
아래와 같다.

　① 천지가 처음으로 발할 때 여러 신들이[63] 생겨난 본거임과

　　天津彦根火瓊瓊杵根尊, 天國饒石彦火瓊瓊杵尊, 火瓊瓊杵尊, 天饒石國饒石天津
　　彦火瓊瓊杵尊" 등으로 전하고 있다.
59)《紀》卷2, 神代 下 第9段 一書 第2에는 "吾兒視此寶鏡 當猶視吾 可與同床
　　共殿 以爲齋鏡"이라 하였다.
60) 天之石位.《紀》에는 "天磐座 此云阿麻能以簸矩羅"라고 하였다.
61) 霧島山이라는 설과 宮崎縣臼杵郡 소재의 高千穗라는 설이 있다.
62) 주 55) 참조.
63)《記》에서는 "八百萬神",《紀》에서는 "八十萬神"인바, "八百萬神"은 高天原
　　의 신들을 가리킬 때만 쓰이고 있다. "八十萬神"은 高天原과 무관한 신들에도
　　쓰이며, 從者에 불과한 많은 신들에 대하여도 쓰이고 있다.(cf. 太田善麿,〈總
　　論〉,《講座 日本の神話》編集部,《高天原神話》, 有精堂, 1976, p. 10)

동시에 이들 천신들이 거주하고 있는 천상 세계이다. 그럼에도 불구하고, 여기서는 농경적인 지상생활과 과히 틀리지 않는 생활이 영위되고 있다.

② 창조 2신의 국토(大八島國) 수성과 신들의 생산을 주재하는 지배계이다.

③ 3계 가운데 최상계로서, 세 귀자 가운데 天照라는 여신이 맡아 다스리는 세계이다. 그럼에도 불구하고 원초적으로는 高御産巣日神(高木神[64])이 우세한 영격으로 시사되고 있다.[65]

④ 자신의 영역을 이탈하여 천계에 침입하여 온갖 폭행을 감행한 須佐로 말미암아 日神인 天照가 天岩屋에 숨어버리자 高天原과 葦原中國이 암흑계로 바뀌고 우주의 질서가 크게 어지러워졌다. 즉 高天原은 최고신인 日神의 거처이다.

⑤ 천신들의 계략으로 天照가 天岩屋으로부터 나오자, 高天原과 葦原中國은 다시 광명을 되찾았다.[66]

⑥ 천신들은 須佐를 高天原에서 추방하였다.(뒤에 須佐는 出雲에서 얻은 草那藝大刀를 天照에게 바쳤다)

⑦ 天照는 여러 가지 곡절을 거친 후, 天孫 日子番能邇邇藝命을 葦原中國의 통치자로서 천강하게 하였다. 여기에는 從神과 天照의 魂代인 거울이 수반하였다.

⑧ 邇邇藝命은 竺紫의 日向 高千穂의 久土布流多氣에 천강하였다.

위로 미루어, 高天原(天照)과 葦原中國(天皇)과의 사이에는 연대관계 내지 일체적 관계가 인정된다. 그 연대관계는 高天原으로부터 葦原中國으로의 일방적 하향의 지배관계이다. 그리고 高天原의

---

64) '高木神'의 명칭은 《記》에만 보인다.(cf. 神野志隆光, 〈ムスヒの神の變容〉, 稲岡耕二・大林太良 編, 《講座 日本文學 神話 上》, 至文堂, 1977, p.60f.

65) cf. 위의 글, pp.53·56.

66) 舊11月 冬至 때 제사인 '鎭魂祭'와 天岩戸神話와의 본질적 관계를 인정하는 논의가 있다.(cf. 井上光貞, 《日本の歷史》 1, 中央公論社, 1973, p.59 ; 松前健, 《日本神話の新研究》, 櫻楓社, 1971, p.144)

질서는 高御産巣日神과 天照를 정점으로 하여 思金神을 비롯한 八百萬神들의 동의를 얻거나 그들의 의견을 수렴하여 유지되고 있다.(①③④⑤⑥⑦) 高天原에서의 신들의 생활에는 지상 내지 인간적 요소가 보인다. 즉 농경, 베틀짜기, 제사, 인간적 감정, 죽음[67] 등이 그러하다.(㉠㉢)

한편 高天原 특유의 素材도 볼 수 있다. 즉 天岩屋・天浮橋・天香山・天金山・天安河原・天柱・天眞名井 등이 그것이다.(㉠㉣)

白鳥庫吉은 高天原을 아래와 같이 설명하고 있다.

> 이 나라(高天原)의 형세는 이 現國(현세)과 다른 데가 없다. 이 나라는 주위를 sora, ama라고 하는 희박한 바다로 둘러싸여 있는 곳이었다. 그런 까닭으로, 이 천국으로부터 현국에 신들이 하강할 때에는 天御柱라든가 天浮橋라든가 天磐船이라든가 天鳥船이라든가에 의존하지 않을 수 없었다. 그리고 天照를 비롯한 萬神들이 거처하던 곳은 이 高天原, 즉 육지인 까닭으로 現國의 大八洲國과 비슷한 섬(嶋)으로 생각되었던 것으로 보인다. 이 나라에는 大河가 있어 이를 安河라고 불렀고, 이 나라에 大山이 있어 天香山이라 하였다. 이 나라에는 田畝도 있고, 초목도 우거지고, 가옥・가축 등 모든 점에서 이 현국과 다를 데가 없다. 여기서 주목되는 것은, 이 나라에 賢木이라는 상록수가 있는 香山이란 산과 眞名井이라는 우물이 있다는 사실이다. 이곳은 夜見國과는 정반대의 위치에 있으므로, 夜見國이 지옥이라면 高天原은 극락세계이다.[68]

위에서 고찰한 바와 같이 高天原은 천상계로 설정되어 있음에도 불구하고, 그 이미지에는 현세적 요소가 적지 않게 발견된다. 신화적 발상 자체 현실생활과 어느 의미에서 관련을 갖는다는 사실을 말하는 것이기도 하다. 따라서 高天原은 막연하게 천상계인

---

67) cf. 益田勝美,〈神話的想像力〉, 稲岡耕二・大林太良 編,《講座 日本文學 神話 上》, p. 26f.
　　"胎より産れ給ふ神には死ありて出現の神には死なく, たブ幽冥に隱身給ふのみなればなり."(《橘守部全集》1, 稜威道別 卷 2, p. 51)
68)〈日本上代史研究 上〉,《白鳥庫吉全集》1, 岩波書店, 1969, p. 419.

것은 아니다. 그 이미지에는 천상계일 수밖에 없는 면도 있고, 지상계로 볼 수밖에 없는 면도 있는바, 양면을 아울러 갖는 異界임이 틀림없다.

3) 현실화된 '高天原'

당초 신화적 천상계였던 '高天原'이 현실적 실재로서 現存하고, 신앙상의 성지화 내지 신화적 모뉴먼트로서 숭앙되고, 기념되고 있음을 볼 수 있다. 몇 가지 사례를 들면 다음과 같다.

① 宮崎縣西臼杵郡高千穂町에 天孫降臨의 **槵觸峯**이라고 이르는[69] 高千穗의 二上峰, 鵜葺草葺不合命[70]의 네 황자(五瀬命·稲氷命·御毛沼命·神倭伊波禮毘古命[71]) 탄강의 땅으로 인연지어진 四皇子峰, 기타가 있는 것은 그런 대로 이해할 수 있으나, 천상계여야 할 高天原[72]·天岩戸[73]·天安河原·天浮橋·天御鹽·檍原·天香久山·天眞名井[74] 등 高天原神話의 완전한 한 세트가 현실에 재현되어 있는 것은 좀 놀라운 일이라 하겠다.(사진 29·31·32·36) 岩戸川의 계류를 사이에 두고, 禁足의 성역인 天岩戸가 있고, 對岸에 天岩戸西本宮이 있다.(이 신사의 신체는 시내 건너편의 굴—岩戸이다) 참배자가 냇물 너

---

69) "到於日向襲之高千穂槵日二上峰天浮橋."(《紀》卷 2, 神代 下, 一書 第 4)
70) 神武天皇의 아버지.
71) 神武天皇(第 1 代 天皇).
72) **槵觸峰** 남쪽에 연결된 언덕으로, 天孫降臨後 諸神이 이 언덕에 서서, 高天原을 遙拜한 곳이라고 한다.(cf.《鄕土資料事典》45, 東京 : 人文社, 1974, p. 107)
73) 高千穗町의 시가지에서 버스로 20분 거리에 天岩戸神社가 있다. 天照를 祭祀하고 있는데, 社殿 뒤 岩戸川 건너편에 入口幅 35미터, 깊이 25미터, 높이 13미터의 동굴이 있다. 天照가 몸을 숨겼던 동굴이라 전하고 있다. 최근에는 土砂로 메워져버린 대로 아무도 근접할 수 없는 神域으로 남아 있다.(cf. 千賀四郞,《神話と萬葉》, 小學館, 1975, p. 181)
74) **槵觸神社** 근처에 있는 떡갈나무 뿌리 아래에서 솟아나는 샘으로, 天孫降臨時 이곳에 물이 없었던 때문에 天村雲命이 다시 天上에 올라가, 물 종자를 여기에 옮겨왔다고 하는 전설을 가진 샘이다.(cf.《鄕土資料事典》45, p. 107)

머로 배례할 수 있도록 西本宮 물언덕에 拜殿이 마련되어 있다.
(사진 37) 경내에는 天香山에서 송두리째 뽑아와 祭場의 한가운데
세웠다고 하는 眞賢木[75]으로 알려진 상록수(招靈의 열매가 열린다)
가 무성하다. 天照가 天岩戶에 몸을 숨김으로써 천지가 캄캄해짐
에 八百萬神이 모여 회의를 열었다는 天安河原이 岩戶川의 유역에
벌어져 있다.(사진 31) 天安河原에 입구 폭 30미터, 깊이 25미터,
넓이 약 50疊이 되는 仰慕窟이라는 동굴이 있다.(사진 43) 이 일
대에는, 참배자가 祈願의 표시로 쌓은 돌무지(石積 けるん)가 발
들여 놓기 어려울 만큼 수도 없이 늘어서 있는 것이 흡사 八百萬
神이 河原에 앉아 있는 것과 같다.[76] 高千穗神社에서는 연중 매일
같이 夜神樂의 일부(天岩戶開 4番)를 공개하고 있다.(사진 43) 한
편 天岩戶神社에서는 岩戶神樂 33번의 공개 제사를 11월 3일에 행
하고 있다. 밤 7시경부터 시작하여 다음날 오전까지 33번의 神樂이
철야로 진행된다. 이곳 高千穗는 마치 天上界인 高天原을 지상에
그대로 옮겨 놓은 것처럼 신화를 사실적으로 재현하고 있다.

　② 三重縣 伊勢 五十鈴川(사진 7)의 상류에 高天原이라는 골짜기
가 있고, 皇大神宮의 별궁인 伊雜宮이 있는 的矢灣·伊雜浦·神路川
등 산천에는 五十鈴川의 유역과 마찬가지로 高天原神話의 한 세트

---

75) "榊一名眞賢木 受自然之正氣 多夏常青·故衆木中爲賢木 號榊也."(《續群書類
　　從》卷 3, 神祇部 3, 造伊勢二所太神宮寶基本記)
76) 天安河原의 바위에 대하여 아래와 같은 유래도 있다. "伊奘諾尊恨之日 唯以
　　一兒 替我愛之妹者乎……遂拔所帶十握劍 斬軻遇突智 爲三段 此各化成神也 復
　　劍刀垂血 是爲天安河邊所在五百箇磐石也."(《紀》卷 1, 神代 上, 5段 一書 第
　　6)
77) 伊勢市와 磯部町을 잇는 伊勢道路의 도중, 逢坂峠에 가까운 산중에 있는 石灰
　　洞으로 水穴이라고도 불린다. 높이 약 2미터 정도의 입구로 들어가면, 굴 안
　　각처에서 지하수가 흘러내려 이상한 분위기를 느끼게 한다. 옛날 天照가 몸을
　　숨긴 곳이라고 전하며, 동굴은 두 갈래로 갈라져 있는데, 좌측으로 가면 폭포
　　가 있는 광장이 있고, 여름에도 한기가 느껴질 정도라고 하며, 동굴의 끝까지
　　가본 사람은 아직 없다고 한다.
　　cf. 《鄕土資料事典》 25, p. 800 ; cf. 筑紫申眞, 《神々のふるさと》, 秀英出
　　版, 1970, p. 156f.

가 재현되어 있다. 神路川의 상류에는 高天原·天岩戶(瀧祭窟)가[77] 神代를 방불케 하고 있다. 垂仁天皇 26년 五十鈴川 위 大宮 가에 齋宮을 세우고 倭姬命을 거하게 하였다. 곧 八尋機屋을 세우고 天棚機姬와 그 자손 八千々姬命으로 하여금 天照의 옷을 짜게 하였는데, 천상의 의례를 방불케 하였다. 宇治機殿은 바로 이것이었다고 한다.[78]

③ 옛날의 大和國인 奈良縣 高市郡을 高天原에 비의하는 것을 볼수 있다. 眞菅村과 金橋村 사이를 흐르는 宗我川을 天安川이라고도 부르는데, 宗我川의 상류에 天津石戶別神社가 있다. 이는 곧 天照가 몸을 숨긴 天岩戶로, 曾我村에 현존하는 天高市神社는 신대에 있어 "八十萬神을 天高市에 모아 물었다"[79]는 天高市에 각각 비의되고 있다.[80]

葛城村大字高間의 高天山도 세속에서 高天原이라고 부르고 있다. 葛城山(해발고도 959미터) 동쪽 기슭으로부터 20町을 오르면 高天村에 이른다. 高天은 鄕內가 넓고, 마을들도 많다. 이에 관하여 鳥越憲三郎은 다음과 같이 부연하고 있다.

　　金剛山은 山頂에 寺院이 建立된 이후의 이름으로, 옛적에는 高天山으로 불리고 있었다. 그 高天山 중앙부 中腹에는 광대한 臺地가있고, 田地만도 8만 8천 평방미터가 되는데, 지금도 字名을 高天이라고 한다. 그리고 臺地 깊숙한 곳에 圓錐形의 聖林이 솟아 있고, 그기슭에 高天彦神社의 社殿이 있다. 延喜式內의 名神大社로 葛城族의主神인 高皇産靈神이 제향되고 있다. ……옛적에 臺地는 온통 原野

---

78) "神服機殿 在多氣鄕流田神服村 垂仁天皇二十六年 興齋宮於五十鈴河上之大宮際 令倭姬命居焉 剙建八尋機屋 令天棚機姬 其子孫八千々姬 織太神御衣 譬猶在天上之儀焉 謂宇治機殿是也."(《續群書類從》卷 3, 神祇 3, 伊勢二所皇太神宮神名秘書)

79) "一書曰……乃入于天石窟而閉著磐戶焉 於是 天下恒闇 無復晝夜之殊 故會八十萬神於天高市而問之."(《紀》卷 1, 神代 上, 第7段 一書 第1)

80) cf. 安本美典,《高天原の謎》, p.34f;吉田東伍,《大日本地名辭書》, 富山房, 1911.(重引)

로, 깊숙한 聖林에는 高皇産靈神이 제향되고, 聖地로서 숭상되었을
것이다. ……한때는 背後의 광대한 臺地를 신들이 거처하던 곳으로
의식하고 있었다고 보아도 되겠다. 이른바 高天原이다.[81]

　그는 《紀》보다 13년 뒤에 편찬된 《出雲國風土記》에 事代主神의
이름을 볼 수 없는 것에 착안하여, 일본 신화의 원형을 葛城族과
鴨族의 역사적 대결을 반영한 것으로 파악하였다. 그리하여 高天
原 神話의 원형이 葛城山麓에서 탄생했다고 보고, 따라서 高天原은
이들 신의 고향이 아니어서는 안 된다고 하였다.[82]
　한편 大和國 十市郡에는 天香山이 있다.[83]
　이상에서 보는 바와 같이 大和國에도 高天原 神話의 한 세트가
재현되어 있다. 그리고 三輪山의 배후, 長谷寺가 있는 산 속을 高
天原이라 부르는 경우도 있다. 곧 '天照大神陰蟄之地'로 믿어지고
있다.[84]
　④ 關東의 鹿島神宮 동쪽 약 3킬로미터 지점에도 高天原이 있다.
전설에는, 太古 때 大神이 東征하여 夷賊을 죽여 그 목을 매장한
鬼塚이 거기에 있다고 한다.[85]

---

81) 鳥越憲三郞,〈高天原神話〉,《國文學解釋と敎材の硏究》23卷 14號(通卷
　　334號), 學燈社, 1978, p.150f.
82) cf. 위와 같음.
83) 橿原市 南浦町 소재 해발고도 148미터의 天香久山으로, 香久山驛에서 남쪽으
　　로 800미터 지점에 있는 산. 天岩戶에 숨어버린 天照를 불러내기 위해 만든
　　거울은 이 산의 구리를 캐어 만든 것이라 하며, 또 그 거울과 八坂瓊曲玉을 건
　　榊도, 이 산에서 패왔다고 전한다.(cf.《鄕土資料事典》27, p.135)
　　　新井白石은 "天香山은 그 처소를 알 수 없다.《舊事記》·《日本紀》·《萬葉
　　集》등을 아울러 상고하건대 후대의 筑波嶺 一名 見果山이라 하는 것이 곧 이
　　것이다"고 하였다.(cf.《新井白石全集》3, 古史通, p.244)
　　　天香山에서 白銅·黑金을 캐어 鏡劒을 만든 일은 崇神天皇 때에도 있었다.
　　"御間城入彦五十瓊殖天皇 漸畏神威 同殿不安 改更令齋部氏 率石凝神裔 天目一
　　箇神裔二氏 取天香山白銅黑金 更鑄造劒鏡 以爲護身御璽 是踐祚之日 所獻神璽
　　鏡劒也 凡璽則 大己貴神 其子事代主神 所獻于大日孁貴 瑞八坂瓊之曲玉是神璽是
　　也."(《續群書類從》2, 神祇部 2, 伊勢二所皇太神宮御鎭座傳記)
84) cf. 筑紫申眞,《神々のふるさと》, 秀英出版, 1970, p.159.
85) cf. 茨城縣 鹿島町,《水鄕筑波國定公園かしま》.(觀光꿤플릿)

위의 ① 에 관하여, 1956년 高千穗·阿蘇를 조사한 瀧川政治郎의
성과를 평하면서, 坂本太郎은 "유적·유물과 민속은 어느 하나 高
千穗가 皇祚發祥의 땅임을 증거하고 있지 않다"고 하였다.[86] 原田
大六도

　　신화를 그대로 실존의 역사로 삼고 있던 戰前 戰中까지는, 宮崎縣
　　과 鹿兒島縣境의 霧島山이나, 宮崎縣北部의 高千穗의 어느 편이리라
　　고 하여 왔으나, 이것은 후세의 부회 지명일 것이다. ……해맞이를
　　日向(지명)으로 착각하여, 日向의 宮崎縣에 후대의 누군가가 설정한
　　장난이다.[87]

라고 단언하고 있다. 위의 논의들은 한결같이 신화의 현실 재현
이란 기능을 불문에 부치고, 어디까지나 신화를 역사의 문맥으로
이해하려는 것들이었다. 그리고 北九州의 朝倉地方에 신화의 지명
('天'과 관계 있는 지명으로 夜須村·安川町·安野·夜須川·香山·金山·
石屋·石戶·岩屋神社 등이 있다)이 남아 있는 데서 단서를 잡아, 高
天原을 朝倉地方으로 상정하는 논의도 볼 수 있다.[88] 이 또한 신화
의식의 메커니즘을 고려 밖에 둔 논의이다.

　③에 관하여, 大和國의 香山이 天上의 高天原에서 떨어졌던 것
으로 간주된 사실은 《伊豫國風土記》 및 《阿波國風土記》 등 逸文에
나타나 있고,[89] 《萬葉集》에도 "天降하여 온 天香具山……"의 표현
들에서[90] 볼 수 있다.

86) 筑紫申眞, 앞의 책, p.162.(重引)
87) 原田大六,《實在した神話》, 學生社, 1969, p.232f.
88) cf. 安本美典,《高天原の謎》, pp.182~185.
89) "伊與の郡 郡家より東北に天山あり, 天山と名づくるゆゑは, 倭に天の加
　　具山あり, 天より天降りし時, 二つに分かれて片端は倭の國に天降り, 片端
　　はこの土に天降りき."(《釋日本紀》卷 7, 逸文伊予國風土記)
　　"そらよりふりくだりたる山のおほきなるは, 阿波の國にふりくだりたる
　　を, あまのもと山といふ. その山のくだけて, 大和の國にふりつきたるを,
　　あまのかぐ山といふとなん申す."(《萬葉集註釋》卷 3, 逸文阿波國風土記)
90) "257 天降りつく 天の香具山 かすみ立つ 春に至れば 松風に 池波立ちて 櫻ば

松村武雄이 高天原을 "신앙적, 신화적 觀想의 産果"로 본 것은
정곡을 찌른 견해이다. 말할 것도 없이 신화적 발상의 결과인 高
天原의 이미지 속에는 발상 주체인 민족의 현실생활이 어떤 형태
로든 작용 내지 반영되어 있음은 부인할 수 없다. 그러나 그것은
어디까지나 '작용' 내지 '반영'일 따름이요, '실체' 그 자체일 수
는 없다. 이 문제를 좀더 깊이 파고 들어가면, 이른바 '觀想의 産
果'로서 생겨난 신화의 이미지를 다만 단순히 '觀想의 産果' 차원
에서만 볼 것이 아니라, "香山이 天上에서 낙하하였다"고 한 데서
볼 수 있듯이 현실세계에서 物化, 재현되고 있는 현실화의 차원에
서 고려하지 않을 수 없다. 사실은 현실적 재현이야말로 신화의
본질적 메커니즘이라 아니할 수 없다. 이와 같은 신화의 메커니
즘을 전제할 때, 複數의 高天原이 현실에서 재현되었다고 하여 조
금도 이상할 것이 없다. 한국에서도 國祖降臨의 靈山이라 이르는
太白山[91]의 존재는 현실에서 수없이 볼 수 있다. 위의 ①~④는
물론, 그 이외의 곳에서 高天原의 재현은 얼마든지 있을 수 있다
고 하는 것이 옳겠다.

本居宣長도, 그 점에 대하여 "古書에 의하여 舊跡을 설정하여
만든 것이 세상에 많으므로 경솔하게 믿을 수 없다"고[92] 하였고,

な木のくれ茂に沖邊には鴨妻よばひ邊つ方に あぢむら騷きももしきの大宮
人の退り出て遊ぶ船には檝棹も無くてさぶしもこぐ人無しに."(鴨君足人の
香具山の歌一首幷に短歌)
　"260 天降りつく神の香具山うちなびく春さりくれば櫻花……."
91) "蓋馬 太白 徒太白 長白等名 皆爲同山異名 而歷代方言之異也 又高麗史 光宗
十年 遂鴨綠江外女眞於白頭山外居之云 則白頭之名始見於此 而蓋字之音 近於白
字之意 東語 馬頭亦同訓 蓋馬 白頭之異字同意亦可明辨而白頭之名其來亦尙矣
東方諸山 有馬耳 摩尼等山 俗人幷以摩利呼之 曾不相別 蓋馬耳摩尼幷出於頭字
之意也……摩利之爲頭嶺 或頭山之訛 尤可辨矣 太白之一名曰 白頭 甲比古次之
祭天處曰 頭岳 此非檀君祭天 必隨頭名之山也 乃檀君祭天處必成頭名之山也 蓋
頭者 最上 或元首之稱也 白頭爲東方諸山之宗 而又是東人始降之地 兼復元首檀
君 恒行祭天禮于其山 當時之人 名之曰頭山也必矣 而甲比古次之頭嶺 亦不出於
此外也."(《揆園史話》3, 檀君記)
92) "古書に依て舊跡を設け作ること, 世に多ければかろかろしくは信がた
し."(《古事記傳》卷 6)

新井白石도 "무릇 高天原의 지명에 따라 葦原中國에서 그 지명을 얻은 것이 꽤 많다"[93]고 지적한 바 있다. 그러나 이들은 현실에서 복수의 高天原의 존재를 지적하고 그 대부분을 조작된 것으로 보는 데 그쳤고, 그것이 의미하는 신화적 메커니즘의 본질을 결코 이해하려 하지 않았다. '현실 재현'을 다만 '조작'으로만 보는 나머지 그것이 갖는 심층적 사실에까지 관심의 폭을 넓힐 수 없었던 것으로 보인다.

3. 結　語

신화의 재현은 단순히 지명이나 지형적인 附會의 차원에서만 이루어지는 것은 아니다. 현실생활의 가능한 모든 분야에서 신화의 패턴이 부단히 반복, 재현된다고 하는 것이 옳다.

《神代紀》天孫降臨章의 一書 第二의 나라를 양도하는 詔勅[94] 가운데 《出雲國風土記》出雲國 楯縫郡 總說의 杵築宮 造營에 대한 조칙의 별전[95]이 있다. 이 조칙에서 볼 수 있는, 社殿을 高天原의 궁전에 본따서 세운다는 전승은 常陸國 香島郡의 香島神社에서도 볼 수 있다.[96] 이로 미루어, 국토의 祖型을 高天原에 두었던 원시적 존재론의 발현을 짐작하게 된다. 奈良의 天香具山(天香山)을 비롯

---

93) "凡高天原の地名によりて葦原中國にしてその地名を得し事なほ多し." (《新井白石全集》3, 古史通 卷 3)
94) "時高皇産靈尊 乃還遣二神 勅大己貴神曰 今者聞汝所言 深有其理 故更條而勅之 夫汝所治顯露之事 宜是吾孫治之 汝則可以治神事 又汝應住天日隅宮者, 今當供造 卽以千尋栲繩 結爲百八十紐 其造宮之制者 柱則高大 板則廣厚……又當主汝祭祀者天穗日命是也."(《紀》卷 2, 神代 下, 9段 一書 第2)
95) "神魂命詔 五十足天日栖宮之縱橫御量 千尋栲繩持而百結結 八十結結下 而此天御量持而所造天下大神之宮造奉詔而 御子天御鳥命 楯部爲而天下給之."(《出雲風土記》楯縫郡)
96) "自高天原 降來大神 名稱香島天之大神 天則號曰香島之宮 地則名豊香島之宮."(《常陸國風土記》香島郡)

한 여러 지방의 香山은 高天原에 그 原型을 두고 있는 산들이다.
이와 같은 신화의 현실적 재현은, 어쩌면 '확증'을 구하는 합리적
사고에 대응하는 것이었는지도 모른다. 이것은 사실 反神話的 志
向으로 간주될 만한 것이기도 하다. 신화의 時空을 현실화하려는
노력 자체가 신화로부터의 괴리를 의미하는 사실이기도 하다. 그
러나 신화 재현의 마당은, 그 때문에도 그 자체 합리성과 비합리
성이 만나는 마당이 아닐 수 없다. 곧 신과 인간, 영원성과 유한
성, 자연과 인간, 민족(인류)과 개인, 고대와 현대 등이 만나는 마
당이 되지 않을 수 없다. 그 과정에서 개인은 자기 확인이 가능하
고,[97] 민족은 자신의 문화와 전통을 거듭 확인하게 되는 것이다.
신화의 재현이란 고대에 의한 현대에의 의미부여라고도 할 수 있
다. 신화에 의하여 현대는 의미 있는 것으로 재생된다는 생각이
신화 재현의 기본에 있다. 신화 재현의 지향은 신에 의한 인간의
지배를 수용하는 문화적 지향이기도 하다. 동시에 이는 고대에
의한 현대의 지배를 용인하는 문화를 키운다. 따라서, 신화 재현
은 궁극적으로 일종의 문화적 태도를 의미하는 사실이라고 하겠
다. 신화 재현의 패턴은 '神業'에 관한 서술물에만 관계되는 것이
아니라 그 이상으로, 문화 전반에 걸쳐 폭넓은 관련을 갖는다. 일
본에서 日本武尊, 源義經(牛若丸), 弘法大師, 赤穗義士, 水戸黄門 등
전승의 현실 재현은 넓은 전국적 분포를 가지고 있다. 특히 비극
적 운명의 주인공, 예를 들면 日本武尊·源義經 등은 지역마다 전
승을 거듭 더해가면서 가장 다채롭게 현실에 재현되고, 기념되고
있음을 볼 수 있다. 비극적 영웅인 日本武尊은 그의 무덤만 해도

97) 宗敎的 人間은 신들과 文化英雄, 神話的 祖上을 모방하는 한에서만, 자신을
참다운 인간으로 인정한다. 이는 세속 생활면에서 그가 있는 이외의, 무엇이고
자 하는 것임을 의미한다. 그는 신적 전형에 접근하는 것으로써 자기자신을 만
든다. 즉 인간은 신들을 모방하는 것에 의하여서만 참다운 인간이 된다.
(Mircea Eliade, *THE SACRED AND THE PROFANE*, trans., Willard R.
Trask, Harcout, Brace & World, Inc., 1959, p.99f.) 엘리아데가 말한 "신
들을 모방하는 것"은 신화 재현을 의미하는 사실이다.

5개처에 마련되어 있다.[98](사진 3)

그러나 '고대에 의한 의미 부여' 내지 '고대에 의한 현대의 지배'가 자칫 현실에 대한 '古代의 呪縛'으로 나타나는 경우도 있는 까닭으로, 신화의 재현이라고 하여도 일률적으로 긍정화될 수 있는 것은 아니다.

---

98) ① 三重縣 鈴鹿市 上田町 소재 加佐登神社 北西方에 있는 圓墳. 日本武尊의
영혼이 白鳥가 되어 날아갔다는 유래를 갖는 古塚이다.
② 三重縣 龜山市 田村町女ケ坂 소재 能褒野神社 南西에 잇따라 있는 前方後
圓墳. 能褒野陵이라 하며, 一名 丁字塚으로도 부른다. 日本武尊의 무덤이라
고 한다.
③ 奈良縣 御所市 富田 소재. 《紀》에 大和 琴彈原(ことひきのはら)으로 전
하고 있다.
④ 大阪府 羽曳野市 古市 소재. 大前方後圓墳. 日本武尊의 영혼이 최종적으
로 머문 땅이라고 전한다.
⑤ 愛知縣 名古屋市 熱田區白鳥町 소재. 白鳥古墳으로 前方後圓墳. 日本武尊
陵으로 전한다.

VIII. 日本 王權神話의 역사적 전개

1. 序 論

신화는 多義的인 象徵言語(또는 은유)에 의하여 表象된 인류와 세계에 관한 근원적 의미의 구성체다. 그것은 小宇宙로서의 개인·씨족, 또 中宇宙로서의 민족·국가, 나아가 大宇宙로서의 인류·세계 사이에 類感的 관계를 갖는 근원적 의미를 開示한다. 그것은 과거·현재·미래에 대하여도 유감적 관계를 갖는, 초역사적인 의미이다.

신화는 현재의 질서에 대하여 기본적인 典範이 되며, 회복·확충·확인되지 않으면 안 될 보증적인 原古의 사건을 제시한다. 원하거나 원하지 아니하거나에 불구하고, 현실과 이상을 공존시켜 가며, 그들의 괴리와 조화 속에서 존속하여 온 인간존재의 근원적 존재양태를 신화는 제시한다. 인간은 미래에 내걸 표본을 이상화된 태초의 사실로부터 취해 온다. 신화 재현의 욕구는 인간(사회)의 본원적 욕구이다.

신화 재현이 비록 인간존재의 본원적 욕구라고는 하나, 그것의 실현과정이나 양태는 그렇게 단순한 것은 아니다. 막연한 복고적 지향과 동일시해서도 안 된다. 신화의 재현이란 좀더 구체적으로 말하여, 새로운 시대적 사회적 상황에 적응하여 새로운 기능이 주어지는 가운데서 이루어지는 것이다. 따라서 시대적, 사회적 성격을 띠게 마련이다. 신화의식이 부단히 확충, 전개되는 재현의 場은 인간이 사는 현실의 세계이다. 신화의 의미는 새로운 상황을 맞이할 때마다 태고의 사건을 典範으로 삼아 부단히 재생된다.

역사적으로 볼 때, 신화의 재현은 의식적으로 또 국가정책 차원에서 의도적으로 진행된 경우를 볼 수 있다.

1868년 明治維新은 일본의 근대적 개혁운동의 시발점이 되었는데, 이 운동의 주역들은 근대 천황제를 확립하는 한편, 천황제의 정통성을 강조하기 위해 이에 상응하는 황실신화와 민족신화를 새삼스럽게 재현하는 데 유다른 노력을 기울였다. 1868년 8월 27일 明治天皇 즉위식에서의 宣命은 明治의 즉위를 초대 천황 神武의 창업에 비겨, 그 재현임을 암암리에 시사하고 있다.[1]

위와 같은 의식적 신화 재현과는 달리 각종 민속행사에서는 민중의 무의식적인 신화 재현의 모습을 볼 수 있다. 일본 각지에서 행하여지는 '마쯔리'(祭)는 순수한 민간의 레벨에서 재현되는 무의식적 신화행위로 볼 만한 것이 적지 않다.

신화 재현의 양태도 '가구라'(神樂), 즉 신화극과 같은 직접적인 것도 있고, 일상생활의 습속에 스며들어 온 간접적인 것도 있다. 흔히 禁忌의 습속에는 신화적 동기가 잠재하고 있을 때가 많다. 후자의 경우 그것의 분석과 해석에 의하여 겨우 그 신화적 동기를 확인할 수 있을 때도 있다. 물론 절대적은 아니나, 신화 재현에서 의식적일 때 흔히 직접적 재현이 되며, 무의식적일 때 간접적 재현이 되는 경향이 있다. 그리고 원칙적으로 신화 재현 과

---

1) "方今, 天下の大政古に復し賜ひて, 橿原宮に御宇し天皇創業の古に基き, 大御世を彌益々に吉き御代と固成賜はむ, 其大御位に卽せ賜ひて, 進も不知に退も不知に, 恐み坐さくと宣ふ大命を衆聞食と宣ふ."(原祝詞體 ; cf. 村上重良,《天皇の祭祀》, 東京 : 岩波書店, 1977, p. 113)

정에서 다소간의 수정이 의식적이든 무의식적이든 행하여진다. 신화학적으로 말할 때 인간이 하는 일은 무엇이든 되풀이 행하여지는 것이다. 그리고 그것은 그때마다 어느 모로든 새 뜻이 가미된다. 의식적, 무의식적에 불구하고 신화 재현에 직접, 간접의 영향을 갖는 것은 역사적 사회적 요인이 큰 몫을 차지한다고 할 수 있다. 특히 의식적인 신화 재현에 있어 역사적, 사회적 조건은 절대적이라 해도 좋을 것이다. 일본신화의 경우도 여기서 예외일 수 없다. 오히려 그 전형적 사례가 된다고 해도 과언이 아니다.

이 글은 바로 일본 속의 신화 재현의 역사적 양상을 고찰함으로써 역사 저변에서 역사 추진의 잠재적 동력으로 작용하여 온 신화의식의 원리와 성격을 살펴보려 한다.

일본 역사는 신화 재현의 역사라고 볼 수 있다. 특히 기나긴 정체기를 벗어나 새로운 역사적 계기를 맞을 때에는 으레 신화적 발상이 이를 선도하였고, 신화 재현 노력이 다음 시대를 열고, 또 이를 성격화해 갔던 것으로 보인다.

그러나 위의 신화 재현은 시대마다 각이한 양상을 드러내고 있는바, 의식적인 시대가 있는가 하면, 비교적 무의식적인 시대가 있고, 신화본질적인 재현의 시대가 있다면, 狂氣 띤 擬神話 재현에 열광한 시대도 있다.

요컨대 모든 시대는 신화 재현의 지향을 溫存하면서, 혹은 그것을 계기로 삼아 역사를 열고 있다고 하겠다. 그리고 신화는 재현됨으로써 모든 시대의 현실이 되고 있다.

일본에 국한된다고 할 수 없으나, 이 글과 관련하여 신화 재현의 몇 가지 유형을 대략 아래와 같이 설정해 본다.

① 尙古的 復古主義 경향

神道家 내지 國學者로 대표되는바, 太古의 '일본신화의 영광'을 그대로 현실화하려고 한다. 배타적 국수주의로 기울어졌는데, 모토오리(本居宣長, 1730~1801)가 그 대표적 인물이다. 그는 '가라

고꼬로'(漢意)를 배격하고, '세상에 으뜸인 國學'을 외곬으로 내세웠다. 일본신화, 즉 《記紀》 신화에서의 "天照大御神의 正道는 盛衰는 있을지라도 영구히 존재하여 滅하는 일 없다. 우럴을지어다. 우럴을지어다"[2] 하면서, 佛法은 비록 지금 성하더라도 결국 망해 버린다고 하였다. 1870년(明治 3)부터 皇室祭祀로 정월 3일에 지낸 元始祭는 天孫降臨의 신화를 재현한 것으로, 1872년부터 恒例로 내려오고 있다. 이것은 明治期에 시도된 일련의 《記紀》神話의 祭儀化 작업의 하나로, 皇位의 始源을 기념하고 莊嚴化하려는 정치적 동기를 가지고 시작된 의식적인 신화 재현이다.[3]

이상은 복고적 의도 아래 전개된 尙古的 신화 재현의 사례였다.

② 神話外的 動機에 의한 신화 재현

특히 정치적 동기로 말미암아 신화를 의도적으로 整合하는 경우를 볼 수 있다. 1889년에 發布한 〈皇室典範〉과 〈大日本帝國憲法〉은 비록 근대적 천황제를 지향하면서 동시에 神代 이래의 조상신과 일체화된 천황의 신화적 권위를 보증하고 절대화하고 있다.[4] 황위계승과 관련하여 실체도 확실하지 않은 '三種의 神器'에 공공연히 국가적 公的 성격이 주어졌다.[5]

③ 民俗的 現象에서의 재현

민속현상 속에서 신화가 계승, 재현되는 경우다. 비교적 전통적인 민중 차원의 신화 재현인바, 대부분 무의식적인 재현이다. 그러나 의식적인 경우도 없지 않다. '大國主'와 '大物主'와 '惠比壽'는 민중 차원의 전승에서는 동일 神格으로 다루어지고 있다. 그러나 분석적 검증적인 학자는 이들을 전혀 別格으로 인정하고 있

---

2) 本居宣長, 〈答問錄〉, 《本居宣長全集》 4, 1902, p. 637.
3) cf. 村上重良, 앞의 책, pp. 75~77.
4) 위의 책, p. 144f.
5) 위의 책, p. 146.

다.[6] 지식계층과 민중의 신화 이해에는 스스로 어떤 한계가 있다. 국수주의적 국학자의 경우 단순한 서민의 기복대상밖에 ˙안 되는, 致富의 神 惠比壽를 건국신인 大國主나 황조신과 관련 있는 大物主와 동일화하는 데는 크게 저항을 느낌직도 하다. 요컨대 서민층의 신화 재현은 국학자나 집권층의 의도화된 신화 재현 노력과는 다른 차원에서 진행되었음을 알 수 있다. 일본인이 비극적 신화 영웅으로 동정하고 받드는 日本武尊의 경우 민중의 차원에서는 그의 자취가 미쳤으리라고 생각되는 각 지방마다 각종 기념물에 구비전승 및 민속행사가 지금껏 꾸준히 전해내려오고 있다.(사진 3) 훨씬 후대의 인물인 弘法大師나 源義經 등의 경우에도 비슷한 사정을 볼 수 있다. 유서깊은 명산 대찰은 으레 弘法大師의 포교활동과 관련된 설화를 가지고 있다. 源義經은 그의 비극적인 운명 때문인지 그의 자취가 미쳤던 곳에는 으레 그에 얽힌 전승과, 또 유적류의 기념물이 전한다. 그 점은 江戶시대의 赤穗四十七義士도 비슷하다.

④ 심층적 계승

신화 재현의 높은 차원으로 볼 수 있다. 표면적 재현보다는 내면적으로 신화의 의미를 계승하고 확충하는 경우다.

⑤ 과학적 합리주의

신화 표상이 갖는 비합리성 때문에 신화를 전적으로 무시해버리거나, 신화 형상에 대한 합리적, 현실적 해석을 시도하는 등 탈신화적 경향을 띠는 예가 있다. 신화 표상의 본질과 기능을 이해하지 않거나 이해 못 함으로써 야기된 오해에 바탕을 둔 경우가 의외로 많다. 다찌바나(橘守部, 1781~1849)가 《古事記》의 신화 부분을 가리켜 한마디로 "어린 이야기"(幼がたり[7] 稚語り[8])로 못

6) cf. 〈古史通〉 卷 2, 《新井白石全集》 3, 1906, p. 260.
7) cf. 《難古事記傳》 卷 1, 天浮橋.
8) cf. 위의 책, 蒲子·筭·桃子.

박아 말한 것도 이와 같은 태도로 볼 수 있다.

이상은 신화 재현의 몇 가지 양상을 추출해본 것이다. 위에서 ⑤ 는 신화에 대한 부정적 태도로 나머지와는 구별되는바, 엄격한 의미에서 신화 재현이라고 볼 수 없다고도 하겠다. 나머지 ①∼ ④ 는 의심 없는 신화 재현의 경우인바, 이들은 논의하는 것처럼 그렇게 석연하게 서로 구별되는 것은 아니다. 오히려 위의 네 가지 재현 양태는 서로 유기적 관련을 가지고 나타나는 것이 현실이다.

신화는 '古代'를 대상으로 하는 학문이 언제나 과제로 짊어지지 않아서는 안 될 본질적인 문제를 집약해 보여준다.

태고의 사실을 말하는, 그런 의미에서 가장 오랜 것일 수밖에 없다고 할 신화가 다함 없는 재생력으로써 시대마다 새로운 의미로 나타나고 있다. '고대'와 '현대'를 연결짓는 아킬레스腱과 같은 것이 '신화의식'이다. '신화의식'은 현대의 상황에 대하여 기본적인 물음을 발한다.

신화 재현과 관련하여 옛것이 새것으로 거듭 나타나는 것은 그 자체 整合作用임을 암시한다. 그 정합작용 자체를 부정할 수는 없으나, 지난 세기 왕권사회에서 또 가까이는 근대적 천황제 아래에서 신화가 왕권의 간섭을 받아 국가주의적인 신화로 정합되어 간 사실을 고려할 때 신화의 '정합작용'이 어떤 경우나 긍정적인 것은 아님을 알 수 있다. 심한 경우, 신화에 대한 정합이 擬神話를 가져온다. 그리하여 그것은 참신화가 발붙일 자리조차 없이 해버린다. 패전 후, 일본에서 일어난 신화 배척의 기운은 바로 왕권과 군국주의에 의하여 조작된 의신화의 해독을 뼈저리게 겪은 데서 온 반발로 보인다. 그러나 이와 같은 의신화의 가능성에도 불구하고, 신화 배척은 정당화될 수 없다. 문제는, 신화의 의미와 기능에 대한 바른 이해와 의신화 내지 사이비신화에 대한 신화론적 비판이 필요하다는 점이다. 신화를 배척하거나 외면할 것이 아니라, 신화를 문제로 삼고, 진지하게 이와 대면하는 태도가 바람직하다.

　정합작용이 바람직스럽지 못한 결과를 가져왔음에도 불구하고, 신화 본래의 재현 기능을 부정할 도리는 없다. 신화의 신화됨은 바로 현실에서의 부단한 재현, 즉 祭儀的 反復에 있기 때문이다.

　문헌 신화(《記紀》에 한하지 않고)는 어느 기간 거듭 재현되어 오던 신화가 어느 역사적 시기에 문자로 정착된 것이라고 할 수 있다. 당초 민중의 口氣 어린 전승에 의존했던 신화가 의식적 무의식적 가공을 거쳐서 문자로 윤색, 기술되었다고 하겠다.

　橘守部는 이에 대하여 다음과 같이 쓰고 있다.

　　　다만 옛날부터 말하고 이야기하여 전하여 오면서 마을마다 누구나 다 이렇게 기억하고 있는 것이라 하겠다. ……실로 事蹟, 사실의 그대로를 저절로 구승하는 것은 애써 암기하려고 아니 하여도 어느 사이에 마음에 새겨지니, 사람이 부러 만든 經卷 따위와는 한날에 논할 것이 못 됨을 오늘 비로소 깨달았다.[9]

　　　우리나라(일본 – 필자 주)는 상고에 글자가 없어 입에서 입으로 서로 전하였다.[10]

　민중의 구승신화는 문자로 기술되면서 곧바로 구승신화이기를 그만두는 것은 아니다. 문헌신화와는 별개로, 민중의 구승신화로서 지속되며, 다양한 자기전개를 가진다. 이는 민속적 행사나 놀이의 요소가 되어 후세에 전승된다. 그러므로 민속으로부터 原神話를 遡源的으로 추출하는 일도 가능하다고 하겠다.

　뫼뿌리·바위·바다·물·대지·동식물 및 바람, 우레 등 자연현상은 농경과 관련하여 신화의 소재가 되거나 신화 발상의 계기가 되기도 한다. 地緣的인 '우지가미'(氏神), '우부스나'(產土), '진쥬'(鎭守) 등은 지역사회의 신사의 제사를 뒷받침하는 그 나름의 신

---

9)〈稜威道別〉卷 2.
10) 위의 책, 日本紀 私記.

화를 가지며, 조상 대대로 살아온 집에는 이른바 '야시끼가미'(屋敷神) 내지 동족집단의 조상신의 존재가 인정되고, 이와 관련한 신화적 발상을 볼 수 있다.

明治 이전만 해도 위와 같은 지역사회의 신사에서 제사하던 신들은 한결같이 혈연적 지연적 조상신으로 의식되어 왔으며, 특정한 신의 이름을 띤 인격신은 드물었다.[11] 이들 신들 사이에는 일관된 이데올로기나, 통일성 있는 정제된 형식이 보이지 않는다. 단일화 계통화되지 않음으로써 잡다한 신념요소를 어렵지 않게 수렴할 수 있었다. 이것은 민중 차원의 신화 발상으로, 문헌신화인 천황 중심의 신화체계와는 구별된다. '야나기다 민속학'(柳田民俗學)이 '씌어진 신화에 대한 불신감' 때문에 민속에 남아 있는 신화를 살아 있는 민중의 신화로 인식한 것은 위의 관점에서 그 타당성이 인정된다.

그러나 이 글에서는 문헌신화, 즉 天皇神話를 주로 하여, 일본에서의 신화의식의 전개를 역사적 문맥으로 돌이켜 고찰하려 한다.

2. 原初的 神話發想과 氏族傳承

1) 民衆의 傳承—'原神話'

《記紀》이전, 또 天皇記·國記, 臣連·伴造·國造 180部 公民 등의 本紀 이전에 이미 민중의 신화가 있었다.[12] 津田左右吉에 의하면

---

11) cf. 村上重良,《國家神道》, 東京 : 岩波書店, 1978, p. 61. 溝口睦子는 일본어의 '神'(カミ)은 漢語 '神'을 매개로 하여, 그때까지 일본에 존재하고 있던 모든 신령, 모든 신비한 것을 총칭하는 말로 등장한 것으로 추측하고 있다.(cf. 溝口睦子,〈記紀神話解釋の一つのこころみ〉上,《文學》41, 1973, p. 68)

12) "蓋聞上古之世未有文字 貴賤老少口口相傳 前言往行存而不忌 書契以來不好談古 浮華競興還嗤舊老 遂使人歷世而彌新事 逐代而變改 顧問故實靡識根源."(《古

"文字가 없었던 시대에는 尋常一樣의 口碑傳說에 의하여 옛 일이
전하여졌다고 볼 수밖에 없으리라"[13]고 하고, 그와 같은 구비전
설의 기간을 문자기술의 방법이 조정에 알려지기 시작한 4세기말
로부터 이를 이용할 수 있게 된 5세기까지 지속된 것으로 보았
다.(그러나 이와 같은 구비전승의 신화는 문자기술의 이용과는 관계 없
이 현재도 민중의 무의식 신화의식으로서 계승되어 내려오고 있다고 보
는 것이 옳다)

　《古事記》序의 "上古之時 言意並朴"은 전후 문맥으로 미루어볼
때 상고신화 전승에 관한 긍정적 평가로 보이며, 原神話의 성격을
단적으로 표현했다고 보아 크게 틀리지 않을 것이다.

　812년(弘仁 3) 太朝臣人長의 私記에는 일본 상고에 문자가 없어
입에서 입으로 서로 전할 따름이었는데, 崇神天皇 때(BC 97~30
AD)에 이르러 任那사람이 귀화하여 문자를 전함으로써 書契가 있
게 되었다고 밝혔다.[14]

　문자 없던 상고시대 '言意並朴'하던 구비전승 가운데 민중의 신
화인 原神話가 포함되어 있었으리라는 것은 쉽사리 이해된다. 오
늘날 생생한 원신화의 자료에 접하기는 매우 어려운 일이겠으나,
고문헌 가운데 더러 원신화의 자취를 말해주는 자료를 볼 수는
있다. 비록 皇室中心主義의 영향에서 자유로웠다고 볼 수 없는
《風土記》[15]에서나마 皇室神話의 범주 안에 포함되지 아니한 地方
神話의 존재를 볼 수 있다. 《常陸國風土記》(715 이전)에서 古老가
전하는 '新嘗의 初嘗'과 관련된 福慈神과 筑波神의 신화전승은[16]

　　語拾遺》)
13) 津田左右吉,《日本古典の硏究》上, 東京 : 岩波書店, 1950, p. 36.
14) "書紀決疑總目, 下に, 弘仁三年太朝臣人長, 私記と引テ云, 本邦上古無文字
　　口口相傳 及崇神天皇朝 任那人歸化 傳文字而後有書契と云り 此事今も稀に遺
　　れる延喜五年の私記などにも見ゆ."(〈稜威道別〉卷1)
15) cf. 梅澤伊勢三,《記紀批判》, 東京 : 創文社, 1976, p. 413f.
16) "古老曰 昔 神祖尊 巡行諸神之處 到駿河國福慈岳 卒遇日暮 請欲寓宿 此時 福
　　慈神答曰 新粟初嘗 家內諱忌 今日之間 冀許不堪 於是 神祖尊 恨泣詈告曰 卽汝
　　親 何不欲宿 汝所居山 生涯之極 冬夏雪霜 冷寒重襲 人民不登 飮食勿奠者 更登

《記紀》神話에 보이지 않는 地方神話로,[17] 皇室神話와의 관련이 전혀 시사되어 있지 않다. 또 같은《常陸國風土記》에서 普都大神은《記紀》神話의 經津主神(사진 40)으로 比定되는 神이나,《記紀》에서 강조하고 있는 皇孫의 國讓에 관계한 神의 구실이 전혀 나타나 있지 않다.[18]

> 古老가 가로되, 天地가 시작하여 草木이 말을 주고 받을 때, 하늘로부터 내려온 神은 이름을 普都大神이라 일컬었는데, 葦原의 中津國을 순행하면서 山河의 거슬리는 무리를 다스려 화평하게 하였다. 大神이 일을 마치고 하늘로 돌아가려고 생각하고 즉시 몸에 딸린 器仗인 甲戈楯劒 및 손에 잡은 玉珪를 모조리 벗어 이 땅에 남겨두고 곧 흰 구름을 타고 蒼天으로 도로 올라갔다.[19]

마찬가지로《記紀》에서 皇孫의 國讓에 관계한 香島神(사진 38)에 대한,《常陸國風土記》의 기사도[20] 역시 國讓의 구실이 전혀 언급되어 있지 않다.[21]

《播磨國風土記》(715 이전)의 道主日女命은《記紀》上 전혀 系譜不明의 지방 巫女神으로, 황실신화와 無緣한 독자적 신화전승을 가지고 있다.[22] 天日桙命과 葦原志許乎命,[23] 伊和大神과 天日桙命의[24]

筑波岳 亦請客止 此時 筑波神答曰 今夜雖新粟嘗 不敢不奉尊旨 爰設飮食 敬拜祇承 於是 神祖尊 歡然謌曰 愛乎我胤 巍乎神宮 天地並齊 日月共同 人民集賀 飮食富豊 代代無絕 日日彌榮 千秋萬歲 遊樂不窮者 是以 福慈岳常雪不得登臨 其筑波岳 往集歌舞飮喫 至于今不絕也."(《常陸國風土記》筑波郡)

17) cf. 上田正昭,〈日本神話學への道〉,《講座 日本の神話》編集部,《日本神話硏究の方法》,東京：有精堂, 1977, p. 146.

18) cf. 위의 책, p.147.

19) "古老曰 天地權輿 草木言語之時 自天降來神 名稱普都大神 巡行葦原中津之國 和平山河荒梗之類 大神化道已畢 心存歸天 卽時 隨身器仗 甲戈楯劒 及所執玉珪 悉皆脫履 留置玆地 卽乘白雲 還昇蒼天."(《常陸國風土記》信太郡)

20) cf. 위의 책, 香島郡.

21) cf. 上田正昭, 앞의 책, p.146.

22) "所以號荒田者 此處在神 名道主日女命 无父而生兒 爲之釀盟酒 作田七町 七日七夜之間 稻成熟竟[sic 爾] 乃釀酒集諸神 遣其子捧酒 而令養[sic 奉]之 於是其子向天目一命而奉之 乃知其父 後荒其田 故號荒田村."(《播磨國風土記》託賀郡)

23) cf.《播磨國風土記》宍禾郡.

24) cf. 위의 책, 神前郡.

싸움도 《記紀》에는 없는 신화다.[25] 大汝命과 小比古尼命의 참기내
기설화도[26] 《記紀》의 황실신화와는 무관한 민중신화다.

《出雲國風土記》(733)에서 意宇郡 기사의 머리에 보이는 八束水
臣津野命의 '國引神話'는[27] 《記紀》의 황실신화와는 전혀 무관한
신화다.(사진 17) 또 宇夜里 산봉에 天降한 宇夜都辨命이란[28] 신도
다른 기록에는 보이지 않는 이 지방 특유의 신이다. 古老가 전하
는 宇野治比古命이 父神[29](혹은 母神)[30] 須美禰命을 원망하여 북방
出雲의 海潮를 밀어올려 父神을 표류하게 하였다는 신화나[31] 여기
신들은 황실신화에 들어 있지 않은 지방신화요, 지방신이다.

황실신화에서 出雲의 신들에게 나라를 양도할 것을 강박하는
建甕槌神과 經津主神이 《出雲國風土記》에서는 布都努志命(經津主神)
의 神名만 보이며, 나라를 양도받는 데 주역신으로 나타나 있지
않다. 그리고 建甕槌神은 전혀 보이지 않는다.[32](사진 38·40) '國
讓神話'의 자취가 〈意宇郡 母理鄕〉條에 보이는바, 大穴持命의 國讓
에 대한 말(詔)이 《記紀》의 기술과 주장하는 내용이 다르다.[33] 山
代日子命(大穴持命의 子),[34] 秋鹿日女命,[35] 磐坂日子命(須佐能乎命의
子),[36] 天降神인 伊毘志都幣命과 波多都美命[37] 등 《出雲國風土記》외

---

25) cf. 上田正昭, 앞의 책, p.147.
26) cf. 《播磨國風土記》神前郡.
27) cf. 《出雲國風土記》意宇郡.
28) cf. 위의 책, 出雲郡.
29) cf. 秋本吉郎 注에 의함.(秋本 校注, 《風土記》, 東京 : 岩波書店, 1958,
    p.238 頭註)
30) cf. 小島瓔禮 注에 의함.(小島 校注, 《風土記》, 東京 : 角川書店, 1970,
    p.107 脚註)
31) cf. 《出雲國風土記》大原郡.
32) cf. 上田正昭, 앞의 책, p.151.
33) "所造天下大神 大穴持命 越八口平賜而還坐時 來坐長江山而詔 我造坐而命國者
    皇御孫命 平世所知依奉 但八雲立出雲國者 我靜坐國靑垣山廻賜而玉珍置賜而守
    詔 故云文理."(《出雲國風土記》意宇郡 母里鄕)
34) cf. 위와 같음.
35) cf. 《出雲團風土記》秋鹿郡.
36) cf. 위와 같음.

에서 볼 수 없는 地方神의 존재도 주목을 끈다. 이들은 황실신화
와는 전혀 무관한 지방신화의 神들이다. 《記紀》에 실리지 않은 이
들 신화는 지방색이 짙은 獨自의 신화배경을 가졌던 것으로 보인
다.

《播磨國風土記》에 나타난 讚伎日子神의 冰上刀賣에의 구혼에 얽
힌 建石命과의 전쟁담[38]도 지방신화의 성격이 짙다.

《筑後國風土記》에 보이는 人命盡神(筑紫神)도 지방신으로 민중
신화의 신이다.[39] 本居宣長은 《古事記傳》에서 筑前國御笠郡의 筑紫
神社의 神일 것으로 추단하였다.[40]

《伊豫國風土記》에 보이는 大山積神은 難波高津宮御宇天皇 治世에
백제로부터 도일하여 御嶋에 좌정한 신으로, 일명 和多志大神이라
고도 하였다.[41]

위에 든 신과 신화는 황실신화와는 전혀 무관한 지방신화요,
지방신의 존재를 암시하는 것들이다. 《記紀》에 실리지 않은 이들
신화는 지방색 짙은 설화이기는 하나, 비교적 정치적 간섭을 덜
받거나 받기 이전의 원신화에 가까운 것들이다.

2) 氏族神話

지방의 신화가 있는 한편, 씨족마다 그 발상과 계통을 설명하
는 신화가 있었던바, 이 역시 당초에는 황실신화와는 무관하게
발상되었던 것으로 보인다. 《履中紀》에 履中 4년(403년 ?) 8월에
처음으로 諸國에 國史(기록을 담당하는 구실아치)를 두고, 言事(구비
전승)를 기술하여 사방의 志를 이룩하였다고[42] 하였다. 이 기록

---

37) cf. 《出雲國風土記》 飯石郡.
38) cf. 《播磨國風土記》 託賀郡.
39) cf. 《筑後國風土記》 總說.
40) "筑前國御笠郡筑紫神社あり, 此ノ神なるべし." (《古事記傳》 卷 5)
41) cf. 《採輯諸國風土記》(《日本古典全集》 第2回), 伊豫國, p. 160.
42) "四年秋八月辛卯朔戊戌 始之於諸國置國史 記言事 達四方志." (《紀》 12, 履中

자체가 중국 典籍의 표현을 그대로 옮겨온 듯한[43] 느낌은 있으
나, 지방 여러 고을에 기록관을 두고, 그곳의 구비전승을 기록하
였던 사실을 시사하는 것으로 보인다. 이른바 '言事'나 '四方志'
가운데는 지방 씨족들의 전승자료가 포함되어 있었을 것으로 짐
작된다.

推古 28년(620)에는 황태자·嶋大臣이 함께 의논하여 天皇記 및
國記, 臣連·伴造·國造 180部를 아울러 公民 등의 本記를 기록했다
고[44] 했다. 위의 臣連·伴造·國造 180部를 아우른 公民 등의 本記
는 씨족의 '言事'를 기록한 것으로, 이에는 반드시 씨족의 발상이
나, 씨족의 영웅을 설명하는 신화류가 포함되어 있었을 것으로
생각된다.

弘仁初度私記에는 皇極朝 皇太子(뒤의 天智)가 漢家風을 크게 좋
아하였고, 皇極·孝德·齊明·天智 등 4대 동안에 문인학사가 배출
되어, 帝紀·國記 및 諸國記, 씨족들의 系譜 등을 한자로 마구 번역
하였는데, 私意를 더하여 사람들을 속이니 先代舊辭의 본의는 거
의 끊어지게 되었다. 그 결과 '正實'이 멸할 것을 근심한 天武는
舊辭를 口誦하게 하여 후세에 전하고자 하였다. 비록 그 譯文들이
마구 나돌기는 하였으나 史實을 온전히 배제할 수는 없었다고[45]
하였다.

위의 私記는 神道家流의 의견을 드러내고 있으나, 그럼에도 불

4年 8月)

43) 杜預의 《春秋左氏傳》序의 "周禮有史官 掌邦國四方之事達四方之志 諸侯亦各
有國史";《史記正義》周本紀의 "諸國皆有史以記事";《漢書 藝文志》,"左史
記語 右史記事" 등에서 옮긴 듯하다.

44) cf. 《紀》卷22, 推古 28年.

45) "弘仁初度私記(薩摩學醫曾槃家 倭綴黃紙缺本, 廿葉之內)云 飛鳥岡本宮(皇
極)朝 皇太子(後天智)大好漢家風而訖難波長柄宮(孝德)朝 後岡本宮(齊明)朝
近江大津宮(天智)朝 四代之間 文人學士各競 而帝紀·國記及諸家記氏々系譜等
以漢字 漫翻譯之 加私意 誣人殆欲絶先代舊事本意 於是飛鳥淨見原天皇(天武)
愁滅其正實 更口勅舊辭而欲傳于後葉矣 雖然其譯文橫流 史面全不能躅之云云と
ぞ見えたる。"(〈稜威道別〉卷1)

구하고 이를 뒤집어 보면 그들이 이르는 천황 중심의 '先代舊辭'의 본의와 무관한 씨족, 즉 諸家·諸氏의 계보, 이에 관련된 傳承이 한자로 번역되어 행한 사실을 시사하고 있다. "漫翻之 加私意"라고 했으나, 이는 皇室神話의 체계에서 벗어난 경우를 일러 神道家가 으레 하는 말이다.

한편 《紀》 본문에서 독자적인 씨족신화의 존재를 시사하는 기사를 가끔 볼 수 있다. 즉 崇神 6년 天皇이 神의 威勢를 두려워하여 그때까지 大殿 안에서 제사하던 天照와 倭大國魂 등 두 祖神을 궁 밖으로 내보냄으로써 神과 人王이 속세의 공간에서 분리된다. 天照는 豊鍬入姬命에게 맡겨 笠縫邑, 大國魂은 淳名城入姬命에게 맡겨 제사하게 했다.[46] 동 7년 나라에 재해가 잦자 그 까닭을 점쳐 물은즉, 神明이 倭迹迹日百襲姬命에게 내려서 "나를 제사하면 무사하리라" 하였는데, 그 神인즉 倭國域內에 사는 神으로, 이름을 大物主神이라고 했다. 천황은 그 말대로 하였으나 효험이 없었다. 천황에게 顯夢한 大物主神(사진 19)은 자기 자식인 大田田根子로 하여금 祭主를 삼아 제사해야 한다고 하였다. 그리하여 茅渟縣의 陶邑에서 大田田根子를 찾아내어 이 일을 맡겨서 제사를 하니, 과연 효험이 있었다.[47] 大田田根子는 三輪君 등의 시조라고 한다.[48]

위의 기사에서 天照大神은 당초 天皇家 단위의 제사의 대상이었던 氏族神이었음이 암시되고 있고, 또 大物主神은 천황가와는 전혀 무관했던 三輪氏의 氏族神이었다. 大物主神에게는 活玉依毗賣(倭迹迹日百襲姬命)와의 사이에 夜來者型 신화가 있다.[49](사진 9)

崇神 60년 7월 己酉에 천황은 조서를 내려 武日照命이 천상에서 가지고 온 神寶가 出雲大神의 궁에 간직되어 있는 것을 보고자 사

---

46) 淳名城入姬命이 '髮落體瘦'하여 감당치 못하였는데, 崇神 7년 夢託에 따라 長尾市가 大國魂을 제사하게 되었다. 垂仁 25年 3月 豊枛入姬命으로부터 倭姬命에게 天照의 제사권이 넘어가, 그녀는 天照의 신탁을 받아 伊勢에 齋宮을 옮겼다.

47) cf. 《紀》 卷 5, 崇神 6~7年 11月.

48) cf. 위의 책, 崇神 8年 冬 12月 丙申朔 乙卯.

49) cf. 위의 책, 崇神 10年 9月.

신을 보내어 보물을 바치게 하니, 飯入根이 형의 출타중에 조정에
바친다. 뒤늦게 돌아온 형 出雲振根이 자기의 돌아옴을 기다리지
않고 쉽사리 보물을 내준 것을 원망하여 동생을 죽였다. 이 사실
을 안 조정에서는 사람을 보내어 형 出雲振根을 죽였다. 出雲臣
등이 이 일을 두려워하여 出雲大神을 한동안 제사하지 않았는데,
뒤에 神託을 전해 들은 천황이 칙명을 내려 제사하게 하였다.[50]

위의 기사는 천황권 확립을 위한 신화정합의 한 과정으로, 지
방의 호족이 가지고 있는 신화적 권위의 상징인 神寶를 정부에서
압수해 간 사실을 보여준다. 신보의 헌납은 자기 씨족의 신화적
권위의 포기로서, 천황에의 완전한 복속을 의미하는 것이기도 했
다. 振根은 복속에 반대한 것으로, 즉 天皇에의 거역으로 인정되
어 죽임을 당했다. 여기서 出雲의 氏族이 독자적 신화전승과 神寶
를 간직해 내려오고 있다가 마침내 崇神 때에 이르러 천황권에
의하여 강제 수용되고, 결국 신화전승마저도 천황신화의 테두리
안에 수렴되어 들어간 사실을 보이고 있다. 그들의 祖神인 武日照
命이 天皇祖神神話의 天菩比命(天穗比命)[51]의 아들로 부회된 것도
그런 사정에 따른 것으로 생각된다.

石上神宮의 신보를 지금껏 관리해 내려오는 物部氏의 遠祖 十千根
大連도[52] 饒速日命 7세손 十千尼大連의 후예[53]로, 또 饒速日尊의
아들 宇摩志麻治命의 6世孫 伊香色雄命의 아들[54]로 계보화됨으로써
천황의 祖神과 관련을 갖게 되었다. 物部氏의 祖神인 饒速日命의
天降神話는 천황의 祖神의 天降神話와는 별개의 독자적인 것이었
으나[55] 그의 아들 宇摩志麻治命의 神武에의 歸順을 부회함으로써

---

50) cf.《紀》卷 5, 崇神 60年 秋7月 丙申朔 己酉.
51) cf.《神代記》;《出雲國造神賀詞》.
52) cf.《紀》卷 6, 垂仁 87年 春2月 丁亥朔 辛卯.
53) cf.《姓氏錄》, 和泉神別 安慕首.
54) cf.《舊事本紀》, 天孫本紀.
55) cf.《舊事本紀》天神本紀에서 饒速日尊의 天降은 天皇祖神의 降臨 이상으로
　　 壯大하게 서술되어 있다.

천황신화의 울타리 안에 들어왔던 것으로 이해된다. 요컨대 物部氏의 신화에는 天孫과도 비견될 祖神의 천강까지 포함되어 있었음을 알 수 있다.

신라왕자 天日槍 신화는 三宅連의 祖神神話다. 천황의 요청으로 天日槍의 후손인 淸彦이 傳家의 신보를 천황에게 바치는바,[56] 이로써 天日槍의 신화는 천황신화의 계통 안에 수렴되며, 특히 淸彦의 아들 田道間守의 常世國에의 香菓探求가 천황에의 충성과[57] 殉君과 관련됨으로써 天皇家와 三宅連의 씨족신화 관계는 더욱 밀착되어 갔음을 볼 수 있다.

允恭 때에는 群卿百寮[sic 僚] 및 諸國造 등이 각기 帝皇의 후예라 일컫고, 혹은 천강을 말하되 三才가 분별된 이래 오랜 세월이 지나 한 씨족이 번식하여 갖가지 姓이 되고 보니 그 진실을 알기 어려워 諸氏姓의 사람들에게 '盟神探湯'을 하여 사실을 가렸다고 한다.[58] '盟神探湯'이란 神明에게 祈誓한 뒤, 손을 뜨거운 물 따위에 넣어 자신의 정당성과 무죄를 증명하는 방법이다. 진실할 때에는 뜨거운 물 속에서도 절로 온전하고, 거짓될 때에는 상처 입고 결딴난다는 것이다. 그리하여 거짓된 자는 지레 겁을 집어먹고 아예 물러나 나아가지 않았으며, 이로 말미암아 氏姓이 확정되고, 더 이상 속이는 자가 없었다고 했다.[59]

그러나 이 방법은 거꾸로 각 氏姓으로 하여금 천황권에 의한 神話整合에 순응치 않을 수 없게 하였다는 裏證도 된다. 결국 각 씨족은 독자적인 신화전승을 황실신화의 체계로 제약받게 되었다.

위에 든 몇 가지 사례를 통해 고대에 있었을 씨족신화의 존재를 인정할 수 있었다. 동시에 그와 같은 씨족신화가 천황권의 확립으로 점차 간섭받고, 이에 의하여 정합되어 나간 사실을 볼 수

---

56) cf.《紀》卷 6, 垂仁 88年 秋7月 己酉朔 戊午.
57) cf. 위의 책, 垂仁 90年 春2月 庚子朔.
58) cf.《紀》卷 13, 允恭 4年 秋9月 辛巳朔 己丑.
59) 위와 같음.

있었다. 조정에 의한 각 지방 씨족신의 神寶 압수는 씨족신화의
권위를 황실신화에 복속시키는 전조가 되는 사건이었다.

3. 古代國家와 神話統合

1) 王權의 神話干涉

앞에서 이미 고찰한 바와 같이 천황권에 의한 神話整合의 조짐
은 일찍부터 나타났던 것이다. 그러나 신화정합의 구체적 작업은
681년(天武 10) 3月《記紀》의 편찬에 착수함으로써 신화체계의
통합작업으로 나타났다. 이보다 두 달 앞서 1월 畿內 및 諸國에
詔書를 내려 天社·地社의 神宮을 수리하게 하였는데,[60] 이는 3월
에 실시될 신화정합을 위한 정지작업처럼 보인다.

동 3월 丙戌에 천황은 大極殿에 나가 川嶋皇子·忍壁皇子·廣瀬王·
竹田王·桑田王·三野王·大錦下上毛野君三千·小錦中忌部連首·小錦下
阿曇連稻敷·難波連大形·大山上中臣連大嶋·大山下平群臣子首에게 명
하여 帝紀 및 上古의 諸事를 記定하게 하였다. 이에 大嶋·子首가
친히 붓을 잡고 기록하였다고 한다.[61]

그러나 《書記問答編修》에는, "弘仁私記에서 말했듯이 이미 天武
4년에도 이 詔命이 있었다. 그러나 그 撰述이 叡慮에 부응치 못하
고, 중도에서 그쳤으므로, 그 일이 《紀》에 실리지 않았다"고 하
였는데,[62] 아마도 天武 4년에도 上古諸事를 記定하는 찬술이 착수
되었던 듯하나, 아직 미숙한 단계에 있었던 것 같다. 따라서 天武
10년에는 博士들을 비롯하여 皇子들, 왕들을 포함한 많은 인원

---

60) cf.《紀》卷 29, 天武 10年 春正月 己丑.
61) cf. 위의 책, 天武 10年 3月 丙戌.
62) cf.〈稜威道別〉卷 1.

(13명)이 동원되어 叡慮에 맞도록 記定하였던 것으로 보인다.[63]

그런가 하면 《天書》에는 成務 4년(134년?) 春2月 丙寅朔에 천황이 조서를 내려 國都縣邑에 長首를 세워 관장토록 하고, 나라의 어진 자를 골라 이를 맡겼다. 諸州에 令을 내려 農守를 두게 하였고, 長吏를 정하여 言事를 기록하게 하였다고 하였다.[64] 이 기사가 나타난 《天書》는 中古의 略記이나 아마도 근거한 舊記에 그렇게 씌어 있었던 것으로 짐작된다. 《紀》에서는 이 사실이 빠져 있으나, 그럼에도 불구하고,

    自今以後 國郡立長 縣邑置首 即取當國之幹了者 任其國郡之首長 是
    爲中區之蕃屛也[65]

라는 기록에서는 거의 일치하고 있다. 橘守部는 《紀》의 記文은 이미 그 안에 言事를 기록하는 일(物記す事)이 내포되어 있는 것으로 해석하였다.[66]

위의 몇 가지 자료는 天武 10년 이전에 이미 上古言事를 기술하는 작업이 착수되었던 것이 아닌가 하는 의혹을 갖게 한다. 어쨌거나 좀더 구체적으로 그 사업이 추진되고 실을 거둔 것은 《紀》의 明文으로 나타난 天武 10년의 사실이 아닌가 한다.

691년(持統 5) 8월 13일 18氏(大三輪·雀部·石上·藤原·石川·巨勢·膳部·春日·上毛野·大伴·紀伊·平群·羽田·阿倍·佐伯·采女·穗積·阿曇)에게 명하여 그 先祖의 '墓記'[67]를 上進하게 하였다.[68] 上古諸事를 記定하면서 유력한 각 씨족의 전승을 收合하였던 것으로 보

---

63) cf. 위와 같음.
64) cf. 〈稜威道別〉 卷 1, 總論上 古記典之一.
65) cf. 《紀》 卷 7, 成務 4年 春 2月 丙寅朔.
66) 주 64)와 같음.
67) 《釋日本紀》述義에는 '纂記'(つぎふみ)라고 하였다. 北野本 등 古寫本은 '墓記'로 썼다. 墓記의 뜻은 분명치 아니하나, 祖上의 사적을 쓴 것이 아닌가 하는 것이 일반적인 견해다.
68) cf. 《紀》 卷 30, 持統 5年 8月 己亥朔 辛亥.

인다. 이는 천황신화 체계화에 각 씨족의 전승을 짜넣는 일이 구
체적으로 진행되어 나간 사실을 암시하는 것도 된다. 이보다 앞
서 持統 2년 11월 4일 天武의 殯宮에 나아간 諸臣들은 각기 자기
선조들이 (皇室을) 섬겨온 사실을 들어 誄奏하였으며, 直廣肆當摩
眞人智德은 皇祖 등의 騰極次第를 誄奏하였다.[69]

　이때 이미 諸臣들은 선대의 황실과의 밀접한 관계(服屬)를 말할
수 있는 자기 전승을 형성해 가지고 있었다고 믿어지며, 또 그것
을 天武의 殯宮에서 誄奏함으로써 天武 사후에도 황실에 대한 복
종과 충성을 다짐하였던 것으로 보인다. 돌이켜 이것은 이미 천
황권이 지배를 강화하였던 사실을 裏證하는 자료이기도 하다. 亡
帝의 죽음 앞에서 선대에까지 거슬러 올라가서 '天皇을 섬겨 온
사실'을 말하지 않을 수 없게 한 당대의 분위기를 짐작하게 한다.
그들의 이른바 '先祖等所仕狀'은 天皇權의 간섭을 직접 받았거나,
아니면 이에 영합하여 여러 씨족이 스스로 황실의 전승체계에 편
입, 整合한 것일 가능성도 없지 않다. 이미 이때는 천황권에 의한
각 씨족 전승의 정비작업이 상당히 실을 거두고 있었다고 믿어지
는 때이기도 하다. 한편, 날을 달리하여 直廣肆當摩眞人智德이 皇
祖의 騰極次第를 誄奏하였는데, 天皇家의 傳承도 어느 정도 체계화
되었던 것 같다. 이와 같은 整地 위에서 황실의 전승 기록화가 진
행된다.

　711년(和銅 4) 9월 18일 元明女帝는 太朝臣安萬侶에게 명하여
稗田阿禮가 암송하는 天武의 勅語舊辭를 撰錄하게 하였다. 그 결과
712년(和銅 5) 1월 28일 《古事記》 3권이 완성되어 천황에 헌상
되었다.[70] 이것은 비록 元明女帝 때 이루어졌다고 하나, 이미 天武
때에 착수하여 어느 정도 그 체계가 잡혔던 것으로 보인다. 天武
는 그것을 稗田이라는 強記의 청년에게 암기하게 하였던 것인데,

─────────────

69) "諸臣各擧己先祖等所仕狀 遞進誄焉……直廣肆當摩眞人智德奉誄皇祖等之騰極
　　次第."(《紀》 卷 30, 持統 2年 11月 4·11日)
70) cf.《記》序.

元明 때에 이르러 安萬侶가 그의 암기 내용을 문자화했던 것이다. (사진 8·18)

《古事記》의 찬술과는 별도로, 비슷한 시기에 《國史》 편찬이 이루어졌다. 즉 714년(和銅 7) 2월 10일 從六位上 紀朝臣淸人·正八位下 三宅臣藤萬侶에게 명하여 《國史》를 찬술하게 하였다.[71]

720년(養老 4) 5월 癸酉, 앞서 一品舍人親王이 천황의 명을 받들고 《日本紀》를 수찬하였는데, 이때에 완성되었다. 이것은 《紀》 30권, 《系圖》 1권으로 되어 있었다.[72]

《古事記》와 和銅 7년의 《國史》 및 《日本紀》 등의 관계에 대하여는 연구자간의 학설이 구구하여 아직 定說이 없는 실정이다.[73]

요컨대 위의 기사들은 일본에서의 國史編纂의 사실을 말해주는 것으로, 그것은 동시에 천황권 확립과 관련하여 행하여진 神話整合의 구체적 사실을 시사하고 있다.

2) 神話整合의 原理

天皇權이 중앙집권적인 정치세력으로 자리잡히면서 단순히 군사적·정치적 지배만으로는 그 지배가 철저할 수 없고, 또 이와 같은 힘에 의한 지배관계는 그 나름의 한계가 있음을 깨달은 天皇派는 군사적 정치적 統治를 강화하는 한편, 일반민중과 씨족들의 전통적 신앙에마저 간섭하고, 이를 통제 지배함으로써 정신면에서도 그 지배를 보장하려고 하였다. 神寶獻上, 天社·地社의 수리, 墓記上進 등 일련의 사실을 비롯, 《國史》 편찬에 이르는 과정은 바로 신화적 지배를 강화하는 방향으로 진행되었음을 알 수 있다. 이것은 근원적으로 神話整合 작업으로, 신화적 지배야말로

71) cf.《續日本紀》卷 6, 元明天皇, 和銅 7年 2月 戊戌.

72) cf. 위의 책, 卷 8, 元正天皇, 養老 4年 5月 癸酉.

73) cf. 坂本太郞 外 3人 校注,《日本書紀》上, 東京 : 岩波書店, 1973, 小島憲二 解說, pp. 6〜12.

지배의 절대화임을 확신한 天皇派의 추진하는 바 되었다.

이들이 추진한 神話整合의 원리는 무엇이었을까? 이것을 단적으로 나타내고 있는 것이 《古事記》의 序에 인용된 天武의 詔文이다. 이제 序에서 인용하여 살펴보기로 하자.(그림 1)

> 諸家에 전하는 帝紀 및 本辭, 이미 正實에 어긋나 많이 虛僞를 더하였다. 이때를 당하여 그 잘못을 바로잡지 아니하면, 몇 해를 지나지 아니하여 그 본뜻을 잃어버리게 될 것이다. 이는 곧 邦家의 經緯, 王化의 鴻基이다. 그러므로 이에 帝紀를 撰錄하고, 舊辭를 討覈하여, 거짓을 깎고, 사실을 확정하여 後葉에 전하고자 한다.[74]

위의 天武의 詔文에서 확인할 수 있는 사실은 아래와 같다.

첫째, 諸家에 각이한 傳承記述物이 있었다. 이들은 황실의 전승과는 무관한, 씨족 본래의 전승을 아마도 포함하고 있었음직하다. 결국 황실신화체계에 편입되기 이전의 상태다.

둘째, 諸家의 傳承記述物은 正實에 어긋나고 허위를 많이 더하였다.[75]

셋째, 諸家의 傳承記述物의 잘못을 바로잡아야 한다.

넷째, 傳承의 뜻은 마땅히 邦家의 經緯, 王化의 鴻基여야 한다.

諸家傳承을 놓고 '削僞定實'하는 기준은 바로 넷째, '邦家의 經緯, 王化의 鴻基'를 위태롭게 하지 않고, 나아가 이를 설명하고 보증하는 방향에서 설정되었다고 하겠다. 따라서, 애당초 諸家傳承物에서 '旣違正實 多加虛僞'라고 판단한 근거도 넷째의 기준에 있

---

74) "諸家之所賷帝紀及本辭 旣違正實 多加虛僞 當今之時 不改其失 未經幾年 其旨欲滅 斯乃邦家之經緯 王化之鴻基焉 故惟撰錄帝紀 討覈舊辭 削僞定實 欲流後葉."(《記》序)

75) 欽明紀에, 帝王本紀에 대한 다음과 같은 分註가 있다. "帝王本紀 多有古字 撰集之人 屢經遷易 後人習讀 以意刊改 傳寫旣多 遂致舛雜 前後失次 兄弟參差."(《紀》卷19, 欽明 2年 3月) 그러나 위의 文面은 顏師古注의 漢書叙例를 仍用한 嫌이 있다. 그리고 위의 〈帝王本紀〉를 記序中의 '帝紀·帝皇日繼'로 比定하는 說도 있으나 확실하지 않다.

222

었다고 보겠다. 첫째의 諸家에 各異한 傳承記述物이 있다는 사실을 부정적으로 보는 기준도, 그것이 황실의 권위와 무관한 氏族 독자의 전승이었다는 데 있을 듯하다.

결국 諸家의 傳承記述物은 독자적 특수성보다는 邦家의 經緯, 王化의 鴻基를 설명하고 합리화하는 것이 되어야 한다는 생각이 도사리고 있다. 그렇지 못한 것은 '正實에 어긋나고 허위를 많이 더한 것'이며, 따라서 '邦家經緯 王化鴻基'를 합리화하는 방향으로 '削僞定實'하는 일이 불가피하다는 논조다.

요컨대 위와 같은 기준과 목적 아래 天武가 착수하여 7세기 초에 완성된 《古事記》를 효시로 한 일련의 編史作業은 위와 같은 신화 통합과 표리의 관계를 가짐은 上述에 의하여 명백할 것이다.

記述化 이전에 이미 大和朝廷에 의한 신화 통합은 각 방면에서 다음과 같이 진행되었던 것이다.

① 神統譜의 形成：天神(ヤマト)·地祇(國神·土地神)를 구별하고, 神社도 天社·國社로 구별함으로써 신들의 서열을 확정하였다.[76]

天照를 비롯한 高天原에 사는 大和조정의 신들은 천신이며, 이에 복속한 여러 씨족의 神은 國神(地祇)이다. 천신은 地祇보다 격이 높은 신이며, 그 최고신으로서 천황의 祖神인 天照를 두었다.[77] 그리하여 5세기부터 天照를 모신 伊勢神宮을 모든 신사의 최고위에 올려 놓기 시작했다. 8세기에 성립된 神祇制度는 伊勢神宮을 전국 신사에서 최고의 자리에 두었을 뿐만 아니라 국가적 성격도 띠게 하였다. 伊勢神宮은 성립 당시만 해도 황실의 氏神이란 성격이 농후했다.[78] 그리고 伊勢神宮은 본래 伊勢의 지방신을 제사한 신사였다. 垂仁 26년에 笠縫邑에서 近江, 美濃을 거쳐 伊勢의 五十

76) cf. 村上重良,《國家神道》, p.29f.
77) cf. 위의 책, p.28.
78) cf. 위의 책, p.31.

鈴川上에 天照를 옮기게 되면서 伊勢神宮(內宮)이 시작된 셈인데, 神體는 皇位를 상징하는 거울(ヤタノカガミ)이다.(사진 6·7·35) 伊勢의 지방신인 豊受大神은 농업신으로, 5세기경부터 大和朝廷의 伊勢 진출에 따라 伊勢神宮의 외궁에 모시게 되었다.[79] 그리고 이 것조차 天照의 御饌神에 지나지 않는 것으로 성격화되고 만다.[80]

위의 예에서 보듯 황실이라고 하는, 한 씨족의 조상신이 大和朝廷의 정치지배 확대에 따라 결국 日本 전토의 최고신으로 상승되어 갔던 것이다.

② 元號制의 실시 : 7세기 중엽 大化의 改新으로 元號제도를 채용하였는데, 길흉의 자연현상이나 천황 즉위 등 큰 사건이 있을 때마다 改元하였다.[81] 원호는 본래 천자가 시간을 지배한다는 발상에서 왔는데, 특정한 원호를 사용하는 것은 곧 그것을 제정한 천자의 정치지배 아래 있다는 사실을 승인하는 것이 되었다. 따라서 원호의 제정은 전국토에 대한 정치지배의 절대적 상징임과 동시에 천황의 가장 큰 권한의 하나이기도 했다. 이와 관련하여 作曆權이 천황에게 있었는데, 1684년까지 그 권한을 천황이 가지고 있었다.[82]

③ 八姓制 : 684년(天武 13) 天武帝는 여러 族姓을 八姓으로 통합하였다.[83] 종래의 臣·連·直·首·君, 그 밖의 姓(氏族名 아래 붙인 칭호로 中臣連·上毛野君 등이 있다)의 체계를 眞人·朝人·宿禰·忌寸·道師·臣·連·稻置 등 8姓으로 고치고, 종래의 臣·連 등의 씨족 가운데서 특정한 씨족을 승격시켜, 그 위에 皇孫(皇親)氏族을 두었다. 이때 朝臣 기타의 姓을 받은 씨족의 이름이 《古事記》에 오른 神과 皇族, 즉 皇子 등에 注 형식으로 관련지어졌다. 皇子를

---

79) 豊受神도 당초 丹波에 모셔져 있다가 天照의 御饌神으로 伊勢에 옮겨왔다고 한다. 그러나 伊勢에 土着의 農業神이 존재하였던 것은 믿을 만하다.
80) cf. 村上重良,《國家神道》, p.30f.
81) cf. 村上重良,《天皇の祭祀》, p.36.
82) cf. 위의 책, p.36f.
83) cf.《紀》卷29. 天武 13年 10月 己卯朔.

224

自氏의 시조로 삼은 씨족명과 일치하는 것이 많다는 점에서 《古事記》 찬술시기를 天武 10年代로 잡는 논거가 되기도 한다.[84] 요컨대 황실(天武天皇一族)을 중심으로 한 신분제와 계보화를 통해 천황 중심의 신체제를 확립하려 했다고 하겠다. 이와 같은 八姓制와 그 계보화는 필수적으로 氏族傳承의 수정 내지 부회를 가져왔다.

④ 國家祭典 : 고대국가의 제정일치, 神事先行[85] 이념의 당연한 결과로 神祇制度가 일찍부터 중시되었다. 中臣·忌部의 二氏가 神事를 담당했던 초기 단계에 이어 〈繼體紀〉에는 이미 '神祇伯'이라는 명칭이 보인다.[86] 神祇制度가 자리 잡은 것은 701년(大寶元年)의 大寶令에서인바, 神祇官을 중앙 정치기구의 최고위에 두고, 太政官은 다음가는 자리를 차지한 것이었다.[87] 제전은 연간 19회에 이르는 恒例의 국가제전과 임시의 제전이 있고, 그 밖에 6월, 12월의 晦日에는 大祓이 행하여졌다. 이들 제전은 大·中·小祀로 나뉘어 있었는데, 가장 중시된 제전은 가을의 수확제에 해당하는 大嘗祭였다. 天皇은 즉위하고 나서 一代一回의 大嘗祭를 임시적인 제전으로 행하였으나, 天武의 시대부터 즉위 후의 祭典을 大嘗祭, 연례의 제전을 新嘗祭로 개칭하였다. 新嘗(ニヒナメ)의 원형은 주술적인 농경의례였다.[88] 中世에 재정난 등으로 踐祚의 대상제를 지내지 못한 천황을 '半帝'라고 부른 것을 보아도 알 수 있듯이 벼(稻)의 제사인 新嘗은 천황의 종교행위 가운데서도 가장 중심이 되는 제사였다.[89]

요컨대 대상제를 비롯한 신상제를 통해 민중생활과 밀접한 관

---

84) cf. 川副武胤, 《古事記の世界》, 東京 : 敎育社, 1978, p.233f.
85) "蘇我石川麻呂大臣奏曰 先以祭鎮神祇 然後應議政事."(《紀》卷 25, 孝德 大化元年 7月 庚辰)
86) "請立手白香皇女 納爲皇后 遣神祇伯等 敬祭神祇 求天皇息 允答民望."(《紀》卷 17, 繼體 元年 2月 庚子)
87) cf. 村上重良, 《國家神道》, p. 33.
88) 古代收穫의 祭儀로서 新穀(주로 稻米)을 神에게 바치고, 사람에게 대접하고, 자신도 먹던 祭儀였다. 옛날에는 大嘗·神嘗의 구별은 없었다.
89) cf. 村上重良, 《國家神道》, pp. 32~34.

계를 가진 收穫의 祭儀와 王權祭式과를 일치시켜, 穀靈 '太陽神의 아들'인 天皇과를 동일시하게 함으로써[90] 천황에 대한 절대적 신앙을 갖지 않을 수 없게 하였다.

3) 祭祀의 中央集權化

앞에서 서술했듯이 가을의 수확제가 왕권과 결부된 제사가 되면서 일체의 제사권이 왕권에로 집중화되어 갔다. 단순한 지방신이 황실 제사의 체계 안에 편성되어 갔다. 新年祭, 廣瀬大忌祭 祝詞의 '御縣에 좌정하신 皇神들(御縣に坐す皇神等)'[91]에서, 지방신과 皇神과의 일체화를 볼 수 있다. 즉 지방신을 황신의 지방 정착으로 인식하려는 태도다. 따라서 일본 국내의 신은 황신의 지방 정착이거나, 어떤 의미에서든 황신과의 관련이 인정되어야 제대로 神格으로 대접받을 수 있었고, 또 그 대접도 황신과의 관련 정도에 따라 결정되었다.

《記紀》에 나타난 총 21례의 采女관계 기사를 고찰한 倉塚曄子는 采女가 '神 및 現神을 섬기는 下級巫女'라는 折口信夫의 설을[92] 확증하고, 采女가 섬긴 신이란 그녀가 속한 씨족신이라든가 궁정의 신들이며, 現神은 천황임을 말했다.[93]

그리하여 采女의 中央貢上은 氏神의 神妻 공상으로 왕권에로의 제사권의 집중화, 지방신의 황실 제사체계에로의 편성을 의미하

---

90) cf. 松前健, 〈古代王權と記紀神話〉, 日本文學研究資料刊行會, 《日本神話》Ⅰ, 東京 : 有精堂, 1978, p. 62·68.

91) "……御縣爾 坐皇神等乃前爾爾白久·高市·葛木·十市·志貴·山邊·曾布登御名者白召 此六御縣爾生出, 甘菜·辛菜乎持參來 召皇御孫命能 長御膳能 遠御膳登聞食故, 皇御孫命能 宇豆乃 幣帛乎 稱辭竟奉久登宣……."(祈年祭); "……倭國能 六御縣乃山口爾 坐皇神等前爾爾母, 皇御孫命能 宇頭能 幣帛乎, 明妙·照妙·和妙·荒妙, 五色物, 楯·戈爾至萬召奉……."(廣瀬大忌祭)

92) cf. 折口信夫, 〈宮廷儀禮の民俗學的考察〉, 《折口信夫全集》16卷.

93) cf. 倉塚曄子, 〈日本神話と采女〉, 《講座 日本の神話》編輯部, 《日本神話と氏族》, 東京 : 有精堂, 1977, p. 149.

는 사실이었다. 지방 호족들은 采女 공상으로 천황에 대한 전적인 복속을 증명할 수 있었다. 祝詞에 나타난 '御縣에 좌정한 皇神等'은 본래가 이들 縣主族의 奉齋神이었을 것이나, 그 신들이 皇神化한 때문에 그 제사자였던 縣主의 '妹'의 貢上이 불가피했던 것으로 보인다. 采女는 '妹였던 皇妃'의 제도화라고 하겠다. 결국 제도적으로 國神(地方神)의 神妻들을 궁정에 모아 제사권의 전국적인 집중화를 꾀하게 되었던 것이다.[94]

여러 氏族에게 家傳의 神寶를 봉헌케 함으로써 씨족들의 제사권을 조정이 지배하고, 천황의 神을 실제상의 최고신으로 확립하는 정책이 추진된 것은 전술한 바와 같다. 神地·神戸[95]를 정함으로써 제사권의 지배는 더욱 확실하게 되었다.

精緻한 문헌분석을 시도한 梅澤伊勢三은《古事記》가《日本書紀》에 비하여 훨씬 많은 지방적 씨족을 皇統에 결합시켰고, 또 그 분포 범위가 거의 전국의 고을에 파급되어 있음을 밝혀냈다. 그리고《古事記》가 推古朝로부터 天武朝에 걸쳐서 정리 결정된 새로운 씨족조직의 사실을 반영하였음에 대하여《日本書紀》는《古事記》와 같은 체계적, 조직적인 血族國家觀이 없다는 점에서 오히려 고대적 성격을 드러내고 있다고 보았다. 皇統에 연결된 집중적 씨족관은 天武朝 이후의 氏族國家觀이라 볼 때《日本書紀》는 그 이전의 사실을 반영한 原資料인《舊記》에 의존하였던 것이 아닌가 했다. 그리고《古事記》에서 황실의 혈족으로 인정하고 있는 씨족이 대부분 시대적으로 새로우며, 그 조상이 傳說期의 유명인물에 결합되어 있으며, 후대 즉 仁德朝 이후의 부분에서는《記紀》가 거의 대차가 없다. 神武로부터 應神 사이에 걸쳐서 압도적 다수의 씨족이 皇別로 결합되고 있다.[96]《舊記》를 답습하고 있는 것이《書紀》,《舊

94) cf. 위의 글, pp. 152~154.
95) "便別八十萬群神 仍定天社·國社及神地·神戸 於是疫病始息 國內漸謐."(《紀》卷5, 崇神 7年 11月 丁卯朔 己卯)
96) cf. 梅澤伊勢三, 앞의 책, pp. 371~403.

記》를 수정한 것이 《古事記》라는 생각을 가지고 있는 梅澤은 전자에서 보이는 신들의 並立關係, 씨족들의 독립경향은 후자가 성립되기까지의 사이에 점차로 통일, 단일화의 과정을 밟아 종국적으로 全一的 동족관념으로 통일되었다고 보았다. 《日本書紀》와 《古事記》와의 대비에서 나타난 5割弱에서 9割弱에로의 同族化 진전과 지방부족의 皇別明記 경향은 推古로부터 天武에로의 시대 흐름을 보이는 지표로, 大和조정 강대화의 역사적 현실을 반영하는 것이라 하였다.[97] 이 과정에서 다음과 같은 사실이 인정된다. 즉

① 사실상 皇系의 씨족이 지방에 진출하고 있었다.

② 지방의 유력한 皇系氏族이 정식으로 황실과의 동족관계를 표명, 주장하게 되었다.

③ 皇系가 아닌 지방씨족으로서 새로이 황계를 주장하고 나서는 씨족이 있게 되었다.

④ 조정이 지방부족의 정치적 통일을 위해 전국적으로 씨족의 皇系를 시인하고, 발표하게 되었다.[98]

天皇權의 확립에 따른 정부주도형의 傳承整合도 있었으나, 지방호족들의 영합적인 계보조작(系譜作り)과 함께 氏族傳承들도 변조되는 경향이 있었다.

일례로, 일본 역사상 가장 旅行歷이 많은 천황으로 꼽는 景行은 皇子·皇女 80子를 두었는데, 그 가운데 70餘子가 모두 國郡에 分封되었고, 그 別王의 苗裔가 諸國의 別이 되었다고 했다. 景行 자신의 九州·東國으로의 巡幸說話는 日本武尊의 熊襲·蝦夷征討說話와 아울러 황실에 의한 전국 지배가 景行朝에 확립된 것임을 구체적인 표징으로써 나타내려고 지어낸 설화들로 보인다. '別'의 이름을 띤 景行의 여러 皇子도, 이들 씨족의 계보를 황실에 결합시키기 위해 만들어낸 것으로, 본래의 帝紀·舊辭에는 없었던 것

---

97) cf. 위의 책, p. 410.
98) cf. 위의 책, p. 403.

으로 인정되고 있다.[99]

日本武尊의 경우 《古事記》·《日本書紀》·《姓氏錄》·《舊事紀》에 나
타난 皇子와 그 후예를 보면 다음과 같다.

　　《古事記》: 帶中津日子命·若建王·稻依別王(犬上君建部君 등의
祖)·建貝兒王(讚岐의 綾君, 伊勢의 別, 登袁의 別, 麻佐의 首, 宮首
의 別 등의 祖)·足鏡別王(鎌倉의 別, 小津, 石代의 別, 漁田의 別의
祖)·息長田別王(6명)
　　《日本書紀》: 稻依別王(犬上君·武部君 二族의 始祖)·足仲彥天皇·
稚武王·武卵王(讚岐綾君의 始祖)·十城別王(伊豫別君의 始祖)·稚
武彥王 (6명)
　　《姓氏錄》: 犬上朝臣(左京皇別上)·建部公·別公(右京皇別下)·和
氣公·縣主(和泉國皇別)
　　《舊事紀》: 稚足彥·五百城入彥·忍足別·稚倭根子·大酢別·五十狹
城入彥·吉備兄彥·神櫛皇子·稻背入彥皇子·武國凝別皇子·日向襲津
彥皇子·國乳別皇子·國凝別皇子·國背別皇子(宮道別皇子)·豊戶別皇
子·豊國別皇子(16명)[100]

위에 서술한 사항들은 서로 유기적으로 관련되며, 결과적으로,
각 지방과 각 씨족간의 신화적 전승을 황실신화의 체계 안에 통
합 내지 整合해 나갔던 그간의 사정을 시사하고 있다.

4) 壬申亂과 神話意識

이미 앞에서 고찰한 바와 같이 신화의식의 전개는 현실적, 정
치적 상황과 긴밀한 관계를 맺으면서 병행하고 있음을 알 수 있
다. 646년(大化 2)에 시작된 大化의 改新의 근본적인 시책의 첫째
가 황족 및 중앙·지방의 귀족·호족들의 모든 領地와 部民을 폐
지하고, 전국토·전인민을 들어서 천황의 公地·公民으로 삼은 것

---

99) cf. 坂本 外 校注,《日本書紀》上(補注 7~9), p. 596.
100)《舊事本紀》卷 7, 天皇本紀.

이다.(朝廷의 手工業部民은 폐하지 않았다)[101] 이것은 지방이나 씨족의 신화전승을 황실신화 체계에 통합한 일과도 공교하게 대응된다. 즉 8세기에 律令에 의하여 보장된 토지 국유 아래 중앙집권 정치가 확립된 것과 병행하여 전국적 규모에서 非皇室系神話를 整合한 황실신화체계가 완성되었다. 즉 국가 차원에서 추진된 그 記定作業이 《古事記》나 《日本書紀》로 열매 맺은 것이다.

672년에 일어난 壬申亂은 近江朝를 무너뜨리고 天武가 왕권을 장악한 정치적 군사적 사건이었음에도 불구하고, 혁명의 주체적 인물인 天武(大海人皇子)와 그의 아들 高市皇子에 의하여 재현되고 있는 원리는 천황 神性에 대한 신화적인 원리였다.[102] 〈天武紀〉上은 大海人이 近江朝의 부당한 압박과 공격을 받고, 할 수 없이 거사한 것으로 설명하였고, 그의 승리가 皇祖神인 伊勢 天照의 神助에 결과한 것으로 서술하였다. 이와 같은 문맥은 결과적으로 天武의 황위계승권을 신화적으로 보증하고 정당화하고 있다.[103]

大海人이 近江朝의 음모를 사전에 알고, 東國으로 가서 기병하려고 할 때 朝明郡의 迹太川邊에서 天照神을 望拜하였는데,[104] 이것은 후대 明治帝의 伊勢神宮 참배의 신화적 전범이 되었다. 《萬葉集》에 실린, 高市皇子尊의 殯宮에 부쳐 柿本人麻呂가 지은 挽歌에,

　　　가는 새의 다투는 사이에 渡會의 齋宮에서의 神風에 휩쓸리어 天雲으로 햇빛을 가려 깜깜하게 덮어버리사 平定하신 瑞穂의 나라(日本의 古稱)를 (天武가) 神으로서 다스리시고[105]

---

101) cf. 井上淸,《日本の歷史》上, 東京 : 岩波書店, 1983, p. 60.
102) cf. 北山茂夫,《壬申の內亂》, 東京 : 岩波書店, 1978, p. 199.
103) cf. 위의 책, p. 167.
104) "丙戌旦 於朝明郡迹太川邊 望拜天照太神."(《紀》卷 28, 天武元年 6月 丙戌)
105) "渡會の齋の宮ゆ神風にい吹き惑はし天雲を日の目も見せず常闇に覆ひ給ひて定めてし 瑞穂の國を神ながら太敷きまして."(《萬葉集》卷 2, 挽歌 高市皇子尊の城上の殯宮の時, 柿本朝臣人麻呂の作る歌一首幷に短歌)

230

라고 읊은 내용은 伊勢神宮의 神風이 壬申亂에서 大海人皇子(天武)를 가호하여 近江朝의 대군을 쳐부수어 승리로 이끌었다는 것이다. 現人神인 天武・高市를 도운 이는 皇祖神인 天照이며, 天照의 도움을 받은 천무야말로 황위 계승자로서 皇祖神의 보증을 받은, 정당한 자격자라는 생각이 밑에 깔려 있다. 亂後, 天武 2년 4월 大來皇女를 齋宮으로 삼는 등[106] 天武의 조정과 伊勢神宮과의 관계는 긴밀해지며, 皇祖神으로서의 伊勢神宮의 지위는 확실한 것이 되어갔다.(사진 6)

天武는 亂中에 天照만이 아니라 事代主神의 보호와 皇祖인 神武의 冥助를 받은 것이 서술되어 있다. 즉 金綱井에 진군하였을 때 高市縣主 許梅의 신탁에 따라 神武陵(사진 13)에 말과 갖가지 병기를 바치고, 또 신탁을 내린 高市・身狹 등 二社의 신에게도 致祭하였다. 두 신은 행군시 天武를 전후에서 보호하였고, 적군의 습격을 사전에 경고하여 막게 하였다. 또 村屋神도 적군이 오는 길을 알려주어 이를 막도록 도와주었다.[107]

일련의 神護에 관한 설화는 天武의 천황 계승자로서의 神性과 그 권위를 신화적으로 확인시키는 데 목적이 있었을 법하다. 壬申亂이 天武의 天皇 승계로 결말이 난 뒤에 지은 아래와 같은 노래들에서도 천황에 대한 神觀이 여실히 나타나고 있다.

　　天皇은 神이시므로 赤駒가 기어다니는 田井을 서울로 삼으셨네.(大

---

106) 天皇의 卽位初 未婚의 皇女 또는 女王 가운데서 卜定하여 伊勢神宮에 奉仕하게 하는 것인바, 이 時代以後 恒例化되었다. 壬申亂에서의 神宮의 協力에 報謝하는 뜻이 있는 듯 "欲遣 侍大來皇女于天照太神宮 而令居泊瀬齋宮 是先潔身稍近神之所也"라 하였다.(《紀》卷29, 天武 2年 4月 丙辰朔 己巳)

　　大來皇女가 齋宮이 되기까지 伊勢神宮의 기사는 그 이전 50년간에 걸쳐 《紀》에 기재되지 않은 것은 神宮이 皇室의 氏神이 되어 있지 않은 것을 시사하며, 적어도 天武朝까지는 伊勢大神과 皇室의 天照大神과는 一體化되지 아니했던 것으로 보인다.(cf. 金井清一,〈ヤマトタケル物語と伊勢神宮神威譚〉《文學》35, 1967, p.63)

107) cf.《紀》卷28, 天武 元年 7月 壬寅.

　將軍贈右大臣大伴卿)
　　大王은 神이시므로 물새 깃들인 水沼를 서울로 삼으셨네.(作者未
詳)[108]

　위의 2首를 채집하여 《萬葉集》에 수록한 이는 大伴家持이며, 그
는 壬申亂 때 天武의 편에서 공을 세운 安麻呂의 직계손이다. 천황
을 두고 '神이시므로'라는 발상은 伊勢神宮으로부터 神風의 도움으
로 황위에 오른 천황(天武)이나 高市를 現人神으로 관념하는 의식
이 반영되어 있으며, 神代에서 天孫에게 공손했던 事代主神의 天武
에 대한 도움 및 神武陵 제사의 주체권을 상징하는 신탁설화는 그
대로 황실신화의 발상과 맺어지고 있다.

　壬申亂에서 왕좌에 오른 天武는 천황권 강화를 위한 일련의 작
업 가운데 자신의 천황권 승계의 정당성을 역사적으로 보증하는
일을 심각하게 고려하고 착수하게 되었다. 현존하는 《古事記》나
《日本書紀》는 바로 그와 같은 趣意 아래 天武 때에 시작된 일련의
編史事業의 성과들이다. 어떤 왕조문학의 연구자는 《日本書紀》가
天武 즉위까지의 경위, 즉 壬申亂의 기술에 역점을 둔 〈天武紀〉上
을 위해 찬술되었다고까지 말하고 있다.[109]

　天武體制 아래에서의 편사의식은 단순한 역사 기술만으로는 만
족할 수 없었던지, 前史라고 볼 神代篇과 天武 즉위까지를 은연중
결합시키고 있다. 천황의 권위는 신의 존재에 의하여 뒷받침되지
않아서는 결코 정당화될 수 없다[110]는 태도가 보인다. 이것은 《記
紀》 兩書에 일관하는 의식으로, 이 때문에 《記紀》가 天皇神聖의
교조적 방패로 오랜 세월 기능해 왔다.

　雄略天皇에게 무고하게 사살된 市邊押磐皇子의 遺子 意富祁王(億

---

108) "皇は神にし坐せば赤駒の匍匐ふ田井を都となしつ/大王は神にし坐せば
　　水鳥の多巣く水沼を都となしつ."(《萬葉集》卷19, 壬申の年の亂の平定しぬ
　　る以後の歌二首)
109) cf. 北山茂夫, 앞의 책, p.166.
110) cf. 川副武胤, 앞의 책, p.197.

計·仁賢天皇)과 袁祁王(弘計·顯宗天皇)이 圖生亡命하던 끝에 동생
이 먼저 天皇에 올랐다. 雄略陵을 파헤쳐 亡父의 원수를 갚고자
하니 兄 意富祁王이 두 가지 이유를 들어 막았다. 그 첫째를 보면,

> 雄略天皇은 萬機를 잡아 天下에 臨照하셨습니다. 華夷가 欣仰함은
> 天皇의 몸이십니다. 우리 아버지 先王은 천황의 아들이기는 하였으
> 나, 어려움을 만나 天位에 등극치 못하였습니다. 이로써 보면 尊卑가
> 분별됩니다. 그런데도 陵墓를 헌다면 누가 人主로서 天靈을 받들겠
> 습니까? 헐어서는 안 되는 첫째올시다.[111]

아무리 악독하고, 사사로이는 육친의 원수라 하더라도 천황의
존귀는 범할 수 없다는 것이다. 그리하여 雄略陵을 욕보이는 일은
포기한다.[112] 天皇神聖을 보이는 하나의 예다. 이 밖에도 皇位奪取
陰謀, 不敬 등으로 황족이 멸망하는 이야기가 《記》에는 열두 번
이상 보인다. 어느 것이나 천황측이 승리하고, 상대쪽인 황족이
주살된다. 예외는 目弱王의 복수 정도이나, 그도 최후에는 멸망한
다. 요컨대 이들 설화는 대부분 天皇神聖에 관한 설화라고 해도 좋
을 정도다. 신하나 백성이 천황에게 不敬한 결과로 주살되거나 사죄
로 용서받는 경우도 있다.[113] 천황에 대한 신하나 백성의 불경이 결
코 묵인되거나 허용되는 예가 없는 것이 《記紀》의 서술인 것 같다.
  神代篇과의 관계는 天皇家에만 국한되지 않는다. 천황신화 체계
안에 편성된 각 씨족은 神代篇을 생략하게 됨으로써 조상신을 잃
게 되며, 따라서 천황가와의 관계가 단절되어 권위를 상실하게
되고, 그 존재가치를 잃는 결과가 됨으로써 그들에게 神代篇은 절
대로 필요했다.[114] 그 이상으로, 각 씨족은 자기 씨족을 고귀화하

---

111) "乃諫曰 不可 大泊瀨天皇 正統萬機 臨照天下 華夷欣仰 天皇之身也 吾父先王
  雖是天皇之子 遭遇迍邅 不登天位 以此觀之 尊卑惟別 而忍壞陵墓 誰人主以奉天
  之靈 其不可毀 一也."(《紀》卷15, 顯宗 2년 8月 己未朔)
112)《記》에서는 兄 意祁命 혼자서 陵 곁을 조금 파는 정도의 형식적인 행위로 끝
  냈다.(cf.〈顯宗記〉)
113) cf. 川副武胤, 앞의 책, p. 193f.
114) cf. 山田英雄,《日本書紀》, 東京 : 教育社, 1979, p. 103.

려는 욕구에서도 神代篇의 존재를 결코 등한히 하기는커녕 절대
적인 것으로[115] 생각하지 않을 수 없었던 것으로 보인다. 결국 황
실과 각 호족·씨족들은 신화 체계화에 천황가의 일방적 간섭의
단계를 넘어서 合力하는 단계에까지 갔는데, 이와 같은 素地는 天
武 이전부터 마련되어 왔다. 그러나 이의 결정적 계기는 壬申亂
이후 天武의 집정으로 마련된다고 하겠다. 천황권을 중심으로 한
신화 통합작업은 오랜 동안 서서히 진행되어 왔다. 記述 체계화의
노력은 天武 이전에도 더러 나타났으나, 壬申亂에 의한 천황권의
확대와 새로운 질서가 자리잡힘에 따라, 천황권을 절대화할 신화
의 체계화는 황실에게나, 기득권을 가진 氏族들에게나 그 필요가
절실했다. 그를 위해서는 씨족 고유의 전승까지도 그 체계 안에
동화시켜 버리는 것을 감수해야 했다.

　梅澤伊勢三에 의하면, 《記》에서 出自와 유래를 다룬 씨족은 총
201임에 대하여 계보적으로 황실과 결합된 씨족의 數는 177로
88퍼센트에 해당되며, 나머지 24(12퍼센트)의 씨족만이 황족과의
혈연관계가 밝혀져 있지 않다고 한다. 한편 《紀》에서는 같은 시
기(神代～推古朝)에 총 110인바, 그 가운데 皇系가 50(45퍼센트),
60(55퍼센트)이 皇系와의 관련이 밝혀져 있지 않다.[116] 兩書에 나
타난 위와 같은 차이에 대하여 梅澤伊勢三은 "이 차이가 결코 단
순한 우연의 차이가 아니라 실은 《舊記》에서 《古事記》로 진행되
어 간 氏族國家觀의 추이를 반영한 것"[117]이라는 지론을 내세워
설명하려 하였다. 그러나 《紀》에서 황계와의 관련이 보이지 않던
씨족이 《記》에서는 황계로 나타난 사례도 없지는 않다. 예를 들
면 穗積臣·的臣·角臣·坂本臣·下道臣·上道臣·笠臣·大宅臣·國前臣
등이 있다.[118] 이와 같은 차이에 대하여 梅澤伊勢三은 《書紀》의 원

---

115) cf. 北村文治,〈日本神話と大和朝廷—史料的省察〉,《日本神話と氏族》, p. 22.
116) cf. 梅澤伊勢三, 앞의 책, p. 372f.
117) cf. 위의 책, p. 378.
118) cf. 위와 같음.

자료일 《舊記》에서 독립 씨족이던 것이 《古事記》에서 황계에 결합된 것으로 보아야 한다면서, 이 사실은 《舊記》로부터 《古事記》로 가면서 나타난 경향 — 여러 씨족을 황통에 결합시키려고 한 경향을 극명하게 드러낸 사실로 설명하고 있다.[119] 梅澤伊勢三의 《記紀》에 대한 논의는 두고라도, 天武 때를 중심으로 하여 여러 씨족의 皇系化 경향이 촉진되어 갔던 것만은 인정할 수 있다.

그리고 《古事記》의 경우 황족의 사실이 주로 서술되는 가운데도 특정한 씨족이 각별히 자주 다루어지는 사실이 지적되고 있다. 神世卷에서는 특정한 씨족의 家記(氏에 고유한 傳記) 등에서 無媒介·無選擇으로 취해온 듯한 대목이 거의 없으나, 歷代卷에는 특정 씨족의 이익에 관련된 기술이 다소 보인다. 歷代卷에서 특정한 씨족과 관련하여 유리한 내용이나 조상의 공적을 다룬 것을 들면 대략 50인인바, 확실하게 해당하는 경우는 25인이요, 그 이야기가 전후 기술과 연결되지 않고, 또 설화적이고, '記錄風'의 것을 제외하면 19인이 된다고 한다.

이것을 씨족별로 보면 丸邇臣 5인, 久米直 2인, 物部臣 2인, 기타는 大伴連 1인, 이하 1인씩이 된다는 것인바, 논자는 《記》의 記載 가운데 丸邇臣(《記》 저술 당시의 春日臣·小野臣·柿本臣 등의 一族)의 家傳을 참고했든지, 春日臣 등 一族에 속하는 인물이 찬술한 것이 있다는 추론을 이끌어내고 있다.[120]

요컨대 天武代에는 조정에 의하여 추진된 황실 중심의 編史 내지 神話傳承의 整合, 記述事業에 특정한 씨족 출신의 인물들이 관여하였고, 천황권 신성화의 원리 아래에서나마 자기 씨족의 이익을 편술내용에 반영하였을 것으로 믿어진다.

---

119) cf. 위의 책, p. 380.
120) cf. 川副武胤, 앞의 책, pp. 240~242. 坂本太郎도 "古事記에 丸邇臣(春日臣)의 傳承이 많은 것에서 같은 舍人인 和珥部臣君手의 關與도 생각된다. 君手와 동족관계에 있는 柿本人麿에 대하여도 같다"고 하였다.(cf. 坂本太郎, 〈古事記の成立〉, 《古事記大成 歷史考古篇》)

위에서 서술한 배경과 동기를 가지고 712년(元明朝, 和銅 5) 上中下 3卷의 《古事記》가 撰進되었고, 8년 뒤 720년(元正朝, 養老 4) 紀 30卷, 系圖 1卷의 《日本紀》가 찬진되었다.

위 兩書의 여러 가지 차이에 대한 논의에도 불구하고, 兩書가 내면적으로 간직한 神話整合의 원리는 대략 다음과 같이 요약된다.

天武朝에서, 강력한 중앙집권국가, 天皇制의 확립이라는 정치적 요청에 대응하는 것이었다. 신화 안에 호족들의 祖神이 많이 보이는 것도 현재적 관심의 소치로 이해된다.[121] 이로써 日本神話는 '고대 천황제의 방패' 구실을 능히 감당하게 된다.

잡다한 氏族전승을 위의 원리로 조정하여, 高天原系·出雲系·日向系 등 기본적인 신화계통을 인정하되[122] 서로간에 서열관계를 세우고, 그 밖의 모든 씨족신은 이 세 갈래 神統譜 안에 편입하였다. 즉 여러 씨족을 황실 중심, 즉 황실을 宗家로 삼은 一大血族化하는 작업이다. 이 작업에서 주목되는 것은 일반민중은 이와 같은 神統譜 형성에 전혀 고려되어 있지 않다는 점이다.[123] 씨족신만이 아니라 전국적인 神統의 체계화[124]도 추진되었으나 배제된 부분도 있다. 요컨대 조정은 위와 같은 사실에 바탕을 둔 국가 형성과 황실의 始源을 200氏의 諸家에게 철저화시키기 위한 定本을 편찬하려 하였다고 하겠다. 그 중핵이 되는 것은 帝紀이며, 이것은 황실의 계보가 중심이 되며, 거기에 씨족계보가 결부되었다.[125]

정치적 조정작업의 결과 천황권에 관련이 없거나, 이를 합리화하지 않는, 原神話 내지 신화의 원형은 후퇴하거나 수정되거나 크게 손상을 입었다. 민중적 토양에서 자란 神話傳承은 왜곡되거나

---

121) cf. 山田英雄, 앞의 책, p. 13.
122) cf. 村上重良, 《國家神道》, p. 27.
123) cf. 津田左右吉, 앞의 책, p. 606.
124) 民間에서 祭祀되던 豊受賀能賣命이라는 穀靈神이 天照大神의 御饌津神으로서 中央의 레벨로 집중화되어 간 점은 注目된다.(cf. 川上順子, 〈豊玉毘賣神話の 一考察〉, 日本文學硏究資料刊行會, 《日本神話》Ⅱ, p. 109)
125) cf. 德光久也, 《古事記硏究史》, 東京 : 笠間書院, 1977, p. 312f.

말살되기 십상이었다. 이에 관심하여, 記紀神話를 6세기 이후의
制作神話로 보는 논의도 있다.[126] '神代'라는 관념 자체가 정치적
의의를 가진 것으로, 황실에 의해서만 의의 있는 것이다. 神代란
곧 皇祖神의 시대이며, 이는 천황의 신성을 추상하기 위한 것일
뿐이다. 그리고 神代史의 신들은 신성이 결여되어 있는바, 그들에
게는 죽음이 있다. 이것은 곧 신이 아닌 인간임을 말해준다.[127]

神代를 人代의 보증적 사실로 삼음으로써 결과적으로 신화적 사
실을 역사적 사실로 받아들이게 하였다. 神世卷과 歷代卷, 神과 天
皇은 훌륭한 대응관계를 보이고 있다. 崇神朝에 질병이 번져 인민
이 많이 죽어갈 때 大物主大神이 천황에게 현몽하여 그 재앙이 자
기 탓임을 말하고, 意富多多泥古에게 제사를 맡기면 재앙이 그쳐
나라 또한 安平해지리라고 말했다. 그런데 이것은 神世卷에서 大
物主神이 大國主神에게 "내 앞을 잘 다스리면 내 함께 역사하여
이루어주리라", "나를 倭의 靑垣東山 위에 제사하여라"라고 하였
음에도 불구하고 大國主神은 그 약속을 지키지 않았다.(사진 19)
그리고 大國主神으로부터 국토를 헌상받아 지배자가 된 天神의 아
들, 그리고 第10代 崇神에 이르기까지 歷代의 천황들도 그 일을
이행하지 않았다. 그리하여 마침내 崇神朝에 이르러 大物主神의
빌미로 질병이 유행하게 되었다는 것이다. 천황(大國主神에게 통치
권을 헌상받은 황위 계승자)에 의하여 이 神에 대한 약속이 이루어
진 결과로 疾氣가 모조리 그치고, 국가가 安平해졌다. 여기서 神世
卷과 歷代卷 사이에, 또 신과 천황 사이에 미묘한 대응관계가 설
정되어 있음을 볼 수 있다.[128] 이와 같은 대응관계는 의도적으로
설정되었다고 볼 수밖에 없다. 사실 《記紀》에서 神代篇과 歷代篇
은 作者意識이 작용한 유기적 統體이다. 작자의식이란 바로 天武

---

126) cf. 近藤忠義, 〈總說および古代文學〉, 《文學》 1947년 12월호 ; 德光久也,
　　　위의 책에서 重引, p. 282.
127) cf. 津田左右吉, 앞의 책, p. 662f.
128) cf. 川副武胤, 앞의 책, pp. 215~217.

가 설정한 기준 ‘討覈舊辭 削僞定實’이다.

《記紀》兩書는 함께 日本神話의 원전으로, 찬술의 직접적 동기는 壬申亂의 결과를 합리화하는 데 있었다. 采女 출신의 大友皇太子를 몰아내고 황위에 오른 天武의 집권을 정당화하기 위한 천황 혈통의 순수성을 일관성 있게 내세웠다. 兩書는 바로 이와 같은 정치적 동기에서 天武 때 착수되었다. 天武의 사업으로 인정되는 兩書의 편찬은[129] 그의 생존시에 이루어지지 못하고, 그의 뜻을 받든 후계자에 의하여 완성되었다. 같은 천황의 비슷한 동기 아래 찬술이 시작된 兩書는 그럼에도 불구하고 성격상 기본적인 차이점을 가지고 있다.

水野祐는 《古事記》가 천황중심주의로 통일되어 있고, 《日本書紀》는 국가(律令國家)중심주의로 편찬되어 있다고 하였다.

梅澤伊勢三은 天照大神의 계보에 의한 모든 神들의 통일과 그 직계인 황실에 의한 모든 씨족의 통합, 고대일본에서 同族國家意識은 이 선에 따라 차례로 구성되어 왔는데, 그 과정의 두 가지 단면을 보이는 것이 《舊記》를 답습한 《書紀》와, 《舊記》를 수정한 《古事記》의 所說이라고 하였다. 《日本書紀》가 《舊記》에 비교적 충실한 편이라는 점에서, 《古事記》보다도 옛 시대의 씨족 조직을 반영하고 있다고 보고, 《紀》에서 볼 수 있는 神들의 병립, 씨족들의 독립 경향은 《記》의 성립까지 점차로 통합, 단일화의 과정을 거쳐 종국적으로 전일적 동족의 관념으로 통일되었다고 하였다. 《書紀》와 《古事記》와의 대비에서 5割弱에서 9割弱의 동족화의 진전, 지방부족의 皇別 明記의 경향은 그대로 推古로부터 天武로 가는 시대의 흐름을 나타내는 지표이며, 大和朝廷 강대화의 역사적 현실을 반영하는 것으로 보았다.[130] 《記紀》의 대비에서 兩者의 성

---

129) 《記》는 天武가 아니라, 元明에 의하여 企劃되고, 誕生되었다는 異說이 神田秀夫·阿部寬子에 의하여 제기되었다.[cf. 阿部寬子,〈元明天皇と古事記の誕生〉(日本文學硏究資料刊行會,《古事記·日本書紀》Ⅱ, 東京 : 有精堂, 1975, pp. 1~10)]
130) cf. 梅澤伊勢三, 앞의 책, p. 410.

격 대비는 확실한 근거를 가지고 있어 설득력이 있으나, 바로 그 성격적 차이가 兩書의 선후관계를 결정짓는 요인이 된다는 데는 문제가 있다. 논자의 말과 같이 그것은 같은 역사적 시기에 진행된 동족국가의식 형성 과정의 두 가지 단면일 수 있기 때문이다.

神話記述物이라는 점에서 볼 때, 《記》·《紀》兩書에는 분명히 어떤 한계가 있다. 《記》가 安萬侶 자신의 '撰錄'이 아니라 阿禮의 '誦習'을 기록하였다는 점에서 口承物의 정착으로 볼 수 있고, 그 본문의 문장이 변태의 한문체로, 口誦言語의 표현에 적합하도록 고려한 것이었고,[131] 기사에 曆記가 없는 점[132] 등, 일련의 사실은 《記》에 대한 신화적 기술물의 성격을 말하는 논거가 될 수 있다. 한편 《紀》는 天武의 皇子인 舍人親王이 칙명으로 수찬하였는데, 아마도 紀淸人 같은 문인이 집필에 관여하였을 것으로 믿어진다. 순수한 漢文體로, 中國史書의 체재를 본따 이에 접근하려고 한 결과 漢籍에서 그대로 전문을 옮겨온 대목도 간간이 눈에 띈다. 神武 즉위 이래의 기사를 편년체로 기술함으로써 본격적인 史書의 틀을 갖추려 하였다.

이상의 간략한 대비에서 《記》는 한층 신화적,[133] 《紀》는 역사적 기술에 대응하는 조건을 가졌음을 이해할 수 있다. 그러나 이와 같은 성격은 상대적이요, 절대적인 것은 아니다. 요컨대, 兩書는 大和朝廷이 중앙집권적인 신화체계화를 추진하고 있던 壬申亂 이

---

131) 이에 관하여 安萬侶 자신 序에서 그 고충을 토로하고 있다. "上古之時 言意 並朴 敷文構句 於字卽難 已因訓述者 詞不逮心 全以音連者 事趣更長 是以今 或 一句之中 交用音訓 或一事之內 全以訓錄."(《記》序)

132) 記는 新曆을 쓰기 시작한 推古朝로써 記事가 끝나 있다.(cf. 西鄕信綱, 《古事 記の世界》, 東京 : 岩波書店, 1973, p.195)

133) 家永三郎은 《記》가 "政治的 主題에 의한 體系의 公的 色彩와, 個個 說話의 私的, 非政治的 人間感情의 赤裸裸한 表出과의, 奇妙한 分裂을 금할 수 없는 것은 《古事記》의 說話가 前律令的, 非儒敎的인 古代日本人의 素朴한 生活感情 과 모랄을 비교적 충실히 保存하고 있기 때문일 것"이라 하였다.(cf. 家永三 郎, 〈古事記の思想〉, 《文藝讀本 古事記》, 東京 : 河出書房新社, 1980, pp.118∼ 127)

후의 신화의식 전개의 두 가지 측면을 여실히 재현해 보여주고
있다고 하겠다. 통치자 천황, 혹은 율령국가의 기원을 그와 같은
신화의식에 결부시키고자 천황 이하 중앙·지방의 관료·귀족·호
족의 전승을 한데 모아 합목적적으로 체계화하였는데, 兩書는 역
사의 언어와 신화의 언어로써 이를 실현해 보였다.[134]

5) 外來思想과 神話

일본의 佛敎公傳에 대한 전승으로 欽明天皇 7年 戊午(538)에 백
제의 聖明王이 불상·經敎 및 僧을 보냈다는 《上宮聖德法王帝說》
및 《元興寺伽藍緣起》의 說, 欽明天皇 13년(《日本書紀》의 曆法에 의하
면 西紀 552年이 된다)에 백제의 聖明王이 釋迦佛像·幡蓋·經論을
보냈다는 《日本書紀》의 기록이 있다.[135] 전승상의 전래연대에 약
간의 차이가 있기는 하나, 6세기 중엽까지는 佛敎가 공식적으로
일본에 전래되었음을 알 수 있다.[136] 公傳 이전에도 더러 민간에
불교가 전한 사례가 있는 듯하나, 《扶桑略記》에 인용된 禪岑記의
기사에서 볼 수 있는 정도다.[137]

고도로 체계화되고, 사상적으로 심오한 외국의 종교가 들어오
면서 일본의 조정에서는 이의 수용여부를 두고 격렬한 대립이 일
어났다. 《紀》의 欽明天皇 13년 10월의 기사에 보면, 백제 聖明王

---

134) 《記紀》의 現傳本은 撰成 當代의 것은 없고, 後代人에 의한 筆寫本뿐이다. 筆
寫過程에서의 改纂과 이에 의한 神話記述의 變造 가능성도 전혀 배제할 수 없
다. "此古事記も 熟讀すれば全き古書には不有して殘簡の有しを, 後人一度
にあらずして 追に補闕爲し者と, 其補へる末世に至ては, 村上天皇天德の火
後なる所爲も有べく思ゆ. 誠に其一二を言ん."(上田秋成,〈安安言〉) 한편에
서는 '秕穅の書', '火餘の紀'라고 하여 全的으로 《古事記》를 僞書視하는 견해
도 있다.
135) 다음과 같은 異說도 있다.
　　"大安寺審祥大德記云 檜隈廬入野宮御宇 宣化天皇卽位三年歲次戊午年(538 ; 필
　　자 주) 十二月十二日 從百濟國 佛法傳來."(《三國佛法傳通緣起》卷中, 華嚴宗)
136) cf. 黃浿江,《新羅佛敎說話硏究》, 一志社, 1975, p. 49f.
137) cf. 大野達之助,《日本の佛敎》, 東京 : 至文堂, 1961, p.2.

이 보내온 석가불의 金銅像·幡蓋·經論을 받은 천황은 불상예배의 여부를 군신에게 물었다. 蘇我稻目은 西蕃의 諸國이 다 예배하는데, 우리나라만 어길 수가 없다고 찬의를 표했고, 物部尾輿와 中臣鎌子는 천황이 춘하추동에 天神地祇를 祭拜하여 왔는데, 이제 그것을 그만두고, 蕃神을 예배하게 되면 아마도 國神의 노여움을 부르게 될 것이라고 반대하였다. 천황은 稻目에게 불상을 내려주고 예배케 하였다. 그는 小墾田의 집에 그것을 안치하여 예배하였고, 이어 向原寺를 세웠다. 그 뒤 질병이 유행하여 사람들이 죽자 尾輿와 鎌子는 蕃神을 예배한 죄로 몰아 천황으로 하여금 불상을 難波의 堀江에 띄워버리게 하고, 또 伽藍에 불을 질러 태워버리게 하였다.[138]

585년(敏達 14) 많은 백성이 역질에 걸려서 죽자 物部守屋과 中臣勝海는 그 허물을 蘇我臣의 奉佛에 돌려 마침내 禁佛의 詔命을 받아냈다. 이에 物部守屋은 직접 나아가 탑을 때려눕혀 불질러 없애고, 불상과 불전을 태워버렸다. 타다 남은 불상은 難波의 堀江에 내다버렸다. 蘇我馬子가 공양하는 비구니들을 잡아 법의를 빼앗고 禁錮하고 매질을 하였다. 그런 일이 있고, 천황과 物部守屋이 갑자기 瘡患을 앓게 되었고, 백성들 가운데 창환을 앓다 죽는 자가 수없이 나왔다. 나라 안에서는 物部氏가 불상을 태워버린 죄 때문이라는 풍문이 나돌았다. 蘇我馬子는 천황의 허락을 받아 정사를 새로 짓고 세 비구니를 맞아 공양하였다.[139]

불교 전래와 관련하여 崇佛派의 蘇我氏와 排佛派의 物部·中臣氏와의 대립갈등이 격렬하게 나타나고 있다. 蘇我氏와 物部氏는 당시 조정에서 정치를 좌우하던 2대호족으로 비단 불교문제 아니라도 서로 대립 경향이 있었는데, 불교 전래로 말미암아 그 대립이 더욱 첨예화되었다고 볼 수 있다.[140]

---

138) cf.《紀》卷19, 欽明 13年 10月.
139) cf.《紀》卷20, 敏達 14年 2月 丁巳朔·同 6月.
140)《元興寺伽藍緣起》의 記事는 第1回의 迫害를 己丑年 稻目 死後 翌庚寅年으

蘇我氏는 그 선조(蘇我麻智宿禰 ; 稻目의 증조부)가 귀화인의 秦氏
와 東西文氏를 통솔하여 조정의 三藏(齋藏·內藏·大藏)을 관리하는
직책을 맡았던 관계로, 귀화인을 통해 한국과 중국의 선진문화에
이해를 가질 수 있었다. 그 까닭으로, 불교' 수용에 적극적이었던
것 같다. 한편 物部氏는 군사를 담당한 집안으로, 보수적 경향이
강했고, 中臣氏는 옛날부터 조정의 제사를 '담당해온 집안이므로,
자연 物部氏에 동조하여 숭불의 蘇我氏에게 반대하였던 것으로 보
인다. 그러나 이들의 대립은 불교사상에 대한 깊은 이해나 견해
차이에서 왔다기보다《紀》의 기사에서 보듯 불상 예배의 여부를
둘러싼, 단순한 의견대립에서 발단된 권력투쟁인 듯이 보인다.[141]

그러나 위의 대립과 갈등은 물론 정치권력이 개재된 세력다툼
이기는 하나, 그 쟁점은 기본적으로 '天地社稷의 百八十神을 春夏
秋冬으롤 祭拜하던 國神信仰'과 '西蕃의 神인 불교신앙'과의 대립
갈등으로 이해된다. 주목되는 것은 양자의 대립에서 일관성이 결
여된 천황의 태도다.

欽明이 백제 聖明王으로부터 불상·경론 등을 받고, '歡喜踊躍'
하고, '從昔來 未曾得聞如是微妙之法'[142]이라고 하면서 군신에게 예
불의 여부를 歷問하였다. 대신의 의견일치를 못 본 欽明은 好佛的
인 蘇我에게 시험삼아 예불을 허락했다. 역병이 돎에 物部·中臣의
배불이 일어났다. 그런 일이 있고, 난데없이 大殿에 화재가 일어
났다.

欽明 14年 5月 바다에 떠온 樟木을 얻은 천황은 그것으로 불상
2軀를 만들게 했다.[143]

로, 第2回의 迫害를 敏達天皇 자신의 排佛에 돌리고 있다.(cf. 大野達之助, 앞
    의 책, p.4f.)
141) cf. 위의 책, pp. 4~6.
142)《紀》卷 19, 13年 10月. 이 대목은《最勝王經》〈四天王護國品〉의 "四天王
    聞是頌已 歡喜踊躍 白佛言 世尊 我從昔來 未曾得聞如是甚深微妙之法"을 옮겨
    온 듯한 嫌이 있다.
143) cf.《紀》卷 19, 欽明 14年 5月.

〈欽明紀〉15年 2月條에 百濟遣僧인 曇慧 등 9인을 道深 등 7인으로 대체한 기사가 보이는데, 먼저 일본에 와 있던 曇慧 등 9인이 언제 어떻게 일본에 왔는지 《紀》에서는 알 수 없다. 《本朝高僧傳》에서는 曇慧와 道深을 冠篇에 두고, '此方之騰蘭'[144]이라고 하며 일본 불교 初傳의 공로를 인정하고 있다. 曇慧가 初傳 때 도일했다면, 欽明 15년 2월 귀국할 때까지 약 2~3년간 일본에서 포교활동을 하였다고 보겠다. 欽明 13년 10월 物部氏 등의 毁佛 때 및 그 이후에도 滯日한 셈이다. 欽明의 불교에 대한 태도는 숭불도 배불도 철저하지 않았던 듯하다. 그렇다고 物部·中臣 등의 國神信仰에 대해서도 고집하는 입장은 아닌 것 같다. 어찌 보면 호족들의 주장에 끌려다닌 인상을 준다. 이때만 해도 皇祖神祭祀는 天武 때와 같은 천황권의 방패로서 중앙집권적 국가제사로까지 체계화되지 못하였고, 따라서 백성들의 신앙에 천황권이 아직은 적극 간섭하지 않았던 시대로 보인다.

初傳 당시의 반발에도 불구하고, 불교는 차츰 고유신앙과 적절히 조화하면서 수용되어 갔다. 고유신앙은 불교와 같이 고도로 체계화, 이론화된 종교사상에 영향을 받아 그 자신의 신앙에도 체계와 이론을 요구하지 않을 수 없게 되었다. 사실 그 이전까지의 고유신앙이나 神觀은 지극히 소박한 원시적 신앙의 단계에 있었고, 지방과 씨족은 각각의 신앙과 神觀을 가지고 있었다. 6세기 중엽에 불교·유교·도교가 한반도에서 전래됨으로써 고대국가의 지배층간에는 '蕃神에의 반발과 위화감이 오래 남았으나, 그럼에도 불구하고 고도로 발달한 이들 외래 종교의 직접적 영향으로 일본의 고유신앙인 神道[145]도 비로소 체계적 관념과 의례를 정비

─────────

144) 《本朝高僧傳》卷 3, 論.
145) 《紀》卷 21, 用明 卽位前條에 "天皇信佛法 尊神道"라 하여 처음으로 '神道'의 명칭이 보이고 《紀》卷 25, 孝德卽位前條에도 "天萬豊日天皇……尊佛法 輕神道"라는 기록이 보인다. 또한 《紀》卷 25, 孝德大化 3年 4月 丁巳朔壬午條 '惟神'의 分注에도 "惟神者 謂隨神道亦謂自有神道也" 가운데 '神道'의 用例가 보인다.

하게 되었던 것이다.[146] 일본의 민족적 종교는 본래 칭호가 없었
는데, 불교 전래 이후 이와 구별하거나 대항하기 위해 중국의 전
적에서 '神道'라는 말을 차용하여 썼는데, 아마도 《紀》의 편자가
처음으로 쓴 것 같다. '神道'라는 이름 밑에 敎義體系가 어느 정도
갖추어진 것은 훨씬 후대인 중세이며, 고대에서는 編史에서[147] 막
연히 민족적 종교에 대하여 쓰였을 뿐 아직 일반화되지는 않았다.

6세기말에서 7세기에 걸친 飛鳥, 大和시대에는 불교국가의 체
제가 급속히 갖추어져 갔는데, 이와 관련하여 민족종교도 고대국
가의 종교로서 어느 정도 완성되었다. 고대국가에서는 정치와 제
사를 일체라고 보는 제정일치의 관념이 정치의 기본이었다. 일본
에서는 양자를 함께 '마쓰리고도'(マツリゴト)라고 불렀다. 국가
권력은 神祇의 제사로 권위가 붙고, 그로써 정치지배를 정당화했
다. 神祇의 제사는 고대국가의 중요한 정치행위가 아닐 수 없었
다.[148] 그럼에도 불구하고, 신도는 공동체의 제사로서 성립된 민
족 종교였으므로, 원래 교의라고 할 만한 관념체계가 없었고, 原
始神道에서 보는 '무쓰비'(ムスビ), '이화히'(イハヒ), '하라히'(ハ
ラヒ) 등의 관념도 주술적인 기능에 근거를 두고 형성된 원시적
인 종교관념에 지나지 않았다. 神道에 敎義라고 부를 체계가 나타
나는 것은 불교·유교·도교 등 외래종교의 지배적 영향 아래 놓
이게 된 이후의 일이다. 신도는 이들 외래종교, 특히 불교와의 습
합으로 비로소 이데올로기를 갖춘 종교 실체를 형성할 수 있었다.[149]
이것은 바야흐로 중앙집권적 천황체제를 형성해가던 大和朝廷이
필요로 하는 정신적 원리의 체계화와도 상응할 수 있는 것이다.
불교의 정치한 교의체계와 결합함으로써 神道는 자신의 神格을 전
개하여, 한층 강력한 권위적 존재로 만들 수 있게 되었고, 불교는

---

146) cf. 村上重良,《國家神道》, p. 31.
147) cf. 坂本 外 校注,《日本書紀》下(補注 21-1), p. 556.
148) cf. 村上重良,《國家神道》, p. 32.
149) cf. 위의 책, p. 37.

또 불교대로 토속종교와 습합함으로써 자신의 광대한 체계 속에
민족신앙과 토속신들을 수렴하여 불교 교리를 과히 손상시킴이
없이 異邦에 성공적 정착을 할 수 있었다고 생각된다. 初傳 당시
의 반발과는 달리 神社의 崇敎者 집단도 점차로 국가제사의 성격
을 가지게 된 불교의 발달된 교의체계와 주술에 접하게 되면서
불교와의 습합에 적극적이 되었다. 특히 주목되는 경향은 神이 佛
에 의하여 구제되기를 바란다는 神身離脫 사상의 출현이다.[150] 原
始神道 이래의 관념으로는 靈威가 성한 荒神, 빌미가 되고 해를
끼치는 신에 대하여 인간은 신의 노여움을 달래거나, 진압하는
것만이 神事의 중요한 목적이었다. 이와 같은 神과 인간과의 관계
에서 볼 수 있는 신은 사람과 마찬가지로 고민을 가지며, 그것 때
문에도 靈威가 呪力에 있어 훨씬 우월한 외래의 새로운 신의 구원
을 청하게 되는 것으로 생각했다. 그 가장 이른 형태가 八幡神이
었다.[151] 平安시대 초기에 八幡神은 護法의 善神임과 동시에 佛의
權現(假現)이라는 관념에서 菩薩號로 부르게 되었다.[152] 平安시대
에 이르면 神佛習合은 이미 전국의 대소 神社에 두루 미치고 있었
다. 그러나 천황가의 氏神이며 최고의 국가신인 伊勢神宮만은 오
래도록 僧尼를 금기하는 명분을 지켜왔다. 그러나 伊勢神宮에서도
平安 후기에는 실제상 불교와의 습합이 두드러졌다. 皇祖神인 天
照大神이 불법을 보호하는 神衆의 하나로 이해된 사례가 있다.[153]
〈長谷寺緣起文〉에는 第六天魔王이 일본을 범하고자 할 때 天照가
法性宮에서 이것을 보고 크게 슬퍼한 나머지, 春日大明神과 다짐

---

150) 氣比神宮寺 緣起, 近江多賀神의 神前讀經 所傳에, 神이 顯夢하여 宿業으로 神
　　身을 얻었으나, 佛法으로 神身을 離脫하고 싶다는 뜻을 전했다고 한다.(cf. 村
　　上重良,《國家神道》, p.39에서 重引)
151) 741년(天平 13) 宇佐八幡宮에서 反亂鎭定을 祈願하여 經文을 바치고 三重塔
　　을 세우고, 僧侶를 두었다. 大佛造立에서는 宇佐八幡의 神官들이 託宣을 받들
　　고 平城京에 올라갔다. 이를 계기로 八幡信仰이 畿內에 두루 퍼졌다.
152) cf. 村上重良,《國家神道》, p.39.
153) cf.《新校羣書類從》卷 427, 大神宮御相傳袈裟記, p.604f.

하여 말하기를, "그대와 함께 일본 땅에 내려가, 나는 國主가 되고 그대는 臣家가 되어 그 땅의 백성을 유익하게 하자"고 하였다는[154] 등의 전승이 부회되어 있다. 이 전승은 皇祖神 天照의 天降神話를 불교적으로 윤색한 것임이 한눈에 확실하다. 동시에 藤原氏(中臣氏系)의 氏神인 春日大明神과 皇祖神과의 원초적 親緣關係가 설정되어 있음이 주목을 끈다. 불교의 여러 종파는 일본의 神들을 불교의 天部諸神이나 明王과 한가지로 佛·菩薩의 하위에 자리를 설정하고 불법을 수호하는 존재로 삼았다.

최고의 국가신이 진좌하는 聖所로 관념된 伊勢神宮은 비교적 오랜 동안 불교의 영향권 밖에 있는 듯하였으나, 이 역시 儀禮나 作法 등에 불교적 요소가 스며들었다. 유력한 神社의 건축양식에서 불교사원의 영향이 나타났다.[155] 불교가 가져온 佛·菩薩·天部諸神 등의 관념을 비롯하여 도교·유교의 종교적 관념은 신도에 직·간접의 영향을 주었다. 神佛習合은 앞에서 서술한 八幡神을 비롯한 神佛習合神을 낳았고, 두렵고 섬뜩하기조차 하던 신들의 의인화를 촉진하여, 神이 불타에 의존하여 구제를 바라는 등 인간과 공통의 속성을 갖는 존재로 인식되었다. 신을 위한 宮이나, 社와 같은 상설의 社殿이 만들어지고, 인간의 모습으로 신상이 조성된 것 역시 불교의 영향이었다.[156] 神道는 당초 神體도 神殿建築도 갖지 않았던 것이다. 거울 등 神體가 생기고, 다시 擬人의 神像이 조성된 것은 平安시대에 들어와 9세기 후반인 貞觀期(859~877)로서, 이들은 불상을 모방하여 조각·회화 등에서 신상을 구체화하였던 것

---

154) "傳聞 第六天魔王欲犯我朝之時 天照大神居法性宮見此事 大悲之餘 春日大明神契曰 與汝共降日域 我成國主 汝爲臣家益彼土聚生云云."(《新校羣書類從》卷 437, 長谷寺緣起文, p.146) 長谷寺는 大和 大三輪山의 背後에 있는 '天照大神 陰螫之地'로 신앙되는 곳으로, '해는 泊瀨(ハツセ)로부터 비로소 나온다'고 하며, 大三輪의 信仰과 깊은 연관이 있는 古寺다.

155) cf. 春日造り(春日神社), 流造り(賀茂御祖神社), 八幡造り(宇佐神宮), 日吉造り(日吉神社) 등의 건축양식은 불교사원의 영향을 받은 것이다.

156) cf. 村上重良, 《天皇の祭祀》, p.11.

이다.[157]

神道에서의 神은 당초 돌·나무·물 및 그것이 있는 산·숲·강 등이었다. 즉 神은 이런 자연물에 憑依함으로써 제사의 대상이 되었다. 즉 神이 憑依하는 자연물이 곧 神社였다.[158]

자연물에 憑依하던 神은 鏡이나 劍과 같은 사람의 工作物에 憑依하게 되었고, 공작물이 神의 憑依가 되면서 건물 안에 수용하고 예배하게 되었다. 神社가 神이 사는 社殿을 갖게 된 것은 그리 오래된 옛날이 아니다. 아마도 7세기말부터가 아닌가 한다. 7세기에 사원들이 우람한 堂塔을 건립하고, 불상을 안치하고 예배하는 데 자극을 받아 神道에서도 이를 모방하여 神社를 만들고, 神體를 안치하고 예배하게 되었던 것이다.[159]

奈良시대 이래의 神佛調和 움직임이 平安 초기 9세기경부터 神祇의 本地佛 사상으로 전개되었다. 神들은 단순히 구제의 대상인 불타의 중생이 아니라, 각각 특정한 불타와 보살의 '權現'으로 本地佛의 垂迹이라는 생각이다. 이와 같은 本地垂迹說을 주장하고 발전시킨 것은 天台宗과 眞言宗의 學僧이었다. 이것이 파급되면서 平安 중기 이후 유력한 신사에는 神宮寺가 병설되고, 점차로 신사의 주도권을 불교측에서 장악하는 경향이 나타났다. 특히 진언종은 황실의 귀의로, 궁중에 불교적 요소를 정착시켜 神祇祭祀와 점점 밀접한 관련을 갖게 되었다.[160]

平安 말기부터 鎌倉 초기에 걸쳐서 주요한 神祇들에는 각각 本地佛이 정해졌다. 熊野三所의 神은 阿彌陀佛·藥師佛·千手觀世音菩薩이요, 伊勢의 神은 盧遮那佛[161]·救世觀音·大日佛이요, 石淸水八幡

---

157) cf. 村上重良, 《國家神道》, p.40.
158) 平安時代 초기의 《延喜式神名帳》에 돌이 神社였던 賀美石神社·石座神社, 나무가 神社였던 御木·荒木神社, 물과 강이 神社였던 水·水主·荒川·多伎·御井神社, 山이 神社였던 神山·片山神社, 숲이 神社였던 杜本神社 등이 보인다.
159) cf. 筑紫申眞, 《アマテラスの誕生》, 東京 : 角川書店, 1967, p.100f.
160) cf. 위의 책, p.44f.
161) cf. "三國第一ノ大伽藍 五朝南都東大寺ノ本佛ハ金銅十六丈, 盧遮那佛也 天

은 阿彌陀佛·釋迦佛 등으로 비의되었다.[162] 또 天照를 日光地藏, 鹿島明神을 月光地藏, 天照의 아들 地主第二代主 正哉吾勝尊을 星光地藏으로 本地를 삼고, 이 三神을 毘盧遮那와 同躰로, 勝軍地藏의 분신으로 관념한 예도 있다.[163]

本地垂迹說은 神祇와 불타가 본래 하나였다는 神 관념을 파생시켰다.[164] 神佛習合은 단순히 神 존재를 佛·菩薩에 편입하는 데 그치지 않고, 불교계의 神衆과 陰陽道系의 신까지 신사의 祭神이 되게 하였다. 四天王·帝釋天·牛頭天王·聖天·夜叉·鬼子母神·金比羅·茶枳尼天(稻荷)·大黑天·弁才天 등이 이에 속하며, 이들은 現世利益神으로서 神社에서 제사되었다.[165]

10세기 초엽인 905년(延喜 5) 藤原時平이 착수하여 927년(延長 5)에 撰成한 《延喜式》에 제정한 神祇制度는 기본적으로 大寶令을 계승하였으나, 정형화되고 복잡한 제사형식에는 불교의례의 강한 영향이 보인다.[166]

神道에서도 불교의 영향으로 敎義를 형성하게 되었는데, 이것은 神佛習合의 과정에서 이루어졌다. 국가불교였던 天台·眞言 양종에 의하여 本地垂迹說에 입각한 山王一實神道와 兩部神道가 생겨났다.

照大神ノ御本地. 脇士觀音虛空藏ハ左右ノ相殿. 春日太明神太玉ノ命ノ本地ナルベシ."(《通海參詣記》下, 第四 內宮御本地神𧶀事)

162) cf. 村上重良, 《國家神道》, p. 45.

163) cf. 《新校羣書類從》卷 443, 鹿王禪院如意寶珠記, p. 288f.

164) 〈熱田宮秘釋見聞〉에 의하면, "熱田宮大明神의 本地는 北天竺和伊露羅國王인바, 그 나라 佛生石 위에……五智大日如來의 御座가 있다.……이들 다섯 如來가 日本國尾州愛智郡에 垂迹하였는데, 東方阿閦佛이 ソ[sic ス]サノヲノ尊, 南方 寶生佛이 寶宮酢姬(지금의 氷上宮) 또 聖觀音으로 나타났고, 西方彌陀는 イザナミ, 北方尺[sic 釋]迦는 稻種尊, 中央의 大日은 天照大神으로 나타났다. 熱田宮의 天叢雲釼은 大日天照大神, 또 熊野觀權現이 化現한 것이다. 따라서 熊野權現·伊勢太神宮·熱田大明神은 一體分身이라"고 하였다.(cf. 《續群書類從》卷 68). 〈由原八幡緣起〉(上卷)는 人皇인 應神을 八幡大菩薩로 보고 있다.(cf. 《續群書類從》卷 77)

165) cf. 村上重良, 《國家神道》, p. 45.

166) cf. 위의 책, p. 34f.

南北朝시대에는 伊勢外宮을 기반으로 伊勢神道가 생겼는데, 전자가 불교측에 선 신도였다면 후자는 신도를 주체로 한 최초의 神道說이었다고 하겠다. 室町시대에, 전통적으로 神祇官의 가문이었던 卜部氏에 의하여 吉田神道가 성립되었다. 이 밖에도 白川家의 白川神道, 陰陽道의 安倍神道 등 家傳의 神道說이 만들어지고, 三輪神道를 비롯 賀茂神道·春日神道 등 社家神道가 중세말에 성립되어 근세의 신도에 계승되었다.[167]

6) 皇室祭祀

일찍부터 독자적 종교관념을 가졌던 皇室神道는 불교 등에 포섭되지 않은 채 701년(大寶 6) 大寶令 제정으로부터 平安前期 927년(延長 5)의《延喜式》형성에 이르는 2세기 남짓한 동안에 제도화되고, 체계적으로 확립되었다. 황실 제사의 중심은 新嘗祭였다. 明의 수확제의 정형화된 新嘗祭는〈淸寧紀〉에 '大嘗'(おほにへ)이라고 나오는 것[168]이 최초의 기사다. 淸寧은 5세기말의 천황이라고 하는데, 그 당시 벌써 제도화된 新嘗祭가 있었음을 알 수 있다. 新嘗祭는《記紀》神話에 유래한 제례로서, 高天原에서 皇祖神 天照는 保食神(ウケモチノカミ)으로부터 五穀의 씨앗을 얻어 狹田·長田에 뿌려서 이를 元種으로 삼았다. 천손 강림 때 天照는 이 元種을 皇孫 瓊瓊杵尊에게 주었다고 한다. 新嘗祭는 벼의 元種을 준 皇祖神의 은혜에 감사하며, 신과 함께 新穀을 맛보는 제사의식으로 이 제의를 통해 천황은 치자로서의 덕과 권위를 높이게 되는 것으로 생각되었다.[169] 비록 황실의 불교화는 中·近世를 통하여

---

167) cf. 위의 책, p. 37f.

168) "冬十一月依大嘗供奉之料 遣於播磨國司 山部連先祖伊豫來目部小楯 於赤石郡縮見屯倉首忍海部造細目新室 見市邊押磐皇子々億計·弘計."(《紀》卷 15, 淸寧 2年 11月)

169) cf. 村上重良,《天皇の祭祀》, p. 13f.

진행되었으나, 황실제사 자체를 불교가 포섭하는 데에는 이르지
못하였다.[170]

673년(天武 2) 이전에는 新嘗과 大嘗이 구별되지 않았는데, 天
武 때부터 연례제인 新嘗祭와 一代一回의 大新嘗祭를 구별하여 후
자를 大嘗祭로 부르게 되었다. 고대의 황실제사에서 大嘗祭만이
大祀요, 祈年·月次·神嘗·新嘗·賀茂의 각 祭는 中祀였다.[171]

大嘗祭는 '일본의 왕권이 스스로를 표현한 하나의 神秘劇(Mys-
tery Play)'[172]이라고 할 만큼 왕권과 관련된 신화적 모티프를 가
진 전형적 황실제사였다. 천황은 踐祚大嘗祭를 치름으로써 비로소
새로운 천황으로서의 정통성이 공인되었다. 그런데 大嘗祭는 황실
의 秘儀로 행하여져 왔으므로 일반 사람들로서는 그 제의의 내용
이나 절차에 관여할 수도 없고, 또 알 수도 없었다.[173] 平安朝의
문헌인《延喜式》에 의하면, 踐祚大嘗은 7월 이전 즉위 때에는 당
년에 지내고, 8월 이후면 다음해에 지내는 것으로 되어 있다. 여
기서 즉위와 大嘗이 구별되어 있는데, 卽位禮는 즉위의 단서일
뿐, 大嘗祭를 치러야만 즉위의 정통성이 승인되고 완성된다는 생
각이 나타나 있다. 大嘗祭는 농업제의인바 王의 즉위가 하필이면
농업제의인 大嘗祭에 의하여 공인되고 완성된 것은 신화적 연원
을 가지고 있기 때문이다.[174]

大嘗祭에는[175] 悠紀·主基로 卜定된 두 國郡의 新穀을 궁 안의 悠

---

170) cf. 위의 책, p. 40.
171) cf. 위의 책, p. 13.
172) 西鄕信綱,《古事記硏究》, 東京 : 未來社, 1975, p. 118.
173) "口傳さまざまなれば, たやすく書きのする事あたはず, 主上のしろしめ
　　す外は, 時の關白宮主などの外は曾て知る人なし. まさしく天照おほん神
　　をおろし奉りて天子みづから神食をすすめ申さるる事なれば, 一代一度の
　　重事これにすぐぺからず."(《御代始抄》)
174) 三品彰英은 이것을 3단계의 과정(원시신화 → 의례신화 → 정치신화)으로 고찰
　　하였다.(cf. 三品彰英,〈大嘗祭〉,《古代祭禮と穀靈信仰》, 東京 : 平凡社, 1973,
　　p. 409)
175) 大嘗祭의 節次에 관하여는 村上重良,《天皇の祭祀》, p. 20f. 참조.

紀殿과 主基殿에서 밤과 새벽에 皇祖神에 供饌하고, 천황이 이것을 먹음으로써 왕으로서의 자격을 얻게 되었던 것이다. 大嘗祭는 여러 가지 제의적 의미를 가지고 있다. 벼는 聖物로서 神格을 인정받고 있다. 祭를 앞두고 전국적으로 죄악과 부정을 물리치는 禊祓을 행한다. 大嘗祭에 관여하는 씨족들은 전통적으로 왕권과 황실 제사의 수호자이며, 자기 씨족이 전통적으로 담당해온 職掌에 관한 지식을 대대로 秘傳하여 왔으며, 그 씨족들의 대부분이 記紀神話上 그 職掌에 관한 緣起를 가지고 있어서, 그것이 그 씨족의 긍지를 높여주고 있다.[176] 특히 전야에 행하는 진혼제는 천황의 玉緖(생명)에 대한 '鎭魂'(みたましづめ)과 옷에 대한 '振魂'(みたまふり)의 秘儀가 중심이 되는바, 유리하는 천황의 영혼을 신체 中府에 진정시켜 그 靈力을 재생시켜 강화하는 주술적 의례이다.

이들 의례는 각각 신화적 원천을 가지고 있다.[177] 悠紀殿에 마련된 寢座는 天孫 瓊瓊杵尊이 眞床追衾(이불)에 싸여서 강림하였다는 신화전승과 대응하는 것이다. 천황은 聖餐 뒤 이불에 둘러싸여 여기에 눕는 동작을 하였던 것으로 생각된다. 寢座에 누움으로써 천황은 天照의 아들로서, 즉 일본의 군왕으로서 再誕한다는 생각이 나타나 있다. 大嘗祭도 이른바 통과의례의 한 전형이다. 天皇이 일본국의 군주로서 승인받기 위해서는 大嘗祭라는 통과의례를 거쳐 재생되지 않아서는 안 된다. 일본의 군왕으로서 가장 중요한 직능은 '벼 이삭의 풍요'를 가져오는 것이다. 그리하여, 그는 벼의 첫 이삭을 먹음과 동시에 大嘗殿의 神座에 누워 天照의 자식으로 탄생함으로써 천황으로서의 자격을 몸에 붙이게 되었던 것이다. 천황은 天照가 天岩屋戶에 들어박혀 있었듯이 大嘗宮에 들어박혀 재생, 부활의 秘儀를 神座에서 치르는 셈이다. 《古事記》와 《日本書紀》 兩書에서 최초의 군주인 瓊瓊杵尊이 갓 태어난 嬰兒로

---

176) cf. 위의 책, pp. 119~137.
177) cf. 위의 책, pp. 14~16.

서 일본 땅에 하강하였다는 것과 강림의 대목 이외에서 '眞床覆衾'
이 嬰兒와 관련되어 있는 것도 시사 깊은 일이다. 말하자면 사회
학적 탄생이 생물학적 탄생을 상징적으로 모방하고 있는 예로 보
인다.[178] 佛法이 이미 깊이 침투하였음에도 불구하고 일본의 왕권
이 오랜 마술적 요소를 집요하리만큼 황실 제사의 중심에 온존하
면서, 그것으로 독자의 우주적·정치적·정신적 규제의 원리로 삼
아 온 것은 주목을 끈다. 사실 불교의 영향이 각 방면에서 나타나
보이는 경우에도 황실 제사의 본질적 내용에 대하여는 거의 작용
한 바가 없다.[179]

본래 즉위식이나 다름없던 大嘗祭가 8세기말 平安京을 연 桓武
天皇 때부터 중국식 즉위식이 거행되면서 즉위에 수반되는 제전
의 성격을 띠게 되었다. 그럼에도 불구하고, 대제전은 新天皇을
완전한 천황으로 만들고, 新天皇으로 대표되는 古代 天皇制의 위세
를 두루 과시하는 一代一回의 의례로서 4일간 엄수되었다. 고대
천황제가 몰락한 뒤에도 大嘗祭의 의의는 흔들리지 않았으며, 이
를 거행치 아니한 鎌倉 중기의 85代 仲恭 천황은 그 때문에 '半帝'
라고 世稱되기도 하였다.[180]

4. 中世封建制와 王權神話

1) 王權 衰退와 神道思想

10세기 중엽부터 시작된 藤原氏의 攝關政治와 11세기말부터

---

178) cf. 西鄕信綱,《古事記硏究》, pp. 146～149.
179) cf. 위의 책, p. 130.
180) cf. 村上重良,《天皇の祭祀》, p. 21.

源平의 爭亂을 치르면서 平安 전기에 최성기를 맞았던 고대 천황제는 점차로 정치상의 실권을 잃어갔는데, 형식상으로 鎌倉 중기인 14세기초까지 院政이 지속되었다. 그러나 이 시기에 천황권은 몰락의 한 길을 가고 있었다.[181]

1192년(建久 3) 源賴朝가 後鳥羽 천황의 임명으로 征夷大將軍이 되어, 鎌倉幕府를 연 이후, 천황의 정치상 지위는 급격히 왜소화되어 갔다. 1221년(承久 3) 承久의 亂과 같은 고대 왕권의 부흥을 노린 항쟁은 모조리 천황측의 패배로 끝났다.[182]

이에 따라 고대국가의 神祇制度는 점차로 쇠하여 갔고, 마침내는 태반이 명목만의 것이 되고 말았다. 한편 봉건지배자들은 神祇에 대한 신앙을 중시하여 神明·八幡·熊野·諏訪 등 유력한 神들을 자기의 氏神으로서 勸請하는 경향을 띠어 갔다. 1232년(貞永 1)의 《御成敗式目》(貞永式目) 제2조에 "寺社가 비록 다르다고 하나, 崇敬은 같다"고 한 데서 중세 지배층의 神祇觀을 볼 수 있다. 이 무렵 神社에 대한 불교의 영향은 전면적으로 정착되었고, 신사에서의 神佛習合은 거의 체질화된 단계에 있었다. 신사 건축에서도 기본적으로 불교 건축과 차이가 없는 伽藍造(祇園造リ, 八坂神社)나 香椎造(香椎宮 ; 사진 32)가 나타났다.[183] 古代天皇制의 呪縛에서 자유로워진 鎌倉時代에 眞宗은 그때까지 일본 종교에서 볼 수 없었던 反神祇思想을 전개하였다. '神祇不拜', '雜行雜修'의 부정을 내걸었다.[184] 禪 계통에서는 神祇를 護法善神으로 수용하여 그에 대한 예배를 인정하고 있었다. 曹洞宗에서는 神祇에 대한 예배를 권장하는 태도를 취하고 있었으나, 대체로 신도와의 결합에 소극적이었다.

日蓮宗은 淨土, 禪 계통과는 달리 神祇信仰을 적극적으로 수용하

---

181) cf. 위의 책, p.33.
182) cf. 위의 책, p.33f.
183) cf. 村上重良, 《國家神道》, p.47.
184) cf. 위의 책, p.48f.

여 교의적 위치를 설정하였다.《法華經》을 유일한 正法으로 삼는 日蓮宗은 일본의 神祇를《법화경》수호의 神으로 인정하였고, 日蓮이 창안한 曼陀羅에는 勸請諸尊 가운데 天照와 八幡大菩薩의 두 神이 들어 있는바, 이 두 神으로 일본의 모든 신들을 대표하게 하였다. 神도 正法으로 말미암지 않고서는 힘을 발휘할 수 없다고 하였다. 이와 같은 神祇觀에서《법화경》수호의 三十番神을 설정함으로써, 이른바 '法華神道'의 기틀을 세웠다. 한 달 30일간 30의 神들이 각각 하루씩 맡아, 12개월을 되풀이한다는 것이다. 이른바 '番神'의 선정에는 22社의 신들에다가 比叡山 관계의 지방신을 포함하였다. 이것은 천태종에서 발달하였던 番神사상을 계승한 것인데, 일련종은 神道와의 관계를 교의적으로 심화함으로써 중세 후반으로부터 근세에 걸쳐서 神道思想에 큰 영향을 끼쳤다.[185]

불교가, 고유신앙인 신도와의 관계에서 포교상의 방편으로 神佛融和, 本地垂迹 같은 사상을 들고 나와 일본 사회에 점차 정착되어 갔으나, 다른 한편에서는 이에 대한 반성과 반발로써 反神祇的 사상의 배태를 보았다. 그런가 하면 日蓮流의 신불융화도 볼 수 있었다. 이에 대하여 신도측으로서도 독자적 사상체계를 세우지 않을 수 없는 시점에 왔다. 그리하여, 南北朝時代는 몰락일로에 있던 천황권의 부흥 및 이에 대한 재인식이 요청되면서 神道說의 계보에서 획기적인 발전을 가져왔다. 伊勢神宮의 外宮神職團에 의한 反本地垂迹說을 근간으로 한 伊勢神道의 성립이다. 本地垂迹을 부인하고 神主佛從을 주창한 伊勢神道는 신도를 주체적인 독자의 종교 이데올로기로서 처음으로 체계화하였다. 伊勢神宮의 내궁과 외궁은 본래 동격으로 공식화되어 있었으나, 현실에서는 伊勢神宮의 주도권을 놓고 오랫동안 대립이 지속되었다. 兩者의 관계를 이론적으로 기초한 것은 鎌倉時代 말기에 나타난 兩部神道說이다. 이에 의하면 내궁·외궁은 대등하며, 一體神의 양면을 대표한다는,

---

185) cf. 위의 책, p. 48f.

이른바 二宮一光說인바, 이것은 내궁과 외궁 관계에 큰 영향을 주어 外宮神職團으로 하여금 독자의 신도설 형성을 재촉하게 하였다. 伊勢神道는 鎌倉 중기의 외궁 神職이던 度會行忠과 鎌倉 말기에서 남북조시대의 度會常昌·度會家行에 의해 이론화되었다. 伊勢神道의 敎典은 奈良시대의 作으로 假託된 《神道五部書》로,[186] 神宮의 유래를 역사적으로 설명하고 伊勢神道의 근본사상을 서술하였다. 《神道五部書》는 鎌倉 중기의 술작이라고 하는바, 宮川을 넘어서 帶出하는 것을 허락하지 않는 '禁河의 書'이며, 60세 미만의 神職에게는 보이지 않았다.[187]

伊勢神道에서는 國常立尊을 우주본원의 신으로 삼고, 그 생성작용을 天之御中主神이라 불러, 兩神을 一體로 보았다. 이 본원적인 神은 五行說上의 水德을 지니는 신으로 간주된다. 외궁의 祭神 豊受大神은 水神, 食物神으로서 天之御中主神과 동체시되어, 외궁의 우위를 주장하였다. 내궁의 天照大神은 火德을 지닌 日神으로 간주되어, 水火의 相依關係로써 兩宮의 관계를 설명하였다.[188]

위에서 보듯 伊勢神道는 그때까지 일본에 들어온 외래종교사상, 즉 儒敎·佛敎·陰陽道의 이론을 교묘하게 원용하여 그 나름의 신도설을 체계화했다.

伊勢神道를 대성한 度會家行은 천황권의 부활로, 고대 神宮의 지위를 회복하려는 입장에 있었으므로 '元寇(1274·1281의 蒙古·高麗 聯合軍의 日本侵攻)'이래의 국가의식 고양을 배경으로, 신도를 最高, 儒·佛을 從으로 하여 천황의 지위를 신도에 근거하여 역사적, 종교적으로 설명하였다. 불교의 지배적 영향에서 탈피하여 비로소 神國思想을 종교적으로 기초 잡아준 이론이었다. 度會行忠의

---

186) 《神道五部書》는 造伊勢二所太神宮寶基本記, 伊勢二所皇太神宮御鎭座傳記, 天照坐伊勢二所皇太神宮御鎭座次第記, 豊受太神宮御鎭座本紀, 倭姫命世記로 이루어져 있다.
187) cf. 村上重良, 《國家神道》, p. 50.
188) cf. 위의 책, p. 51f.

《神名秘書》는 "대개 日本은 神胤"이라고 서술하여 天照와 천황의 관계를 밝혔고, 度會家行은《類聚神祇本源》卷14, 神鏡篇을 특별히 秘卷으로 삼아, 三種의 神器의 의의를 논하였다. 신국사상의 대표적 문헌으로 여기는 北畠親房의《神皇正統記》는 伊勢神道의 직접적 영향 밑에서 저술된 것이다.[189]

室町시대 후기 吉田兼俱가 완성한 吉田神道는 幕末에 이르는 약 3세기 동안 신도의 대종으로서 신사의 태반을 지배하에 두었다. 伊勢神道가 천황권 부활에 관계한 탓으로, 구세력의 몰락과 함께 크게 위축되자 농민·상공민 등 일반서민의 현세기복 욕구에 호응하는 방향 전환을 하게 되었다. 이 공백에 등장한 것이 吉田神道로, 이는 佛敎·儒敎·陰陽道를 수렴하여 독자적인 신도설을 체계화하였다. 吉田家는 전통적으로 神祇官에 속하여 龜卜을 담당했던 卜部氏로, 그 본가가 平安 중기에 吉田神社를 맡고 있었다. 白川神祇伯과의 경쟁 때문에 가계를 멋대로 조작하고, 고대에 가탁한 신도 고전을 제작하는 등 하극상의 神道 주도권쟁탈을 시도하였다. 應仁亂 후 幕府와 조정은 쇠퇴한 전국의 神社와 황폐해진 神事를 그대로 내버려두고만 있을 수 없었다. 이의 부흥과 神祇崇敬을 통일하는 원리에 대한 요구가 幕府와 朝廷에서 고조되었다. 吉田神道측에서는 이때를 타 神祇齋場을 만들고, 伊勢兩宮을 비롯한 전국 3천여 좌의 神祇를 제사하였는데, 幕府·朝廷을 위해 기도하고, 천하태평을 기원하였다. 吉田神道는, 외래종교인 儒佛道는 신도를 윤색하며 빛을 보태는 것이라 하고, 스스로 唯一神道라 부르며 종래의 神道說을 비판하였다. 老子의 大元說에 의한 '大元尊神國常立尊'을 우주의 본원으로 하여,《법화경》의 唯一正法의 주장을 받아들였다. 神은 만물의 靈, 인간의 마음이 되어 편재하며, 神道는 마음을 안정시켜 귀신의 작용을 막는 길이며, 喜怒哀樂愛惡欲 등 마음의 작용과 生長病老死 등 육체의 작용을 바로잡는 것이

---

189) cf. 위의 책, p.52.

內外淸淨의 수행이라고 했다. 이 밖에 불교의 顯密을 본따서 신도에 顯露敎와 隱幽敎를 나누어 각각 敎典과 行法을 따로 정하였다. 吉田家는 京都의 吉田神社 齋場을 근거로 신도의 통일을 내걸고, 신도계의 패권을 잡고 3세기를 내려왔다. 幕府의 보호를 구하면서 한편으로는 壽命·無病·福祿 등 現世利益을 전면에 내걸고 농민·상공민의 요구에 호응하였다.[190]

2) 鎌倉幕府의 王權

律令의 신권적 천황제로부터 攝關政治·院政으로 바뀌면서 천황의 신화적 권위는 점차로 땅에 떨어져 갔다. 이 시대에 나온《源氏物語》를 정점으로 한 귀족문학작품들에서 천황은 이미 現人神도 절대적 권력자도 아니며, 고작 귀족 가운데 제일인자 정도밖에는 되지 않았다.

保元의 亂(1156)은 황실과 攝關과 武將이 서로 부자형제를 상잔하는 권력싸움으로, 천황 편이 승리했다고는 하나, 그것은 표면적 사실일 뿐 천황이나 關白의 승리라기보다는 武士階級의, 황족·귀족계급에 대한 승리의 발단으로 볼 것이었다. 平治의 亂(1159)으로 경쟁상대인 源氏를 물리친 무사계급인 平氏는 藤原氏를 밀어내고 京都조정의 전권을 잡았다. 고대 천황제의 몰락은 이로써 결정적 사실이 되어 갔다. 平氏정권은 고대 천황제 국가로부터 중세 봉건국가＝幕府制로 가는 과도기의 정권이었다. 1185년(文治 1) 3월, 平氏追討의 院宣을 받은 源義經 군사에 쫓겨 平氏一族은 '壇浦'에서 전멸하였다. 이때 8세의 安德天皇도 황위의 상징인 '三種의 神器' 가운데 玉과 '神器'의 검을 모방하여 만든 보검을 지닌 채 平氏一族과 함께 바다에 빠져 죽었다. 平氏를 타도한 후 源賴朝는 鎌倉幕府를 세웠는데, 이는 독자의 武家政權이라는 점에서, 권력이

---

190) cf. 위의 책, pp. 52~56.

公武 두 편에 분류되어 있으면서도, 舊來의 천황제 기구를 장악하고, 유지한 平氏 정권과는 달랐다. 그러나 賴朝 자신 그의 조상이 천황에서 나온 源家의 嫡流로서 '貴種'인 까닭으로 해서, 武家의 수령이 될 수 있었으므로, 천황(上皇)의 지위와 그 권위를 무시할 수 없었다. 木曾義仲·平氏·義經을 追討하는 데서도 사전에 院宣 (上皇의 명령)을 청하였고, 守護·地頭의 설치도 조정에 원을 제출하여 허가를 받는 등, 천황제의 권위로 자신의 행동을 권위화하고 정당화하였다.[191]

　1219년 源氏로부터 北條氏에게 막부의 실권이 넘어간 후, 1221년 後鳥羽天皇은 幕府를 넘어뜨리고자 北條義時 追討의 院宣을 諸國의 무사에게 내렸다. 院宣에 호응하여 나라 안의 무사들이 대거 천황의 깃발 아래 달려와 討幕에 신명을 바치리라 기대하였던 後鳥羽의 천황제의 권위에 대한 과거적 환상은 완전히 기대에 어긋났다. 幕府軍은 鎌倉을 출발한 지 2, 3일 만에 京都를 점령해버리고 後鳥羽上皇을 隱岐島에 유배보냈다. 仲恭天皇은 폐위되고, 유폐되었다. 이것이 '承久의 亂'이다. 承久의 亂으로 막부는 六波羅探題를 두어 황실을 감시하였고, 이로부터 황위의 계승은 막부의 동의를 얻어야 했으며, 연호 제정까지도 막부의 동의를 구하지 않으면 안 되게 되었다. 막부는 조정을 눌러 명실공히 武家의 독재를 실현하였다. 이리하여 鎌倉幕府는 執權을 우두머리로 하여 北條氏一門을 중심으로 한 봉건영주의 과두제적 지배체제를 구축하였다. 將軍은 여전히 京都에서 영립하였으나, 아무런 실권이 없는 이름만의 '將軍'이었다. 1232년의 御成敗式目(貞永式目)에서 神社崇敬을 내세운 것만 보더라도 北條幕府는 할거한 영주들의 통합자로서, 자신의 통치권을 강화하는 정신적 권위로서 武家들도 전통적으로 신앙하고 있는 神 중의 大神인 天照의 자손으로 믿고, 유사 이래 최고 군주의 지위를 세습하여 온 황실의 권위를 이용하

---

191) cf. 井上清, 앞의 책, pp.110~131.

지 않으면 안 되었다. 그리하여 단순한 장식품이라도 황족 또는 攝關家에서 將軍을 맞이하였고, 스스로 將軍이 되기를 피했다.[192]

이 시기는 천황권이 극도로 쇠미하여 형식화되었던 때문인지 절대왕권에 대한 의식은 많이 퇴조하고, 그 대신 개인기복 차원의 신앙이 성행하였다. 무사와 농민은 불교신앙과 더불어 신사를 깊이 숭배하였는데, 일족의 단결을 중시하여 조상신, 혹은 村神을 존숭하였다. 무사의 출진·개선 기타 대사를 앞두고, 또 탄생·元服에 즈음하여 신사에 기원하였고, 大事의 서약에는 숭경하는 神을 서약 이행의 보증으로 삼았다. 농민들도 공동연대의 정신적 지주로서, 神事 집행조직인 '宮座'를 가졌는데, 名主百姓의 유력자만을 성원으로 하였다.(뒤에는 宮座도 전 촌민에게 개방되었다) 이때의 신사신앙에는 별달리 교의다운 것 없이 다만 옛날부터 생활에 밀착된 것이었을 뿐이다. 그러던 것을 鎌倉시대에 山王神道, 兩部神道, 伊勢神道 등이 일어나 제각기 교의를 마련한 것은 앞에서 고찰한 바와 같다.[193]

14세기에 이르자, 北條執權의 전제에 반대하는 기운이 고조되어 가더니 1333년 足利尊氏·新田義貞·島津·大友·少式 등에 의하여 鎌倉幕府는 멸망하였다. 隱岐에서 탈출하였던 後醍醐天皇이 京都로 돌아와 정권을 잡고 親政을 시작하였는데, 이것이 이른바 '建武中興'으로, 고대 천황제의 재현인가 싶었다. 그러나 황실 중흥의 정치는 3년도 못 가서 실정을 거듭한 끝에 1336년 足利尊氏에 의하여 붕괴되고 말았다. 尊氏는 光明天皇을 세워 京都에 막부를 열었다. 後醍醐天皇은 京都를 탈출하여 大和의 吉野에서 형식적이나마 조정을 만들고 정통 천황임을 선언하였다. 이로부터 이른바 南朝(吉野朝)와 北朝(京都朝)의 대립이 피비린내 나는 전쟁으로 전개되었다. 南北朝의 싸움은 결국 남조의 패배로 돌아갔다.[194]

---

192) cf. 위의 책, pp. 132~138.
193) cf. 위의 책, p. 154f.
194) cf. 위의 책, pp. 167~175.

1392년(元中 9 ; 明德 3) 남조의 後龜山天皇이 북조의 後小松天皇에게 '三種의 神器'를 건네줌으로써 남북조의 합일이 성립되었다.[195] 반세기를 넘는 남북조의 병립과 항쟁은 천황 그 자체의 신화적 정치적 권위를 심히 실추시켰다. 15세기부터 16세기 중기에 이르는 室町時代에 천황의 勢威는 극도로 쇠퇴하여 그 신화적 권위의 근원이 되는 황실 제사마저 폐하여 끊기게 되었던 것이다.[196]

당시 무사층의 천황관을 남조의 입장에서 쓴 《太平記》에서 살펴보면, 執事 高師直이 하는 말로,

> 서울에 王이라는 사람이 있어서 若干의 所領을 막아, 內裏·院의 御所라 하는 곳이 있는데, 말에서 내리는 어려움이여, 만약 王이 없어서 안 된다는 이치가 있다면, 나무로 만들든지, 金을 녹여서 만들든지, 살아 있는 院이니 국왕일랑 어디로든 흘려 버렸으면[197]

이라고 한 것이 있는데, 천황에 대한 고대적인 권위는 거의 무시되고 있다. 이 외에 土岐賴遠이란 유세한 무사가 京都 시중에서 光嚴院(上皇)의 수레와 마주쳐 下馬를 명령 받자, "무엇, 院이라고, 개라고, 개라면 쏘아서 쓰러뜨리리라"하고, 上皇의 차에 대고 활을 쏘았다고 하며, 伊勢의 仁木義長은 神宮領을 침탈하였는데, 천황과 將軍이 그 중지를 명하였더니, 오히려 한수 더 떠서 五十鈴川(사진 7)의 물고기를 잡고 神路山에서 사냥을 하는 등 조금도 神宮을 외경하지 않았던 사실을 《太平記》는 소개하고 있다.[198]

그럼에도 불구하고, 통치자였던 尊氏는 황실이 질서의 최고위에 있어 온 전통을 파괴하여 봉건적 질서의 대원칙을 무너뜨리면,

---

195) cf. 村上重良, 《天皇の祭祀》, p. 34.
196) 위와 같음.
197) "都ニ王卜云フ人ノマシマシテ, 若干ノ所領ヲフサゲ, 內裏·院·御所卜云フ所ノ有テ, 馬ヲ下ル六借サヨ, モシ王ナクテ叶フマジキ道理アラバ, 木ヲ以テ造ルカ, 金ヲ以テ鑄ルカシテ, 生タル院·國主ヲバ, 何方ヘモ皆流シ捨奉ラバヤ."(《太平記》)
198) cf. 井上淸, 앞의 책, p. 177.

이에 따라 幕府에 대한 무사들의 충성도 또한 파괴될 것을 염려
하였음인지, 北朝를 세워 명목상으로라도 천황권의 지지자로 행세
하였다.[199]

한편 南北朝 대립의 시대를 겪으면서 천황 不親政의 논의가 황
실에서 전개되었다. 1433년(永享 5) 伏見宮貞成親王이 아들인 後
花園天皇에게 써준 《椿葉記》에서 이상적인 천황상을 제시하는 가
운데, 천황은 전통적인 귀족문화의 교양을 수득할 것을 요구하
고 있다. 여기 어느덧 持明院系 天皇의 불친정의 입장이 강하게
시사되고 있다.[200] 萬世一系의 황통 계승에 중요한 기준으로서 天
皇不親政을 포함하여 문화적 자질이 풍부한 천황의 조건이 존중
되어야 했던 것이다. '有德君主', '十善의 君' 등 천황에 대한 도
덕성의 요구, 신화적 종교적 경외에 대응하는 덕성의 함양은 세
속적인 정사와의 관계보다 天皇 존속의 주요한 이유가 될 수 있
다고 보았다.[201] 천황이 세속적 군주로서가 아니라 聖的 군주로
남아 있는 한 황위 계승은 정당화될 수 있다는 논리다. 따라서
後醍醐天皇이 지향한 天皇親政은 스스로 성군되기를 포기하고 속
군이 되려고 한 것으로, 결국 그 결과는 무참한 실패로 돌아갔
으니, 그는 성군도 속군도 못 되고 말았다. 1355년 3월 尊氏 승
리 이후의 南朝는 단순한 吉野山中의 公家 집단에 불과한 존재가
되었던 것이다. 당시로 보아 後醍醐의 천황 親政運動은 황위 계
승에 위험한 이단이기도 하였다. 聖俗이 일체였던 고대 천황제
의 환상이 다시 구현될 수 없는 시대에 이미 들어서고 있었다고
나 할까.

199) cf. 위의 책, p.176.
200) cf. 三浦圭一, 〈Ⅱ 南北朝內亂期にみる天皇と民衆〉, 後藤靖, 《天皇制と民
    衆》, 東京 : 東京大學出版會, 1976, p.60.
201) cf. 위와 같음.

3) 三種의 神器

南北朝의 내란기에 황위계승과 관련하여 神器·印璽 등 신화적 물증의 授受·相傳, 나아가 이의 진위는 중요한 논의거리로 제기되었음을 알 수 있다.

1185년(文治 1)에 源義經에게 쫓겨 長門의 壇浦(下關海峽)에서 전멸한 平氏와 함께 8세의 유충한 나이로 죽은 安德天皇은 황위의 상징인 '神器三種'의 하나인 玉과 寶劍(神器인 劍의 모조)을 가지고 入水하였다.[202]

1331년(元弘 元年) 9월 20일 後伏見上皇의 詔命으로 황태자 量仁親王이 踐祚하여 光嚴天皇이 되었으나, 때마침 後醍醐天皇이 神器·印璽를 가지고 笠置城에서 농성하고 있었으므로, 이의 授受가 행하여지지 않았다. 8일 뒤 笠置가 함락되고 나서 10월 6일에 神器·印璽가 전하여져, 다음 元弘 2년 3월 22일, 太政官청에서 光嚴天皇 즉위의 의식이 행하여졌다. 神器와 印璽를 인수하지 못한, 불과 20일도 못 되는 기간인 光嚴天皇의 치세에 천황의 중요한 정무인 除目을 1회 행하고 있으나, 이 踐祚는 1183년(壽永 2) 8월 後鳥羽天皇 踐祚의 선례를 따른 것으로, 유효하다는 변명을 듣고 있다. 神器·印璽를 갖지 않고 隱岐島에 가 있던 後醍醐가 과연 그렇다고 정무를 행하지 않았던 것은 아니다.[203] 천황으로서의 神器·印璽를 수반하지 아니한 정치에 왕도의 正理는 없다고 하나, 천황의 聖勅과 조정의 정당성은 그럼에도 불구하고 존재하였다. 後醍醐는 그 뒤 元弘 3년 6월에 隱岐를 탈출하여 京都로 돌아왔으나, 정식으로 즉위의식을 치를 필요는 없었다. 神器·印璽의 유무에

---

202) 入水한 安德天皇과 관련된 神子漂着의 신앙과 전설이 鎭西各地의 바닷가에 분포되어 있다.(cf. 三品彰英, 〈對馬の天童傳説〉, 《增補日鮮神話傳説の研究》, 東京 : 平凡社, 1972, p. 382)
203) cf. 三浦圭一, 앞의 글, p. 62.

불구하고, 천황은 존재했고, 계승되고 있었다. 1336년 建武의 친정정권이 붕괴되면서 光明天皇에게 신기가 넘어가고, 後醍醐가 다른 신기를 들고 吉野에 감으로써 南北 兩朝가 분열되었을 때, 곧 皇統의 정당성 여부와 관련하여 신기의 진위 여부가 문제되었다.[204]

足利義詮이 발한 '武命'으로 北朝의 황위 계승이 실현되어 즉위한 것이 後光嚴 천황이다. 北朝의 公家官人들은 《記紀》에 나타난 繼體天皇의 비정상적인 즉위를 선례[205]로 삼아 이를 합리화하였는데, 결국 足利義詮의 심각한 현실적 요청에 호응하여 《記紀》의 신화세계가 현실의 정치에서 부활된 셈이다.[206] 천황권의 구색으로 필요한 신기는 三寶院 賢俊이 石淸水八幡宮의 後村上天皇의 舊行在所에 보관되어 있던 假神器를 넣어 두었던 唐櫃(神器 아닌 容器)를 踐祚 당일 궁중에 옮겨다 놓고 傳國의 璽로 삼았다.[207]

위에서 보듯 천황·황실·조정에 관련된 公家·寺僧 가운데는 황위 계승을 날조하는 신화지식과, 武家에는 萬世一系를 연출하는 무력이 있었다. 兩者 가운데 황위 계승을 필연화한 것은 幕府 권력 쪽이었다. 이것은 막부의 自信에서보다 정권 자체의 위기와 모순에서 오는 불안에 원인이 있었다고 하겠다.

황위를 나타내는 보물로서 이른바 '神器'의 존재는, 《紀》에 '天皇의 璽', '天皇의 璽府', '天子의 璽', 天皇의 璽印', '璽綬' 등으로 允恭·淸寧·顯宗·推古·舒明·孝德 등 각 紀에 나타나고, 繼體·宣化·持統의 각 紀에는 '鏡劍의 璽府', '劍鏡', '神璽의 劍鏡' 등 鏡과 劍이 황위의 상징물로 나타나 있다. 《延喜式》의 〈踐祚大嘗式〉에는 "忌部 들어가 神璽의 鏡劍을 奏하다"로 있는바, 천황 즉위에 임하여 忌部가 황위의 상징물을 새 천황에게 바쳤음을 알 수 있다. 황위를 상징하는 보물은 고대 천황제의 확립과 함께 천손강림의 신화와

---

204) cf. 위의 글, p. 62f.
205) 西漢孝文帝의 卽位도 선례의 하나로 포함하였다.
206) cf. 三浦圭一, 앞의 글, p. 63f.
207) cf. 위의 글, p. 64.

결부되어, 皇祖神으로부터 천손에 수여한 것으로 되었다.《紀》神代 下에서 一書曰(第一)로 "故로, 天照大神이 이에 天津彦彦火瓊杵尊에게 八坂瓊의 曲玉 및 八咫鏡・草薙劍 三種의 寶物을 주시다"[208]로 기술하였고, 다음의 一書(第二)에서는 "이때 天照大神 손에 寶鏡을 가지시고 天忍穗耳尊에게 수여하고 빌어 말씀하시기를 '나의 아들, 이 寶鏡 보기를 마땅히 나를 보듯 하여라. 더불어 床을 한 가지로 하고, 殿을 함께 하여 齋鏡으로 삼을지니라' 하시니라"[209] 하여 寶鏡만을 준 것으로 기술하고 있다.[210] 神武天皇에게 바쳤다는 10종의 瑞寶는 鏡・劍・玉・織布(ひれ)류이고, 古墳時代 호족의 부장품에 한반도에서 건너간 銅鏡 및 仿製鏡・劍・勾玉・管玉 등의 玉類를 볼 수 있는바, 鏡・劍・玉이 통일국가 성립 이전부터 지방의 권력자들에게 진중하게 여겨진 보물임을 추측하게 한다. 그들에게 이것은 勢威의 상징도 되거니와 일종의 호신용 呪物로도 인식되었던 것 같다. 아마 大和政權의 천황에게도 비슷한 호신의 주물이 있었음직하다. 그리고 천황의 '璽'로서 鏡劍류를 새 천황에게 바치는 의식은 고대국가 성립과정에서 중국의 '傳國璽'의 관념을 받아들였던 것으로 보인다. 다만 중국의 경우는 국새가 인장이었음에 대하여 고대일본은 鏡과 劍을 '璽', '神璽'로 불러 황위의 상징으로 삼았던 것이다.[211]

皇祖神 天照를 제사하는 최고위의 신궁인 伊勢神宮은 鏡을 神體로 하고 있다. 또 伊勢神宮과 밀접한 관계가 있는 熱田神宮은 검을 신체로 하고 있다. 천황에게 있던 것을 옮겨다 놓은 것인지, 별계통의 鏡과 劍인지는 확실치 않으나, 천황의 보물에서 천황권을 상징하는 兩神宮의 신체를 골라왔다고 해도 부자연할 것은 없

---

208) "故天照大神 乃賜天津彦彦火瓊瓊杵尊. 八坂瓊曲玉及八咫鏡草薙劍三種寶物."
《紀》, 神代 下, 第九段 一書 第一)
209) "是時天照大神 手持寶鏡 授天忍穗耳尊 而祝之曰 吾兒 視此寶鏡 當猶視吾 可與同床共殿 以爲齋鏡."(《紀》神代 下, 第九段 一書 第二)
210) cf. 村上重良,《天皇の祭祀》, p. 22f.
211) cf. 위의 책, p. 23.

다.[212]

《記紀》에는 鏡劍에 얽힌 신화전승이 있는바, 《紀》에 의하면 崇神天皇 때 역병이 유행하고 농민의 반란이 일어나 神意를 물어 궁중에서 제사하던 天照大神과 倭大國魂神의 신위를 두려워하여 皇殿밖에 옮겨 제사하기로 하였다.[213] 그리하여 천손 강림 때의 寶鏡을 황녀 豊鍬入姬가 받들어 처음에는 大和의 笠縫邑, 뒤에 垂仁天皇 때에 이르러 伊勢의 五十鈴川上에 옮겼다고 한다.[214] (사진 6·7·35)

그리고 천손 강림 때의 보검에 관하여는 《紀》에 景行天皇의 황자 日本武尊이 東征에 앞서 伊勢神宮의 齋宮 倭姬命으로부터 받아가지고 떠났는데, 도중에서 病歿하니 보검은 尾張에 남아서 제사받게 되었다고 한다.[215] 熱田神宮의 神體인 검을 천손 강림 때의보검으로 부회하고, 영웅적인 황자와 伊勢神宮과 관련지어 熱田神宮의 緣起를 설화하는 데는 그 나름의 정치적 군사적 의의를 강조하지 않으면 안 되었던 시대적 사회적 여건이 있었을 것으로 짐작된다.[216]

결국 두 神宮의 神體에 관한 위의 설화를 받아들이는 경우, 9세기 초에 이미 천손 강림에 관련된 寶鏡과 寶劍은 천황의 처소를 떠난 것이 되며, 따라서 황위의 상징으로서 역대 천황이 인수인계한 보경과 보검은 과연 그 실체가 무엇인지 알 수 없게 된다. 따라서 모조품이라는 설명도 있게 되었던 것이다.

9세기말 宇多天皇 때로부터 天皇이 매일 아침 伊勢神宮(사진35)을 遙拜하는 石灰壇의 拜가 시작되었는데, 이때 궁중의 賢所도요배했다고 한다. 이로 미루어 황위 상징의 鏡이 궁중의 別殿(賢所)에도 안치되어 있었음을 알 수 있고, 이것은 伊勢神宮의 神體鏡

212) cf. 위의 책, p. 23f.
213) cf. 《紀》卷5, 崇神 6年.
214) cf. 村上重良, 《天皇の祭祀》, p. 24 ; 《古語拾遺》.
215) cf. 《紀》卷7, 景行 40年 10月 壬子朔 癸丑~51年 8月 己酉朔 壬子.
216) cf. 村上重良, 《天皇の祭祀》, p. 24f.

과 일체시되었던 것이 확실하다. 賢所의 성립으로 大嘗祭에서 사용하는 神璽는 鏡과 劍에서 劍과 玉으로 바뀌었다. 玉도 鏡·劍과 마찬가지로 천황을 위한 호신의 주물로 간주되었고,《記紀》神話에서 그 유래를 설명하고 있다. 천황이 하루를 넘는 여행을 할 때에는 시종이 劍과 玉을 捧持하는 '劍璽動座의 儀'도 平安시대에 시작되었다고 한다.[217] 賢所의 鏡은 平安시대 두 번의 화재(1005·1040)로 불을 만나 원형을 잃었다.[218] 타 없어진 뒤에는 다른 鏡을 賢所에 안치했다고 하고, 1227年(安貞 元年) 大內裏가 불타 폐한 뒤로는 里內裏의 春興殿에 奉祀했다고 한다.[219] 검은 安德天皇이 壇浦 入水時 바다에 빠져버리고, 그 뒤 다른 劍으로 대용하고 있다. 玉만은 損亡의 사실이 없고, 壇浦에서의 實見의 傳聞記錄(靑蓮院文書 慈円覺書)도 있으나, 植村淸二는 본래 玉은 실재하지 않았다는 설을 발표하고 있다.[220]

伊勢神宮의 神體인 八咫鏡은 奉祀된 이후 그대로 후세에 전하고 있다고 한다. 그러나 누구에게도 보여주는 것을 허락하지 않아 그 실체를 확인할 수가 없다. 그 容器에 관하여《皇太神宮儀式帳》(804년)에 전하는 바 "徑二尺 內一尺六寸三分"이라고 하였고,《延喜式》의 〈大神宮式〉에는 '高二尺一寸, 深一尺四寸, 內徑一尺六寸三分, 外徑二尺"이라고 하였는데, 이로 미루어 八咫鏡의 직경은 약 49센티미터 이내의 원형 銅鏡으로 추정되고 있다.[221] '八咫鏡'은 咫가 八寸을 가리키므로 八의 八을 곱하여 '큰 거울'을 의미하는

217) cf. 위의 책, p. 25f.
218) cf.《日本紀略》·《小右記》·《春記》 등서에 화재와 관련된 賢所의 鏡의 靈異譚이 전한다. "垂仁天皇御宇 始別殿御溫明殿 白河院仰曰 內侍所神鏡 飛出欲上天 而女官懸唐衣袖 奉引留 依此因緣 女官奉守護云云. 天德(村上)燒亡飛懸南殿櫻 小野宮大臣請袖也 寬弘(一條)燒亡始雖燒亡 無闕損……長久(後朱雀)燒亡 少納言經信欲奉出 火盛不合期而有光入唐 櫃實不燒云云."(《禁秘鈔》上, 禁中事賢所)
219) cf. 村上重良,《天皇の祭祀》, p. 26.
220) cf. 坂本 外 校注,《日本書紀》上(補注 2-19), p.571.
221) cf. 村上重良,《天皇の祭祀》, p. 27.

미칭으로 쓰였던 듯하며, 《紀》에서는 '眞經津鏡'이라는 별명이 보인다. 이 역시 鏡의 아름다움을 칭송한 미칭인 듯하다.[222] 賢所의 鏡에 관하여는 平安時代의 기록에 타 없어진 鏡이 徑約八寸(약 24 센티미터)이며, 작은 흠이 남아 있었던 것으로 나타나 있다.

《神代記》天岩屋戶記事에서 鍛人 天津麻羅를 구하여(缺落?)[223], 伊斯許理度賣命에게 과하여 鏡을 만들게 하고, 玉祖命에게 과하여 팔척의 勾瓊의 五百津의 御須麻流珠를 만들게 하여 眞賢木의 上枝에 御須麻流玉을 붙이고, 中枝에 八尺鏡[224]을 걸고, 下枝에 白丹寸手[225], 靑丹寸手[226]를 늘어뜨렸다고 하였다. 이들은 신에게 공헌하는 물건(布刀御幣)이다.

《神代紀》(第7段 一書 3)에서는 眞坂木의 上枝에 鏡作의 遠祖 天拔戶의 아들 石凝戶邊이 만든 八咫鏡을 걸고, 中枝에는 玉作의 遠祖 伊弉諾尊의 아들 天明玉이 만든 八坂瓊의 曲玉을 걸고, 下枝에는 粟國의 忌部의 遠祖 天日鷲가 만든 木綿을 걸었다고 하였다. 眞賢木(眞坂木)에 건 물건들은 거의 같으나, 上中下枝에 거는 순서는 《記紀》가 일치하지 않는다. 즉 《記》에서는 그 순서가 玉·鏡·織物임에 대하여 《紀》는 鏡·玉·織物로 玉과 鏡이 바뀌어 있다.[227]

---

222) cf. 위와 같음.

223) 무엇 때문에 求하였는지 나타나 있지 않다. 《記傳》에서는 矛를 만들기 위해서가 아닌가 추측하고 있다. 劍을 만들게 하였다는 文面이 혹 탈락한 것이나 아닌가?

224) 《紀》에는 '八咫鏡'. '尺'은 '咫'의 誤字인 듯하다.

225) 楮木(닥나무)껍질의 섬유로 짠 木棉.

226) 麻布.

227) 《紀》卷8, 仲哀 8年 正月 己卯朔 壬午條에 "熊鰐이 五百枝의 賢木을 뽑아 뱃머리에 세우고 上枝에 白銅鏡, 中枝에 十握劍, 下枝에 八尺瓊을 걸고 天皇을 맞았다"고 했으며, "五十迹手가 꼭같이 하여 賢木을 뱃머리에 세우고, 上枝에 八尺瓊, 中枝에 白銅鏡, 下枝에 十握劍을 걸어 놓고 天皇을 맞이하였다"고 했다. 天岩戶에서의 天照 맞이 儀禮가 迎君의 儀禮로 재현되고 있음을 보겠다. 그리고 五十迹手는 자신이 賢木에 걸어 놓은 三種의 神寶(瓊·鏡·劍)의 상징적 의미를 다음과 같이 奏言하고 있다. "臣이 敢히 이것을 드리는 이유는, 天皇께서 八尺瓊의 굽음과 같이 曲妙하게 天下를 다스리시며, 또 白銅鏡과 같이 分明하게 山川海原을 두루 보시어 곧 이 十握劍을 들어 천하를 평정하시기 바라서입니다."

황위 상징의 검을 바다에 잃어버린 뒤 伊勢神宮 神庫에 간직하고 있던 검 하나를 황위 상징의 검으로 삼았다.[228] 그 본체인 熱田神宮의 神體劍은 당초 봉안된 그대로 후세에 전한다고 한다. 이 역시 보는 것을 금하는 관계로 그 실체를 알 수 없다. 江戶시대에 熱田神宮의 大宮司가 社家 4, 5인과 함께 몰래 神體劍을 넣어 둔 나무상자를 열고 神體를 보았다는 기록이 있다. 吉田家 소장의 《玉籤集》 裏書에 있는바, 栗田寬의 《神器考證》에 인용된 것에 의하면 "長 二尺 七八寸쯤, 칼날 끝은 菖蒲의 잎 모양으로, 중간쯤에서 투박하게 두터워졌고, 밑의 六寸쯤은 마디가 져서 물고기 등뼈와 같다. 빛깔은 전체 희다. ……"고 하였다. 이로써 미루어 神體劍은 길이 약 80센티미터로 매우 특이한 형상을 한 검임을 알겠다.[229]

《記紀》 신화에 나타난 것을 보면 이 검은 당초 素戔嗚尊이 八岐大蛇를 퇴치하였을 때 꼬리부분을 잘라서 얻은 것인바, 신검을 감히 사사로이 가질 수 없다 하여 天照에게 바쳤던 것이다. 草薙劍(俱娑那伎能都留伎)이라고 이름하였는데, 본명은 天叢雲劍이었다. 大蛇가 있는 위쪽에 항상 구름이 끼어 있었다고 하여 붙인 이름인 듯하다고 하였다. 뒤에 日本武尊皇子(倭建命) 때에 草薙劍이라고 개칭하였다고 하는데, 《記》에는 倭建命이 東征에 앞서 伊勢大神宮의 倭比賣命에게서 草那藝劒(草薙劍)과 御囊을 받아가지고 길을 떠난다. 동정할 때 들에서 적으로부터 불 공격을 받아 위기일

---

228) 神代의 보검이 셋 있었다는 설도 있다. 그리고 다음과 같은 기록도 남아 있다. "御釼者 神代有三釼 其一也 子細雖多不能注 其後爲寶物結來 而壽永入海紛失 後院御時以後廿餘年 被用淸凉殿御釼仍以璽爲先 而承元(土御門)讓位時 有夢想 自伊勢進之傳以來 又准寶釼 以釼爲先也……神璽自神代 于今不替 壽永自海底求出 上以靑色絹裏之 以紫糸 結之如網 內侍持之間 下緖指入程緩 是二夜御殿 御張中御枕二階上案 覆赤色打物自內藏寮 進之 內侍雖持之 自不取之傳之 讓位時計直取也 此故僧女又上蘔內侍外人不入夜御殿 白地案朝飼之時 同不近候 凡重輕賤人不觸手 月障內侍者 關如之時 或持之 不可然事也 內侍近衛將外 更不觸手也 自神代如見我 被誓置 尤可敬事也 筥中鏡一程動物 返返不可傾 匡房曰 不淨人不觸手 他行之時 以內佐令守護 又夜御殿火不可消 是爲釼璽也."(《禁秘鈔》上, 禁中事 寶釼神璽)

229) cf. 村上重良, 《天皇の祭祀》, p. 27f.

발의 순간 草那藝劒으로 풀을 쳐서 자르고 御囊 속의 부싯돌로 맞불을 질러 위난을 모면하였다. 풀을 쳐서 잘랐다고 草薙劍이라고 이름 붙였다고 한다.[230]

황위를 상징하는 玉은 손상을 입거나 없어지는 일 없이 후세에 줄곧 전하였다고 한다. 앞에 인용한 《神代記》에서 玉祖命(紀 : 天明玉)에게 만들게 하여 眞賢木에 걸었던 '八尺勾瓊之五百津之御須麻流之玉'(紀 : 八坂瓊之曲玉)이 神璽玉의 발상이라고 한다. 고대에 珠玉은 장신구로서 널리 애호되었을 뿐더러 큰 玉과 美玉은 靈力이나 呪力이 깃드는 것으로 관념되었다. 천황의 경우도 護身의 주물로서, 또 장신구로서 美玉이나 큰 옥이 전수되어 왔을 법하다. 여기 八坂瓊曲玉도 그런 유의 옥이었을 가능성이 크다. 그러나 그 실체는 전혀 알려져 있지 않다. 平安時代 이후에 이를 수장한 상자인 璽筥에 대한 약간의 기사가 있을 뿐이다. 그 상자는 천황이라도 열어보는 것이 금지되어 있고, 상자에 쌓인 먼지조차도 털어서는 안 되는 것으로 되어 있다. 鎌倉 후기의 《花園院宸記》(1311년)에 있는 〈璽筥圖〉에 의하면 상자는 위에 둥근 뚜껑이 덧씌워져 있고, 여기 자물통이 달려 있다. 상자는 푸른 명주천으로 싸고, 보랏빛 끈으로 사방을 格子 모양으로 매고, 밑부분은 손으로 잡기 쉽도록 손가락이 들어갈 만큼 끈이 느슨하게 되어 있다고 한다. 고래로 푸른 명주천이 파손되어도 그대로 두고, 다시 그 위를 새 천으로 덮어 씌우게 되어 있으며, 절대로 기울여도 안 되는 것으로 되어 있다. 10세기 중엽 冷泉天皇이 상자 안을 보려고 끈을 끌렀더니, 흰 구름 같은 것이 피어오르므로, 두려워 중지했다고 한다. 13세기초에 順德天皇이 시험삼아 상자를 흔들어보았더니 거울 한 개쯤 되는 것이 움직이더라는 것이다.[231] 오랜 세월

---

230) 'クサナギノツルギ'는 獰猛한 뱀에서 나온 劒이란 뜻이 최초의 의미이고, クサナギ가 草薙와 連想되는 관계로, 뒤에 풀을 쳐서 잘라 불에서 몸을 지켰다는 전설과 결부된 것이 아닌가 생각된다.(佐竹昭廣 說 ; cf. 〈倭姬命世紀〉, 《續群書類從》卷 3, 神祇部 3)
231) cf. 村上重良, 《天皇の祭祀》, p. 29f.

금기의 베일 속에서 '神器'는 더욱 신비화되고, 신화와의 상호의
존을 통해 천황권의 신성에 더욱 일체화되어 갔다.

황위의 상징으로서 鏡·劍·玉을 묶어 三種의 보물로 삼는 생각
은 이미 《記紀》에서 드러나고 있다. 《神代紀》의 第9段 一書 第一
및 《神代記》의 天孫降臨條에는 위의 三者를 '三種寶物'[232]로서 瓊瓊
杵尊에게 주었다는 설화가 있고,[233] 《神代紀》 第9段 一書 第二에는
天照大神이 '寶鏡'을 皇孫에게 주고[234] "視此寶鏡 當猶視吾 可與同床
共殿以爲齋鏡"이라고 말했다는 기록이 있다. 《古語拾遺》에는 皇孫
에게 '八咫鏡及草薙劍二種神寶'를 주었다고 하였는데, 여기서는 '二
種의 神寶'로 되어 앞의 《記紀》와 전하는 바가 다르며, 崇神天皇이
'天照大神及草薙劍'을 笠縫邑으로 옮김에 즈음하여 "更鑄鏡造劍以爲
護身御璽 是今踐祚之日所獻神璽鏡劍也"라고 한, 《記紀》에서 볼 수
없는 기사를 적고 있다. 《古語拾遺》에서는 神寶(鏡·劍)가 제사의
대상이기보다는 호신을 위한 주물로 다루어져 있다. 그리하여 천
황의 踐祚에는 호신의 주물인 神璽의 鏡劍을 바쳤던 것이다. 持統
4年 正月 戊寅에,

忌部宿禰色夫知奉上神璽劍鏡於皇后 皇后卽天皇位[235]

라고 한 기사는 천황 즉위와 관련된 神璽授受를 보이는 최초의 확
실한 역사적 기록이다. 앞에서 인용한 《古語拾遺》의 '二種神寶'와
神祇令의 '神璽之鏡劍'과도 대응을 보이고 있다.

이제까지 보아온 바에 의하여 鏡劍玉을 묶어 三種의 神寶로 여
기는 생각은 당초 그렇게 확립되어 있었던 것은 아니라고 할 수
있겠다. 이와 같은 관념이 발전하여 일반화하는 것은, 鎌倉시대로

---

232) 이 칭호는 《紀》 卷 2, 神代 下 一書 第1에만 보이고, 《記》에는 없다. 《古語
拾遺》에는 鏡·劍의 '二種神寶'라는 말이 보인다.
233) 《紀》의 本文에는 없다.
234) 劍·勾玉을 준 것은 기록되어 있지 않다.
235) 《紀》 卷 30, 持統 4年 春正月 戊寅朔.

부터 南北朝시대에 걸쳐서다. 천황권이 극도로 위협을 받던 시대에 '三種의 神寶'에 대한 신화적 회귀지향이 고조되었다고 할 수 있다. 또 여기에는 三을 聖數로 삼는 종교관념도 음양으로 작용했을 것으로 믿어진다. '神器'는 본래 천자의 자리를 가리키는 것으로, 神璽의 鏡劍을 신기로 지칭한 예는 당초에 보이지 않는다. '三種의 神器'라는 칭호는 南北朝경의 문헌에서부터 보이기 시작하는 듯하다.[236]

4) 戰國時代와 天孫

1467년(應仁 1)에 발발한 應仁·文明의 亂은 1477년(文明 9)까지 약 11년간 지속되었는데, 전투는 주로 京都에서 진행되었다. 將軍家와 幕府重職이 諸家를 이분하여 서로 싸우고 싸웠으나 소득 없이 끝났다. 이로써 將軍의 권위는 땅에 떨어지고, 細川·山名 등 三管四職家도 다시는 옛날의 권세를 회복할 길이 없었다. 이로부터 大名·武士들의 영토쟁탈 전란은 전국에 확산되어 문자 그대로 전국 난세가 100년 이상이나 지속되었다. 어제의 家臣이 오늘 主君에게 반란하고, 그리하여 主家를 차지한 순간 그 또한 자신의 從者에게 밀려나는 일이 결코 드문 일이 아니었다. 戰國武將 사이에서는 君臣의 의도 육친의 정도 없었다. 신하가 주군을 죽이는 일은 당시 너무나도 흔해빠진 일이었다. 이런 분위기 속에서 大名은 將軍을 무시하고, 천황은 허울 좋은 '황손'으로서 그 그림자가 더욱 희미해져갔다. 室町幕府는 내부싸움이 끊이지 않는 가운데 급속히 쇠잔해갔다. 이에 따라 막부의 보호와 얼마 안 되는 莊園의 수입에 의존하고 있던 황실과 公家도 쇠미해갔다.

1502년(文龜 2) 後栢原天皇은 즉위 대례를 거행하려고 하였으

---

236) cf. 津田左右吉, 〈古語拾遺の研究〉, 《日本古典の研究》上, 岩波書店, 1950, p.498.

나(이미 2년 전에 즉위하고 있었다) 그 비용의 염출이 어려워 管領
細川政元에게 헌금을 명하였더니, 政元은 "內裏에서도 즉위 大禮
의 의례는 무익하오이다. 그같은 의례를 행하더라도 正體 없는 者
(교양없는 者)는 (천황을) 王인 줄 아지 못하나이다. 이대로 그냥
계시더라도 愚身은 국왕으로 알아모시는 者이오시다. 그런즉 일체
의 大儀禮는 末代에 어울리지 않는 일이로소이다"[237]라고 하며 헌
금을 거절하였다. 이에 대하여 조정에서는 반론은커녕 "諸家·公
武 한가지로 지당한 말을 하였다. 따라서, 즉위의 건은 없는 것으
로 한다"고 결정하였다. 여기서 극도로 궁핍해진 조정의 형편과
천황의 권위가 말할 수 없이 떨어진 당대의 사정을 짐작할 수 있다.

   즉위대례는 아니 지내도 나(管領)만은 알아모신다는 식의 오만
불손한 細川의 태도는 고대 천황제 사회에서는 상상도 할 수 없
었던 일이다. 일개 細川의 오만불손으로만 생각할 문제는 아니다.
당대 일반의 분위기가 이미 天皇의 권위를 대수롭지 않게 생각하
고 있던, 단적인 표현일 뿐이다. 천황의 신화적 권위는 거의 문제
가 되지 않는다. 다음의 御奈良天皇도 즉위식을 지낼 수 없었다.
궁중에서 연례행사로 지내던 雪見宴도 御奈良天皇의 天文 元年
(1532)에는 술 없이 다만 눈을 보는 것만으로 마쳤다고 한다. 천
황이 이와 같았으니 일반 귀족들의 궁핍상은 더 말할 것도 없다.[238]

   전국시대에 천황은 京都를 떠난 적이 없었으나, 천황을 둘러싼
公家는 물론 將軍까지도 제국을 유랑하지 않으면 안 되었던 일이
번번이 있었다. 군웅이 할거하면서 15세기말에서부터 16세기 중
엽까지 각지에서는 조정이 정한 연호를 쓰지 않고, 지방에서 임
의로 정한 '私年號'를 사용한 사례도 얼마간 알려져 있다. 이것은

---

237) "內裏にも卽位大禮の御儀無益也, さようの儀これを行のうと雖も, 正體無
     き者は王とも存ぜざる事也. 此分にて御座候と雖も, 愚身は國王と存じ申す
     者也. 然らば一切の大儀とも, 末代不相應の事なり."(井上淸, 앞의 책, p.
     197에서 重引)
238) cf. 위의 책, pp. 196~198.

천황의 조정이 지방의 영주나 민중들로부터 완전히 무시되고 있었던 그간의 사정을 말해주는 사실로 보인다.[239] 시간을 지배하는 神聖帝王으로서의 권능은 전국시대의 천황에게서 도저히 찾아볼 수 없게 되었다. 神의 자손으로 자타가 믿고 있던 황실과 귀족이 유명무실한 존재로 영락해버린 상황 속에서 두드러진 경향은 고대귀족적인 것의 몰락과 농촌·도시의 민중적인 것의 상승이다.

지난날에 조정이나 社寺의 예속천민에 지나지 않던 상인과 수공업자들이 이 시대에 와서 부를 축적하게 되면서 領國의 경제발전을 필요로 하는 신흥 戰國大名의 보호 아래 경제력을 더욱 강화해나갔다. 鎌倉幕府의 멸망으로부터 戰國大名의 할거에 이르는 2세기 동안의 쉼 없는 동란 속에서 고대 노예제의 遺制는 철저하게 청산되고, 아래로는 농민의 自營小農化와 그의 지역적 결합이 진행되고, 위로는 대토지 영유가 성장함으로써 생산과 상품유통이 눈부시게 발전할 기초조건이 마련되었다. 농업생산력의 상승, 수공업과 농업의 분리, 광산업의 발달, 상공업 도시의 형성, 해외무역의 발전은 室町 전국시대의 사회적 특색이라 하겠다.[240]

이와 같은 사회 정황 속에서, 고대 노예제의 방패가 되었던 '神의 子孫'이 신흥하는 계층의 의식 속에 파고 들어갈 조그만 틈새마저도 잃어갔던 것은 너무나 당연했다. 이와 같은 '위기'를 예견이나 했듯이 南北朝의 내란기에 南朝의 北畠親房은 《神皇正統記》를 지어 몰락해가던 당대 公家階級의 의식을 최종적으로 대변했다. 그는 이 책 머리에서 "大日本者 神國也"라 하고, 일본은 天照大神의 자손이 영구히 통치할 국가이며, '三種神器'의 계승자가 정통의 皇統이라 하고, 南朝의 정통성을 주장하였다. 그는 神代와 '오늘'이 시간적 제약을 넘어서 직결되는 것으로 확인하여 그의 정통의 正理를 이에서 강조하였다. 有德한 천황이 神器를 받들고, 神器로

---

239) cf. 위의 책, p. 197.
240) cf. 위의 책, p. 204.

표상되는 仁政를 베풀고, 혈맥이 바르고, 學才가 있고, 직분과 질
서를 존중하는 廷臣이 보좌 분장하고, 무사는 그 아래에서 충을 다
하고, 농공상의 백성은 각기 업에 전념하는 데 일본의 우수성과 영
원성이 있다는 논리를 폈다.[241] 그의 논리에는 南朝 합리화 이전에
날로 빛을 잃어가는 천황신화 복권에의 희구가 간절히 스며 있다.

　應仁·文明의 亂 이래 정치적 통일은 名實 아울러 완전히 상실되
었다. 대소의 봉건영주들은 지역마다 할거하여 세력 확장에 힘썼
다. 그러나 16세기 중엽부터 점차 새로운 정치적 통일의 기운이
나타나기 시작하더니 近畿 지방과 堺와 같은 부유한 도시를 장악
하여 다른 大名보다 월등하게 우월한 군사력과 경제력을 구사할 수
있었던 尾張의 織田信長이 1573년 足利막부를 쓰러뜨리고, 적대세
력을 하나하나 정벌하여 전국에 호령할 날이 멀지 않을 듯하였으
나, 1582년 家臣 明智光秀의 배반으로 중도에서 꺾이었다. 織田의
幕將으로 있던 羽柴秀吉(豊臣秀吉)이 明智를 치고, 공략하여 織田이
이루지 못한 전국 평정의 대업을 織田 사후 8년 만에 성취하였다.

　그리하여 羽柴秀吉은 200만 석의 직할지를 거느린, 봉건제왕
위에 군림한 일본국왕이 되었다. 그 출신이 빈농이었던 羽柴秀吉
은 천황에게 접근하여 內大臣을 거쳐 關白이 되고, 1586년에는 太
政大臣을 겸하게 되면서 성을 豊臣으로 고쳤다. 위의 관직은 형식
적인 칭호에 불과하였으나, 천한 신분의 출신인 羽柴秀吉로서는
자신을 과시하는 데 필요했다. 秀吉은 京都에 皇居보다도 더 크고
사치한 궁전(聚樂第)을 세우고, 여기에 後陽成天皇을 맞이하고, 여
러 大名을 모아놓은 자리에서 7천 석 남짓한 땅을 천황에게 料地
로 선사하고, 여러 大名으로부터도 料地를 범하지 않을 것을 서약
받고, 秀吉 자신에의 충성을 맹세하게 하였다. 豊臣秀吉은 천황에
게 권위를 갖게 하고, 그것을 자신의 지배권 확립에 교묘하게 이

241) cf. 岩佐正 校注, 《神皇正統記》, 東京 : 岩波書店, 1979, p. 291(解說) ; 위의
　　책, p. 220.

274

용하려고 했다. 江戶時代의 평민학자인 中井竹山(1730~1804)도 이것을 가리켜 양으로 천자를 존중하고, 음으로 천자를 이용하여 제후에 임하는 것이라 평하고 있다.[242]

전국시대에 땅에 떨어졌던 천황의 권위는 봉건영주의 분산 할거가 통일을 지향하게 되면서 지배권을 확대해가는 大大名의 관심을 끌게 되었다. 大內義隆·今川義元·毛利元就·織田信秀 등은 천황의 즉위 비용을 헌납하거나, 皇居의 담장을 수리하거나 해서 천황에게 접근하여, 그로 말미암아 자기를 권위 있게 하려는 노력을 보였다. 통일을 비약적으로 추진해가던 織田信長의 경우, 1568년 입경하였을 때 皇居를 대대적으로 수리하였을 뿐만 아니라, 天皇의 생활비로서 京都 시내 농지에 과한 특별세의 이식으로써 1년에 米 156石을 보증하였다가 이루어질 수 없게 되자, 새로이 300石의 年貢이 나오는 땅을 천황의 料地로 삼았다. 이에 크게 감사한 천황은 信長에게 右大臣의 칭호를 주었다. 200만 石을 직할하는 關白·太政大臣 秀吉이 7천 석을 天皇 料地로 내놓았다고 해서 하나도 이상할 것은 없다.[243]

최고통치자를 지향하는 이들은 자신을 貴種에 접근시켜 자신의 통치를 위한 정당성과 신성성을 이로 말미암아 보증 받고, 과시하는 데 필요한 것으로 천황의 권위를 인정하려 하였다. 중국의 황제는 '天命'에 의하여 그 권력을 합리화하고, 서양의 봉건군주는 로마법황으로부터 신의 이름에 의하여 그 권위가 보증되었음에 대하여, 그런 사상이나 신앙이 없는 일본에서는, 실력으로 천하를 장악한 秀吉도 국토창조의 신의 자손이라고 하는 천황의 권위를 회복시키고 나서(그러나 정치적 경제적 실력은 전혀 가질 수 없도록 하고) 그로 말미암아 자기를 권위 있게 하는 수밖에 없었다.[244] 室町·戰國時代의 혼란기와는 달리, 중앙집권적인 봉건질서

) cf. 井上淸, 앞의 책, p. 245.
243) cf. 위의 책, p. 245f.
244) cf. 위의 책, p. 246.

가 재편성되어 가는 시점에서 땅에 떨어졌던 황실의 권위는 질서
를 필요로 하는 통치자에 의해 부활되었던 것이다.

　應仁·文明의 亂으로 폐허가 되었던 京都는 천황의 皇居가 있는
곳으로, 국가권력이 발동하는 帝都로서의 인식이 사라진 지 오래
되었다. 이와 같은 京都가 천황이 살며, 정치적 威令을 발하는 정
치도시로 재생된 것은 戰國大名과 그 뒤를 이은 織豊政權에 의해
서였다.[245)]

　秀吉은 切支丹(基督敎)에 최초의 금령을 내린 일본의 통치자다.
1549년(天文 18) 가톨릭敎의 一派 那蘇會의 선교사 프란체스코·
자비엘이 일본에 들어와 포교함으로써 점차 교세를 뻗쳐 나갔다.
肥前의 大村純忠은 1580년 영지인 長崎港과 茂木地區를 那蘇會의
영지로 바쳤다. 切支丹의 교의는 당시 일본의 봉건지배와 심각하
게 대립될 요소를 내포하고 있었다. 데우스(여호와)가 천지만물을
창조하고 주재한다는 것이며, 데우스 밖에는 다른 神이 없고, "오
직 한 몸되신 데우스를 萬事 불구하고 소중히 경배할지니라"[246)] 한
것이라든지, 군왕도, 어버이도, 그 밖에 지상의 모든 것은 神의
피조물에 불과하며, 그것들의 권력이나 권위에의 충성 그리고 복
종보다는 데우스에의 신앙이 더 중요하다는 것이나, 神 앞에서 모
든 인간은 군왕도, 양친도, 남자도, 여자도, 부자도 거지도 다 평
등하며, 평등한 인간으로서 서로 사랑하고, "자기 몸과 같이 이웃
을 사랑하라"는 등의 교의는 일본의 전통적인 신앙과 神觀, 그리
고 일본의 봉건제도에 대하여 전적으로 대립하는 요소들을 내포
하고 있었다. 切支丹의 신앙은 당초 大名들의 물질적 이익과 결부
되어 쉽사리 받아들여졌던 것 같고, 織田信長이 당면의 적인 一向
宗에 대항하기 위해 切支丹을 이용하는 동안은 별 문제가 없었다.
그러나 切支丹이 점차로 민중적 기반을 확대해가고, 봉건지배자로

---

245) cf. 三浦圭一, 앞의 글, p. 45.
246) "ただ御一體のデウスを萬事をこえて御大切に敬い奉るべし."(敎義問答書
　　《どちりなきりしたん》, 井上淸, 앞의 책, p. 233에서 重引)

서는 더 이상 切支丹을 물질적 정치적 이익을 위해 이용할 필요가 없어지면서 切支丹에 대한 압제가 가중되어 갔던 것이다. 종교조차 자기의 정치도구 이상으로 볼 수 없었던 秀吉이 데우스만의 법도를 지상으로 삼는 切支丹을 용인할 수는 없었다. 1587년 그는 "日本은 神國이므로 切支丹國으로부터 邪法을 주는 일, 심히 부당한 일"[247]이라는 명분을 내세워 切支丹禁令을 발했다. 전도를 금지하고, 외인 선교사를 국외추방하고, 長崎지방의 敎會領을 몰수하였다. 이리하여 피비린내 나는 切支丹 박해가 시작되었다.

豊臣秀吉의 神國思想은 切支丹이라는 政敎一致的인 세계종교에 대항하는, 봉건적 일본 통치자의 유일한 이데올로기적 방패였다. 그러나, 그렇다고 豊臣秀吉 자신 신국사상의 철저한 신봉자이거나, 순수한 천황제 옹호자였던 것은 아니다. 織豊政權은 '刀狩令'으로 유력 신사의 무장을 해제하고, 古例를 깨고 伊勢神宮 社領의 檢地를 비롯하여 모든 신사의 영지를 檢地하여 社領의 몰수와 再寄進에 의하여 그 封土化를 추진하였다.[248] 사실, 秀吉의 이른바 神國思想은 외래종교에 대항하고 금기하기 위한 수단적인 것일 뿐, 다른 것은 아니었다. 그리고 천황제에 대한 그의 태도도 시종 정치적이었음은 앞에서 서술한 바와 같다.

천지의 주재자 데우스의 신앙을 절대로 삼는 切支丹은 세속적 군주의 박해에도 불구하고, 아니 박해가 가중되면 될수록 그 신앙을 더욱 강화해나간 것은 매우 역설적이 아닐 수 없다.

---

247) "日本は神國たるところきりしたん國より邪法を授け候儀, はなはだ以て然るべからず候事."(井上淸, 위의 책, p. 251에서 重引)
248) cf. 村上重良, 《國家神道》, p. 58.

5. 幕藩制下의 雙分原理

1) 聖君과 俗君

　豊臣政權은 秀吉의 무모한 조선 침략전쟁의 실패와 이로 말미암은 국력의 낭비, 국내적으로는 大名統制의 체제를 확립하지 못했던 때문에 秀吉의 병사 후 급속도로 몰락의 길을 달렸다. 豊臣政權下에서 이미 최대의 大名 자리를 굳히고 있었던 德川家康은 豊臣家의 羽翼이 되는 大名들을 차례차례 거세하여 秀吉 이상의 실력을 가진 지배자로 군림하였다. 1603년(慶長 8) 家康은 征夷大將軍의 칭호를 받음으로써 그가 근거로 삼은 江戸(東京)의 政廳은 명실 아울러 幕府가 되어 천하를 호령하게 되었다. 그러나 당대 大名들의 의식 속에는 室町·戰國時代 이래의 '天下는 돌아가며 차지하는 것'(天下は廻り持ち)이라는 생각이 농후하였다. 사실 家康이 豊臣의 신하이면서 主君家를 쳐서 천하를 차지한 것도 그와 같은 의식에서 합리화되고 있었다. 그러나 천하를 차지한 家康은 바로 자신을 합리화한 이 의식을 이제부터는 극복하지 않으면 안 되는 것으로 생각하게 되었다. 그는 2년 만에 將軍職을 아들인 秀忠에게 물려줌으로써 將軍의 지위는 德川氏가 세습하는 것이며, 결코 他氏家에 돌리는 것이 아니라는 생각을 행동으로 나타냈다. 그리고 실권은 家康이 잡고 있었다.

　그는 자신의 통치권에 위협이 되는 豊臣家를 멸망시키기 위해 갖가지 事端을 꾸민 끝에, 유명한 '大阪 冬陣', '大阪 夏陣'으로 불리는 전후 두 차례의 大阪城 공격을 감행하였다. 1615년 낙성되자 秀吉의 아들 秀賴는 생모 淀君과 함께 자살하니 豊臣家는 완전히 멸망하고, 德川時代가 본격적으로 자리잡기 시작했다. 家康은 곧 大名을 통제하는 제도적 장치로 '武家諸法度'를 發布하였다. 그 안에는 악명높은, 地方大名의 幕府參勤의 의무가 포함되어 있었다. 요컨대 이것은 德川幕府의 지배권을 확립 보장하기 위한 大名의 의무를 규정한 것으로, 그 뒤에도 여러 차례 개정되면서 더욱 세분화되었다.[249]

大名에 대한 통제와 아울러 천황에 대한 통제도 '禁中並公家衆諸法度'로써 발포되었다. 여기서 "天子는 藝能, 學問을 第一의 일로 한다"(天子藝能, 學問第一の事なり)라고 못박아, 천황을 정치로부터 완전히 분리시키려는 의도를 분명히 했다. 皇族·公家의 席次, 연호 제정의 방법 등에 이르기까지 소상하게 규제하였다. 家康은 皇室料地를 1만 석으로 정하고, 궁정귀족의 料地도 조금씩 정해주었다. 이런 방식으로 家康은 불교사원도 통제하고, 그 밖에 필요한 모든 방면에서 幕府의 기초를 닦았다. 大名·天皇·寺社 통제의 대강을 마련하고 다음해(1616) 家康은 병사하였다. 그의 유지에 따라 천황은 죽은 家康에게 '東照大權現'의 神號를 주었다.[250]

家康은 이미 생전에, 자신의 사후에는 신이 되어 關八州를 鎭守하여, 德川家의 安泰를 護持하기 위한 원을 가지고 있었던 듯하다. 崇傳의 日記는 家康이 임종의 자리에서 일단 久能山에 장례하였다가 "一周忌가 지난 뒤, 日光山에 작은 堂을 짓고, 勸請하여 八州의 鎭守가 되어지이다 하는 意向이셨다"[251]라고 전하고 있다. 그런데 神이 되는 데는 神道의 전통상, 조정으로부터 神號와 위계를 받지 않아서는 안 된다는 조건이 있었다. 家康 자신 그것까지 생각하였는지는 모르나, 幕府는 家康의 사후 곧바로 神號를 주청하여 칙허를 받아 '東照大權現'의 神號를 받았던 것이다.[252]

사람의 사후 곧바로 이를 신으로 삼은 선례는 豊臣秀吉의 豊國

---

249) cf. 井上淸, 앞의 책, p. 257.
250) cf. 위의 책, p. 258.
251) "一周忌も過候て以後, 日光山に小き堂たて, 勸請し候へ, 八州の鎭守に成らせられるべしとの御意候."(《本光國師日記》)
252) cf. 衣笠安喜,〈Ⅲ 幕藩制下の天皇と幕府〉, 後藤靖, 앞의 책, p. 88.

大明神의 경우가 처음이었다. 秀吉은 자신을 신으로 만듦으로써
자손을 수호하려고 하였던 것이다. 그 바람은 결국 헛되었다. 家
康은 豊臣家를 멸망시키자 곧바로 조정으로 하여금 秀吉의 神號를
취소하게 하였다. 그리고 家康 자신은 죽어서 신이 되어, 250여
년간 '東照神君', '權現님'(權現樣), '神祖'로서 幕府를 권위지워 주
는 존재로 내려왔다.[253] 막부는 家康을 東照宮에 봉사하고 1만 석
이라는 전국 최대의 社領을 寄進하였다. 神이 된 家康은 당초
1616년(元和 2) 吉田神道에 의하여 駿河의 久能山에 봉사하였으
나, 다음해 山王─實神道說을 새로이 발전시킨 천태승 天海의 주장
에 따라 下野의 日光山에 개장하였다. 그로부터 日光의 東照宮은
막부의 종교적 권위를 상징하는 최고의 신사가 되었으며, 막부
예하의 諸藩에는 分社가 권청되었다.[254]

　幕府와 천황의 관계는 중흥조 家康의 신격화를 천황이 이의 없
이 도와줌으로써 그 어느 때 없이 밀착되어 갔다. 應仁亂 이후 중
단된 伊勢神宮에의 例幣使 파견이 日光 例幣使와 동시에 재개되었
다. 日光에의 勅使奉幣의 勅許는 神祖 家康의 격상에 남다른 열의
를 가졌던 將軍 家光이 伊勢例幣使 재개의 비용을 헌상함으로써
천황으로부터 받아낸 반대급부였다. 여기서 관심을 끄는 것은 막
부가 자기의 인간 조상을 신격화하고, 또 그것의 신적 권위를 높
이기 위해서 天皇의 권위를 세워주고, 황실의 祖神인 伊勢神宮의
신위회복을 도모하지 않아서는 안 된다는 인식이 家康의 神社와
例幣使 문제의 배후에 있었다는 사실이다.[255] 비록 역학적 관계는
다르다 하겠으나, 天武 때 여러 씨족이 스스로의 계보와 전승을
황실의 그것에 부회 통합함으로써 자기 氏神의 격상 및 자기 씨
족의 권위화를 도모했던 것과도 비슷하다. 다만 그때는 천황권이
씨족에게 간섭하여 씨족이 천황권에 영합한 것이었으나, 이 경우

---

253) cf. 井上淸, 앞의 책, p. 258f.
254) cf. 村上重良, 《國家神道》, p. 59.
255) cf. 衣笠安喜, 앞의 글, p. 89.

는 막부의 권력이 조정에 간섭하여 천황이 막부에 영합한 결과가 되었다. 그만큼 이 시대가 되면 천황권은 將軍의 막부의 권위에 꽃을 달아주는 시녀의 구실밖에 할 수 없는 존재가 되었다는 것도 된다.

그러나, 돌이켜 그 당시로는 전혀 예상할 수 없었던 역동적 관계가 여기에 내재하고 있음을 간과할 수 없다. 막부권력의 장엄화가 천황의 권위 강화와 함수관계를 가지게 됨으로써, 결과적으로 강화된 천황의 신화적 권위가 막부의 세속적 권력을 누르고, 마침내는 그 존립조차 위태롭게 할 수 있는 모순의 관계가 되었던 것이다.[256]

그럼에도 불구하고 막부는 천황을 정치에 관여시키지 않고, '天子는 예능, 학문을 제일의 일로 삼는다'는 표방 밑에 오로지 전통문화의 담당자로서만 있기를 바란 것으로 보인다. 물론 천황이나 公家가 전통문화의 담당자로서 寬永文化를 비롯한 江戶시대 문화의 한 원천이 되었음은 부인할 길이 없으나, 그렇다고 幕藩 권력이 참으로 전통문화 존중이라는 문화의식을 가지고 天皇과 公家의 존재가치를 인정했다고 보기는 어렵다. 앞에서 본 바와 같이 막부로서는 천황의 신화적 권위를 自家의 지배권 확립을 위해 이용하는 것이 유리하다는 판단이 있었고, 將軍이나 大名 등 武家들이 몸에 붙일 수 없었던, 고대국가 이래의 전통을 가진 궁정 의례의 보유는 천황과 公家 외에는 기대할 수 없었는데, 바로 지배자가 되면서 이와 같은 의례는 지배의 권위를 위해서도 필수적이 되지 않을 수 없었다. 江戶時代만 해도 궁정 의례는 형식화되고 또 폐지된 것이 많았다. 이것은 당초 고대국가의 지배를 위한 儀禮였으며, 天皇과 公家의 지배계급으로서의 지위는 이 의례로 말미암아 유지되고 있었다. 이와 같은 궁정 의례는 江戶時代의 이른바 문치주의 덕분으로 많은 것이 부흥되었다. 그 가운데는 敍位 및 縣召

---

256) cf. 위와 같음.

除目의 부흥(1601), 《當時年中行事》의 撰(後水尾天皇), 立太子儀 (1683), 大嘗會의 부흥(1687), 官祭賀茂祭의 재흥(1694), 大嘗會의 재흥(1738), 新嘗祭의 부흥(1740) 등이 있다.[257]

幕府가 朝儀(宮廷儀禮)의 부흥을 도운 데는 朝儀 그것에 대한 존 중보다는 幕府로서 필요로 하는 이유가 달리 있었다고 생각된다. 幕府 자체 국가 지배를 위한 의례가 필수적이었다. 荻生徂來의 말 과 같이 幕府의 기구나 제도는 '판잣집' 세우듯 엉성했다. 전쟁터 에서 싸움은 능했는지 몰라도, 이와 같은 의례에는 손방인 것이 幕府의 지배층이다. '夷狄이 禮儀를 모른다'는 평을 듣기 십상이 다. 將軍襲職에서도 고작 勅使를 맞은 將軍宣下의 의식뿐이니, 皇 祖와 天神地祇 앞에서 자신이 일본 국토의 통치자 자리를 계승한 것을 선언하는 천황의 즉위와 대상제의 의식 등에 비할 것이 못 되었다. 따라서, 將軍職의 수여자인 천황의 의례를 부흥시키지 않 을 수 없는 사정이 있었다고 하겠다. 말하자면 將軍의 襲職에 朝 儀를 관련지음으로써 공식적으로 신화적 의례에 연결되는 것이 되고, 따라서 신성화, 존엄화된다고 생각한 것 같다. 그러나 이 경우 '朝儀'는 어디까지나 실질적인 국가 지배와는 관계 없는, 단 순한 '儀禮'로서만 집행되는 것이 幕府로서 바람직했다. 그리하여 천자는 '學問을 닦고 和歌를 즐길 일'(禁中並公家諸法度 第1條), 公 家衆은 '家學에 밤낮을 쉼 없이 힘쓸 일'(諸公家法度 第1條)을 규정 하여, 天皇과 公家衆을 학문과 문예의 部面에만 몰아넣어 결코 그 이외의 다른 관심, 특히 정치에 관여치 못하게 하였다.[258]

天皇은 '雲上人'으로서 세속의 정치와 등지고 있는 한 그의 '天 孫'으로서의 긍지와 생활은 보장되었다. 幕府의 將軍은 자신의 정 치적 권한에 위협이 되지 아니함은 물론, 나아가 자신의 통치를 권위로써 장식해주는 한 천황의 모든 전통적 가치와 신화적 권위

---

257) cf. 위의 글, pp. 89~91.
258) cf. 위의 글, pp. 89~92.

를 존중하고 보장하려고 하였다.

이로써 幕府는 스스로 일본국 안에 聖君과 俗君의 양립을 승인하는 결과가 되었다. 1690년에 일본에 왔던 독일의 켐프훼르 (E. Kaempfer ; 1651~1716)도 이 점에 착안하여 일본에는 俗界的 世襲皇帝와 종교적 世襲皇帝가 있다고 하였다. 지볼트(P. F. Siebold ; 1796~1866)도 일본에 두 개의 宮廷이 있다고 하였다.[259]

요컨대 이들은 일본에서의 현실적인 통치자와 이념적인 통치자와의 분리현상을 직접적으로 지적하고 있다. 현실의 왕과 신화의 왕의 분립현상을 江戸時代는 그 어느 시대보다 명백하게 성격화하여 드러냈다고 하겠다.

이에 따라, 江戸시대에는 천황과 장군의 관계를 두고 여러 가지 견해가 전개되었다.

2) 神話論의 展開

江戸時代에는 천황에 대한 일본인의 의식이 將軍(막부)과의 관계에서 다양하게 전개되었다. 그리고 그것은 객관적 여건의 변화와 더불어 시대마다 그 나름의 변화를 보였다.

將軍을 일본 국왕으로 보는 견해로, 太宰春台의 "지금의 大將軍은 海內를 가지셨으므로, 是則日本國王也"라[260] 하고, 천황더러는 '山城天皇'이라고 한 것이 있다. 江戸 초기의 유학자인 伊藤仁齋 (1627~1705) 같은 이는 紀州侯에게 "天無二日이라 합니다. 일본에는 二日의 日이 있어 이로 말미암아 號令이 하나 될 수 없으니, 의당 帝位를 將軍이 밟으사, 천자를 大和公으로 봉하시도록 말씀드리나이다"[261]라고 한 일도 있었다고 하는데, 有德爲君과 역성혁

---

259) cf. 위의 글, p.84.
260) "今ノ大將軍ハ, 海內ヲ有チ玉ヘバ, 是則日本國王也."(《經濟錄》)
261) "天無二日と申候, 日本にては二日の日あり, 是れによりて號令一ならず, 宜しく帝位を將軍御踐なされ, 天子を大和公に封じなさるる様にと申上候." (《新芦面命》)

명의 사상을 내포한 儒家의 정치사상에서 위와 같은 논리는 당연
하다 하겠다.

막부는 대외관계에서 상대국이 將軍을 '國王' 또는 '日本國皇帝'
로 부르는 경우에도 스스로 王稱을 국서에 쓰는 일은 없었다. 조
선으로부터의 국서에 대하여는 1636년(寶永 13)의 협정으로 '日
本國大君'을 쓰기로 하였는데 이 호칭이 幕末에 이르러 將軍의 자
칭으로 부활되어 여러 외국과의 조약 서명에 쓰였다.[262]

그러나 일본 역사에서 천황의 계통이 결정적인 변동을 가질 뻔
한 일이 없었던 것은 아니다. 足利幕府의 전성시대를 이룬 義滿은
9세의 義持에게 將軍職을 물려주고 太政大臣으로 있었는데, 그는
'太上天皇'의 호를 취하려 하였다. 이복동생을 後崇光院(貞成親王)
의 양자로 삼아 이에게 양위하도록 後小松天皇을 강박하였다. 양
위 직전에 義滿이 급사하자, 평소 異母弟를 편애한 義滿에게 반감
을 가졌던 將軍 義持는 양위를 막고, 또 조정이 故 義滿에게 내리
려던 '太上天皇'號도 사퇴하였다. 이리하여 義滿上皇과 足利系의 천
황은 間一髮의 차이로 실현되지 못했다. 그러나 1401년 義滿은 明
朝와의 국교를 개시하면서, 明皇帝가 준 '日本國王'號를 흔쾌히 받
았고, 그 자신 明帝에게 보내는 書에서 '日本國王 臣 源'이라 서명
하였다.[263]

足利幕府時代에 천황의 권위는 거의 유명무실한 실정이었고, 그
계통조차 극도로 위협을 받았던 것을 알 수 있다. 그나마 계통이
지켜진 것은 천황권 자체의 권위나 신성 때문이 아니라, 幕府將軍
家內의 정치적 역학 관계에서 우연히 초래된 결과였을 뿐이다.

앞에서 본 바와 같이 江戶시대에 將軍, 곧 일본 국왕이라는 인
식이 있는가 하면, 대다수의 儒者流는 유교의 정치관을 神道사상
과 적절히 조화시켜 현실을 합리화하는 방향에서 생각하고 있다.

---

262) cf. 衣笠安喜, 앞의 글, p. 84.
263) cf. 井上淸, 앞의 책, p. 181f.

즉 이른바 '有德爲君'의 천자를 반드시 將軍으로 지목하지는 않는
다. '有德'을 '天照大神 법도'를 지키는 것으로, 즉 神儒一致의 관
점에서 파악함으로써 끝내 고대국가 이래의 천황의 전통적 권위
를 부정 못 하고 있다.[264]

많은 유자들이 현실에서 실제적인 국왕으로 행세하는 將軍을
두고, 군이 일본 국왕임을 주장하는 데 주저한 이유의 하나가 주
자학적 명분론인 듯하다. 將軍은 정치의 실권자임에도 불구하고
명분상 조정의 一武官에 불과하며, 돌이켜 천황은 일본의 종주권
을 그의 가계와 의례와 전승에 의하여 인정받고 있는, 명분상의
제왕이다.

이와 같은 인식은 이른바, 大政委任論으로 전개되었다. 江戶 전
기에 山鹿素行(1622~1685)은 "武臣이 이(大權)를 받아, 천자에
대신하여, 억조 백성을 안락하게 하고, 사해를 靜謐하게 한다",
"조정에 대신하여 萬機의 일을 管領케 하는 이치이다"[265]라고 하
였는데, 일본의 종주권을 가진 천황이 征夷大將軍인 武家 德川에게
통치의 대권을 위임했다고 보았다.

국학자인 本居宣長(1730~1801)은 《記紀》神話에 근거를 두고 大
政委任論을 주장하였다. 즉 그는 天照大神을 일본국의 祖神이라고
하고, 天照大神이 영구히 이 세상을 비치는 것과 같이 皇統도 또
한 무궁하다고 하였다. 德川幕府는 절대자 天照大神으로부터 천하
의 국토와 백성을 위임받은 데 불과하다. 까닭에 幕府의 정사는
天照의 정사이며, 幕府의 법도는 天照의 법도이므로, 幕府의 법도
에 복종하는 것이 곧 天照의 뜻에 따르는 것이 된다는 주장을 폈
다.[266]

1788년(天明 8) 松平定信이 將軍家에 제출한 《御心得의 箇條(유

---

264) cf. 衣笠安喜, 앞의 글, p.81f.
265) "武臣コレヲ受テ, 天子ニ替テ, 億兆ノ民ヲ安シ四海ヲ靜謐セシム", "朝廷
ニカワリテ萬機ノ事ヲ管領セシムルノコトワリナリ."(《武家事紀》)
266) cf. 玉くしげ; 衣笠安喜, 앞의 글, pp.81~83.

넘하실 일)》15조 가운데, "古人도 천하는 천하의 천하, 一人의 천하가 아니라고 말했습니다. 하물며, 60여 州는 禁廷으로부터 위임받으신 일이므로, 잠시라도 자신의 것이라 생각하지 마실 일이로소이다."[267]라 하였다. 幕閣의 중추였던 松平定信이 將軍에 대하여 大政委任論을 전제로 將軍의 직책을 설한 것이다. 이는 幕末의 大政奉還論의 복선이 되는 것이었다.[268]

명목상 일본국의 종주권을 가진 천황이 경제적으로는 禁裏御料 1만 석, 뒤에 3만여 석, 上皇·皇族·公家分을 합하여 12만~13만 석에 지나지 않았다. 이것은 幕藩制下 중규모의 大名 수준이었고, 정치상의 실권이란 官位의 敍任權, 연호 제정 및 作曆權이 천황과 조정에 남아 있었을 뿐이다. 將軍職은 세습화하고 大名 이하 武家의 관위는 將軍이 서임하고, 조정은 이를 인증하는 데 지나지 않았다. 막부는 황위 계승에 발언권을 행사하였고, 公家의 관직에 대하여도 公家諸法度로 대강을 규제함과 동시에 개별적인 관직 취임에서도 막부의 의향에 따르게 하였으므로, 公家의 서임권도 크게 제약받고 있었다. 결국 江戸시대에 천황 및 조정의 정치상의 권한은 거의 다 박탈되어 있었다고 해도 틀림이 없다.[269]

江戸 전기의 천황론을 대표하는 하나로 熊澤蕃山 著《集義和書》의 견해를 들 수 있다. 幕府의 박해로 금고되었다가 죽은 그는 현실 인식의 눈으로 천황과 將軍이 상호보완의 관계에 있음을 파악하고,[270] 儒家流의 神儒一致의 도덕론으로 의미를 찾고 있다. 천하를 취한 자가 왕이 되지 않고, 天子位를 차지하지 않는 것을 天照大神의 자손인 천황이 '天統'을 계승하고 있는 까닭으로 보고, 天照大神, 즉 '天照皇'은 그 '神聖의 德'으로 '地生'의 인간에게 人道

---

267) "古人も天下は天下の天下, 一人の天下にあらずと申候, まして六十餘州は禁廷より御預り遊ばされ候御事に御座候へば, 假初にも御自身のものと思召すまじき御事に御座候."(《御心得の箇條》)

268) cf. 衣笠安喜, 앞의 글, p.83f.

269) cf. 위의 글, p.85.

270) cf. 井上清, 앞의 책 中, p.38f.

를 가르쳐 일본국을 연 천신이므로, 地生의 보통 사람이 그 천통을 잇는 것은 天照皇에게 황공하고, 또 天威가 허락하지 않는 바라고 했다. 그는 《記紀》 신화에 근거하여 '萬世一系의 國體觀'에 도덕적 의미를 가미하여 긍정하고 있다. 그러나 이와 같은 帝王의 천하가 武家에게 넘어간 것은 '謙德'을 잃은 소치로, 다시 公家(天皇)의 천하로 돌아가기는 어려울 것으로, 또 설사 돌아간들 오래 지탱하기 어렵다고 보고 무가집권을 시인하였다. 그리고 그는 天皇과 公家의 존재의의를 도덕과 의례를 포함한 넓은 의미의 문화적 존재로서, 武家의 무력에 의한 지배를 보완하여 전체로서 일본국의 질서를 유지하고 있는 데서 찾아냈다.[271)

蕃山은 將軍家가 "위엄도 힘도 없는 사람(天皇)을 일본의 종주로 떠받들고 주군으로 섬김"으로써 천하에 君臣의 의를 가르쳐 세상이 질서 잡힌 태평성대가 된다고 하였다. 그의 주장인즉, 천황이 실제상의 정치권력이나 무력을 갖지 않는 존재로 있는 편이 이용가치가 크다는 것이 되겠다.[272)

요컨대 蕃山은 천황이 위력을 갖지 않는 명목만의 군주로 있음으로써, 또 武家가 담당할 수 없는 왕조문화의 전통담당자로 있음으로써 幕藩制 사회에서 응당하고도 충분한 존재의의를 가지며, 또 그 나름의 중요한 정치적 역할을 다하고 있다고 보았다.[273)

堀景山은 江戶 중기초, 유학으로부터 국학으로 가는 교량의 자리에 있는 학자로서, 本居宣長의 京都 유학시의 스승이다. 그에 의하면[274) '天皇'은 명목만의 군주가 아니라, '實 있는 이름'이다. 일본국 안의 사람은 天照大神의 자손이 일본의 임자임을 알고 있고, 武家興亡의 역사에서 보듯 어떤 영웅이라도 천자에 대항하면 '朝敵'의 이름을 얻고, 그 결과 인심이 떠나 멸망한다는, '神妙不測'

---

271) cf. 衣笠安喜, 앞의 글, p.92f.
272) cf. 위의 글, p.94.
273) cf. 위의 글, p.94f.
274) 堀景山의 天皇論은 《不盡言》에 나타난다.

한 원리가 있고, 천황은 그렇듯 실체 있는 권위를 가지고 있다는
것이다. 천황의 권위는 天照大神의 '聖神의 德'에서 유래했으며,
天照大神의 덕은 수천 년이 지난 금세에도 일본국 안의 인심에 침
투하여 사라지지 않았다고 하며 그 증거로 민중의 伊勢參宮을 들
었다. 그가 생존한 1705년(寶永 2)의 '오까게마이리(おかげまい
り)'(集團參宮)에서는 330만 내지 370만 명의 민중이 伊勢參宮을
하고 있다. 1718년(享保 3) 및 1723년에도 대규모의 민중이 伊勢
參宮에 집단적으로 참가하고 있다.[275]

　堀景山의 《天皇論》은 그가 살았던 시대의 일반 평민층의 천황에
대한 소박한 신화의식을 대변하고 있는 것으로 생각된다.

　이 시기로부터 내려오면서 이른바 國學의 대두로 《記紀》 신화
의 해석이 적극적으로 시도되었다. 논자에 따라 각양각색의 견해
가 전개되었다. 그 가운데서 대표적인 두 주류를 찾아보면 新井白
石의 "神이란 사람이다"라는 명제에 입각한 합리주의적인 신화관
과 本居宣長의 "神이란 神이다"라는 명제에 입각한 국수주의적
신화관이 있다. 新井白石은 〈古史通〉에서 《記紀》의 기술내용을 중
국·조선의 문헌에 의하여 비판적으로 검토함으로써 신화를 현실
의 인간사회의 투영으로 해석하였다. 그 해석에는 현대로 보아
받아들이기 어려운 점도 없지 않으나 당시에 신비주의를 타파한
적극적 면은 평가받을 만하다.[276]

　契沖에서 발단된 국학은 遠江의 神主 賀茂眞淵(1697~1769)을
거쳐 伊勢松坂의 本居宣長에 이르러 대성되었다. 本居宣長의 《古事
記傳》은 《古事記》에 관한 독창적이고 정밀한 문헌학적 연구라는
점에서 유례가 없다. 그의 大政委任論은 이미 앞에서 서술한 바
있거니와, 本居宣長은 고전연구를 통하여 유교·불교 이전 일본의
고유한 정신세계와 가치를 추구하려 한 나머지 고대 일본의 문화

---

275) cf. 衣笠安喜, 앞의 글, p.96f.
276) cf. 井上淸, 앞의 책 中, p.32.

를 '古道'로써 절대화하고, 다른 나라의 문화를 비하하고 배척하는 경향을 띠었다.

> 외국에는 만사를 모두 天으로 돌리는바, 神代의 바른 전설이 없는 까닭으로, 세상사가 모두 신의 所爲임을 아지 못한 때문이다. 천제 혹은 天之主宰 등으로 말함은 신을 가리킨 것과 비슷하나, 이들도 진실로 신이 있음을 알아서 말한 것은 아니다. 다만 가명으로서, 실은 천리를 말한 것이므로, 천신과는 다르다. 저 '皇天'이라 쓴 字를 '하늘의 신'(アメノカミ)으로 훈독함은, 皇天으로써는 古意에 들어맞지 아니하고 꼭 '天神'이라 할 곳임을 분별한 까닭에 이 訓은 옳다. 그러나 이 訓에 따라 皇天, 즉 天神이라 여김은 그릇된 일이다. 무릇 《書紀》를 봄에는 늘 이와 같은 差를 깊이 생각할 일이다. 그렇지 않으면 漢意에 빼앗기는 바 되리라.[277]
> 異國은 天照大御神의 나라가 아닌 까닭에 정해진 임자가 없고, 분란하는 神이 자리를 얻어 난동하므로 인심이 모질고 버릇이 참람하여, 나라를 잡으면 천한 종도 대뜸 임금이 되므로, 위에 있는 사람은 아랫사람에게 빼앗기지 않으려 뻗치고, 아랫사람은 윗사람의 틈을 노려 빼앗으려고 꾀하여 서로 원수로 대하니, 예로부터 나라가 다스려지기 어렵다. 그 가운데 위력이 있고 지혜가 깊어 사람을 따르게 하여 남의 나라를 빼앗아 가지고, 또 남에게 빼앗기지 않을 일만을 잘하여 잠시 나라를 잘 다스려, 後世의 法이 된 사람을 중국에서는 聖人이라 이른다. ……그런데 이 성인이라는 자를 신과 같이 세상에 뛰어나, 저절로 奇德이 있는 者로 생각함은 잘못이다.[278]

이른바 '漢意'에 대한 맹목적인 저항감, 이민족의 문화에 대한 몰이해와 거부는 자기 민족의 신과 전승을 포함한 문화 전반에의 편집증적인 도취로 치닫게 하여 어느덧 배타적인 국수주의와 밀착된 민족주의적 신화관을 가져왔다.

本居宣長의 다음 세대인 平田篤胤(1776~1843)에 이르면 이것이 극단화된 나머지 학문의 차원으로 이해하기 어렵다. 철저한 천황

---

277) 《校訂 古事記傳》, 東京 : 吉川弘文館, 1920, p.12f.(書紀の論ひ)
278) 위의 책, p.64.(直毘靈)

주의와 배외주의의 半宗敎的 정치사상이 되었다. 그리하여 平田派
의 국학은 뒤에 攘夷倒幕運動의 사상적 지주의 하나가 되었다. 本
居學의 사회적 기반이 町人(都市商人)·상층농민에 있었음에 대하
여 平田 문하에는 상층농민과 神主가 압도적이다.[279]

　자질구레한 내용에 들어가서는 서로 같지 않으나, 대체로 합리
적 입장에서 신화를 이해하려 했던 자로 上田秋成(1734～1809)·
橘守部(1781～1849) 등이 있다.

　上田秋成은 《安安言》에서 《古事記》를 "火餘之紀요, 秕糠의 書"
로, 그 문헌적 가치를 부정하는 견해를 나타냈다. 本居宣長과 벌
인, 이른바 '日神論爭'에서 그는 세계라는 넓은 시야에서 일본신화
를 객관적으로 냉정하게 해석하는 태도를 보였다. 그는 《呵刈葭後
篇》에서 日神의 광채가 六合 안을 비추었다는 기록에 대하여 六合
은 천지 사방의 義인바, 日神神話에서의 六合은 四海萬國의 뜻이
아니라, 일본 국내에 국한되어 있다고 하였다. 즉 天照가 天岩屋戶
를 닫고 들어앉아 있으니 高天原이 다 어둡고, 葦原中國이 모조리
캄캄하였다는 기사로 보아 天照는 天地內의 이방까지도 다 비치던
존재가 아니었음이 알려진다며, 세계 만방을 다 비추었다는 전승
기록은 찾아볼 수 없다고 하였다. 地球圖에 나타난 일본은 광활한
못 위에 떠도는 한낱 나뭇잎 같은 小島인바, 이국인에게 이 작은
섬이야말로 만방에 앞서 개벽되고, 大世界를 臨照하는 일월이 이
곳에서 출현하였으니 만방은 다 일본의 恩光을 입지 않음이 없다.
그러므로, 조공하는 것이 마땅하다고 가르친들 한 나라도 그 말
에 설득되지 않을 뿐더러 그 근거를 대라고 하면 우리로서 태고
의 전설을 들어보일 수밖에 없는데, 그러면 저들도 그같은 전설
은 우리나라에도 있고, 일월은 우리나라 太古에 나타났다고 주장
하여 양보치 않으면 누가 있어 제대로 재단할 수 있겠는가 하였
다. 상당히 논리적이며 합리적인 논의다. 이에 대하여 本居宣長은

279) cf. 井上淸, 앞의 책 中, p.65.

'日神'이라는 이름 자체,《書紀》一書의 '使照臨天地'를 들어 반박
하며, '一點 漢意의 구름'[280]만 갠다면 神典의 본의를 깨칠 수 있
다고 하고, 일본의 신화는 다른 나라의 比類가 아닌, 진실의 正傳
인바, 이를 외국의 雜傳說과 한가지로 말하는 것은 당치 않다고
하였다.[281] 本居宣長의 논의는 上田秋成에 비하여 理性을 잃은 다
분히 독선적인 논의라는 인상을 준다.

橘守部는《難古事記傳》(5권)을 통하여 本居說을 신랄하게 비판
하였다. 그는 민족전승인 神話를 '幼話', '稚談'으로, 곧 유치한 사
고에 의한 비유로 보고, 현실적인 합리적 해석을 시도하였다.

일례로 '天降'에 대하여 本居宣長이《記傳》에서 "天照大神의 詔
命으로 내려가시게 하신 것이라"한 데 대하여 그는《難古事記傳》
에서 "天降이란 幽明에서 顯明에 출현함을 말한 것이다. ……그런
데 이 古語를 해석할 방법을 아지 못한 까닭으로 줄곧 저 허공으로
부터 내려오는 것으로 말해 왔다. 역대의 천황도 받아들이지 아
니하였고, 세상 사람도 의심하여 이 神典은 묻힌 바 되었다"고 하
였다.[282]

橘守部는 신화전승을 기술한 舊辭가 稚言과 談辭류의 동화적 요
소와 語勢上의 수사적 요소로 이루어지고, 또 略言과 含言류의 생
략법과 우의적 방법을 씀으로써 그 나름의 황당무계성과 불투명
성을 불가피하게 하고 있는데, 이에 대하여 儒者 계층은 일종의
神怪談視하고, 국학자는 本居宣長에 의하여 대표되는 것처럼 이들
을 포함한 古傳을 모조리 사실로 믿으려는 오류를 범하고 있다고
비판하였다.[283]

富士谷御杖(1768~1823)은 神典(《古事記》上卷)이 史의 形을 한
非史로 실록이 아니며, 나라의 시작은 神武天皇이요, 천신은 神武

---

280) 中國文化에의 심취를 비양하여 하는 말이다.
281) cf. 德光久也, 앞의 책, pp. 144~146.
282)《難古事記傳》卷 5.
283) cf. 德光久也, 앞의 책, p. 180.

天皇의 神氣이며, 地祇는 天下衆人의 神氣라고 하고,[284] 말의 표면
에 의하여, 直言(직접적 표현)으로 핵심에 이르기 어려우므로, 倒
語에 의한 神氣의 妙用을 言靈이라 하는데, 이 言靈에 의하여 神典
을 해석해야 한다고[285] 하여, 역시 反本居의 說을 세웠다.

　富樫廣蔭(1793~1873)은 위와는 다른 각도에서 反本居的 신화론
을 폈다.[286] 그는 本居宣長이 신화를 있는 그대로 사실로 믿어 의
심치 않고, 불명한 것은 구태여 해석하려 들지 않고, 그대로 불명
하다 하는 데서 도리어 不可知論, 神祕論에 떨어지고 있는 데 대하
여 不可知論的 설명은 학문의 포기를 의미하는 것으로 생각하였
다. 富樫廣蔭은 신화가 태고의 사실이며, 절대적 진실이라는 입장
에서 《古事記》의 傳을 절대시하였으며, 해석에서는 그 나름의 音
義說을 적용하였다. 그의 音義說은 과학적이지 못하여 注解의 원
리로서는 결정적 약점이 인정되나, 신화론으로는 철저하게 本居宣
長의 신화론에 반기를 들면서 그 當否는 차치하고, 新井白石 이래
의 합리주의적 신화론으로 볼 수 있다.[287]

　신화 해석에서, 이를 국수주의 일변도로, 혹은 신비적 불가지론
으로만 다루는 것도 문제려니와 신화 그 자체를 합리적 해석으로
만 재단해 마지않는 태도도 결코 바람직한 것은 아니다. 결국 神
話 해석에 나타난 위의 두 가지 편향은 천황과 將軍 國王을 공존
시켜 온 江戸時代的 의식의 소산이었던 듯이 보인다.

3) 民衆運動의 神話回歸志向

　국학자나 神道家의 신화 이해와는 달리 일반민중의 신화의식은

---

284) cf.《古事記燈大旨》上卷 非史弁.
285) cf. 위의 책, 言靈弁.
286) 富樫廣蔭의 신화론을 볼 수 있는 문헌은 그의 저서인 《古事記正傳》5卷과
　　《古事記音義解》20卷이 있다.
287) cf. 德光久也, 앞의 책, pp.193~196.

교리적이거나 이론적이기보다는 종교적이며, 현실적 실천면에서 나타났다. 특히 皇祖神을 제사한 伊勢神宮에 대한 민중의 신앙적 유대는 각별한 바 있다.

伊勢神宮은 고대 천황제시대에 왕권의 절대적 보호 아래 있었으나, 中世 말기 이후 조정과 막부가 쇠미해지면서 그 보호를 잃어 1세기 이상이나 正遷宮도 행할 수 없도록 궁핍하였다. 이와 같이 불우한 시대에 神宮을 지탱할 수 있게 한 것은 일반 社寺와 마찬가지로 御師의 활동으로 神宮과 인연을 맺은 信徒민중들의 지원이었다. 織豊時代를 거쳐 德川幕府時代가 되면서 伊勢神宮은 將軍의 朱印狀으로 所領 3천 석(뒤에 6천 석)을 安堵받고, 遷宮의 비용도 幕府가 부담하게 되고, 조정의 例幣使도 幕府의 도움으로 부활됨으로써 다시금 官社의 자리를 차지하게 되었다. 그러나 이와 같은 官과의 관계에도 불구하고 神宮과 江戶時代의 민중과의 관계는 결코 소원해지지 않았다. 오히려 후기에 오면 올수록 그 관계는 더욱 밀착되어 갔던 것으로 보인다. 御師를 통하여 신도민중이 伊勢講에 조직되고, 정기적으로 講參하는 외에 伊勢의 경우는 '오까게마이리'(おかげまいり)라는 이름의 집단참궁이 있었다. 이것은 돌발적이며, 비조직적인 민중운동의 형태를 취하였는데, 江戶시대에 10회 정도 일어났다. 그 가운데 최대의 집단참궁은 1830년(文政 13)으로, 불과 4개월 동안에 전국에서 486만여 명이 伊勢로 쇄도할 정도의 대량참궁이 있었다. 당시의 인구를 3천만 명으로 칠 때 16퍼센트 이상의 인원이 伊勢에 집중한 셈이다. 伊勢信仰이 江戶時代 민중의 神祇信仰으로는 가장 폭넓고 대규모였음은 확실하다. 그러나 민중의 伊勢信仰이 곧바로 천황숭배로 결부되었던 것은 아니다. 민중의 伊勢信仰의 중심은 농업신으로 받든 外宮豊受大神이었고, '天子의 宗廟'인 內宮이 아니었다. 내궁은 서민이 참례하는 곳이 아니며, 중세에는 그것이 금지된 일도 있었다. 그리하여 明治에 들어와서도 伊勢參宮을 간 사람이 外宮에만 참례하고 內宮에는 발길을 돌리지 않고 돌아간 사례가 있다. 그러나 민중의

伊勢信仰은 막연하나마 '京의 임금'에 대한 신화적 경외를 내포하고 있었다. 중세에 금지되었던 내궁 참례가 江戶時代에는 드러내 놓고 행하여졌고, 그런 가운데 내궁에 대한 신앙도 고조되어갔던 것으로 보인다. 그러나 민중의 伊勢信仰과 國學者流의 天照信仰은 질적으로 같지 않았다. 국학자는 伊勢信仰에 별 관심을 보이지 아니하고 다만 天照大神＝天皇信仰에 그들의 관심을 집중시켰을 뿐이다.[288]

德川幕府의 무단전제가 강화되고 봉건지배의 모순이 심각해지면서 농민의 全藩的 봉기가 빈발하였다. 1712년(正德 2) 加賀大聖寺藩의 농민들이 들고 일어나 藩의 巡檢使를 붙잡아 두고 年貢 감면을 받아들이게 하고, 藩권력과 결탁하여 농민의 상품 생산을 지배하던 마을 관원의 집을 때려부수었다.[289] 이때의 농민항쟁의 경위를 기술한《那谷寺通夜物語》에 보면, 檢分차 나온 藩의 巡檢使를 둘러싸고 농민들이 年貢 6할 감면을 요구하는 장면에서 농민들은 저마다 이렇게 외쳤다고 한다.

　　공인받은 큰 도둑놈들, 세상에 없는 기생충놈! 이제부털랑 우리들 마음대로, 하고픈 대로 할 테다. 대우가 나쁘면 年貢은 안 할 테다. 公領(領主)이라도 소용없다. 대우하는 대로 우리는 할 테다. 京의 임금님의 백성이 되는 것도 우리 뜻대로다. 자, 빨리 쳐죽여라. 쳐라.[290]

이들 농민의 생각에 농민은 천하의 농민이요, 영주의 私物이 아니며, 영주를 선택할 자유가 있다는 태도가 보인다. 그러면서 대

---

288) cf. 衣笠安喜, 앞의 글, p.102f.
289) cf. 井上淸, 앞의 책 中, p.42.
290) cf. 衣笠安喜, 앞의 글, p.103f.
　　"免切らずの大盜人共, 世界にない取倒しめ, 今からは我々らが心次第に, したい儘にするぞや, 仕置が惡しくば, 年貢はせぬぞ・御公領とても望なし, 仕置次第につく我々ぞ. 京の王樣の御百姓にならうと儘ぢやもの. やれ早く打殺せ, 打たたけ."(《那谷寺通夜物語》)

우 여하에 따라서 '京의 임금님'의 백성으로 옮아간다고 藩吏를 위협하고 있다. 여기 '京의 임금님'은 얼핏 보아 하나의 봉건영주처럼 인식되고 있는 듯하나, 농민들의 의식 속에는 藩이나 幕府와의 동등 이상의 존재로 인식되고 있음을 알 수 있다.[291] 봉건수탈의 막다른 골목에서 최종적인 구제처로 '京의 임금님(天皇)'을 막연히 기대하고 있는 것이다.

1717년 廣島藩 농민은 檢地를 반대하여 들고 일어나, 마을 관리의 집을 때려부셔 檢地中止, 年貢率 영구 인하의 요구를 관철하였다. 그때만 해도 이와 같은 대봉기는 일본 전국에서 1년에 한 건 혹은 두 건에 지나지 않았으나, 고리대 지주와 소농민 및 소작의 분화가 점차 심화되면서 땅을 버리고 유랑하는 자가 늘어났고, 농민대중의 영락이 가속화되었다. '농민과 참깨 기름은 짜면 짤수록 나온다'[292]는 식의 무자비한 수탈체제는 享保의 개혁으로 더욱 강화되면서, 한편 농민봉기에 대한 탄압을 가중시켰다.[293]

1732년(享保 17)의 대흉작에 이어 흉작과 기근이 자주 일어나니 도처에서 아사자와 병사자가 속출하고, 그나마 살아남은 자는 죽은 자의 살코기를 먹는 처참한 광경이 벌어졌다. 江戶時代 270년간에 대흉작이 130회인바, 그 대부분이 18세기 중기 이후에 집중되어 있다. 이것은 천재 이전에 봉건수탈이 극도에 이르러 농민생활이 여지없이 무너져가고 있는 상징적 사건이기도 했다.[294]

이에 상응하듯 18세기 중엽부터 天明期(1781~1788)에 걸쳐 全藩的인 농민 대봉기·폭동이 해마다 10건 전후 일어났다. 농민만이 아니었다. 도시의 민중봉기도 시작되었다. 享保 대기근으로 米價가 폭등하였을 때 江戶 시민들은 막부가 그들의 탄원을 들어주지 않자, 1733년 하층시민이 주동하여 2천여 명이 들고 일어나

---

291) cf. 衣笠安喜, 위의 글, p.104.

292) 1736년 8代將軍 吉宗에 의하여 勘定奉行으로 기용된 神尾春央의 말이다.

293) cf. 井上淸, 앞의 책 中, pp.42~49.

294) cf. 위의 책, p.51.

특권 쌀 도매상을 때려부쉈다. 이것이 근세의 대규모 '町人蜂起 = 우찌고와시'(うちこわし : 때려부수기)의 최초가 되었다. 그 뒤에도 町人의 '우찌고와시'가 봉건수탈에 항거하여 각지에서 심심치 않게 일어났다. 이리하여, 町人의 '우찌고와시'와 농민의 '一揆'(폭동)가 자연발생적으로 결합하여 德川 막부의 봉건체제를 위협하게 되었고, 막부 관료로 하여금 "참으로 난세 그대로"라고 술회하게 할 정도로 상황은 심각해지고 있었다.[295]

1787년 전국적인 대흉작으로 米價가 폭등하여 一揆와 '우찌고와시'가 빈발하고 있을 때 '京의 임금님'이 있는 京都에서는 禁裏御所(대궐)의 築地를 도는 '千度廻'라는 이름의 시위행진이 시민과 농민에 의하여 행하여지고 있었다. 조정의 권위를 빌려 米價의 인하와 쌀의 염가판매를 요구하는 것이었다.[296]

1842년(天保 13) 天保改革의 긴축정책으로 西陣의 불황이 심각화했을 때 京都 시민들은 죽은 천신에게 비느니 차라리 살아 있는 천신님께 빌자고 떨치고 나와 대궐로 가 '千度參'을 하고, 여러 사람의 고생을 구제해주도록 소리소리 빌었다고 한다. 1859년(安政 6) 開國貿易으로 生系高價에 괴로워하던 西陣에 "御所님(天皇)께 千度 아뢰도록" 하는 광고가 나붙었다고 한다. 千度參詣란 신사나 사원에 '1천 번을 참례하여 기원드리는 일로, 원래는 社寺에 봉사된 神佛에게 행하는 것이었다. 여기서는 千度參詣를 '살아 있는 天神님', 즉 천황에게 하고 있다.[297]

1837년 2월 大阪에서 町奉行所 與力(奉行에 다음가는 경찰 지휘관)이었던 大鹽平八郎이 미가 폭등과 관원의 무능, 그들과 특권상인과의 결탁으로 고생하는 시민을 구하고자 무장봉기하였다. 門人과 근교의 농민과 도시의 하층민 약 300명이 합세하여 鴻池家를 비롯한 특권상인의 집을 때려부수고 奉行이 이끄는 군대와 싸웠

295) cf. 위의 책, pp. 52~54.
296) cf. 衣笠安喜, 앞의 글, p. 105.
297) cf. 위의 글, p. 105f.

다. 이로써 大阪市街의 4할이 타버렸다. 그는 격문에서 다음과 같
이 쓰고 있다.

> 모두 神武帝의 政道대로 寬仁大度의 取扱으로 하여 遠年來 驕奢·
> 淫逸의 풍속을 한번 씻어 서로 고쳐 質素로 되돌아가 四海萬民이 언
> 제까지나 천은을 고맙게 여겨 父母妻子를 기르게 하고, 생전의 지옥
> 을 구제하고 사후의 극락성불을 眼前에 보게 하여 堯舜·天照皇太神
> 의 시대로 돌이키기 어려울진대 中興의 氣象으로 恢復시켜 돌아가게
> 하고자 한다.[298]

　大鹽은 위의 격문에서 중국의 성왕 堯舜과 나란히 天照皇太神의
시대를 이상화하고, 그 시대로 돌아가기 어렵다면 神武中興의 政
道에라도 돌이키자고 호소하고 있다. 大鹽의 사회개혁에 대한 의
지가 神話回歸的 지향으로 말미암아 민중과의 공감 형성에 성공하
고 있다는 점이 주목된다. 그는 반란에 실패하여 自刃하였다. 그
러나 大鹽의 亂은 민중을 고무하고 幕府諸藩을 크게 위협하였다.
大阪의 민중은 戰火로 집을 태운 자까지도 그를 원망하기는커녕
神처럼 여겼다고 한다.[299]

　같은 해 7월에 山田屋大助는 "一國一郡의 쌀을 만인에게 균분하
여 德政을 행하도록 천황으로부터 영주에게 명령하도록 한다"는
전단을 뿌려서 민중을 동원, 부호를 습격하였다. "神武帝御政道대
로"라고 한 大鹽의 구호는 어느덧 살아 있는 천황에로의 지향으
로 바뀌며, 이른바 '세상 바로잡기'(世直し), '세상 고루잡기'(世均
し)라고 하는 사회혁명운동으로 발전하게 되었다.[300]

---

298) "神武帝御政道之通寬仁大度之取扱にいたし遠年來驕奢淫逸之風俗を一洗相改
　　質素ニ立戻り四海萬民いつ迄も天恩を難有存父母妻子を被養生前之地獄を救
　　ひ死後の極樂成佛を眼前ニ見せ遣し堯舜天照皇太神之時代ニ復シかたく共中
　　興之氣象ニ恢復とて立戻り申へく候."(〈天保八丁酉年 大鹽の亂檄文〉, 大阪市
　　立博物館藏)
299) cf. 井上淸, 앞의 책 中, pp. 72~74 ; 衣笠安喜, 앞의 글, p. 104f.
300) cf. 井上淸, 위의 책, p. 74f.

봉건적 수탈 앞에서 현실개혁의 의지를 가지고 활동하는 민중
에게 천황은 오랜 동안 현실적인 정치에 간여하지 아니한, 바로
그 점에서 신화적 권위를 인정받아 왔다. 이것은 그 개인에게서
나온 것이 아니라, 神話的 존재인 天照大神의 '聖神의 德'으로부터
왔다. 민중의 '세상 바로잡기 운동'은 皇祖들의 태고적 국토창생
신화의 江戶時代的 재현으로 보인다. 그리고 천황신화가 어느덧
百姓一揆(農民暴動)의 동기와 이상이 되었는데, 지도자는 이로써
민중 동원의 에너지를 얻을 수 있었던 까닭이다.

1854년의 개항을 계기로 막부의 독재체제는 파탄의 징조를 보
이기 시작했다. 쇄국으로 간신히 유지되고 있던 일본의 봉건사회
는 개국과 함께 급격히 해체되어 갔다. 天保改革이 실패로 돌아간
1840년대에 이미 幕藩體制는 全 체제적 위기를 맞이하였던 것인
데, 개국이 이에 결정적 타격을 주었다. 막부는 개국 후 불과 8
년 만에 쓰러졌던 것이다.[301]

막부가 勅許 없이 개국한 데 대하여 尊王은 攘夷를 들고 나와
倒幕을 부르짖게 되었다. 사실 幕府가 1858년에 미국의 협박에
못 이겨 통상조약에 조인한 것은 신념의 소치가 아니라, 사세 부
득이한 것이었다. 그럼에도 佐幕派는 개국의 현실을 시인하는 입
장에 서야 했다. 攘夷 실행을 위해 막부를 넘어뜨리고 새 중앙정
권을 세우자는 양이론은 일본인이 본능적으로 가진 봉건적 排外
주의로 상승되고, 주자학의 華夷內外論으로 합리화되고, 일본이
神國이라는 국학적 도그마에 의하여 더욱 격화되었다. 夷狄을 일
본에 끌어들인 막부에 대한 증오는 높아갔고, 막부의 권위는 땅
에 떨어졌다.[302]

정국이 절박해지던 1867년(慶應 3)여름, 이른바 '에에쟈나이
까'(ええじゃないか;아무렴 어때!)로 지칭하는 민중의 광란적인

---

301) cf. 위의 책, pp. 83〜91.
302) cf. 위의 책, p. 94f.

소동이 西로는 近畿·中國·西國으로부터, 동으로 東海·江戶·橫浜
을 망라한 넓은 지역에 걸쳐서 일어났다. 전국 각지에 하늘에서
'天照皇太神宮', '太神宮'이라 적은 神札을 비롯한 유명 寺社의 부적
이 내려와 농촌·도시의 민중은 세상이 바뀔 때가 왔다고 광희하
며, 떼지어 춤추고 다녔다. 일단 이 소동이 일어나자 막부의 행정
기구 말단은 일시적이나마 완전히 마비되어 거의 무정부상태나
다름없는 혼란에 빠졌다. 이것은 결과적으로 倒幕派에 유리한 여
건을 조성할 수 있었다. 이 '에에쟈나이까'는 伊勢神의 神德의 은
혜를 구하여 江戶時代 후반에 주기적으로 일어난 伊勢神宮에의 집
단참궁 '오까게마이리'에 수반된 '오까게오도리'(춤)가 대규모로
폭발된 것이었다. 일본의 祖神 天照大神의 神德으로 대번에 세상이
바뀐다는, 神政에 대한 민중적 여망이 저변에 깔려 있었다. 대부
분의 지방에서 伊勢大神宮의 神札이 내리는 것을 계기로 하여 3,
4일, 길 때는 6, 7일이 넘도록 광란에 가까운 집단적인 춤이 밤
낮 없이 진행되었다. 그동안 거리의 가게는 문을 닫아걸고 마을
은 온통 축제분위기에 휩싸여 사람들은 남녀노소 할 것 없이 들
떠서 춤추고 노래 부르며 다녔다. '에에쟈나이까'가 진행되는 동
안 사람들은 무엇이든 허락된다는 해방감을 경험한다. 춤추는 민
중은 '에에쟈나이까'로 마치는 비속하고도 자포자기적인 문구의
노래를 소리 높이 부르며, 흙 묻은 신발로 지주나 富商의 집에 밀
고 들어가 酒食을 향응받았다. 이 군중적 난동은 전국 각지에서
기성의 질서를 혼란에 몰아넣고 봉건지배를 일시적으로 마비시켰
다. 이것은 기본적으로 신화재현으로 보인다. 극도의 무질서한 혼
란은 태고적 혼돈을 재현하고 있다. 내우외환으로 그지없이 불안
한 암흑의 시대에 日神을 불러내어 광명과 질서의 천지를 돌이킨
다는 신화적 동기가 잠재적으로 작용하고 있는 듯이 보인다. 이
소란에 참가하는 사람들은 남자는 여자, 여자는 남자, 노인은 젊
은이로 변장을 하고, 행동에도 자유방임주의가 적용되고 있다. 여
기에는 지금까지의 가족과 남녀간의 윤리를 파괴하는 내용도 있

고, 性 특히 女性器에 대한 猥雜性도 보인다. 그러나 이 운동에서
주목되는 것은, '세상 바로잡기'(世直し)에 대한 민중의 욕구다.
광적인 춤의 상태에서 민중은 모든 것이 허락된 것 같은 해방감
과 함께 이제부터 새 세상이 온다는 새로운 희망과 기대를 품어
보는 것이다. 洛北에 사는 어떤 인사가 채집한 〈神佛天降四季바꿈
노래〉에는 '세상 바꿈'에 대한 京都 민중의 의식이 드러나 있다.

　　　멀리 멀리 힘차게 天降하신
　　　神은 새 세상 바꾸어
　　　덕분으로 백성도 무사하니 고맙다.
　　　日本이 풍족하니 역시 서울
　　　오늘도 춤추나니 흥겨웁고야[303]

　또 이 운동에는 민중적인 배외의식도 더러 나타나고 막부의 종
말을 상징하듯 日光東照宮의 상여를 등장시킨 경우도 있었다.[304]
'에에쟈나이까'의 계기가 되는 神符의 강하는 본래 신령이 奇瑞를
수반하고 神符 등 형상을 빌려 나타난다는 飛神明의 신앙에서 유
래한 것이다. 일본인의 전통적인 신령 강하신앙을 교묘하게 이용
하여 敎線을 뻗어온 伊勢神宮인지라 '에에쟈나이까' 때의 降札도
伊勢神宮의 御師나 神主들의 작위였을 가능성이 짙다. 실제로, 降
札 내용은 伊勢神宮 관계의 것이 압도적으로 많다.[305] 討幕派의 정
치적 작위로 '에에쟈나이까'가 시작되었다는 해석도 있으나, 그러
기에는 너무나 광역에 걸쳐 있고, 또 그렇듯 많은 민중의 踊狂을

─────────────

303) "はるばるいさみてござる天降り/神はあらたな世なほりや/おかげおか
　　げで民もふじにて有難い日本ゆたかでやはりけふ/けふもをどるやにぎわ
　　しや."(〈慶應三年冬京阪地方に於ける神佛天降の巷說について〉,《歷史地理》
　　第25卷 第3號 ; 高木俊輔,《ええじやないか》, 東京 : 敎育社, 1979, p.141에
　　서 重引)
304) cf. 高木俊輔, 위의 책, p.63f.
305) 지방에 따라서는 火難을 除하는 神으로 알려진 秋葉大權現이나 南無阿彌陀佛
　　札이 伊勢神宮에 앞선 경우도 있었다.

그들의 작위로 돌리기는 어렵다. 오히려 討幕의 지사들은 이 소란을 타서 왕정 복고를 획책하였던 것이며, 이를 조장하고 이용하려고 했다는 것이 사실에 가까울 것이다.[306]

민중이 "아무렴, 어때" 하고 춤추며 날뛰고 있는 동안에 倒幕派는 비밀리에 정권 장악을 위한 획책을 진행하였다. 1867년 10월 將軍 慶喜의 大政奉還, 12월에 조정의 왕정 복고 선언, 이로써 江戶幕府는 종언을 고했다. '에에쟈나이까'의 광란에서 깨어나 보니 천황을 추대한 明治의 새 정부가 민중 위에 들어앉아 있었다.[307] 幕藩體制의 중압 아래 고통받던 민중들이 자기 해방을 위한, 세상 바꿈에 커다란 기대를 가졌던 것이나, 倒幕派의 추구하는 바는 근본적으로 이와 같지 않았던 것이다. '에에쟈나이까' 소동은 2세기 반에 걸친 幕藩制 지배로부터의 해방을 요구하는 민중 에너지의 목표 잃은 폭발로서, 농민과 도시민의 저항은 天照大神의 영위에 대한 환상과 기대로 현실감각을 잃은, 빗나간 것이 되고 말았다.

요컨대 민중은 '에에쟈나이까'의 광란 속에서 신화적 재생을 경험하였다. 자신들도 모르는 사이에 신화를 살고 역사의 대전환을 치렀다. 민중의 자연발생적 신화회귀 운동에 편승하여 정치적 목적 아래 '황실신화의 현대적 재현'을 성취한 계층은 倒幕派의 '지사들'이다. 그러나 그들의 황실신화 재현과 민중적 신화회귀는 본질적으로 불상용의 것이었고, 양자의 신화의식 사이에는 절대적인 차이가 있었음에도 불구하고, '에에쟈나이까'에 광란하던 민중들은 미처 그것을 깨닫지 못하였던 것이다. 종교적 흥분과 광란이 진정되고 났을 때 伊勢의 神은 이미 민중의 現世利益神 天照大神이 아니라, 國家神道의 최고신 天照皇太神으로 변모해가고 있었다.[308]

---

306) cf. 高木俊輔, 앞의 책, pp. 208～212.
307) cf. 衣笠安喜, 앞의 글, p. 108.
308) cf. 村上重良, 《國家神道》, p. 83f.

6. 近代君主體制下의 '神國' 志向

1) 明治期의 가미즈꾸리(神制定)

江戸幕府는 1867년(慶應 3) 10월 마침내 조정에 大政을 봉환함으로써 근대 천황제 정권의 발족을 보았다. 新政府는 동월 17일에 神祇官을 비롯한 太政官을 각각 舊儀에 따라 재흥한다는 구상을 표명했고, 다음해 정월 17일 神祇科를 필두로 한 七科를 太政官 밑에 두는 제1차 관제를 발포하였다. 중세 이후 명목화되고, 江戸時代에는 吉田家에 神祇官代가 형식적으로 설치되어 있었던 중앙정부의 神祇關係의 관청이 이제 명실공히 부활하게 되었다. 3월 13일, 五個條의 誓文을 발포하기 전날의 포고에서 神祇를 재흥하는 일에 관하여 다음과 같이 밝히고 있다.

> 이번 王政復古는 神武創業의 비롯에 근거하여 모든 일을 一新하고, 제정일치의 제도로 회복하신 데 대하여는 먼저 제일로 神祇官을 再興 造立한 위에, 차차로 여러 祭典도 일으키시도록 분부가 있으셨다.[309]

위의 포고에서, 明治維新의 주체들이 비록 근대적 개혁을 지향하고 있으면서도 그 근본에 전근대적인 복고정신과 神武創業으로 상징되는 신화적 발상이 깔려 있다는 사실을 알 수 있다. 요컨대 위의 포고는 王政復古·祭政一致·神祇官再興의 이념과 전국의 신사·

---

309) "此度, 王政復古神武創業ノ始ニ被爲基, 諸事御一新祭政一致之御制度ニ御回復被遊候ニ付テハ, 先第一, 神祇官御再興御造立ノ上, 追追諸祭典モ可被爲興儀被仰出候."(cf. 村上重良,《國家神道》, p. 85에서 重引)

신직을 神祇官에 부속시킬 것에 대한 원칙을 밝혔다. 이로써 神道
國敎化의 구상이 정식으로 드러난 셈이다. 다음날 거행된 五箇條
誓文의 발포는 바로 위에서 밝힌 이념에 따라 그 형식이 마련되
었다. 즉 天皇은 공경·제후·백관을 거느리고 天神地祇에게 國是
를 서약하는 것이다. 서문은 일정한 開明性을 갖추고 있었으나,
第五條 "智識을 世界에 求하여 크게 皇基를 振起할 것이라"에서 皇
基(天皇에 의한 국가통치의 기초)의 振起가 주창되고 있듯이, 基調에
는 天皇親政의 새 국가에 대한 충성이라는, 다분히 전근대적 가치
가 발견된다. 誓祭에 이어 3월 20일 천황은 關東親征을 위해 軍神
祭를 宮中 南殿에서 親祭하였는데, 여기서는 天照大神과 大國主神·
建御雷神·經津主神이 제단에 봉안되고, 천황은 이들에게 배례하고,
스스로 제문을 읽어 親征을 고하고 神助를 빌었다. 關東을 진정한
뒤인 4월 9일에도 역시 南殿에서 軍神祭를 지냈는데, 모든 절차나
취지로 보아 神武東征이라는 신화적 사건의 明治的 재현이라는 성
격이 짙다. 군신제에서 나타난 천황—제사—군사의 관련은 고대
적인 것이며, 더욱이 신화적 발상에 그 동기를 갖는 것이 아닐 수
없다.

皇祖神을 봉안한 伊勢神宮에 천황이 참배하는 일은 持統天皇 이
후 선례가 없었다. 1869년(明治 2) 東京 奠都에 앞서 천황은 재차
東京에 행차하였는데, 도중 伊勢神宮에 참배하였다. 천황 참배는
선례가 없는 일이라 神宮側에서는 '親謁'이라는 말을 써서 現人神
으로서의 천황의 신화적 권위와 일본의 최고신 天照大神의 신격과
를 대등한 것으로 다루었다.[310] 明治期에 들어서면서 천황은 현실
에 숨쉬는 신화적 존재로 숭화되어 가고 있었다. 이 뒤에 벌어지
는 일련의 사건들은 이와 같은 문맥에서 파악된다.

明治天皇은 관제개혁에 앞서 1869년 6월 28일 神祇官에서 八神·
天神地祇·歷代皇靈을 불러 親祭하며 제정일치, 皇道興隆의 대방침

---

310) cf. 村上重良, 위의 책, p. 90f.

을 奉告하였다. 천황이 親祭한 八神[311]은 神武天皇이 奉祀한 것으로 전하는 天皇守護의 皇神八位를 말한다.

神佛判然令(1868. 3. 17·28)으로 神道國敎化에 일대 장애가 되고 있던 불교세력을 神社 경내에서 몰아낸 明治政府는 1871년(明治 4) 5월 神社에 대하여 社格을 제정하여 다원적인 원류를 가진 전국의 神社를 정부의 일원적인 통제 밑에 넣어 국민의 신앙을 지배 관리하는 조치를 취하였는데, 일찍이 없었던 일이다. 그리하여, 신사는 官社(官幣社·國幣社)·府縣社·鄕社·村社 및 無格社의 五格으로 서열화되고, 중앙집권적으로 재편성되었다. 이에 따라 세습제였던 神官神職도 임명제로 바뀌었는데, '神社의 일은 國家의 宗祀로서 一人一家의 私有로 할 것이 아니라'는 이유에서였다.[312] 신사의 社格을 제정하는 과정에서, 특정한 祭神이 없던 지방의 작은 신사들은 중앙에서 파견한 관료들이 적당한 제신을 골라서 정해주었다. 이보다 앞서 1869년 神佛分離 때에도 전국적으로 神佛 習合的인 제신은 불교색이 없는 국가신화상의 신으로 대체되었다. 일례로 惠那郡蛭川町의 경우 主祭神의 대체상황을 보이면 아래와 같다.

現在社名	舊主祭神	新主祭神
安弘見神社	牛頭天王	素戔嗚命
白山神社	白山妙理大權現	?
內理神社	藏王權現	安閑天王
田原神社	八幡大權現	譽田別尊
奧渡神社	八王子天王	國狹槌尊[313]

이 무렵 '神社 고치기'(神社改め)라 하여 전국을 분담하여 각 지

---

311)《古語拾遺》에 기록된 "高皇産靈·神皇産靈·魂留産靈·生産靈·足産靈·大宮賣神·事代主神·御膳神" 등 八神을 이른다.
312) cf. 村上重良,《國家神道》, p. 95f.
313) cf.《蛭川村史》; 安丸良夫,《神々の明治維新》, 東京 : 岩波書店 1979, p. 102f.

방을 순회하며 마을의 神祠를 檢分하고 神佛을 분리하고, 神體·장식 등을 '바로잡아주고', 또 神名을 정해주던 관원의 존재를 볼 수 있다. 新潟縣社祠方에 小池嚴藻는 蒲原5郡과 岩船郡을 담당하였는데, 그 결과를 《神社廻見記錄》으로 남겼다. 이에 의하면 瀧原村의 多伎神社에서는 不動像 대신 鏡을 神體로 삼게 하였고, 小見村의 八幡宮에서는 梵字를 새긴 파란 돌 대신 거울을 神體로 삼게 하였다고 했다. 越御堂村의 床浦社의 제신은 본래 疱瘡神이었는데, 전년에 白川家의 許狀을 받아 床浦社로 개칭하고, 神武天皇을 제신으로 삼았었다. 小池는 白川家의 許狀이 있었다고는 하나 疱瘡神을 神武天皇으로 바꿔치기 한 것은 너무 황공한 일이라고 타일러 깨우쳤다고 하였다.[314]

앞에 소개한 蛭川村의 경우 廢毀된 寶林寺의 寺領 處分金으로 神鏡六面을 구입하여 安弘見神社의 神體인 불상을 치우고, 둥근 거울로 바꾸었고, 합장하고 배례하던 지금까지의 방식을 불교식이라 하여 폐하고, 박수 두 번 치고, 머리를 땅에 붙이고 나서 다시 박수 두 번 치는 神拜式을 제정하였다.[315]

위의 예에서 보듯 明治의 神社 고치기는 전국 방방곡곡 조직적으로 철저하게 진행되었다. 그러노라니 부작용도 적지 않았다. 縣官이 琵琶湖의 竹生島에 봉안된 弁財天을 都久夫須麻神社로 바꾸도록 강요하면서 이를 반대하는 자는 朝敵과 같고, 고집하려면 天竺國에 귀화하라는 등 끝까지 불응할 때에는 불살라버린다는 등 이루 말할 수 없는 공갈과 협박을 妙覺院에 가한 사례가 있었다.[316]

정치권력에 의한 寺社에 대한 이와 같은 간섭은 민속신앙에 크게 배치하는 것으로 민중의 정신생활에 커다란 위협이 되는 사실이었다. 민속신앙상의 신들은 《記紀》神話와는 무관한 존재들이 많았고, 또 그런 신들을 제사하는 신사들은 소박한 의미의 민중의

314) cf. 安丸良夫, 위의 책, pp.162~164.
315) cf. 위의 책, p.103.
316) cf. 위의 책, p.157.

신앙과 긴밀히 연결되어 있었다.[317] 明治政府는 이와 같은 문제에
눈감아버리고, 오로지 중앙집권적인 천황 통치권의 강화로 근대
적 국가체제를 추진한다는 목적 아래 국민의 내면성마저 완전히
손아귀에 넣고, 다만 국가가 설정하는 규범과 질서를 향해서 국
민의 內發性을 조달할 수 있도록 신앙세계에서마저 작위적인 신
앙체계를 강요해 갔던 것이다.

2) 皇室祭祀의 擴散

明治 정부는 전국에 산재하는 17만여 개의 大小神社를 그 내력
여하를 불문하고, 伊勢神宮과 皇居(대궐)의 神殿(賢所)을 정점으로
한 神體系 안에 서열화하여 황실 제사에 직결 내지 종속시켰다.
재편된 神體系는 최상위에 《記紀》神典에 나오는 神들과 皇靈을 두
고, 다음에 諸國의 유명 신사와 국가의 공신, 저변에 마을의 氏神
과 祖靈을 배치한 것이다. 그 이외의 종교적인 것은 몰아서 淫祀
나 邪敎로써 배척하였다. 위의 神體系 밖에서, 혹 국가지배로부터
벗어나려고 하는 인심을 지배질서 안으로 끌어들이기 위해서 치
밀하게 계획된 개편이었다.[318] 이로써 국민은 다른 선택의 여지
없이 자신의 생활권 안에 現人神인 천황의 조상신과 관련된 종교
시설을 상비하게 되었고, 황실과 神道家 혹은 국학자가 秘傳하여
온 황실 제사와 전승상의 신들을 자신들의 민속신앙과 토속신의
자리에 들어앉게 되었다.

---

317) 本居宣長도 "오랜 神社들에는 어떤 신을 제사하였는지 알 수 없는 것이 많
    다. 神名帳에도 모두 제사한 신의 이름은 적혀 있지 않으며, 다만 그 社號만을
    들었을 뿐이다. ……옛날에 그렇게 제사하던 神을 굳이 몰라도 좋았다. 그런
    데 후세에서는 반드시 제사하는 신을 몰라서는 안 되는 것으로 알아서, 알려지
    지 않은 것은 억지로 알려고 함으로써 백방으로 구하고, 혹은 社號에 의하여,
    神代의 글에서 약간 비슷한 神名이 있으면 무작정 그 신으로 정하는 예가 많아
    그 社에 전하는 설도 믿을 수 없는 것이 많다"(《玉かつま》7卷)고 하였다.
318) cf. 安丸良夫, 앞의 책, p. 120.

1871년 '切支丹邪宗門'의 전파를 막기 위한 대항조치로서, 이른
바 '氏子調査'(氏子調べ)가 시작되었으나, 1873년 기독교 포교가
공인되면서 전국적 실시 단계에서 갑자기 중지되었다.[319] 비록 1
년 10개월 만에 실패로 돌아가기는 하였으나, 이 제도를 고안한
의도는 주목할 만한 점이 있다. 신사로 하여금 지역마다의 호적
작성과 관리에 관여하게 하여 전국민을 신사의 氏子로 장악하게
하는 데 있었다. 출생한 아이는 의무적으로 그 지역의 신사에서
'守札'(호신용 부적)을 받아 소지해야 했고, 실시 당시 守札을 안
가진 자는 老幼를 막론하고 戶長을 통해 신사로부터 이를 받아 소
지해야 했으며, 6년마다 검사를 받도록 되어 있었다.[320] 氏子制
아래에서의 국민은 일본 땅에 나는 순간부터 본인의 의사와는 관
계 없이 村社의 氏子로 살게 되는 것이며, 죽고 나서 守札을 반환
함으로써 비로소 氏子 생활을 벗어날 수 있다. 이와 관련하여 一
村一社를 원칙으로 하고, 마을의 신사가 그 지역 종교체계의 중핵
을 이루게 되었다. 이것은 祖靈崇拜로부터 皇祖神崇拜로 연결되는
한층 더 큰 祭祀體系의 단위조직이나 다름없었다. 一村一社를 원
칙으로 한 村氏神의 성립은 그 이외의 잡다한 神佛을 배제하게 하
는 것과 동시에 다른 한편 국가가 제시하는 신들의 체계를 수용
하는 편리한 받침 구실도 하였다.[321] 1871년 3월, 神武天皇祭에
임하여 神祇官은 布達을 보내어 향촌의 氏神 神職으로 하여금 氏子
에게 大和의 방향으로 遙拜시키도록 요구하고 있다. 마을마다의
실시상황은 알 수 없으나, 이 布達이 의미하는 것은 마을의 氏神
에 국가적 제사를 수용하게 함으로써 촌락생활 내부에까지 인심
통합의 그물을 치려고 한 국가의 의도를 알 수 있다.[322]

---

319) cf. 西垣晴次,〈國家神道と地域神社〉, 五來重外 編,《講座 日本の民俗宗教》,
　　　東京 : 弘文堂, 1979, p. 365f.
320) cf. 村上重良,《國家神道》, p. 96f.
321) cf. 安丸良夫, 앞의 책, p. 131f.
322) cf. 위의 책, p. 132f.

한편 정부는 伊勢神宮의 개혁에도 착수하였다. 伊勢神宮은 江戶
時代에는 일본의 祖神이며 현세이익신으로서 민중의 신앙을 모아,
'누께마이리'(拔けまいり),[323] '오까게마이리'니 하는 집단참궁이
주기적으로 유행했던 것은 앞에서 서술한 바와 같다.

明治維新은 모든 신사를 일원적으로 재편성하고, 그 정점에 伊
勢神宮을 떠받들게 하면서부터 갑자기 伊勢神宮으로부터 민중적
성격을 제거하여, 모든 신사의 本宗으로서 장엄하고 위엄 있는 至
聖所로 꾸려갈 필요가 있었다. 1869년에 행한 천황의 이례적인
伊勢神宮 참배도 천황의 신화적 권위와 伊勢神宮의 神威와의 일체
화를 노렸던 것으로 보인다. 1871년 7월의 개혁으로 伊勢神宮은
皇大神宮(內宮)의, 豊受大神宮(外宮)에 대한 우위를 확보하였다.
그리고 명실공히 정부의 관할에 들게 되었다.[324]

중세 이후 거의 명목화된 천황의 元號 제정권은 1644년(正保
元年) 江戶幕府의 의향으로 부활되었으나, 즉위 改元의 예에도 불
구하고 길흉사가 있을 때마다 잦은 개원이 있었다. 1868년 즉위
한 明治天皇은 즉위와 동시에 '明治'로 개원하고, 一世一元制의 채
용을 포고했다. 이것은 새 지배자가 된 천황과 元號의 일체화를
의미하는 것이었다. 이것은 번쇄한 개원에 따른 사회생활상의 불
편을 이유로 행하여졌으나, 실은 元號가 현 천황의 정치지배의 존
속을 나타내고, 천황이 일본 국토의 시간을 지배한다는 신화적
성군으로서의 의미가 더 중요했던 것이다.[325] 이리하여 일본 국민
은 세계의 다원적인 시간의 줄기로부터 떨어져나와 일본만에 통
용되는, 皇紀와 元號로 상징되는 천황과 一體인 정치적 시간을 살
지 않으면 안 되게 되었다.[326]

정부는 이에 만족치 않고 축제일에 대하여도 통제하기 시작했

---

323) 고용인이 몰래 직장을 이탈하여 參宮하는 것을 이르는 말.
324) cf. 村上重良, 《天皇の祭祀》, p.72f ; 《國家神道》, p.153.
325) cf. 村上重良, 《天皇の祭祀》, pp.121~123.
326) cf. 위의 책, p.124.

다. 幕末까지 내려온 전통적인 축일에 五節句[327]와 八朔(8월 1일)[328]
이 있는 외에 달마다 3일의 式日이 있었다. 그러나 이들은 改曆
직후(1873년 1월 4일) 폐지되었다. 그 대신 神武天皇卽位日(1월 29
일, 뒤에 2월 11일)과 天長節(天皇誕生日 ; 11월 3일)을 國祝日로 정
하였던바, 동년 10년 14일 대폭 확충하였다. 紀元節·天長節·元始
祭·新年宴會·孝明天皇祭·神武天皇祭·神嘗祭·新嘗祭를 축제일로 정
하고 휴일로 삼았다. 이들은 궁중행사나 황실 제사를 기본으로
하여 제정되었던바, 이를 통해 천황의 존재와 그 제사의 의의를
해마다 정례적으로 국민에게 주입하는 날을 갖게 되었다.[329] 그
뒤에 몇 차례 손질하여[330] 축제일의 체계는 정비되었다. 학교 교
육의 보급은 교육의 장에까지 천황의 제사에 근거한 축제일을 끌
어들이게 함으로써 국민에 대한 교육효과는 해와 더불어 지대해
졌다. 축제일의 체계적 설정은 황실제사로 보증된 現人神 천황의
존재를 국민생활의 구석구석에까지 깊이 침투시키는 구실을 하였
다.[331]

明治정부는 종교의례가 갖는 공동체적 결합과 통일의 정치적
기능을 어느 시대의 정부보다 확신하고 있었던 것 같다.

신사 제사의 기준을 황실 제사에 두었던 明治정부는 明治維新
직후부터 이의 새로운 제정과 체계화를 급속히 추진하였다. 1888
년(明治 21) 예로부터 천황의 祭祀場으로 내려온 賢所 외에 皇靈
殿과 신전을 皇居內에 造營하고, 다음해 1월에 神器인 거울·皇靈·
天神地祇가 遷座되었다. 이른바 宮中三殿으로서 神嘉殿과 함께 皇

---

327) 五節句中 桃(上巳), 端午는 節分 등과 함께 민간습속으로 남고, 다른 것은
쇠하였다.
328) 德川家康이 江戸에 쳐들어간 것을 기념하는 날.
329) cf. 村上重良,《天皇の祭祀》, p.125f.
330) 1878년에는 조상숭배의 습속으로 정착되고 있던 春秋의 彼岸을 국가의 관리
아래 넣기 위해 春秋 두 계절의 皇靈祭(春分日·秋分日)로 제정하여 祭日에
넣었다.
331) cf. 村上重良,《天皇の祭祀》, p.126f.

室神道의 大小祭儀의 場이 되었다. 賢所는 신기인 거울을 봉사하였
는데, 伊勢神宮內宮의 代宮이라는 성격을 띤 성소다. 皇靈殿은 역
대천황·황후·황비·황친 등 2,200여 신령을 합사하였고, 신전은
天神地祇 八百萬의 神을 봉사하고 있다. 皇居內에 이렇듯 정제된
형식의 신전을 두는 일은 고대 천황제 이래의 전통에는 없는, 근
대 천황제국가의 창안으로 다분히 정치적 동기를 내포한 것이었다.

황실 제사에 大祭·小祭의 구별이 있는데, 이들 제사는 그 태반
이 明治維新 후에 새로 제정된 것으로, 대개가 천황의 조상에 대
한 제사와《記紀》神話에 의거한 정치색 짙은 제사들로, 황실 제사
가 단순한 古儀의 再興繼承에 머물지 않고, 국민에 대한 교화의
원점으로서 설정되었다는 인상이 짙다.[332]

정치지배자의 통치권의 근거를 직접 고대신화에 관련짓는 방식
은 근대국가로서는 유례가 없다. 그런 만큼 국가로서는 그와 같
은 신화적 근거를 그럼직한 대규모의 의례로써 연례적으로 구상
화하여 나타내어 국민으로 하여금 계통적으로 주입받아 그런 생
각에 익숙해지고, 그런 분위기에 길들여지게 할 필요가 있었다.
《記紀》神話를 재현하는 각종 제의가 明治 초년에서부터 잇따라 창
안된 것도 따지고 보면 천황의 정치지배를 신화적 종교적 차원에
서 근거잡아 확실하게 하려는 데 있었다고 보겠다.[333]

3) 擬神話의 神典化

근대적 천황제국가를 지향한 明治維新은 천황 親政을 기본 정체
로서 표방하였고, 그 근거를《記紀》신화에 두고 있었다. 즉 皇祖
神 天照大神의 명령으로 천손이 이 나라에 강림하였고, 그 자손이
이 나라를 통치한다는 것이다. 그리하여 이것을 널리 국민에게

---

332) cf. 위의 책, pp. 65∼69 ;《國家神道》, pp. 146∼151.
333) cf. 村上重良,《天皇の祭祀》, p. 75f.

깨우쳐 알리고 확신시키는 제의가 창안되었는데, 《記紀》신화에
직접 관련된 제의로, 元始祭(연초에 天孫降臨, 즉 황위의 始源기념),
紀元節祭(제1대 神武天皇의 즉위 기념), 神武天皇祭(皇太宗인 제1대
천황의 威德 기념), 春秋二季의 神殿祭(天神地祇 기념) 등이 창안되
었다.

　《記紀》신화에 의거하여 천황의 일본 통치를 정당화하려는 明治
정부의 노력은 그럼에도 불구하고 반드시 《記紀》신화를 그대로
재현하는 것일 수는 없었다. 말할 것도 없이 이들은 나름의 정치
적 의도에 따라 진행되었는데, '나라 만들기'(國作り)에 필요하다
면 《記紀》신화의 재현은 물론, 이것의 整合도 사양치 않았다. 이
들에게 신화는 역사를 보증하는 사건이 되어야 했다. 신화와 역
사를 연결하는 작업은 필연적으로 역사와 신화에 대한 인위적인
整齊를 가져왔다. 우선 제1대 神武天皇으로부터 明治天皇까지의
황통을 정비하여 '萬世一系'를 입증하는 일이 중요했다. 그럼으로
써만 現天皇의 정당한 황위 계승자임과 통치권의 정당성이 국민
앞에 밝혀질 것이기 때문이다. 그리하여, 明治維新 직후부터 정부
는 역대 천황의 신격화를 꾀하는 한편, 주지의 역사적 사실까지
도 무시하고 122대 明治天皇에 이르는 황통을 인위적으로 정리하
여 '萬世一系'를 만들어 놓고 말았다. 南北朝의 正閏問題에서는 南
朝를 정통으로 확정하는 태도를 보였다. 그리고 역대 천황의 묘소
를 고대에까지 거슬러올라가, 황릉으로 결정하여 修補하였는데,
그 가운데는 실제로 누구의 무덤인지 고증되지 않은 것도 상당수
포함되어 있다.[334] 역대천황의 正辰日(命日)을 정하였고, 이 모든

---

334) 제1대 神武陵(ジブデン)은, 《紀》의 壬申亂 기사에 보이는 것을 믿는다면 7
　　세기 후반까지 神武陵으로 일컬어지는 것이 있었다고 할 수 있다. 그러나 고고
　　학자의 의견으로는 畝傍山 주변에 그럼직한 초기 고분이 발견되지 않았다는
　　것이다. 중세 이래 소재불명이던 것을 幕末에 幕府와 조정에서 정한 것이 현재
　　의 神武陵인바, 당초 세 후보지 가운데 大久保村의 'ジブデン'이라는 무덤을
　　神武陵으로 정하였는데, 당시의 기록으로는 장방형의 土壇으로, 옛 절의 기단
　　이 아니었던가 한다. 1863년 神武陵으로 정해지고, 지금은 직경 약 35미터,

작업은 史實을 밝히는 데 목적이 있었다기보다 '萬世一系'의 황통을 역사상의 사실로 정리함과 동시에 '확실한 증거'로 내세우려는데 목적이 있었다. 그리고 신격화된 역대의 천황을 皇祖神들과 일체화하는 '皇祖皇宗', '祖宗'이라는 새로운 관념을 만들어냈다. 明治 이전에는 없었던 관념이다. '皇祖'는 신화상 천황의 조상을 가리키는 말로, 보통 天照大神을 지칭하였던 것이나 근대 천황제 밑에서는 天照大神으로부터 神武天皇에 이르는 여러 대를 가리키는 경우가 많았다. 皇宗은 제2대 綏靖天皇부터 전 천황인 孝明까지의 역대천황을 말했는데, 神武를 포함하는 경우도 있었다. '皇祖皇宗'이라고 할 때는 신인 天照大神으로부터 전 천황 孝明까지의 연속성을 의미하는 것이 된다.[335] 이것은 神代와 人代와의 일체화를 암묵리에 가리키는 결과를 가져왔다. 이와 같은 일련의 작업은 어느덧 신화와 역사를 단단히 연결해 갔던 것으로 보인다. 《記紀》신화는 근대적 천황제국가의 정치이념 아래 국가 제의화되면서 인위적인 통제작업의 모순과 약점을 심각하게 드러냈다.

1880년(明治 13) 神道 사무국의 神宮遙拜所 祭神문제로 神道界는 伊勢派와 出雲派로 대립 분열되었다. 遙拜所의 제신으로 造化三神과 天照大神을 생각하는 伊勢神宮系에 대하여 出雲系에서는 幽冥

높이 2.5미터의 圓墳의 모양이 되어 있으나, 이것은 明治 이후의 수정으로, 본래의 모습은 아니다. 제1의 후보지였던 四條村의 塚山은 현재 제2대 綏靖陵이 되어 있다. 제8대 孝元天皇까지의 陵은 대부분 단순한 언덕이나 산의 돌출부에 지나지 않는다. 제2대 綏靖陵과 제9대 開化陵은 고분이나, 외형으로 본축조연대는 4세기 후반 이후로 초기의 천황릉으로는 생각되지 않는다. [cf. 直木孝次郎, 〈記紀と神話〉(直木孝次郎 外, 《神話と教育》, 東京 : 新日本出版社, 1971), pp.16~28]

本居宣長의 글에 竹口英齋가 神武陵을 고증한 내용을 소개하였는데, 山本村인 神八井耳命의 墓山에서 동쪽, 小泉堂村에서 남쪽, 大久保村에서 서쪽의 保良村이라는 마을 근처인바, 근처 田地의 이름에 神武田(ジブデン) 또는 '미산자이'(みさんざい)라는 곳이 있는데, 여기를 神武陵으로 비정하였다고 하며, 앞서 綏靖陵이라 하는 곳을 神武陵으로 비정했던 자신의 생각을 당치 못한 것으로 썼다.(cf.《玉かつま》3卷 ; 사진 11·13)

335) cf. 村上重良, 《天皇の祭祀》, p.88f.

界의 主宰神 大國主命을 더하여 5柱를 祭神으로 할 것을 주장했다. 이것은 顯幽二界, 즉 生과 死에 관련된 것으로서 신도를 이해하는 태도였다.[336] 반대파는 신궁 요배소의 성격을 이유로 大國主命의 제사를 극력 반대했다. 이 문제를 해결하기 위해 칙명으로 神道大會議가 열렸으나, 합의를 볼 수 없어 끝내는 勅裁를 기다릴 수밖에 없게 되었다. 천황은, 요배소 祭神은 궁중에서 奉齋하는 신령으로, 이들은 모두 승천한다고 정하여, 사실상 出雲派의 주장을 물리쳤다. 천황이 간여하여 사태는 간신히 수습되었다고 하나, 이 사건은 '신도'에 기준이 될 교의가 완성되어 있지 않으며, 각파의 교의도 이론적 모순을 내포하고 약점이 적지 않음을 드러냈다. 신도의 종교체계로서의 미숙성이 일거에 노정되었던 것이다.[337] 이 것은 더 넓은 시야에서 볼 때 《記紀》신화의 실상을 도외시하고 오로지 천황 통치권의 근거로만 신화를 정제해갔던 擬神話運動의 취약한 한 측면을 보여준 사건이었다고 하겠다. 그러나 정작 당국자는 이 사건에서 신화에 대한 한층 더 철저한 전면적 整合作業의 필요성을 간취하였을 뿐이었다. 그리하여 神道大會議 직후 '敎義의 展開講究'를 위한 기관을[338] 세웠던 것이다.

　제사와 현세이익의 기복 등으로 氏子崇敬者의 생활과 연결되어 있던, 토착의 小神社들은 위로부터의 祭式의 획일화로 민중의 신사였던 것으로부터 국가 신사에로의 변질을 강요당하였다. 국가의 신사가 됨으로써 그것의 주요한 의례는 황실 제사의 연장이 되고 말았고, 따라서 민중의 생활로부터 동떨어진 것이 되지 않

---

336) 伊勢神宮과 出雲大社의 창립은 같은 과정의, 宇宙軸의 동서에서의 二元的 對向으로, 大和를 거점으로 전국 지배의 형태로 발전해나간 왕권의 정치적 종교적 표현, 즉 大和王權의 통일과정의 神話的 辨證法의 표현으로 봄이 양자관계를 근원적으로 이해하는 길이다.(cf. 西鄕信綱,〈神話의 範疇에 대하여 ― 伊勢와 出雲〉,《文學》35, 東京 : 岩波書店, 1967, p.142)

337) cf. 村上重良,《國家神道》, pp.115~117.

338) 神道事務局內에 皇典講究科를 설립하였는데, 이것은 뒤에 皇典講究所로 독립하였다. 東京帝國大學에는 古典講習所, 伊勢神宮의 宇治林崎文庫에는 皇學館이 신설되었다.(cf. 위의 책, p.117)

을 수 없었다. 일반민중도 社殿 안에서 영위되는 장중하고 격식 바른 제전에 별 관심을 가질 수 없었다. 1870년(明治 4) 신궁 개혁 이후 神宮司廳이 大麻를 만들어 지방관을 통하여 전국에 배포하기로 되었다. 종래 신사에서 氏子에게 주던 대마는 부적의 성격이 농후했는데, 새 대마는 神璽의 성격이 주어져, 이름도 '天照皇太神宮大麻'로 적혀 있었다. 官에 의하여 대마 배포가 실시되면 전국의 집집마다 皇太神宮의 分靈을 봉사하는 것이 되었다. 대마의 강제 배포는 지역의 전통적인 종교체계를 파괴하는 것이었으므로 민중들로부터 많은 반발을 받아, 결국 관에서 관여하지 않기로 하고, 그의 受否를 '人民의 自由'에 맡기게 되었다.[339] 그러나 昭和 期에 國體의 교의를 철저하게 보급한다는 명분 아래 집집마다 반드시 神棚을 설치하고 神宮大麻를 봉사하도록 호소하였다. 결국 昭和에 이르러 대마가 전면적으로 부활되었던 것이다.[340] 대마 배포에서 볼 수 있는 것은 '大麻奉祀'를 통해 전국민이 집집마다 神域을 가지고 신화를 살게 된다는 사실이다. 정부에 의하여 조작된 신화의식이 전국토 전국민을 심령적으로 묶어 무엇인가를 향해 분출할 수 있는 에너지로 준비되고 있었다는 사실도 생각할 수 있다. 새로 만들어낸 의례까지도 마치 유원한 옛날부터 계속되어 내려온 의례인 듯한 착각을 광범한 국민에게 줌으로써[341] 조작된 신화의식이나 의례에 권위를 갖게 하였는데, 전통적인 듯하면서 실은 전통으로부터 의도적으로 단절된, 반전통적 면도 있었다.

天岩戶神話의 天宇受賣의 歌舞에서 유래한 '神樂'은 황실제사에서 비교적 오랜 전통을 가진 것으로, 일반에서 행하는 '오카구라' (里神樂)와 구별하여 '미카구라'(御神樂)라 불렀는데, 12월 중순

339) cf. 安丸良夫, 앞의 책, pp. 134~137.
340) cf. 村上重良,《國家神道》, p. 158f.
341) 國家神道는 神代에 淵源하는 惟神道를 강변하는 것 이외에는 국민을 강제할 근거를 가질 수 없는 종교였으므로 복고주의야말로 그 본질이었다. 그 까닭에 儀禮에서는 古式과 古制가 부러 강조되었다.(cf. 위의 책, p. 159)

賢所 앞뜰의 神樂舍에서 연주하여 皇祖神을 제사하고, 그 神靈를 위안하는 古制의 제의이다. 賢所御神樂은 平安中期인 1002년(長保 4) 12월에 시작되어 격년으로 행하여지다가, 平安後期 1077년(承曆元年)부터 매년 행하여졌다. 중세 이후 황실 제사가 폐절되면서 이 제의도 가끔 중절되다가 明治維新으로 부흥되었다. 이것은 신화를 재현해 보이는 가무로 된 제의로, 賢所御神樂 외에 孝明天皇祭, 紀元節祭 등에서도 행하여졌는데 1889년(明治 22)부터는 伊勢神宮의 神嘗祭에서도 행하여지는 것이 허락되었다.[342] 황실 제사 연원의 심오함을 드러내 보임으로써, 천황의 신화적 권위를 뒷받침하는 데 神樂의 재현은 의미 깊은 것이 되고 있다.(사진 43)

幕末 왕정 복고의 조서(1867년 12월 9일)에서 '諸事神武創業之始에 의하여'라고 선언한 데서 볼 수 있듯이, 이때 이미 明治天皇을 제2의 神武天皇으로, 明治維新을 神武時代의 再來인 듯한 인상을 주려고 한 정책수립자들의 의도를 알 수 있다. 1889년(明治 22) 2월 11일 발포된 《帝國憲法》은 외견상 立憲君主制의 형태를 취하고 있으나, 본질적으로는 절대주의 천황제를 확립하는 데 주안을 두고 있음이 분명했다. 7장 76조로 된 《帝國憲法》은 萬世一系이며, 신성불가침의 천황이 일본국의 유일한 주권자임을 선언하고 있다. '만세일계'니 '신성불가침'이니 하는 신화적 권위를 빌려 천황제를 절대화하고 있다. 따라서 이 헌법조항으로 말미암아 일본의 신화는 천황권을 지키는 방패로서, 그 이외의 어떤 의미로도 논의의 대상이 되는 것이 금기되었다. 신화의 원전인 《記紀》 등의 책은 '神典'으로서만 받들어지는 것이 되었다. 1904년(明治 37) 일본 신화학의 선구자인 高木敏雄은 《比較神話學》 서문에서 다음과 같이 쓰고 있다.

돌이켜보면 이미 10여 년 이전, 일본 고대사의 연구, 甚히 隆盛을

---

342) cf. 村上重良, 《天皇の祭祀》, pp. 98~100.

極한 당시에 神代史 硏究의 필연의 결과로서 일본신화의 연구 또한 그 萌芽를 發하려 하였더니라. 불행하게도, 차마 말할 수 없는 어떤 사건의 발생으로 神代史 연구의 발달에 一頓挫를 가져온 까닭으로, 학자 또한 다시 神代史에 대하여 의론치 아니함에 이르니 애석하도다, 神話學은 마침내 발생함에 이르지 못하고 그쳤도다. ⋯⋯학자는 오직 奇禍가 자신의 몸에 이를 것만을 두려워하여 조국의 신화에 관하여, 전혀 돌보는 일 없이, 이에 대하여 극히 냉담한 태도를 取하였도다.[343]

高木敏雄의 '말할 수 없는 어떤 사건'은 아마도 久米邦武가 논문 〈神道는 祭天의 古俗〉[344] 때문에 수난한 경우를 가리킨 듯하다.[345] 위의 高木敏雄의 서문에서 시사하듯 정부는 '正統神話'에 대한 비판은 물론, 객관적인 연구나 의문의 제시까지도 엄격히 금압하였다. 그 까닭에 1945년의 패전 이전의 일본신화에 대한 본격적 연구는 불모에 가깝다고 해도 과언이 아닐는지 모른다. 도대체 근대국가에서의 신화는 종교 내지 문화 영역의 문제일 뿐 정치적 기능을 짊어지는 일이란 드물다. 그럼에도 불구하고 明治維新下의 일본은 신화가 그대로 국가권력의 이념적 기초가 되었고, 정부는 '정통신화'를 확립하여 천황의 이름으로 행하는 정치지배를 정당화하였다. '大日本帝國'에서 신화는 바야흐로 정치의 차원에서 생생하게 살아 무서운 권력을 발휘하고 있었던 것이다. 그러므로 정부는 '정통신화'를 국민에게 가르쳐 오직 이를 믿게 할 필요가 있었다.[346]

천황은 헌법 발포에 이어 1890년(明治 23) 10월 30일에 〈敎育에 關한 勅語〉를 내어 皇祖(神話上의 天皇의 조상)와 皇宗(역대 천

---

343) 高木敏雄,《比較神話學》序, 東京 : 博文館, 1910, p.2f.

344) cf. 久米邦武,〈神道は祭天の古俗〉,（松本信廣編,《論集 日本文化の起源》3, 東京 : 平凡社, 1971, pp.63~86 ;《史學會雜誌》第2編 23~25號, 1891）

345) 1892년 東京帝國大學 敎授 久米邦武는 논문 〈神道は祭天の古俗〉을 써서 공격받아 교직에서 쫓겨났다.

346) cf. 村上重良,《國家神道》, p.142.

황)을 중심으로 한 國體를 교육의 기본이념으로 제시했다. 臣民이 지켜야 할 德目을 열거하고, 그 모든 것은 종당에 비상사태에 임하여 천황과 국가를 위해 모든 것을 바치는 행위로 집약되었다. 천황에의 충성과 조상숭배를 결합한 敎育勅語는 각 학교에 배포되어 강제력을 가진 국민도덕의 규범으로서 교육 현장에서 기능하였다.

敎育勅語의 발포에 앞서 1890년 2월 11일부터 학교에 '御眞影(天皇夫婦의 肖像) 下賜'가 있었다. 그리고 1893년(明治 26)에는 '기미가요'(君が代)가 의식용 唱歌로서 공포되었다.[347]

교육칙어와 '御眞影'과 '기미가요'의 등장으로 학교는 國家神道의 의식행사를 정례적으로 거행하여 모든 학생들을 교육 차원 이상의 종교적 차원에서 天皇制下의 충성된 氏子로 키우는 기능을 담당해야 했다. '교육칙어'는 국가신도상의 敎典이요, '어진영'은 신상이요, '기미가요'는 祈祝歌(현대판 祝詞)였다. 이리하여 가정에 神域을 가진 일본 국민은 학교에서도 또 하나의 신역을 가지게 되었다. 이들 '성물'을 '하사'받은 학교에서는 이의 취급과 보관에 각별한 주의를 기울여야 했다. 학교 화재 때 이들 성물을 지키려다가 교장이 타죽은 사건도 번번이 있었다. 그리하여 교정에 不燃건축물로 봉안전이라는 神社型의 작은 신전을 세우고, 이 안에 '御眞影'과 칙어를 봉안해 두었다.[348] 봉안전은 학교에서 聖所視되었으며, 누구든 그 앞을 지날 때에는 허리를 굽혀 경례를 해야 했다. 이 시대에 교직을 '성직'이라 부르게 된 것은 교사가 바로 천황의 말인 칙어를 '봉독'하고, 천황의 분신인 '御眞影'을 '봉호'하기 때문이었다고 한다.[349] 그러나 이것은 거꾸로 그 의무가 지켜지지 않았을 때 교사에게 닥쳐올 처벌의 심각성을 동시에 암시한다고 하겠다. 일례로 작가 久米正雄의 아버지 久米由太郎의 경우,

347) cf. 村上重良,《天皇の祭祀》, p. 155.
348) cf. 村上重良,《國家神道》, p. 139.
349) cf. 岩本努,〈神話敎育と天皇制〉, 直木孝次郎 外,《神話と敎育》, p. 126.

1878년 천황의 行在所로 잠깐 사용된 교사가 숙직당번 때에 불타 버린 데 대한 비난에 못 이겨 자살해버렸다.[350] 칙어·'어진영'을 '奉護'하지 못한 교사에 대하여는 가혹한 조치가 내렸고, 신명을 바쳐 칙어·'어진영'을 지키다 순직한 자는 칙어의 가르침을 몸소 구현한 교사의 귀감으로 顯彰되었다. 그리하여 때로는 학교 책임 자가 '어진영'을 안전한 장소에 옮기는 일에 정신이 팔린 나머지 다수의 희생자를 낸 사례도 있었다.[351]

昭和에 들어와서 칙어를 잘못 읽고 자살하거나, 봉안전 안의 칙 어 등본과 '어진영'이 어쩌다 더럽혀져 책임자가 원인 모를 죽음 을 당했다는 등 소문이 나돌기도 했다. 昭和의 침략전쟁 막바지에 敗色이 짙어가면서 칙어·'어진영'에 대한 '봉호'는 학생·생도·아 동의 보호보다도 우선하였다. 단 한 장의 사진이나 칙어의 등본 때문에 교장이 목숨을 건다는 일은 상식으로 생각할 수 없는 狂 態인 듯이 생각되나 조작된 擬神話 교육체제 아래서는 천황을 위 해 목숨을 던진 최고의 도덕으로 정당화되고 稱揚되었던 것이다.[352]

'기미가요'는 공식으로 국가로 제정된 사실은 없으나, 천황 절 대화의 과정에서 차차 공식의 국가 취급을 받게 되었다. 1893년 (明治 26) 8월 문부대신의 명의로 소학교에서 '祝日·大祭日의 儀 式' 때 '기미가요' 외 7곡을 가창할 것을 고시하였고, 淸日·露日 등 전쟁을 거치면서 국가로 정착되어 갔던 것이다. 학교의식에서 종래 '기미가요 齊唱'이라 하던 것을 '國歌齊唱'으로 바꾸어 부르 게 된 것은 1930년대 이후의 일이라고 한다.[353] '기미가요'의 가

---

350) cf. 위의 글, p.128 ; 信濃教育會, 《教育功勞者列傳》.
351) 1937年 12月 20日 밤 和歌山縣西牟婁郡南富田小學校 강당에서 개최한 出征
    兵士家族慰安의 映畵會에서의 失火事件에서 校長·職員이 '御眞影' 奉護에 정
    신이 팔린 사이에 81명의 사망자를 냈다. 그 가운데 小學生 16명이 포함되어
    있었다.(杉中浩一郎, 〈御眞影〉, 《歷史地理教育》140호 ; cf. 岩本努, 위의 글,
    pp.114~137)
352) cf. 岩本努, 위의 글, pp.134~137.
353) cf. 村上重良, 《天皇の祭祀》, p.131.

사는 "임의 한평생 千代에 八千代에 잔돌이 바위 되고 이끼 낄 그 때까지"(君が代は 千代に八千代に さざれ石の 巖となりて 苔のむす まで)로, 당초 그것은 平安時代에 불린 賀歌였다. 《古今和歌集》 (905년) 권7에도 "내 님은 千代에 八千代에 잔돌이 바위 되고 이 끼 낄 그 때까지"(わがきみはちよにやちよにさざれいしのいはほと なりてこけのむすまで)가 있고, 이 밖에 《新撰集》, 《和漢朗詠集》에 도 비슷한 和歌가 수록되어 있다. 본래 이 賀歌의 첫머리는 "내 님 은"(わがきみは), "임의 한평생"(きみがよは) 등 여러 가지인바, 요컨대 이 노래는 '임'을 상대하여 장수를 비는 노래였다. 이것은 江戸時代에 널리 보급된 賀歌였는데, 薩摩琵琶歌의 〈蓬萊山〉에도 들어 있다. 1869년(明治 2) 영국군 軍樂隊長의 권유로 國歌를 제 정할 때 당시 포병대대장으로 있던 大山巖이 평소 애창하던 琵琶 歌 〈蓬萊山〉에서 '기미가요'를 골랐다고 하는데, '임의 한평생'의 '임'을 본뜻으로가 아닌, 천황의 치세 내지 수명의 뜻으로 바꿔치 기하여, 천황세의 장구를 축도하는 노래로 둔갑시켜버렸다. 여기 에 雅樂調의 느린 곡이 붙어, 천황의 치세와 수명장구를 축원하는 노래로 明治中期 이후 학교교육을 통하여 보급되기 시작하여 오늘 에 이르렀다.[354]

국기인 日章旗는 1870년(明治 3) 정월 太政官에서, 日本船은 일 장기를 국기로 게양할 것을 포고한 이래 국기로 점점 정착되어 갔다. 일장기는 흰 바탕 한가운데 태양을 나타내는 붉은 빛 원을 배치한 간결한 디자인인바, 태양을 상징하는 기로서 이미 고대부 터 조정의 의식에서 日旛이 쓰여왔고, 平安末期에는 무사간에 '둥 근 해 무늬'(日の丸紋)가 쓰였다. 日月星의 三光을 신앙하는 修験 道 등, 明治 초년의 丸山敎 등에서도 해를 상징하는 둥근 원이 종 교적 상징물로 쓰였다. 幕末에는 '히노마루'(日の丸)가 흔히 깃발 로 쓰였다.

---

354) cf. 위의 책, p.129f.

1853년(嘉永 6) 薩摩藩에서 외국에의 渡航時 일본을 나타내는 船印으로서 '히노마루'의 小旗를 발안하여 1854년 新造된 昇平丸에 내걸고 品川에 입항하였는데, 막부에서는 白地 안의 '히노마루'를 日本船의 船印으로 정하였다. 明治維新의 內戰에서는 兩軍이 다 '히노마루'를 사용하여 제각기 정당성을 과시하였다고 한다.[355] 明治에 들어와 太政官의 포고로 일장기가 국기로 제정되었으나, 국민의 관심은 거의 끌지 못하였다. 1876년 明治 천황이 동북지방을 순행할 때 반강제로 일장기를 쓰게 함으로써 점차로 국민 사이에 국기로 정착되어 갔다. 일장기는 태양신 天照의 자손인 천황을 상징하고, 그 덕을 찬양하는 기로서 천황의 신화적 권위화와 불가분의 관계를 갖고[356] 국민 앞에 나타나게 되었던 것이다. 당초 천황권과 그렇게 관련되지 않았던 '히노마루'의 意匠까지도 절대적 천황권의 상징물로 전용되었던 것이다.

4) '神武東征'의 再現

明治 정부는 나라의 거의 모든 분야에서, 혹은 신도적 교리로써, 혹은 실천으로써 萬世一系의 천황권을 정당화하는 방향으로, '正統神話' 확립에 비상한 노력을 경주했다. 그리하여 신화의 차원에서 보장된 천황의 권위를 십분 활용하였다. 즉 천황의 명의로 된 정치지배는 정당화되었다. 신화는 의심을 허락하지 않는 사실로 되었고, 신화는 곧 국체의 우월성에 대한 확신을 주어 국민으로 하여금 선민의식을 갖게 하였는데, 이것은 상대적으로 배타적 민족주의의 온상이 되었다.[357]

明治 20년대, 30년대에 10년 간격으로 일으킨 일본의 대외전쟁 ― 淸日·러日의 두 전쟁은 그동안 明治 정부가 음으로 양으로

---

355) cf. 위의 책, p.127f.
356) cf. 위의 책, p.129.
357) cf. 위의 책, p.142f.

추진해온, 새로이 整合 체계화된 천황신화의 의식 안에 잠재하고 있던 군사적 성격을 대번에 드러내 보인 사건이었다.[358] 불행하게도 양 전쟁에서의 승리는 조작된 擬神話의 권위를 더욱 높여는 결과가 되었고, '神國日本'의 절대적 우월성이 현실적으로 입증된 것처럼 보였다. 정부는 때를 놓치지 않고, 국민에게 일본 민족이야말로 전세계를 지도할 성스러운 사명을 지닌 것으로, 아울러 천황의 이름으로 수행하는 전쟁은 무조건 '聖戰'으로 미화 예찬함으로써 대다수 국민을 신화적 도취에 빠져들게 하였다. 그리하여 이들로 하여금 냉정한 이성으로 현실을 볼 눈을 가려버리게 하였다.

전국의 대소 신사들은 전쟁을 통해 국가의 전승과 출정한 氏子의 무운장구를 위한 기원처가 되면서 氏子崇敬者인 국민과의 유대를 그 어느 때보다 강화했고, '국가신도' 자체의 군사적, 침략적 성격을 더욱 가중시켰다.[359] 招魂社에서 시작된 靖國神社는 일본의 대외침략과 발을 맞추어, 국가신도의 군사적 성격을 대표하는 신사로서 중요한 위치를 차지해 갔다.(사진 41) 靖國神社는 전몰자를 호국의 英靈으로 제사하고, 여기에 천황의 참배라는 '殊遇'를 줌으로써 전쟁 때마다 국민에게 천황숭배와 군국주의를 고무, 침투시키는 데 절대적인 구실을 해왔다. 전몰자들은 천황을 위해 죽음으로써 생전 소행의 시비 선악과는 아무 관계 없이 神이 되며, 국민의 예배를 받았다. 모든 가치의 기준은 천황에 대한 충성 여부에 있다는 靖國신사의 祭神原理는 국민의 도덕관을 심히 혼란하게 하는 것이 아닐 수 없었다. 大正期에 吉野作造 등이 이것을 비판하여 국수주의자에게 심한 반격을 받았다.[360] '天皇을 위한 죽음'은 기실 대부분 명분 없는 침략전쟁에서의 죽음이었다. 이것을 정당화할 수 있는 근거는 신화의식의 조작밖에 없었다.

천황의 이름으로 하는 전쟁은 신화시대에 荒神이라든가 불순한

---

358) cf. 위의 책, p.144.
359) 위와 같음.
360) cf. 村上重良, 《國家神道》, p.186f.

무리를 정벌한 황손이 치른 聖戰의 현대적 계승이며, 저 '神勇無比'
한 神武東征의 현대적 재현이라는 발상이 나타났다. 군인에게 주
는 金鵄勳章이 1890년(明治 23년)에 제정되었는데, 이것은 神武東
征 때 神武를 도운 金鵄에 인연하여 만들어진 것이다.[361]

　昭和期에 들어서면 천황의 신격화는 한층 더 심각해졌다. 황실
의 儀制는 明治 후기로부터 大正末에 이르러 완성되었다. 이에 따
라 황실에 관한 금기가 강화되고 세밀화되었다. 神인 천황은 실상
을 좀처럼 국민 앞에 드러내지 않았다. 화폐나 우표에 용을 새겨
천황의 얼굴을 대신하였고, 천황의 이름을 부르는 일을 피하였고,
'위 한 분(上御一人)', '聖上', '至尊', '今上陛下' 등 부르는 말이 따
로 있었다. 그리고 그 말 앞에 으레 '황공하옵게도'(恐れ多くも)
를 붙이는 일이 반강제로 되어 있었다. 천황이나 황실에 관한 용
어는 따로 정해져 있어서 아무 말이나 쓸 수 없게 되어 있었다.
천황의 초상에 관해서도 갖가지 취급상의 주의사항이 규정되어
있었다. 신문지상의 황실관계 사진, 특히 천황과 황후의 사진은
각별히 조심하여 불경한 일이 없도록 반복 주의가 내려졌다. 이
런 사진들은 '拜見'한 뒤 쓸 데 없어지면 잘라서 상자에 보관해
두었다가 한데 묶어서 소각하도록 권장할 정도였다.[362] 이리하여
황실은 일반국민의 눈으로부터 엄격히 차단되었다. 천황 이하 황
족의 일상생활에 관하여는 전혀 국민에게 알려지지 않았고, 국민
은 다만 雲上을 우러러보는 기분으로 천황일족을 대할 뿐이었다.
천황일가는 국민과 동떨어진, 전혀 별개의 세계에 살고 있었다.
단적인 한 예로 궁중에서는 현대의 일본어와는 딴판인 平安時代에
유래한 특수한 궁중어를 생활용어로 사용했던 것이다.[363]

　昭和期에서 신화개작 — 교육용 신화작업은 극에 달한 느낌이
있다 — 은 明治 20년대 이후 국가주의적 입장에서 역사교육의 修

---

361) cf. 村上重良, 《天皇の祭祀》, p.175.
362) cf. 위의 책, pp.175~179.
363) cf. 위의 책, p.182.

身化가 서서히 진행되어 오다가 이 경향은 明治 30년대로 인계되었다. 러일전쟁 발발과 때를 맞추어 교과서의 국정제도가 실시되었다. 국정교과서는 그 뒤 시대의 변천에 따라 5기의 개정을 보면서 점점 천황전제의 국가주의를 정당화하는 방향으로 강화되어 나갔다. 즉 제1기(明治 37년), 제2기(明治 43년), 제3기(大正 7년), 제4기(昭和 8년), 제5기(昭和 16년)의 개정인바, 국어교과서의 경우 신화교재가 4기, 5기에 급격히 증가하였고, 국가주의적 신화의식을 주는 데 주안을 두고 있다. 교사용의 해설로 미루어 '八紘一宇'를 이끌어 국가주의적인 의식을 고취하도록 되어 있다. 〈나라 끌기〉(國引き ; Ⅳ卷3, pp. 30~35)와 〈少彦名의 神〉(少彦名のみこと ; Ⅳ卷5, pp. 62~64)은 모두 은연중 일본의 군국주의적 팽창정책을 소박한 민족신화로 긍정하는 것이었다. 먼 나라 땅에 동아줄을 걸어서 끌어당겨 일본 나라를 넓혔다는 神話의 논리는 그대로 군국주의 일본의 현실을 잘 설명해준다.[364] 국정 역사교과서 제1기는 역사의 발단을 《記紀》에서 찾는 태도로, 서술에서 합리적 이성적 자세를 잃지 않았다. 제3기에서부터 神國思想이 명백히 나타나는데 4, 5기에 이르면서 이의 전개를 볼 수 있다. 제5기의 국사교과서는 일관하여 '八紘一宇' 정신의 顯現으로서 역사를 다루고 있다. '八紘一宇'라는 肇國 정신의 구체화로써 일본 역

---

364) cf. 唐澤富太郎, 〈日本教育史における'神話'の位置〉, 《日本神話の可能性》, 東京 : 傳統と現代社, 1973, pp. 224~228. 지금도 '나라 끌기'라는 발상을 볼 수 있다. 對馬鄕土硏究會에서 간행하는 《對馬風土記》 18호 광고란에 실린 '對馬를 위해 전력으로 奉仕하는 吉永自動車整備工場'에서 낸 〈'昭和의 나라 끌기' 離島電話料金數改善에 대하여〉題下의 광고에서 "지금, 離島(외딴섬)에서는 참으로 나라 끌기가 필요합니다. 원래 神話의 底流에는 人間의 願望이라든가 이상이 있고, 현실에 대한 통렬한 비판도 들어 있습니다. '나라 끌기'의 이야기는 離島民에게 절실한 材料입니다. 실제로 本土에 끌어당기는 데는 나라 끌기의 하느님이 등장해 주시지 않아서는 안 되겠습니다마는, 인간의 英知로 거리를 줄이는 일은 가능하다고 생각합니다"고 쓰고 있다. 이것은 순수한 의미에서, '나라 끌기'의 신화적 발상을 현실에 적용한 예로 보인다.(cf. 《對馬風土記》 18호, 1982. 3. 31)

사를 인식시키려 하였고, 아동에게 神國思想을 철저히 주입시키려
하고 있다. 그리하여 元寇의 章에서는 敵船을 침몰시킨 《大風》(昭
和 2년 尋常小學國史)이 《神風》으로 바뀌어 있다.[365]

신화를 국사의 연원으로 설명하는 데 그치지 않고 神國日本의
재발견에 의하여 현실의 절대권적 천황제의 권위와 지배를 정당
화하고, 그 팽창정책의 당위성을 인식하고 순응하게 하는 수단으
로 삼았다. 문부성은 학교 교과서의 개정에 그치지 않고, 中日戰
爭 직전인 1937년(昭和 12) 5월 《國體의 本義》라고 하는 천황제
전제주의의 교의 해설서를 간행, 전국의 학교·교화단체에 배포하
였다. 이리하여 근대 천황제국가 일본은 '의례'와 '신화'의 급격한
비대로 점차 헤어날 수 없는 자기 모순에 빠져가고 있었다.[366]

1940년(昭和 15) 정부는 이 해가 神武天皇 즉위로부터 2,600
년에 해당한다고 하여 대대적인 캠페인을 벌였다.[367] 그 결과 그
해 정월 사흘 동안에 橿原神宮(神武가 즉위한 땅에 세운 신궁)을 참
배한 인원은 전년의 20배가 넘는 125만여 명이나 되었다.(사진
12) 11월에는 전국민의 관심을 집중시킨 가운데 紀元 2,600년의
식전을 성대하게 지냈다. 바야흐로 중국대륙을 천황의 군대가 휩
쓸고, 美·英과도 전쟁 직전에 있었다. 이때를 당하여 확실치도 않
은 紀元 2,600년을 축하하여 전국민을 憑神的 열기로 몰아간 것은
결코 우연이 아니었다. 더 큰 침략전쟁 수행을 위해서 天照大神의
신위와 천황의 위엄을 전세계에 떨치는 '聖戰'이라는 생각을 더욱
고취하여야 했다. '聖戰'에 의한 세계 정복이라는 발상은 제1대
神武天皇의 '八紘爲宇'의 詔에 근거를 두고 있다. 〈神武紀〉에 의하
면, 神武天皇이 九州로부터 동으로 군사를 이끌고 나아가 大和를
평정하고 橿原宮에서 즉위하였는데, 이에 앞서 2년 전 己未 3월,
"六合을 아울러서 나라를 열고, 八紘을 덮어 집으로 삼음 또한 가

---

365) cf. 唐澤富太郎, 앞의 글, pp. 230~235.
366) cf. 村上重良, 《天皇の祭祀》, pp. 182~184.
367) 津田左右吉은 神武紀元의 연대추정의 잘못을 지적하여 박해를 받았다.

하지 않으랴"라는 詔書를 냈다고 한다. 여기서 이른바 '八紘一宇'라는 생각이 나타났다. 神武의 이 사상이 현대에도 유효하다고 믿도록 하는 것이 중요했다. 이것은 전세계를 천황에게 귀일하게 한다는 사상으로 발전하였는데, 결국 전세계를 적으로 한 태평양 전쟁의 이데올로기적 원천이 되었다.[368] 여기서 우리는 그릇된 신화적 발상의 중대한 결과를 보게 된다.[369]

태평양전쟁은 개전 초의 '대승리'로 하여 대다수의 일본 국민을 러일전쟁 이래의 신화적 도취에 빠뜨렸다. 전선은 일거에 동아시아와 서남태평양 전역에 확대되었다. 과연 八紘一宇의 神詔를 받든 神武의 후예들의 현대판 '東征'인 듯한 인상을 주었다. 국내에서는 '신국일본'의 국체의식이 더더욱 강조되고, 광신적인 국가주의가 판을 쳤다.

전쟁이 격화되면서 전세는 점점 일본에 불리해져 갔고, 戰局의 악화와 더불어 국민생활도 날로 궁핍과 고통을 더해갔다. 정부는 '성전완수'를 부르짖으며 국민을 침략전쟁에 내몰았다. 국민의 의기는 점점 沮喪해갔다. 연합군의 反攻 앞에 천황의 군대는 패퇴를 거듭하고 일본 전토는 공습으로 괴멸적인 타격을 입었다. 근대 천황제의 신화적 기념비인 明治神宮(사진 42)을 비롯하여 神器를 봉안한 熱田神宮·湊川神社 등 많은 신사가 공습으로 불탔다. 전쟁 지도자들은 계속 '神州不滅'을 부르짖으며, 神風이 반드시 불어닥친다고 선전하며 국민의 戰意를 고무하려 하였으나, 이미 대세는 기울어가고 있었다.

1945년 8월 마침내 일본은 聯合國軍에 무조건 항복하였다. 그러나 지도자들은 끝까지 '國體의 護持'를 조건으로 할 것임을 고

---

368) cf. 村上重良, 《國家神道》, pp. 205~208.
369) 1942년 일본군의 新嘉坡(싱가포르) 占領을 作家 火野葦平은 다음과 같은 詩로 읊었다. "오늘은 銘記하라. 神들의 意志는 힘차고 아름답다. 새로운 신화의 창조를 향해 우리들의 比類 없는 현란한 황군은 여기 웅혼의 구상을 완성하였다. 壯麗한 문자로써 다시금 《古事記》가 씌어졌다."(〈新嘉坡 떨어지다〉의 一節)

집하였다. 근대 천황제국가의 지배체제는 그대로 유지하게 해달
라는 것이었다.[370] 패전으로 말미암아 허구화된 신화의식은 일조
에 무너졌다. 인위적으로 조작된 擬神話의 呪縛과 해독의 심각함
을 生生하게 새겨둔 채 한 시대는 갔다.

　1946년 연두를 당하여 천황은 이른바 〈人間宣言〉을 통해 스스
로 자기의 神性을 다음과 같이 부정하였다.

　　朕과 그대들 국민과의 유대는, 終始 상호 신뢰와 敬愛로 맺어져,
　단순한 신화와 전설에 의하여 생긴 것은 아니다. 천황으로써 現御神
　이라 하고, 또 일본 국민으로써 다른 민족에 우월한 민족으로서, 나
　아가 세계를 지배할 운명을 가진다는 架空의 관념에 근거한 것은 아
　니다.

　제2차세계대전은 허구된 신화의식의 오랜 도취로부터 일본 국
민을 각성시킨 일대 전기가 되었다.[371] 전후 일본신화는 天皇制의
呪縛으로부터 풀려나 비로소 자유로운 시야에 들어올 수 있게 되
었다고 할 수 있을 것이다.

7. 結　語

　일본에서의 神話意識의 展開過程을 통하여 말할 수 있는 것은
그것의 시비는 차치하고, '신화의식'이 일본 역사발전과 전 과정
에서 때때로 민중 에네르기 동원의 절대적 메커니즘을 다하여 왔

---

370) cf. 村上重良, 《國家神道》, p. 209f.
371) 일찍이 新井白石은 〈古史通〉에서 "그 일을 神에 관한 것이라 하여 이를 祕
　　密에 부침은 天統을 숭상하는 뜻이라 하겠으나, 그 백성을 어리석게 하고, 스
　　스로 尊大하게 함은 秦의 二世로써 멸한 바로다"(その事を神にしてこれを秘
　　するは天統を尊ぶ義なりといふべけれどその民を愚にして自ら尊大にする
　　は秦の二世にして滅びし所なり)라고 한 바 있다.

다는 사실이다. 비록 정치적으로 허구화된 신화였다 하더라도, 대다수의 국민이 그 擬神話에 동의를 줌으로써, 나름대로 신화의식적 대상이 될 수 있었다. 일본신화가 神典化되고, 비민중적이 된 것은 明治 이후의 사정에만 의하지 않는다. 江戶時代의 국수주의적인 국학자, 神道家와 같은 폐쇄적이며 독단적인 계층에게 오랫동안 신화의 원전과 그것의 해석이 전적으로 내맡겨져 온 사실도 간과할 수 없다. 실제로 현존하는 《記紀》를 비롯한 신화의 원전 자료는 거의 神道家의 밀실에서 傳寫되고, 가필되고, 또 해석되어 민중과는 아무런 관계 없이 秘傳되어 온 것이다.[372]

물론 신화전승 본래의 秘儀的 기능을 부정할 것은 아니다. 신화는 숨겨져야 할 진실의 지식임으로 해서 隱喩되고 秘儀化된다. 그

---

372) 道果本 《古事記》는 고래로 神道家의 집안에 깊이 간직되어 내려오면서 他見을 허하지 않았다.(cf. 宮地直一, 〈道果本古事記 解說〉, p.1)

필자가 접할 수 있었던 神話자료 原典의 卷頭나 奧書(跋)에는 다음과 같은, 他見을 금하는 단서가 붙어 있었다.

(卷頭見返) 此一卷者 當家累代之龜鏡 神道極秘之大事也 緊可禁外見 雖爲唯受正統一子 輒不許拜見 能思意深敬昌莫怠矣 仍而加前書者也 于時享保十八年初秋日 銀靑光祿大夫拾遺 卜部兼雄(花押)

(卷末別紙 繼紙) 此一卷者 神秘極秘之御舊記也 仍則爲一卷一子之外 他見有間敷者也 于時元祿十六年十二月五日愼書之 能思陪深思陪愼而莫怠矣 神祇道管領勾當長上正三位 侍從 卜部朝臣兼敬

右謹而 拜見之 當家之龜鏡 末代之重寶也 可秘云：享保十八年七月二日 神祇道管領 長上從三位侍從 卜部朝臣兼雄.(卜部兼敦筆,《三種神器傳》, 寫本 1軸)

(識語) 右神代上下抄付首書之分也 豊神院殿舍弟龍玄眞秘中之極位之一冊拜見之次 而加奧書 敢莫許他見矣 元文三戊午歲四月初四 神祇管領右兵衛督侍從卜 [sic 卜部] 兼雄.(花押；淸原宣賢 著 梵舜 筆,《神代卷 付紙之分》寫本 1冊, 寶珍文庫)

(刊語) 此寫本者當初安貞二年兼賴校讎諸本正應之□ 神祇權大副卜部兼方筆之 收于石室以來永仁正四位下行神祇權大副兼山城守卜部仲季嘉元甲辰沙彌蓮惠康永壬神祇權大副兼員轉書之云云.(《日本書紀》, 天理大 藏本 900)

(識語；下冊) 右兩冊者神寵院眞筆也 不可出窓外矣 天文癸巳季秋仲二侍從卜部兼右.(《日本書紀》神代卷, 寫本 2卷 2冊)

(表紙裏書) 日本書紀目本裏書云 日本紀三十卷 崇道盡敬皇所撰也 近者文臣譯釋增補之深合叡旨 永斂秘府 嗟呼欲取一時之寵 輒紊千古之實 可不痛哉 愚竊寫原書 藏之函底 若是證乎來世則幸矣 承和甲寅 左衛門佐 藤原長良謹記.(《日本書紀》撰定之事)

러나, 그렇다고 해서 神道家나 國學者流의 독단을 허락하는 것이
되어서도 안 될 것이다. 폐쇄된 신화의식은 비신화적인 의도로부
터 개방되고, 신화 본연의, 폭넓은 가능성을 향해 열려 있어야 할
것이다. '민족', '국가'라는 中宇宙의 차원으로부터 '인류', '세계'
라는 大宇宙의 차원으로 확충되지 않아서는 참으로 열려진 신화
의식이라고 할 수 없다. 天皇神話의 도그마는, 다의적이어야 할
신화를 다분히 목적론적인 천황제의 성립이나 강화의 논리에 귀
착시킴으로써 참다운 의미에서 신화의 의미를 물으려고 하지 않
았고, 또 이를 고의로 외면했던 데 있다. 일본에서의 신화의식의
역사적 전개양상은 天皇神話의 변형이기도 한, 국가주의적 민족신
화로부터 인류적 보편성을 회복하고, 인류라는 공동의식 아래 역
사창조에 참여할, 열린 신화의식의 당위성과 가능성을 거듭 확인
시켜 준다.

參 考 文 獻

資 料

小島憲之 解說,《國寶眞福寺本 古事記》, 東京:櫻楓社, 1978.

倉野憲司·武田祐吉 校注,《古事記 祝詞》, 東京:岩波書店, 1965.

─────,《古代文學硏究》, 東京:岡村書店, 1929.

坂本太郎·家永三郎·井上光貞·大野晋 校注,《日本書紀》上·下, 東京:岩波
　　　書店, 1973·1972.

秋本吉郎 校注,《風土記》, 東京:岩波書店, 1958.

渡會延佳 校本, 飯田季治 校訂解題,《標註 先代舊事本記》, 東京:明文社,
　　　1971.

一條兼良,《日本書紀纂疏》, 東京:目黑書店, 1935.

岩佐正 校注,《神皇正統記》, 東京:岩波書店, 1979.

今泉定介 編輯 兼 校訂,《新井白石全集》第3(古史通·古史通或問), 1906.

本居宣長,《校訂 古事記傳》1, 東京:吉川弘文館, 1920.

本居豊穎 校訂,《本居宣長全集》第4(玉賀都萬·神代正語·神代紀髻華山蔭·
　　　天祖都城辨辨·鉗狂人·呵刈葭), 東京:吉州半七, 1902.

橘純一 編輯,《橘守部全集》, 第1(稜威道別·舊事紀直日·難古事記傳·神代直
　　　語·神道辨), 東京:國書刊行會, 1921.

330

齋部廣成,《古語拾遺, 高橋氏文》, 安田尙道·秋本吉德 校注(新撰日本古典文庫), 東京：現代思潮社, 1976

塙保己一,《群書類從 正續》, 33輯·補遺4冊·〈正續分類總目錄〉 1冊, 續群書類從完成會(大田藤四郎), 1923～1930.

市島謙吉(代表者),《續々群書類從》, 16冊(第1～16), 國書刊行會, 1906, 1940～1942.

論 著

松村武雄,《日本神話の研究》 第1～4卷, 東京：培風館, 1958(1·2·4卷)· 1955(3卷).

―――,《神話と歷史》, 東京：東海書房, 1947.

―――,《日本神話の實相》, 東京：培風館, 1948.

高木敏雄,《比較神話學》, 東京：博文館, 1904.

―――,《增訂 日本神話傳說の研究》 1·2, 大林太良 編, 東京：平凡社, 1977·1974.

津田左右吉,《日本古典の研究》上·下, 東京：岩波書店, 1950.

池內宏,《日本上代史の一研究》, 東京：中央公論美術出版, 1970.

白鳥庫吉,《白鳥庫吉全集》第1卷(神代史の新研究), 東京：岩波書店, 1969.

三品彰英,《三品彰英論文集》第1卷 日本神話論, 東京：平凡社, 1970.

―――,《三品彰英論文集》第2卷 建國神話の諸問題, 東京：平凡社, 1971.

―――,《三品彰英論文集》第3卷 神話と文化史, 東京：平凡社, 1971.

―――,《三品彰英論文集》第4卷 增補 日鮮神話傳說の研究, 東京：平凡社, 1972.

―――,《三品彰英論文集》第5卷 古代祭政と穀靈信仰, 東京：平凡社, 1973.

―――,《三品彰英論文集》第6卷 新羅花郎の研究, 東京：平凡社, 1974.

吉田敦彥,《日本神話の特色》, 東京：靑土社, 1985.

三宅和朗,《記紀神話の成立》, 東京：吉川弘文館, 1984.

布村一夫,《日本神話學·神がみの結婚》, 東京：むぎ書房, 1973.

大林太良,《日本神話の構造》, 東京：弘文堂, 1975.

――― 編,《神話 現代のエスプリ》, 至文堂, 1967.

松前 健,《日本神話の研究》, 東京：櫻楓社, 1971.

―――,《大和國家と神話傳承》, 東京：雄山閣, 1986.

西郷信綱,《古事記研究》, 東京：未來社, 1975.

―――,《古事記の世界》, 東京：岩波書店, 1973.

德光久也,《古事記研究史》, 東京：笠間書院, 1977.

梅澤伊勢三,《記紀批判》, 東京：創文社, 1976.

櫻井好郎,《神々の變貌 社寺緣起の世界から》, 東京：東京大學出版會, 1985.

上田正昭 編,《日本古代文化の探究 古事記》, 東京：社會思想社, 1977.

松本信廣,《日本の神話》, 東京：至文堂, 1968.

―――編,《論集 日本文化の起源》3, 東京：平凡社, 1971.

筑紫申眞,《神々のふるさと：神話のナゾをさぐる》, 東京：季英出版, 1970.

―――,《アマテラスの誕生》, 東京：角川書店, 1967.

傳統と現代社,《日本神話の可能性》, 東京：傳統と現代社, 1973.

日本文學研究資料刊行會,《日本神話》, Ⅰ・Ⅱ, 東京：有精堂, 1978・1977.

―――,《古事記・日本書紀》, Ⅰ・Ⅱ, 東京：有精堂, 1976・1975.

伊藤清司・大林太良 編,《日本神話研究》1, 日本神話の世界, 東京：學生社, 1977.

―――,《日本神話研究》2, 國生み神話・高天原神話, 東京：學生社, 1977.

―――,《日本神話研究》3, 出雲神話・日向神話, 東京：學生社, 1977.

《講座日本の神話》編輯部,《講座日本神話》1, 日本神話研究の方法, 東京：有精堂, 1977.

―――, 2,《日本神話の成立と構造》, 東京：有精堂, 1976.

―――, 3,《天地開闢と國生み神話の構造》, 東京：有精堂, 1976.

―――, 4,《高天原神話》, 東京：有精堂, 1976.

―――, 5,《出雲神話》, 東京：有精堂, 1976.

―――, 6,《古代英雄》, 東京：有精堂, 1976.

―――, 7,《日本神話と祭祀》, 東京：有精堂, 1977.

―――, 8,《日本神話と氏族》, 東京：有精堂, 1977.

―――, 9,《日本神話と朝鮮》, 東京：有精堂, 1977.

―――, 10,《日本神話と琉球》, 東京：有精堂, 1977.

―――, 11,《日本神話の比較研究》, 東京：有精堂, 1977.

―――, 12,《日本神話と考古學》, 東京：有精堂, 1978.

村上重良,《天皇の祭祀》, 東京：岩波書店, 1977.

———, 《國家神道》, 東京 : 岩波書店, 1978.

川副武胤, 《古事記の世界》, 東京 : 敎育社, 1978.

北山武夫, 《壬申の內亂》, 東京 : 岩波書店, 1978.

山田英雄, 《日本書紀》, 東京 : 敎育社, 1979.

高木俊輔, 《ええじやないか》, 東京 : 敎育社, 1979.

安丸良夫, 《神々の明治維新》, 東京 : 岩波書店, 1979.

五來重 外編, 《講座日本の民俗宗敎 1 神道民俗學》, 東京 : 弘文堂, 1979.

大林太良 司會, 《シンポジウム日本の神話》1, 國生み神話, 學生社, 1972.

———, 《シンポジウム日本の神話》2, 高天原神話, 學生社, 1973.

伊藤淸司 司會, 《シンポジウム日本の神話》3, ·出雲神話, 學生社, 1974.

大林太良 司會, 《シンポジウム日本の神話》4, 日向神話, 學生社, 1974.

伊藤淸司 司會, 《シンポジウム日本の神話》 5, 日本神話の原形, 學生社,
    1975.

井上淸, 《日本の歷史》 上·中·下, 東京 : 岩波書店, 1983(上·中)·1982
    (下).

찾아보기

344

352

356

360

[歐文 索引]

日本의 歷史

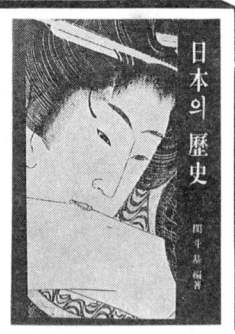

閔斗基 著
신국판 / 반양장 344쪽 / 값 6,000원

우리처럼 日本을 정확히 알아야 할 나라나 거레는 없을 것이다. 과연 우리는 일본을 아는가, 일본을 안다면 얼마나 알며, 어떻게 알고 있는가. 일본이란 우리에게 무엇인가. 최근 한반도와 일본은 새로운 단계에 접어들고 있다. 이 마당에 우리는 보다 체계적이며 조직적으로 일본을 알기 위한 가장 기본 입문서로서 이 책은 씌어진 것이다.

韓國文學研究入門

黃浿江 金容稷 趙東一 李東歡 編
국판 / 반양장 700쪽 / 값 12,000원

韓國文學을 近代的으로 硏究해오기 60여 년 만에 처음으로 지금까지의 모든 연구성과를 개관하고 1980년대에 들어선 이마당에 앞으로 韓國文學의 硏究는 어느 방향으로 어떤 方法에 의하여 연구되고 체계화되어야 하는가를 제시한 우리 문학 연구사상 획기적인 기획 작품이자 유일한 한국문학연구입문서! 76명의 중진 국문학교수들의 책임 집필이다.

민족설화의 논리와 의식

임재해
신국판 / 반양장 421쪽 / 값 8,500원

이 책은 민속학총서 제3권으로, 80년대 전후 5,6년간 구비문학 현지조사를 하면서 이야기꾼들이 인식하고 표현하고자 하는 그들의 세계관에 주목하여 민족적 양식으로서 설화의 논리와 그 존재 양식들을 규명하고, 민중적 의식으로서 설화에 나타난 다양한 세계관들을 정리한 책이다. 좀더 열린 독자, 곧 이야기의 논리와 함께 이야기를 통해 드러나는 우리 민족의 민중적 세계관에 관심을 가진 사람들을 위해 씌어졌다.

한국민속연구사

최인학·최래옥·임재해 엮음
신국판 / 반양장 534쪽 / 값 12,000원

이 책은, 지금까지 연구된 민속학을 현시점에서 분야별로 정리하고 위상을 정립하며 총정리한 논문집이다. 해당 분야의 원로 학자들과 중견학자들이 대거 참여, 집필하여 내놓은 力著로, 6개의 분야로 나누어 저술했다. 이 책은 과거 70년의 민속학을 돌이켜보고 새로운 과제를 발견함으로써 새출발하는 계기로 삼자는 의도에서 나왔으며, 내용은 민속학에 대한 회고와 전망, 그리고 과제를 다루었다.